倭の比較考古学

川西宏幸　著

同成社

目次

倭の比較考古学

第一章　日本考古学の宿痾

第一節　時代区分論

江戸時代以来の本草学や古物学の伝統を払拭し、有職故実の流れを包摂し、ヨーロッパに学び、日本で科学としての考古学が出発した。出発にあたって和洋の遺伝子が組みこまれたのである。これが学としての展開に大きな影響を与えないはずはなかった。

東京人類学会が明治一九年（一八八六）に創設され、坪井正五郎「日本考古学講義」(1)や鳥居邦太郎『日本考古提要』(2)が明治二二年（一八八九）にあいついで公にされた。こうして、文字史料の有無に基づく「史前」、「原史」、「有史」、あるいは、利器の材質に依拠する「石器」、「青銅器」、「鉄器」というヨーロッパ考古学の時代区分の体系が紹介され、日本の遺跡や遺物をこれらの区分体系にあてはめる試みが始まった。

もっとも、石器・青銅器・鉄器時代に区分するいわゆる三時代法については、坪井が『日本石器時代人民遺物発見地名表』(3)（明治三〇年）のなかで、世界史的視野からみてこれは成立しがたいことを論断している。当時の学界を文字通り主導した権威の弁であるから、影響力は小さくなかったにちがいない。遺物による時代区分に消極的で、文献史料の有無に基準を求めようとした坪井のこの姿勢は、人類学者であったという事情に加え、自らの手で発掘した栃木県足利市緑町足利公園古墳の営造年代に書紀紀年を用いたこととも通じる。[4] また、坪井の提起したコロボックル説が論争の的になったように、彼のなかで常に人種問題が重要な位置を占め、学界もまたそれに呼応して動いていた。これは、ヨーロッパの学界の潮流を汲んだのであろうが、当時の日本が国民国家としての体裁を整えようとして北海道の「開拓」に力を注ぎ、アイヌ民族を圧殺していた情況と無関係ではないであろう。書紀紀年といい人種問題といい、坪井の、ひいては明治中期の考古学界の趨勢をここにみることができる。

さて、外来の時代区分の体系に則ることをもって出発した日本の考古学のなかで、ほどなく、和製の案が提示された。それが八木奘三郎による「古墳時代」の提唱である。明治二九・三〇年のことであった。[5] この提唱は賛否の論議をまきおこし、「佩玉時代」などの対案が示されたが、名称のいかんにかかわらず、外来の体系によらない呼称が否定されなかったことは、当時の学界動向の一斑を物語っている。認知の風を受けて八木は、「古墳時代」という名称を「高塚時代」に変えるとともに、後代についても、仏刹のような建造物や刷物のような品物を時代名に採用して、和製の区分体系を組んだ。[6] 八木のこのような啓蒙心と客気とに満ちた試みは、もとより文献史学者の無視に遇って潰え、「墳墓のみへ古字を冠するは不適当なりとの評あり」として捨てた「古墳時代」の名称のみが、学界のなかで継承されることになったのは、皮肉であったともいえる。

なお、坪井にせよ八木にせよ、この当時の考古学者は常に、書紀紀年に依拠して年代を定めていた。那珂通世の「日本上古年代考」（明治二一年）[7] や「上世年紀考」（明治三〇年）[8] が出て、書紀紀年の作為が指摘されてもなお、この盲信は止まなかったのである。そうして、喜田貞吉「古墳の年代を定むる事に就て（坪井博士の丸山古墳の年代推定説を論ず）」（明治三六年）[9] で痛撃を受ける仕儀にまで立ちいたったことは、よく知られているところである。掲げた時代区分の体系に和洋の違いはあっても、考古学者がおしなべて旧態をとどめていたことは否定できない。

さて、八木による「古墳時代」の提唱と同年に、蒔田鎗次郎「弥生式土器（貝塚土器ニ似テ薄手ノモノ）発見ニ付テ」[10]が、弥生式土器という名称をはじめて刊行物に掲げて、縄文式土器と区別したことは、和製の時代区分のもうひとつの出発点として特筆される。しかし、中沢澄男・八木奘三郎『日本考古学』（明治三九年）がこの種の土器型式に言及し、N・G・マンロー *Prehistoric Japan*（一九〇八　明治四一年）が intermediate pottery（中間土器）として大きくとりあげたが、「古墳時代」のように時代区分名として流布するにはほど遠かった。この種の土器を石器時代に入れ、銅鐸や銅矛を古墳時代の遺品として扱っていた時代のことであるから、致し方がなかったといえる。

その点で、中山平次郎「九州北部に於ける先史原史両時代の中間期間の遺物に就て」（大正六年）[11]が、弥生式土器に石器や青銅器が伴うことを指摘して、中間期間の存在を提唱したことは、学史上重要な意味をもっている。学界の主導的立場にあった浜田耕作は「考古学上利器の材料による時代の区分に就いて」（大正七年）[12]で、ただちに中山説に賛同して、これを金石併用期と呼びかえるべきことを説き、さらに『通論考古学』（大正一一年）でもこの時代区分を採用したのである。爾来、柴田常恵『日本考古学』（大正一三年）の「原始日本民族」、後藤守一『日本考古学』（昭和二年）の「金石併用時代」、大場磐雄『日本考古学概説』（昭和九年）の「弥生式土器時代」、佐藤虎雄『日本考古学』（昭和一〇年）の「金属初現時代」のように、名称こそ違え、内容に差はあっても、時間幅と文化上の特色とをそなえた時代であるという認識が広まっていったことを、これらの概説書が示している。こうして、第二次世界大戦の敗戦前には、先史・原史・有史時代、石器・金石併用・鉄器時代という外来の区分とならんで、縄文式文化・弥生式文化・古墳時代という和製の区分が市民権を得て、双方が並立するようになっていた。

ところが、先史時代＝石器時代＝縄文式文化時代、原史時代＝鉄器時代＝古墳時代と了解されて、両区分が互換性をそなえていたのかというと、この根幹にさえ見解の相違があり、また金石併用時代＝弥生式文化時代という点にも揺らぎがあって、和洋の間の調整は各研究者に委ねられていた。この状況のなかで、山内清男が「日本遠古之文化」（昭和七・八年[13]）において示した区分は、現行に近い、和製のもっとも完整したかたちとして評価しうる。

この当時の研究者が主張し依拠した時代区分観のなかで、石器・金石併用・鉄器時代というヨーロッパ流を掲げてこれを堅持したのは、学界を主導した浜田耕作と梅原末治であった。これは留学経験のせいであるようにも思われるが、また同時に、古墳研究は大陸との関係を考慮して進むべきことを説き(大正八年)[14]、「日本の考古学的研究は……朝鮮半島の研究―否な更には東亜全体のそれを打って一丸として、比較綜合することに由ってのみ企及し得る」(昭和一〇年)[15]と述べた浜田の弁が示しているように、東アジアを念頭においた時代区分の体系を求めていたからでもあろう。これはまた学問的視野の広狭というだけにとどまらず、観点をかえていえば、日露戦争(明治三七・三八年)以降、韓国併合(明治四三年)、第一次世界大戦参戦と対中国二一箇条要求(大正四年)、石井―ランシング協定(大正六年)、満州事変(昭和六年)、第一次上海事変(昭和七年)から知られるように、急激に半島や大陸を侵略していった帝国主義的国策と軌道を同じくしていたことは否めない。ヨーロッパ流の進化論的世界観から生まれたこの時代区分の体系は、欧米列強に伍して植民地獲得に乗りだした国策にこそ、適っていたといえる。

つまり、「大日本帝国」の領域や権益の及ぶ範囲が官学系の研究者にとってはフィールドであり、他方、帝国主義的国策に連なることが許されなかった研究者が、たとえば山内清男や森本六爾のように和製区分の整備につとめていたのである。

さて、第二次世界大戦の敗戦によって大陸や半島から退くと、対日講和条約の調印で千島や樺太や台湾の領有権を放棄した昭和二六年をまつまでもなく、考古学の世界では、「日本列島」に通用する時代区分の体系が求められるようになった。そこであらためて、和製の時代区分が注目を浴びることになったのは、当然の趨勢であった。ところが、それが広く承認を得て定着するまでには、時間の経過を要した。戦前の学界で発言力をもった「東亜考古学」者達の存在が陰に陽に影響を与え続けたせいでもあろうが、和製の区分が学理上の不備を内包していたことにもよる。

その不備とは、縄文と弥生、弥生と古墳との間で文化はそれぞれ併存していたという先入主が、区分観に絡みついていたことをさす。すなわち、弥生文化の九州からの東遷、古墳文化の畿内からの伝播に長い時間を要したという認識が、当時の学界では常識視されていたのである。したがって、有用性をそなえた時代区分として流布させるためには、この常識をひとまず外したうえで、もし重複の時間が介在したとすればその長さを見きわめる必要があった。

このうち弥生文化の東遷については、戦前にすでに山内清男の提言があり、縄文時代の終焉に甚しい時間差のないことが土器編年の併行関係によって示されていた。(16) 他方、古墳時代の開始については、伝世・同笵鏡論を展開して弥生時代との間に鮮かな一線を引いた小林行雄の戦後の仕事を、またなければならなかった。(17) そうして、縄文時代よりも古く遡る無土器文化が群馬県みどり市笠懸町岩宿遺跡で昭和二四年に確認されたことが加わり、敗戦後一〇年を閲して現今の区分体系の骨格が完整したのである。

さて、整備をみて日本史上の序幕に掲げられることになったのは、和製の時代区分体系であった。これに基づいて、昭和四〇年代以降の大規模化した発掘調査に伴う膨大な考古学の情報が整理され、各時代相が精緻に描きこまれていった。情報の増加は体系に若干の変更をせまったにせよ、この時代区分が基盤になければ、膨大な情報が、歴史叙述として結実しなかったというのは過ぎるとしても、文化論の域にとどまって混乱を生んだことは疑いない。そうして、列島を国土とした戦後の「日本史」にとって、この時代区分に沿って紡ぎだされた時代相はふさわしいものであったといえる。ところが、戦後六十年余を閲して現在の眼からこの時代区分の体系に評価を加えるとき、出生の経緯に起源するさまざまな問題が鮮かさを帯びて浮かびあがってくる。それらのなかで、次の二点を指摘したい。

そのひとつは、時代区分名に国際的な互換性がないという点である。この点だけを衝けば、戦前に流布した区分名の方がはるかにまさっていたといえるであろう。もとより、ハルシュタット文化期のような地域的な文化期名は少なくないので、互換性を確保するための変換が可能であればさしつかえない。後述するように、古墳時代を互換性のある素数に因数分解した私見の構想は、ここに由来する。そうではなく、名称がもし問題になるということなら、たとえば無土器・縄文時代をStone Age、弥生時代をTransitional Age、古墳時代をIron Ageに変えるのも一案であろう。しかし、「日本史」の区分名の全体が互換性を欠いている現状に思いいたるならば、問題は考古学上の名称変更だけにとどまらないことが知られる。しかも、この互換性の欠如に対する自覚が日本史学者に乏しければ、描きだされた歴史像はいきおい即自的《アン・ジィッヒ》にならざるをえない。問題の根は広く深いのである。それならば「日本史」が互換性を確保する手だてとして、すでに一部で実行されているように、外国の歴史研究者と交流をはかって互いに同異を確かめあい、あるいは、かつて日本でマルキシズム史学が隆盛をきわめたように、国外の理論や方法を導入すれば良いかというと、それでは充分とはいえない。

もうひとつの問題は、現行の区分が列島全域を網羅していない点である。沖縄は、昭和四七年までアメリカが施政権を握っていたことを考慮したとしても、北海道は枠から漏れるのである。これもまた考古学だけにとどまらず、日本史全体についていえる。そうして、沖縄返還後も列島を網羅しえない時代区分が「日本史」として概説書や教科書などの骨格を構成し、流布していることは多言を要しないところである。それならば、北海道や沖縄に配慮して記述の一部を変更すれば足りるように思われるかもしれないが、問題は骨格自体にある。

以上要するに、考古学における現行の時代区分は、対外的にもまた対内的にも問題がある。日本考古学という場合、特別な定義をしなければ通常は、現在の国境線に囲まれた区域をフィールドとする考古学を指しており、したがってこの語のもつ意味は、歴史上の領域を対象とするローマ考古学とも、地勢によって限られた地域を扱う西アジア考古学とも、根本的に違っている。現在の国民国家としての「日本」がここに深く刻印されているからである。

第二節　歴史教科書の変遷―敗戦前―

「日本」という国民国家の歴史を掲げる代表格といえば、教科書であり自治体史であると思う。そこでまず、教科書をとりあげたい。以下に史料1として示したのは、旧制中学用の中村孝也『中等日本史』（大正四年版）の章立てである。なお、仮名および漢字は旧から新に改めた。

これを通覧すると、構成や各題名から察せられるように、時代区分名には藤原俊成『古来風躰抄』などの平安・鎌倉時代の歌論のなかで育まれた用語を借り[18]、記述については人物を中心に据えている。和気清麻呂や菅原道真を天皇の忠臣として称揚し、政治を壟断した氏族や政権は「滅亡」と記し、足利尊氏を「逆賊」として見出しから排除してある。このように、時代区分に和名を使い「忠良」な人物を中心にして記述を進める「皇道」主義的体裁は、たとえば、黒板勝美『新訂日本歴史』（明治三九年版）や三浦周行『中等教育日本史教科書』（大正二年版）や藤井甚太郎『中学日本歴史教科書』（大正一三年版）にも共通しているので、明治・大正期の日本史教科書の趨勢であったことが察せられる。

ところが昭和期に入ると、この趨勢に変化が現れる。たとえば、中村孝也『綜合国史』（昭和八年版）をみて気づくのは、忠臣重視で逆賊排除の人物伝的色合いが薄まり、かわって、「奈良時代」や「平安時代」のような現行の時代区分が表に登場していること、文化の記述が目立つことであり、また、「建国の体制」や「皇威の伸張」や「元寇」という国威の拡大や発揚を唱える章が加わった点である（史料2）。つまり、正逆順道の人物伝から国家主義へと歴史観が変化したわけである。中村孝也は前に紹介した『中等日本史』（大正四年版）を執筆した人物であり、また斎藤斐章『中学国史』（昭和八年）も傾向を同じくしているので、当時の文部省の方針の変更がこの改変を生んだのであろう。

〔史料1〕中村孝也『中等日本史』（大正四年版　帝国書院）

第一編　上古
第一章　神代　皇基の遼遠
第二章　神武天皇
第三章　崇神天皇　垂仁天皇
第四章　日本武尊
第五章　三韓及び三国　神功皇后　文物の伝来
第六章　仁徳天皇　雄略天皇
第七章　朝鮮半島の変遷
第八章　仏教の伝来　蘇我氏と物部氏との争い
第九章　聖徳太子
第一〇章　蘇我氏の滅亡

第二編　中古
第一期　大化改新より奈良時代の終まで
第一章　大化改新
第二章　蝦夷の服属　朝鮮半島の放棄
第三章　律令の撰定
第四章　奈良奠都　隼人及び西南諸島の服属
第五章　聖武天皇　奈良時代の文化
第六章　和気清麻呂
第二期　桓武天皇より平氏の滅亡まで
第一章　平安奠都　蝦夷の鎮定
第二章　新羅の滅亡　渤海の入貢
第三章　嵯峨天皇　仏教及び漢文学
第四章　藤原氏と摂政・関白
第五章　菅原道真
第六章　地方の状況　将門・純友の乱
第七章　藤原氏の栄華
第八章　平安時代の文化
第九章　刀伊の入寇　前九年・後三年の役
第一〇章　後三条天皇　院政　僧兵
第一一章　源平二氏の盛衰
第一二章　平氏の滅亡

第三編　近古
第一期　源頼朝より北条氏の滅亡まで
（章の記述省略　以下同じ）
第二期　建武の中興より吉野の朝廷まで
第三期　足利義満より室町幕府の滅亡まで

第四編　近世
第一期　織田信長より豊臣秀吉の薨去まで
第二期　徳川家康より江戸幕府の終まで

第五編　現代（以下省略）

〔史料2〕中村孝也『綜合国史』（昭和八年版　帝国書院）

第一編　上古
第一章　建国の体制
第二章　皇威の伸張
第三章　上古の社会組織　国民思想　風俗
第四章　朝鮮半島との関係　文化の進歩
第五章　支那との交通

第二編　中古
第一章　政治の革新
第二章　奈良時代とその文化
第三章　平安時代初期の趨勢
第四章　摂関政治　院政
第五章　平安時代の文化
第六章　武士の勃興　源平二氏の興亡

第三編　近古
第一章　鎌倉時代　北条氏の執権
第二章　元寇
第三章　鎌倉時代の文化　士風
第四章　建武の中興　吉野朝廷
第五章　室町幕府
第六章　支那及び朝鮮との関係
第七章　室町時代の文化
第八章　戦国時代の大勢
第九章　西洋人の渡来と西洋文化の輸入
（以下省略）

〔史料3〕辻善之助『新編国史』（昭和一一年版　金港堂）

第一編　上古
第一章　神代
第二章　神武天皇の創業
第三章　皇威の発展
第四章　文物の伝来
第五章　蘇我氏の専横及其滅亡

第二編　上代
第一期　大化の改新及奈良時代
第一章　政治の革新
第二章　奈良奠都　奈良時代の文化
第二期　平安時代
第三章　平安奠都
第四章　藤原氏の擅権　中央及地方の情況
第五章　平安時代の文化
第六章　院政
第七章　源平二氏の興起
第八章　平氏の擅権及其滅亡

第三編　中世
第一期　鎌倉時代
第一章　鎌倉幕府の創立
第二章　鎌倉幕府の越権　承久の乱
第三章　元寇
第四章　鎌倉時代の文化
第二期　吉野朝廷及室町幕府
第五章　建武中興
第六章　吉野朝廷　其一
第七章　吉野朝廷　其二
第八章　室町幕府の創立
第九章　室町幕府の失政　応仁の乱
第一〇章　群雄割拠
第一一章　室町幕府の外交と文化

第四編　近世
第一期　安土及桃山時代
第一章　織田信長の統一
第二章　豊臣秀吉の統一　其一
第三章　豊臣秀吉の統一　其二
第四章　安土・桃山時代の外交と文化
第五章　関ヶ原の役
第二期　江戸時代
第六章　江戸幕府の創立
第七章　江戸時代初期の外交
第八章　江戸幕府の失政
第九章　江戸時代の文化
第一〇章　江戸時代後期の外交
第一一章　学問の興隆と尊王思想の勃興
第一二章　大政奉還

第五編　最近世
第一章　明治維新
第二章　明治・大正時代の内治
第三章　明治・大正時代の外交
第四章　明治・大正時代の文化
第五章　現代の情勢

〔史料4〕長沼賢海『皇国史』（昭和一三年版　三省堂）

第四学年用
第一章　肇国の大本と国体の精華
第二章　氏族制度と国民道徳の由来
第三章　大陸文物の輸入
第四章　大化より大宝に至る政治の改新
第五章　奈良・平安時代の文化
第六章　摂関政治と院政の出現
第七章　武士の興起と武家政治
第八章　武士道の起源及びその発達
第九章　建武中興の精神とその影響
第一〇章　鎌倉時代の文化と室町時代の文化
第一一章　国民の海外発展と西洋人の来航
第一二章　西洋文化の伝来
第一三章　国内統一の機運と勤王事蹟

第五学年用
第一章　封建制度の確立
第二章　経済の進展
第三章　文教の発達
第四章　勤王思想の勃興と明治維新
第五章　立憲政治の確立と自治制度の発達
第六章　現代における政治・外交と軍備
第七章　現代における経済・文化の進展
第八章　国民の覚悟

昭和初期といえば、政党と軍部右翼とが対立し、張作霖爆殺事件（昭和三年）、統帥権干犯問題（昭和五年）、満州事変（昭和六年）などから知られるように、軍部の暴走が加速を始めた時であったから、日本史教科書のこの改変は頷ける。

なお、文化の記述が増えた理由は定かでないが、(19) 叙述全体が学術的体裁へと変化したこととおそらく関係があるのであろう。この変化のもとで、考古学上の知見ではなく、もの言わぬ資料のみが、写真で紙面を飾るようになったのである。

この頃の日本史教科書で良質なひとつの到達点と思われる例が、辻善之助『新編国史』（昭和一一年版）である（史料3）。内容を概観すると、奈良時代以降の時代名は現行のそれとほとんど変わらない。神武紀元よりも西暦紀元で表記しようとしている点も注意を引く。また、「中世」という区分名を用いた点について、これは和名を採用したようにもみえるが、西田直二郎『国史通記』（昭和一二年版）が古代、中世の区分名を使い、それぞれを細分してたとえば古代二期を奈良時代としているように、ヨーロッパ史学との互換性を辻もまた意識していたのかもしれない。考古学の資料をまったく掲載していない点も、本教科書の特色である。「上古」の内容は『古事記』と『日本書紀』とに全面的に依拠しているのであるが、考古学資料の採否にかかわらず、これが当時の教科書の通例であった。したがって、大化以降は、南朝の正統視に問題はあっても現行の「日本史」に比肩しうる優れた内容が盛りこまれているのに対して、「上古」については著しく実証性を欠く結果になっている。当時の考古学上の成果が編纂にあたった文献史学者の要請に応えられないほど貧しかったということではなくて、端的にいえば無視されたのである。これはヨーロッパ流の時代区分が、当時の考古学界の趨勢であったことにもよる。

ちなみに、考古学資料の掲載量が多い例として、長沼賢海『皇国史』（昭和一三年版）があげられる（史料4）。一見して本書は、時代区分を構成から外すとともに、「武士道」や「勤王思想」をとりあげ、「国体の精華」や「国民の海外発展」を掲げ、いわゆる国民精神を振作しようとする意図が窺える。もの言わぬ考古学資料がこのような教科書の方に多い点について、意図的な利用の危うさを汲みとるべきであろう。

この頃の教科書には、「国体」「皇国」「神国」「皇威」という語がしばしば現れる。たとえば「国体の精華」を拾ってみると、芝葛盛『新訂中学国史』（昭和一一年版）、板澤武雄『新体皇国史』（昭和一二年版）、中村孝也『昭和新国史』（昭和一二年版）、松本彦七郎・藤懸静也『綜説皇国史』（昭和一三年版）などで章の題名になっている。国の始まりを記述するにあたって、神話に依拠するだけにとどまらず、国粋主義的な造語が氾濫するに至った当時の情況は、『神代史の新しい研究』（大正二年）などで神話が史実でないことをすでに論証していた津田左右吉の一連の著作が、昭和一四年に発禁処分になったことからも推測することができる。国粋主義色で染められた教科書で学んだ旧制中学生達が、やがて戦場に赴いて隣国を侵し、また死地に身を投じたことを思うと、執筆に携わった日本史研究者達の責任は、国策に従ったという弁明だけでは済まされない。

第三節　歴史教科書の変遷―敗戦後―

国粋主義色のとりわけ著しい神話に依拠した部分が、敗戦後ただちに全面的に書きなおされたことはいうまでもない。そこで考古学者が執筆にかかわることにもなった。杉原壮介が分担した第七期国定歴史教科書『くにのあゆみ』（昭和二一年版）をみると、史料5として示したような構成になっている。冒頭の「歴史のはじめ」を考古学者の記述に委ねたのは、神話以外に成案がなかったのであるから当然であるが、次章の「国のおこり」で神日本磐余彦天皇をとりあげた点は、文献史学者の旧態ぶりをよく示している。そうして「朝鮮との関係」で、

大和の朝廷は、国内をまとめたのち、半島の南のはしにある任那と手をにぎって、とくにしたしい間がらとなり

ました。やがて任那が新羅や高句麗におびやかされたとき、兵を送ってこれをたすけました。

を読むと、敗戦前との隔たりの甚しさに驚かされる。これでは敗戦前の記述を便宜的に裏返したにすぎない。なお、「石器時代」という区分名は、執筆者の意図から出たようには思われない。縄文・弥生・古墳時代という区分名が教科書で市民権を得るまでに爾後三〇年の時間の経過を要したからである。

　このような敗戦後の混迷が正確にいつまで続いたのかはわからないが、新制高等学校用の宝月圭吾編『再訂日本史』（昭和二八年版）は史料6として示した構成をとり、体系化を行っている。

　「再訂」とあるので初出は昭和二八年よりも遡るが、この「再訂」版と同じ頃に刊行された歴史教育研究会編『高等日本史』（昭和二九年版）が、「原始」、「古代」、「封建」、「近代」の区分を使い、冒頭を「縄文式文

〔史料5〕第七期国定歴史教科書『くにのあゆみ』（昭和二一年版）

第一　日本のあけぼの
一　歴史のはじめ
大昔の生活（石器時代　貝塚）
生活の変化（青銅器　鉄）
農業のはじまり
二　大和の朝廷
国のおこり（神日本磐余彦天皇）
氏と姓（大伴　物部）
古墳（前方後円）
三　大陸文化のうけ入れ
朝鮮との関係
漢字と儒教
仏教
第二　開けゆく日本
一　聖徳太子
二　大化の改新（以下省略）

〔史料6〕宝月圭吾編『再訂日本史』（昭和二八年版　山川出版社）

Ⅰ　**日本の国家はどのように形成され、大陸文明はいかにしてうけいれられたか**
第一章　原始社会
第二章　国家の発生と成長
第三章　古代国家の確立
第四章　古代文化の成熟
Ⅱ　**封建社会はどのように成立し、そこでどのような文化がうまれたか**
第一章　封建制度の成立
第二章　封建政治の展開
第三章　新秩序への胎動
第四章　統一政権の誕生
Ⅲ　**封建社会はどのようにして確立し、それはわれわれにどのような影響を与えているか**
第一章　幕藩体制の確立
第二章　農村と都市
第三章　封建社会の動揺
第四章　江戸幕府の滅亡
Ⅳ　**日本の近代国家はどのようにしてつくられたか、それはどのような性格をもっていたか**
第一章　明治維新
第二章　国際的地位の向上
第三章　近代文明の成立
Ⅴ　**新しい民主日本はどのような道をへてつくられるに至ったか**
第一章　戦争への道
第二章　民主日本の建設

化」と「弥生式文化」の記述に割いている点からみると、昭和三〇年代をまたずに敗戦後の日本史教科書の内容は体系を得てひとまず整ったことがわかる。

「上古」などの和風区分名を捨て、「奈良時代」のような列島独自名も章立てから消して、「原始」に始まる区分名に変えた。共産制の原始、奴隷制の古代、封建制の中世、資本制の近代に区分するマルキシズムの唯物史観が、大きな影響力をもっていた当時の文献史学界の潮流を、これは反映している。ところが、ヨーロッパ史学との間に互換性をそなえたこの区分は、稲垣泰彦ほか『三省堂日本史』（昭和四九年版）、門脇禎二ほか『三省堂高校日本史』（昭和五八年）のように比較的遅くまでこれを維持した例もあるが、「原始」、「古代」、「中世」、「近世」、「近代」、「現代」という和洋折衷の区分がやがて大勢を占め、「封建制」が外れて現在に至っている。「封建制」が外れたのは、学界で大いに論議が交されて異見が尽きなかったこと、マルキシズム史学が退潮をみたことに原因が求められるであろう。もとより検定側からの圧力や誘導もあったにちがいない。「封建制」を堅持していた門脇ほか『三省堂高校日本史』（昭和六三年版）がこれを外して「中世」を採用した改変は、趨勢を物語る意味で象徴的である。

さて、国粋主義的虚構に満ちていた「原始・古代」の記述は、敗戦後に考古学上の知見を盛りこんで客観性をもたせる試みが実行に移されたが、その後の展開をあらためて辿ってみると、紆余曲折の軌跡が浮かびあがってくる。縄文（式）、弥生（式）、古墳がそれぞれ文化名としてまず登場する。そうして、有高巌・平田俊春『高等日本史』（昭和三五年版）に「旧石器時代」、東京大学・財団法人史学会編『再訂新修日本史』（昭和三七年版）に「無土器文化」の記載があるので、この頃には昭和二四年の群馬県岩宿遺跡の発見から始まる無土器（先縄文）時代研究の成果が、教科書に採用されていたことが知られる。昭和二〇年代後半の教科書には見あたらないようであり、もしそうであるとすれば、採用は昭和三〇年代前半のことかと思われる。この反応の鈍さは、編集執筆がことごとく文献史学者の手に委ねられていたことによる。

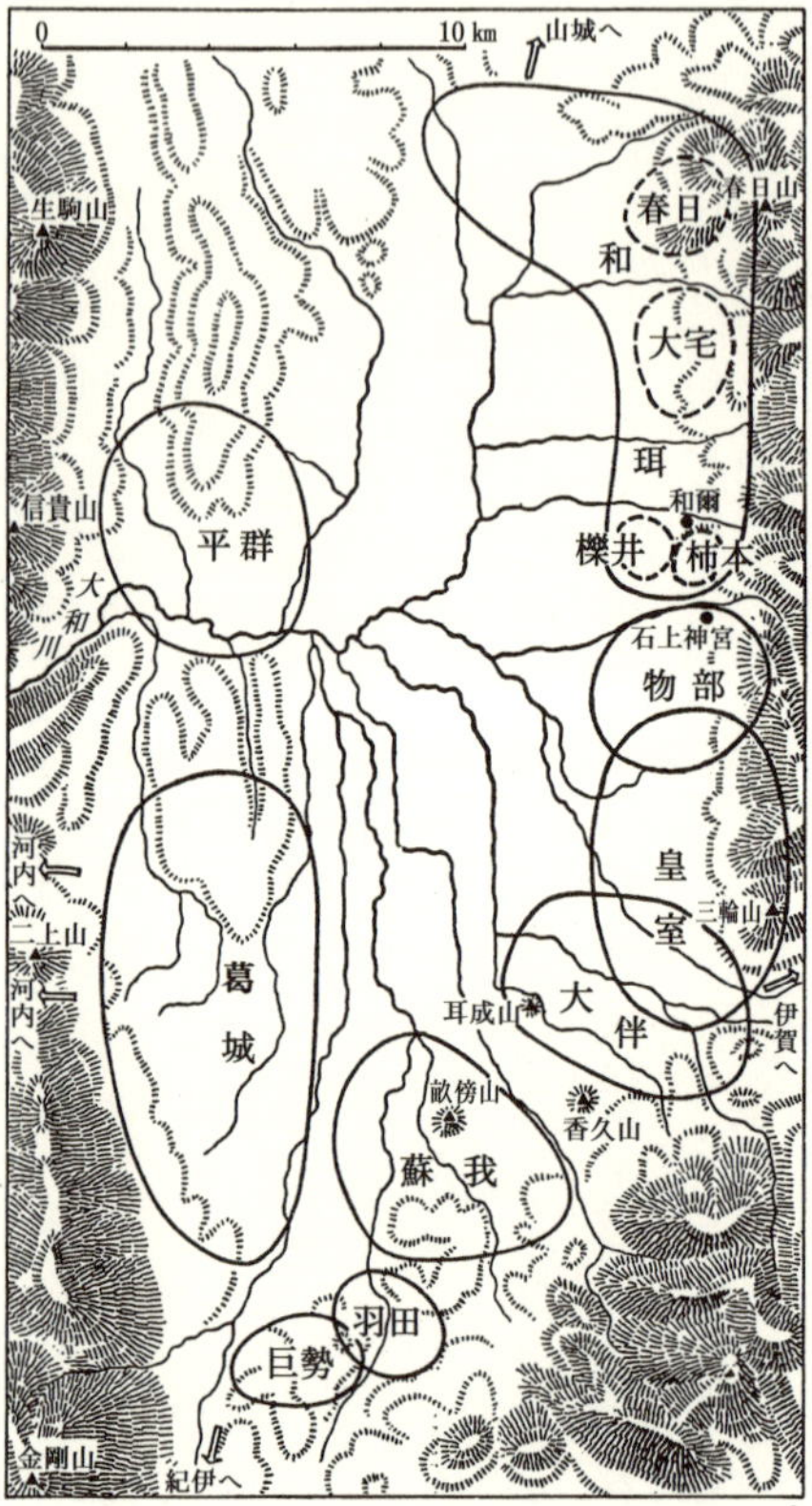

図1　岸俊男作成の大和の豪族分布図

考古学上の成果が曲りなりにもこうして採りいれられていったが、しかしそれは主として文献史学の射程外にある「原始」についてであった。国家形成にかかわる「古代」に記述が及ぶと、内容は一変した。たとえば肥後和男・平田俊春『高等日本史』（昭和三九年版）では、

　大和朝廷は皇室を中心に、大和の豪族によって構成され、しだいに各地の部落国家を服属させて、三世紀中ごろから、おそくとも四世紀の前半までに日本の大部分を統一したと考えられる。高塚式古墳が三世紀の後半に大和に出現し、急速に全国に普及していったのは、このような国家の統一と発展を背景としているものであろう。応神天皇や、仁徳天皇などの巨大な陵は、全国を統一した朝廷の権威がいかに強大であったかを示すものである。

とする。敗戦前の皇国史観の亡霊かと疑われるこの種の論調は、文献史学のなかでは承認を得ていたようであり、昭和三九年検定の家永三郎『新日本史』改定版（昭和四三年版）では、「天皇の出現」という項を設けて、

　全国の多数の小さな国を服属させて日本を政治的に統一したのは、大和盆地の小国の支配者であった皇室の祖先である。

と記述してあることからも察せられる。この記述は、岸俊男「古代豪族」（小林行雄編『世界考古学大系』第三巻　日

本3　古墳時代　昭和三四年）を下地にしたのかもしれない（図1）。しかし、
よりよき日本を建設することによって、よりよき世界の実現に突き進む。このような遠大な理想を達成する一助として、日本の歴史を、日本をとりまく世界とのつながりのもとに科学的に理解しようとするのが、日本史学習の目的である。

と高らかにうたい、「世界史と日本史」という小項を各編の冒頭に据えて執筆の意図を実現した家永のこの教科書に、「皇室の祖先」の記述は現在からみればふさわしくない。昭和四〇年に家永は教科書裁判訴訟を起こしているので、この記述は検定側の誘導というよりも、文献史学者の抜きがたい先入主が作用したとみるべきであろう。

なお、家永のために弁護すると、昭和四八年検定の昭和四九年再訂版では、「天皇の出現」を外して「大和政権」と「古墳の発達」に変え、「大和政権」では、

全国の多数の小さな国を服属させ、本州・四国・九州にわたる政治的な統一が実現し、最終的には大和盆地に本拠をおいた政権が中央政権の地位を占めるのであるが、その経過については現代の学界で多様な見解があり、確実なことはまだ明白でない。

また「古墳の発達」では、

……このような古墳の、大きな墳丘と内部の豊富な副葬品とは、この時期に階級分化がいちじるしく進み、強大な権力と巨大な富とを有する支配者層が成立したことを物語っている。それは弥生文化の時代と古墳のつくられるようになった時代との政治的支配の性格の相違を示すものでもあった。

としている。検定が行われた昭和四八年というと、家永教科書の不合格処分を違憲とする東京地裁の杉本判決が昭和四五年に出て、国側が控訴していた時期にあたる。家永のこの記述の改変に教科書裁判が影をおとしていたことは大いに考えられるし、改訂版と再訂版との一〇年間には「大学紛争」がはさまれていたことも忘れてはならない。

またこの間は大規模開発によって考古学資料が激増しはじめた時期であった。小林行雄『女王国の出現』(昭和四二年)のような一般書が刊行されて考古学による「原始・古代」像が広く流布するようになり、奈良県高市郡明日香村高松塚の壁画の発見(昭和四七年)が衆目を集めて考古学への関心が高まった時期でもあった[20]。家永が「弥生文化の時代」、「古墳のつくられるようになった時代」といい、稲垣泰彦ほか『三省堂日本史』(昭和四九年版)が執筆陣の一画に考古学者の甘粕健を加えて「縄文時代の社会」のように考古学上の時代区分を一部にせよ採用したのは、考古学が一般社会のなかで広く認知されるようになり、編集執筆に携ってきた文献史学者が無視しえなくなったことを物語っている。

考古学上の成果が「原始・古代」で重視され考古学者が執筆陣に加わるようになると、記紀の皇統に依拠して国家形成を皇室と結びつける安直な記述は、姿を消していった。そうして、前述の稲垣ほか『三省堂日本史』(昭和四九年版)における、

……各地の古墳は、その多くが前方後円墳であり、副葬品の組みあわせが鏡と玉と武器を中心にしているなど、きわだった共通点をもち、また、大和を中心とした畿内にとくに巨大な古墳が集中していることなどは、古墳を造営した各地の首長たちが、畿内の政治勢力を盟主として全国的な連合を形成していたことを推定させる。この政治勢力が大和政権であり、古墳は大和政権を構成する首長たちに共通した権威の象徴であったと考えられる。

という記述を読むと、内容の当否はともかく、それまでの文献史学者の手にかかる国家形成論との違いは明らかである。その意味で、門脇禎二ほか『三省堂高校日本史』(昭和五八年版)が「大和国家」に注をつけ、

大和とその周辺の豪族が、皇室の祖となった豪族を中心に結合して建てた国家。こののち、しだいに各地の王や小国を服属させていった。

と説明している点が注意をひく。「封建制」という語を遅くまで章の題名としてとどめた教科書であるだけに、この旧

態は理解に苦しむ。

さて、平成期の教科書を拾ってみると、それぞれ、児玉幸多ほか『日本の歴史』（平成六年版）は史料7、尾藤正英ほか『新選日本史B』（平成一三年版）は史料8として掲げた如くである。両者を較べると、「文化」に対する扱いに軽重の違いはあっても、原始、古代、中世、近世、近代、現代という区分を掲げている点で異ならない。和洋折衷の区分ではあっても、奈良時代のような列島固有の区分を前面に押しだすよりも、対外的な互換性は保たれている。ところが記述の内容をみると、「日本」の史実にほとんど終始しており、家永が高唱した「日本の歴史を、日本をとりまく世界の歴史とのつながりのもとに科学的に理解しようとする」日本史学習の目的からは遠く隔たっている。

この点からいうと、日本史教科書をＡＢに分離したことは特記される。青木美智男ほか『明解日本史Ａ』（平成一〇年版）では、史料9として示した構成から知られるように、日本の歴史的動態を東アジアやヨーロッパと関連づけて説くことをめざし、また、全体の三分の二を近・現代の記述にあてている。なお、第一部第一章第二節に「古墳時代とヤマト王権」という項を設けている。「古墳時代」という考古学上の用語が見出しに登場した稀有な例のひとつであることも付記しておきたい。近・現代重視といえば、田中彰ほか『日本史Ａ』（平成一三年版）はさらに異色である（史料10）。国際関係を重視した点や、近・現代に紙数を割いて原始と古代とを減殺した点に加え、近・現代から始めて時代を遡及する体裁で異彩を放っている。平成元年の学習指導要領改訂を経てＡ・Ｂに分割され、平成五年度から使われるようになった近・現代重視のＡは、このように構成上の多様さをそなえている。

以上、敗戦後の日本史教科書をとりあげてきたが、種類は多く変化は大きい。筆者が実際に眼を通すことができたのは一部であるが、それでも変化の趨勢は逸していないのではないかと思う。そこで、国粋主義的脚色が甚しかった「原始・古代」の記述の変化を約言しておくと、神話を外し考古学資料で客観性を保つ体裁を「原始」で採用し、しかし「古代」については「皇室」の祖先による国土統一を説く記述ぶりが、昭和四〇年代に入るまで続いた。そうして、

〔史料7〕児玉幸多ほか『日本の歴史』(平成六年版　山川出版社)

第一部　原始・古代
第一章　日本のあけぼの
第二章　大和王権の成立
第三章　古代国家の形成
第四章　律令国家の変質
第二部　中世
第五章　武家社会の形成
第六章　武家社会の転換
第七章　下剋上と戦国大名
第三部　近世
第八章　幕藩体制の確立
第九章　幕政の安定と町人の活動
第一〇章　幕藩体制の動揺
第四部　近代・現代
第一一章　近代国家の成立
第一二章　大陸政策の展開と資本主義の発達
第一三章　第一次世界大戦と日本
第一四章　軍部の台頭と第二次世界大戦
第一五章　現代世界と日本

〔史料8〕尾藤正英ほか『新選日本史B』(平成一三年版　東京書籍)

第一章　古代国家の形成と古代文化
一　原始社会の生活と文化
二　農耕社会の形成と大陸文化の摂取
三　律令国家の形成と古代文化の展開
四　貴族政治と国風文化の発達
第二章　武家社会の形成と中世文化
一　武家社会の形成と文化の新気運
二　下剋上の社会と庶民文化の萌芽
第三章　近世社会の形成と庶民文化の展開
一　ヨーロッパ文化との接触と国内統一
二　幕藩体制の成立
三　近世社会の発達と町人文化
四　近世社会の動揺と庶民文化の発達
第四章　近代国家の形成と国民文化の発展
一　開国と明治維新
二　立憲政治の成立と国民文化
三　日本の近代化と東アジア
四　デモクラシーと市民文化
五　激動する世界と日本
第五章　現代の世界と日本
一　占領と国内改革
二　国際社会への復帰と高度経済成長
三　石油危機と低成長の時代
四　新しい国際秩序と日本の課題

〔史料9〕青木美智男ほか『明解日本史A』(平成一〇年版　三省堂)

第一部　近代以前
第一章　大陸からの文化と古代国家の形成
第二章　中国の変動と中世社会の成立
第三章　東アジア世界のなかの中世日本
第四章　ヨーロッパとの出会いと近世社会
第二部　近現代
第一章　激動のアジアと近代日本への歩み
第二章　日清・日露戦争と資本主義の社会
第三章　第一次世界大戦と大正デモクラシー
第四章　日本の侵略と第二次世界大戦
第五章　戦後改革と冷戦のはじまり
第六章　現在の日本と流動する国際社会

〔史料10〕田中彰ほか『日本史A』(平成一三年版　東京書籍)

第一部　近・現代
第一章　欧米のアジア侵略と明治維新
第二章　近代国家の成立と国際関係の推移
第三章　両世界大戦をめぐる国際情勢と日本
第四章　現代世界と日本
第二部　前近代
第一章　世界のなかの日本
第二章　社会の動きと政治
第三章　日本文化の形成と発展

昭和四〇年代に考古学の知見や研究成果が社会的認知を得るにつれて、文献史学者の独壇場であった「古代」の記述に影響を与えるようになった。考古学から教科書への貢献をもしあげるとすれば、国土統一の記述から「皇室」を外させた点であろう。すなわち、考古学資料を前面に出し、「古墳文化」の拡張によって統一国家の形成を述べ、「天皇陵」のような大型古墳で権力の強大さを説くように変わったのである。しかし、「皇室」が外れたといっても基調は同じである。少し乱暴にいうと、敗戦の以前は神話が、以後は「皇室」そうして「古墳文化」が、国家形成を説明する手だてとして使われた。手だてに違いはあっても、国家形成の基調には何ら変化がないのである(21)。

また、国際性や互換性の有無に注目すると、昭和四〇年代以前は、マルキシズム史学のシェーマを時代区分の骨格に据えることで、充分とはいえないまでも互換性をそなえていた。ところが、マルキシズム史学の退潮だけが原因ではないであろうが、そのシェーマが脱落して「日本史」としての流れを重視した内向的傾向が幅をきかせるようになる。そうして平成期に入ると、その反省に立って、国際的動向や近・現代の記述に多くの紙数を割き、編集上の個性をきわだたせた教科書が登場して、選択の幅が大いに拡がった感がある。しかしこれらはあくまで一部であり、大勢を占める状態ではない。その意味で、互換性や国際性の乏しい閉鎖型の和製「日本史」を、敗戦後の一時期を除いて、教科書が再生産してきたと極言することができるであろう。

そもそも「日本史」という場合の「日本」とは何なのか。歴史教科書の経てきた道程は、この点を鋭く問うている。

第四節　自治体史の構図

都道府県と市町村とを指す自治体の歴史つまり自治体史の刊行は、経済の高度成長期の後半にあたる昭和四〇年代を境にして拍車がかかり、北海道から沖縄までを含めて数えあげれば夥しい数にのぼるであろう。自治体史の刊行がこれほど盛況を呈している国は、他に例がないのではなかろうか。その夥しい数を網羅する準備や余裕はないし、それが本節の目的でもない。自治体史の幾つかを例示して、「原始・古代」にあたる部分の構成や内容を吟味すれば足りる。

そこで、身辺にある鳥取県の『倉吉市史』（昭和四八年）を繙いてみると、それは史料11として掲げたような構成をとっている。この構成からわかるように、時代ごとに冒頭で総説を述べ、ついで市域内の具体例をあげる。総説とは時代の概観であり、たとえば弥生時代ならば、

　西暦紀元前二〇〇年ごろから、西暦三〇〇年ごろまでの約五〇〇年間を弥生時代といい、前期・中期・後期の三期に区分する。弥生時代の生活の基礎となる米作りの技術と、鉄器と布を織る技術とをたずさえた人々が、大陸（朝鮮半島南部）から渡ってきた。かなりの数の人間が渡来したことによって、縄文時代の停滞的な社会が農耕文化をとり入れ、急激に発展したのである。

と学界の当時の通説や有力な説を紹介したうえで、市域内の遺跡や遺物に叙述を移すのである。これは一般市民を意識した無難な構成であるともいえる

〔史料11〕『倉吉市史』（昭和四八年）

Ⅰ　先土器時代
一　土器のない時代
二　郷土の先土器時代

Ⅱ　縄文時代
一　狩猟の生活
二　郷土の縄文時代

Ⅲ　弥生時代
一　弥生時代の成立
二　弥生時代の生活
三　郷土の弥生土器
四　弥生時代人の精神生活
五　弥生時代から古墳時代へ

Ⅳ　古墳時代
一　古墳時代のはじまり
二　郷土の古墳文化
三　郷土の主な古墳
四　古墳時代の生活

Ⅴ　大化前代の郷土
一　氏姓制度
二　部民制度
三　国造制度
四　郷土における氏姓・部民・国造制度

Ⅵ　律令体制下の郷土
一　伯耆の国府と国庁裏神社
二　伯耆の国司
三　兵制
四　条里制とその遺構
五　産業　付税制
六　倉吉の古廃寺
七　伯耆国分寺と国分尼寺
八　四王寺の建立

Ⅶ　律令体制崩壊期の郷土
一　伯耆国の疲弊
二　伯耆国の争乱
三　伯耆受領の苛政

〔史料12〕『春日市史』上巻（平成七年）

第二編　原始・古代1
はじめに
第一章　原始時代
第一節　概説
第二節　旧石器時代
第三節　縄文時代
第二章　弥生時代
第一節　概説
第二節　春日市西部の遺跡
第三節　春日市中部の遺跡
第四節　春日市東部の遺跡
第五節　早・前期遺跡・遺物の特質
第六節　中期の遺跡・遺物の特質
第七節　後・末期遺跡・遺物の特質
第八節　奴国の問題
第三章　古墳時代
第一節　概説
第二節　前方後円墳
第三節　円墳・方墳
第四節　窯跡
第五節　集落
第六節　倭国の形成と発展の中で
第三編　古代2
第一章　春日市の人口変遷の推定
第二章　飛鳥・白鳳のころ
第三章　奈良・平安時代
第四章　古代の遺跡（節省略）
第五章　律令時代の農村と地方行政

〔史料13〕『岸和田市史』第一巻（昭和五四年）

序章
第一章　岸和田のあけぼの
第一節　旧石器時代
第二節　縄文時代
第二章　水稲農耕文化の展開
第一節　新しい文化の渡来とその特色
第二節　池上遺跡と大津川右岸の弥生文化
第三節　岸和田の弥生時代
第四節　神於山と流木出土の銅鐸
第三章　前方後円墳の時代
第一節　摩湯山古墳の時代
第二節　久米田古墳群の盛衰
第三節　前方後円墳の衰退
第四章　小古墳の展開
第一節　群集小古墳の系譜
第二節　岸和田の後期古墳
第五章　遺跡各説（以下省略）

〔史料14〕『宮崎県史』通史編　原始・古代Ⅰ（平成九年）

第一章　旧石器文化の成立と県内の文化の幕開け
第二章　縄文文化の形成と生活の定着
第三章　弥生文化の発展と住居・生産技術の新たな展開
第四章　古墳文化の展開と首長群の台頭
後　章　本県の考古学上の諸問題と展望

〔史料15〕『長岡京市史』本文論（平成八年）

序章　乙訓と長岡
第一章　自然環境（節省略）
第二章　採集社会から農耕社会へ
第一節　人類の足あと
第二節　採集社会の発展
第三節　農耕の開始
第三章　古代国家の成立
第一節　古墳の時代
第二節　豪族と古代寺院
第三節　律令国家の成立
第四章　長岡京時代
第一節　長岡京の発見
第二節　長岡京と古代宮都
第三節　長岡京時代の生活と文化
第四節　木簡からみた長岡京
第五節　長岡京時代の政治と経済
第五章　長岡京廃都と平安京
第一節　長岡京の廃都
第二節　平安時代の乙訓
第三節　平安時代の宗教と文学

が、しかし、倉吉市という昭和四八年当時の行政単位を過去に投影する点では、日本史教科書の自治体版であり、総説のなかに具体例を埋没させた点で、具体例によって立ちあげていく帰納的発信に乏しい。

その点で、福岡県の『春日市史』上巻（平成七年）は注目される（史料12）。構成をみると、原始・弥生・古墳に区分した各時代の記述は、最低限にとどめた概説をまずおき、つぎに具体例をあげ、さらに論考を添えて終る体裁をとっている。「古代2」では、それぞれ第二・第三章が概説、第四章が具体例、第五章が論考にあたるから、ここでも同じ体裁を踏襲していることになる。このように具体例の末尾に論考を添え、しかも、「原始・古代1」の第二章第八節と「古代2」の第一章とを費して、この地の人口の推移を復原している点で、総説を述べ具体例をあげるにとどまる通例の自治体史の水準を凌駕している。

発行年が前後するが、大阪府の『岸和田市史』第一巻（昭和五四年）では、考古学資料を使って歴史叙述を行い、遺跡や遺物の紹介を後に回している（史料13）。本書のように歴史叙述と資料紹介とを分離する構成は、のちに自治体史が大冊を競うようになると、それぞれ通史編、資料編として分離される。その一例として、『宮崎県史』通史編　原始・古代Ⅰ（平成九年）を史料14としてあげた。「県内」や「本県」という表現があり、節の題名でも「県内」が多用されている。県という現在の行政単位を過去に投影したことが、露骨にわかる例である。アナール学派初期の歴史学者M・ブロックが『ウール・エ・ロアール県における聖堂騎士団』と題する著作の誤りをとりあげ、第一にウール・エ・ロアール県が聖堂騎士団の時代に存在しないという点で時間的な、第二に県の境界と騎士団の活動域とが一致しないという点で空間的な錯誤があることを指摘している。(22)「県内」や「本県」を使うことの誤りはまさしくここにある。

さて、考古学上の時代区分は、歴史教科書よりも自治体史のなかで幅をきかせている。『岸和田市史』第一巻では古墳時代を二分して、そのひとつを「前方後円墳の時代」と言いあらわしてあったけれども、考古学上の時代区分の枠からは出ていない。「日本」の全域を覆うことができない、しかも互換性に乏しいこの区分が、自治体史によって再生産されている点に、地域や時代の錯誤と並ぶもうひとつの問題がある。考古学上の時代区分が流布することは、何であれ喜ばしいように思われるかもしれないが、関係者の責任と自戒が求められるのである。

『長岡京市史』本文編一（平成八年）はその意味で特筆される（史料15）。考古学上の時代区分名を章立てから外し、本書はこうして列島内外との比較を可能にする互換性と相対性とを獲得している。他方、地域史を叙述する目的は、ジグソーパズルでチップを置くように「日本史」像を精細化する、というだけにとどまらないはずであるから、地域からの発信という点では『春日市史』上巻に大きく後れをとっているように思う。長岡京の造営地でありその叙述に紙数の多くを費しているけれども、宮都の地として選ばれた必然性を地域の史的脈絡として説く姿勢が乏しいのである。

〔史料16〕『旭川市史』第一巻　（昭和三四年）

第一編　自然環境と人口の推移（章省略）
第二編　先住民族
第一章　伝説コロボックル族
第二章　先史時代
第三章　アイヌ族
第三編　探検期（章省略、以下同じ）
第四編　創業期
第五編　自治と行政

〔史料17〕『新紋別市史』上巻　（昭和五四年）

第一編　紋別の先人たち
第一章　洪積世のころ
第二章　紋別の先史人
第三章　紋別地方の先住民族
第四章　紋別市内地名解
第五章　紋別の伝説
第二編　紋別の夜明け
第一章　宗谷場所の開設
第二章　紋別地方統治の推移
第三章　産業と出産物
第四章　明治時代初期の紋別
第三編　紋別百年のあゆみ
第一部　発展のいしずえ（章省略）

〔史料18〕『新札幌市史』第一巻　通史一　（平成元年）

第一編　札幌の自然史（章省略）
第二編　先史の札幌
第一章　北海道の先史文化
第二章　旧石器時代
第三章　縄文時代
第四章　続縄文時代
第五章　擦文時代
付章一　札幌の考古学研究史
付章二　先史文化人の形質
第三編　イシカリ場所の成立（章省略、以下同じ）
第四編　イシカリの改革とサッポロ

ところで、列島内には考古学上の時代区分の通有の体系が適用できない地域があることは先に述べたが、そのひとつである北海道をとりあげて、自治体史の内容を瞥見してみよう。道内の自治体史のすべてには当たっていないが、それでも通有体系の枠外にある地域史の傾向は伝えられるのではないかと思う。『旭川市史』第一巻（昭和三四年）では史料16、『新紋別市史』上巻（昭和五四年）では史料17としてそれぞれ示したような構成をとる。前者が掲げる「探検期」や「創業期」、後者がうたう「夜明け」や「発展」という言葉に接すると、アメリカ大陸のことかと錯覚するほど、侵入者側を正統化する姿勢が透けてみえる。他方、『新札幌市史』第一巻　通史一（平成元年）をみると、無意識にせよ和人の侵略を肯定していた語が消え、学術的な内容に終始している点で、前二者と大きく異なっている（史料18）。編集方針の違いによるのであろうが、「発展」を無条件に讃美しえなくなった時代の趨勢が影響したことは否めない。また、「先史」という語が三者ともに使われている点も、時代区分論からいえば注意される。「原史」と「有史」とが時代区分として北海道に存在するということなのであろうか。

第五節　比較論と地域論

歴史教科書の記述の推移を辿ってみると、日本という近代国家の軌跡が浮かびあがってくることは示した通りである。編纂を掌り執筆に携った文献史学界としては、国の方針を汲んだということなのかもしれないが、時流におもねあるいは旧態にこだわった過去があったことは、逃れようのない事実である。これは考古学界も同断である。他方、自治体史は昭和四〇年代以降刊行が盛んになり、編集執筆に考古学者も大きく関与するようになったが、考古学資料によって描かれた歴史像とは、一部を除けば、行政上の区分に則し「総説」に埋没した、〇〇県の「原始・古代」である。「日本史」というジグソーパズルを完整させるチップの役割を担ってきたわけである。教科書の内容は教育を通し受験勉強で増強されて広範な若者に影響を与え、自治体史上の記述や資料は地方公共団体の公的記録として公開され保管される。その意味で教科書と自治体史とは、一般書とならんで、学界という閉じられた世界と一般社会とをつなぐ数少ない門戸にあたる。その門戸に「日本」という国民国家が介在しているということになるわけである。

近代の所産である国民国家の存在自体を問い、あるいは後近代論を展開するなかで、国民国家の超克を唱える議論は数多い。歴史学界にとどまらず日本だけに限られない大きなうねりを形成していることは、西川長夫『国民国家論の射程』(平成一〇年)や植村邦彦『「近代」を支える思想―市民社会・世界史・ナショナリズム―』(平成一三年)などから察することができる。しかしもしここで本書が、これらの議論を容れて国民国家の解体に資する考古学を高唱したとするならば、「現下の情勢」に指嗾され時流に走った過去の日本史学界や考古学界と、同じ途に足を踏みいれることになるであろう。情勢や時流に偏することなく、つねに人間存在を観じる。ここから働きだして日本考古学の「日本」という刻印が消えるのかどうか、はたしてそこにもうひとつの日本考古学 alternative archaeology in Japan があらわれでるのかどうか、本書はこのミドル・レインジの地平に問題を据えることにしたい。

さて、この可能性を追究するにあたって、二つの手だてが考えられてくる。そのまずひとつは、比較考古学の実践である。(23) 複数の文化や文明を均等にとりあげた考古学的研究は、比較考古学と概括されているが、方法や目的まで立ちいると、筆者の身近にある乏しい著書を開くだけでも一様でないことがわかる。たとえば、McC Adams, R., *The Evolution of Urban Society : Early Mesopotamia and prehispanic Mexico* (Weidenfeld and Nicolson, 1966) は、副題で知られるように、初期のメソポタミアと先スペイン期のメキシコという、時空間が異なる二地域をとりあげて、都市社会の成立に関する共通点を抽出する。特定の主題を定め、相違する文化や文明のなかからふさわしい例を選んで共通点を導き出す、プロセス考古学に立脚したこのような研究は少なくない。「初期国家」を問題にしたH・J・クレッセンらの一連の著作は、(24) 条件に適う例を広く検索し、こうしてその普遍性を立証しようとする点で、目的は同じでも方法上の差異がある。Bray, T. L. (ed.), *The Archaeology and Politics of Food and Feasting in Early States and Empires* (Kluwer Academic/Plenum Publishers, 2003) は、祝宴という主題を掲げ、メソポタミア、エジプト、中国、インカなどでその存在を抽出する。掲げた主題が小さく、叙述も存在の例示にとどまるが、目的や方法はクレッセンらと変わらない。この種の研究もまた例は多いことであろう。

このように特定の主題をあげ、その人類史上の普遍性を立証しようとする研究は、しかし、文化や文明を構成する総体からそれぞれ一部分を切りとってみせる点で、換言すると、総体の脈絡のなかで部分が占めた位相は顧慮しない点で問題がある。エジプト、中国、マヤなど初期文明の七例を組上にのせ、国家形態、経済基盤、政治と文化、宗教を比較したB・G・トリッガーの研究は[25]、多面的に比較し、かつ共通点と相違点とを均等に評価するので、偏見が入りこむ余地が少ない。しかも、人間行動を形作る要因として文化的（cultural）と実際的（practical）との二つをあげて立論しており、この問いは人間存在の本質に触れる。特定の主題を掲げて人類史上の普遍性を追究する多くの論述と、これらの点で一線を画している。

さて、国家の出現や都市の形成のような人類史上の大主題にせよ、祝祭のような小主題にせよ、とりあげられた文化や文明は、研究対象であり、普遍的存在であることを立証するための材料である。トリッガーが大陸をまたいで選んだ初期文明の七例もまた、多様な比較を試み、人間存在の本質にまで論を進める基礎資料であった。比較という場合には、文化や文明の複数をこのように扱うのが、考古学ではおそらく一般的であろう。ところが、筆者がかつて呈示し実行した比較考古学は、進化主義やプロセス論によって彩られたこれらとは、方法も目的もちがっていた[26]。

すなわち、古墳時代を「国家形成史」、「鉄器時代」、「大型墳墓造営期」、「同時代史」という、互換性をそなえた素数に因数分解してユーラシアの歴史世界に投げいれ、親《ちか》しきを求め隔たりを測り、こうしてふたたび古墳時代像を組みたてようとした。互換性を準備してユーラシアへ向かい、ふたたび古墳時代へ還ることによって、古墳時代を相対化しようとしたのである。またそのもういっぽうで、畿内の古墳文化をとりあげて心性上の系譜と変遷を描いた。これは、墳墓の大型化を指向し国家形成を主導した畿内人の心性を、古墳文化域内で相対化しようと試みたのである。それぞれユーラシアと列島とを念頭におき、比較考古学的に相対化をはかった結果の当否については識者の叱正を仰ぐとして、日本考古学から「日本」の刻印を消しさる本書の目的からすれば、いずれにせよ前者は不徹底であり、後者は未完成であった。

そこで、比較考古学とならぶもうひとつの答えとして、地域考古学の革新を提起したい。それでは地域とは何なのか。地理学はもとより、社会学や民俗学や近年では歴史学においても、地域論が示されているので、管見に触れた範囲で各分野の所説を紹介しつつ、〇〇県の考古学から脱却する方途を追求したい。

地理学の分野では、水津一朗『社会集団の生活空間』（昭和四四年）がW・クリスタラーの中心地理論を歴史的推移として読みかえ、地域は構造体であると圏域論の立場から説いている。構造をそなえた拡がりとして地域を把握する見方は、青木伸好『地域の概念』（昭和六〇年）によれば、構造主義からの影響であるという。千葉徳爾『民俗と地域形成』（昭和四一年）が冒頭でフランスの地理学者A・ショレイの *La Géographie*（1951）の一節、

地域とは、人間集団がその活動形態を発展させ、組織立てるために、また集団の生命の継続を確保し、その勢力を増大するために作りあげたところの、組織（システム）に対して用いられなくてはならない。

を引いて、地域を説明している。地域を構造体とみる考え方は、したがって民俗学の地域論にも流れこんでいることになる。

なお、前述の青木の著書は、構造主義だけにとどまらず現象学などの哲学上の思潮が、地理学における地域概念の形成に大きな影響を与えたことを、実例をあげて述べている。地理学における地域概念の多様さを、こうして窺いしることができる。

他方、社会学の分野では、立本成文『地域研究の問題と方法』（平成八年）が、

世界単位というのは、したがって、文化システム、社会システム、生態環境のそれぞれの力学の相乗作用によって現成すると考えられ、客観的に、多くの人が納得できるように構成されうる、最適・最大の当体である。

と説く。「当体」には「当該システム自体、ありのままの本体」という説明がつけられており、また「世界単位」とは「完結しているようで完結していない世界、それを完結したものと見なしたもの」であるという[27]。そうしてマレー世界を例にあげ、固有性と連鎖性とを属性として問題にし[28]、地域概念を革新して地球世界における多元主義的共存の基礎に据えるのである。

歴史学の分野でも、単なる空間的区分にとどまらない地域論が、濱下武志・辛島昇編『地域の世界史』第一巻　地域史とは何か（平成九年）で示されている。このなかで濱下は、地域が辿った歴史を述べ、

まず、地勢的に区画された空間があり、それは自然地理に基づいた地域区分である。この自然地理のうえに、人間の社会生活が営まれ、風土や民俗を共有する民族が居住する地域があらわれる。その上位に政治的な権威や権力が覆いかぶさり、……政治・経済的地域区分があらわれる。この行政的地域区分の一つの歴史的帰結が、国家である。それはまた領域国家として成立し、排他的に自己の地域区分を主張するにいたった。……さらに国家の上位に、国家の延長としての国際関係があらわれる。その結果として、地域は固定され、国家や民族の活動が前面にでることとなり、地域概念は国家の後景に退くこととなった。

と説く。こうして地域研究がないがしろにされてきた事情を指摘したうえで、

……国家に最終的に収斂しそれにつながれてゆく地域研究は、現在問題とされるべき地域研究ではない。今問題とされるべき地域研究の課題は、国家や民族を相対化する方法としての地域論・地域研究を改めて検討することである。

と結論づけて、二一世紀の歴史研究のあるべき姿を提示する。ところが、地域を研究することの必要性に多くの紙数を費したせいであろうか、核心の地域概念については、

「地域」を概念化する過程で、「地域」は内包としての一般定義に向かうと同時に、外延として、地域の包摂性・複合性・ネットワーク性においても特徴づけられよう。

と述べるにとどまる。地域のもつ属性はこの記述から汲みとることができるが、内的構造への言及の乏しい点が惜しまれる。(29)

ところで、地形と気候と植生と表層地層とから構成される自然条件は、地域を区分する所与の特質的因子として扱われてきた。そうしてこれらの条件は、人間の営為と関わってはじめて地域区分上の意味を生むことになるという。ところが、近年の海流研究などの成果によれば、気候は全地球的な規模で連関し変動していることが明らかになりつつある。(30)地形や植生や表層地層は、地震や火山噴火によって局地的に変化を被るとともに、気候条件に大きく左右される。したがって、気候が全地球規模で連関し変動するという事実は、自然条件を所与の因子とみてきた静的認識に変更をせまるであろう。もしそうであるとすれば、立本の説く連鎖性や濱下のいうネットワーク性のような結ばれた地域間だけにとどまらず、全地球的規模で因果関係が生じることになる。そこで、同時性を共有する変動、これもまた地域の属性に加えておきたい。

さて、革新された地域概念と、ここから必然的に導かれる地域史の理念は、古代史の領域で長年交されてきた、たとえば国家形成論とは、議論の基盤を異にしている。国家形成を論じるさいには、エンゲルスやサーヴィスやクレッセンなどによる定義ないし規定を陰に陽に援用し、多少の差異はあっても影響を受けてきたことは、幾多の論考の蓄積と学史の展開とが示している通りである。学史は若いが、これは都市の出現という問題についてもいえる。ところが、地域を歴史学の対象とする場合、概念や属性は提示されていても、国家形成論に比肩しうるような定義や規定は

見あたらない。国家形成論とちがって、強い中心性や等質性さらには社会階層性が、議論の不可欠な要素ではないからである。たとえば前述の青木の著書で紹介されている、現象学の影響を受けてl'espace vécu（実体験空間）を問題にする地域論は、国家形成論のような「硬い」議論の対極にあり、人間の精神世界に基礎をおくのである。

したがって、地域研究が進展すれば、定義や規定を求める渇が癒されるということではなくて、地域論とは元来、国家形成論のように定義や規定を掲げて出発することができない性格を帯びている。しかしそれゆえにこそ、国民国家史を貫き、ディシプリンを越える射程を有することが、地域論の学際的な拡がりからも察せられるのである。

日本の考古学の現況をかえりみると、地域差や地域色や地域性という語を論文などでよく眼にする。地域的な隔差や偏差、特色や個性を指す点では、意味としてこれらの語に大きな違いがないように思われるかもしれない。実際のところ、たとえば空間的な拡がりをそなえた土器様式の個性というつもりで、地域性という語が頻用されているが、これは、地域差や地域色という語におきかえてもさしつかえない程度の、いうなれば好みの問題である。

ところが、地理学よりは遅れるにせよ地域を早くから研究対象にしてきた民俗学の分野では、考古学の場合のように大雑把ではなく、地域差と地域性とを使いわける動きがあったことは、岩本通弥「地域性論としての文化の受容構造論—『民俗の地域差と地域性』に関する方法論的考察」（平成五年）[31]に詳しい。すなわち、岩本は、文化人類学や民俗学における用法を検討したうえで、地域的な差異を指す地域差という語には混乱がないが、地域性の用法は定まっていないと結論づける。そこで、『日本民俗事典』（昭和四七年）[32]のなかで千葉徳爾が執筆した「地域性」という項目の記述をあらためて評価し、地域性とは単なる個性にとどまらない内的構造に及ぶことを説示する。

それならば、民俗学と同様にしばしば地域差について議論する考古学もまた、地域性の用法については岩本の所説を汲むべきであろうと思う。つまり、地域性という語は、地域差や地域色を発現せしめるシステムやメカニズムを指す用法に限定する方が、曖昧な状態で放置するよりも学理にかなっているのである。地域性という語を不用意に使っている日本の考古学の現況は、同学としての自省を混じえてあえていえば、地域研究の意義に関する自覚が乏しいことを、はからずも露呈している。社会学や民俗学や文化人類学、さらには歴史学においても、十年余り前に地域研究が高揚をみせ、それぞれが競うように研究上の地域の意義を高唱していたのであるから、同調するかどうかはさておいて対応をしてこなかった点で、考古学はその鈍感さを詰られても反論ができないのではなかろうか。

注

(1) 坪井正五郎「日本考古学講義」(『文』第二巻第八号　明治二一年)。
(2) 鳥居邦太郎『日本考古提要』(明治二二年)。
(3) 坪井正五郎「石器時代総論要領」(田中正太郎・林若吉編『日本石器時代人民遺物発見地名表』明治三〇年)。
(4) 坪井正五郎「足利古墳発掘報告」(『東京人類学会雑誌』第三巻第三号　明治二一年)。
(5) 八木奘三郎「日本の古墳時代」(『史学雑誌』第七編第一一号、第八編第一・第四号　明治二九・三〇年)。
(6) 八木奘三郎「日本考古学の組織(承前)」(『考古』第一編第五号　明治三三年)。
(7) 那珂通世「日本上古年代考」(『文』第一巻第八・第九号　明治二一年)。
(8) 那珂通世「上世年紀考」(『史学雑誌』第八編第八—第一〇・第一二号　明治三〇年)。
(9) 喜田貞吉「古墳の年代を定むる事に就て(坪井博士の丸山古墳の年代推定説を論ず)」(『歴史地理』第五巻第三号　明治三六年)。
(10) 蒔田鎗次郎「弥生式土器(貝塚土器ニ似テ薄手ノモノ)発見ニ付テ」(『東京人類学会雑誌』第一一巻第一二二号　明治二九年)。
(11) 中山平次郎「九州北部に於ける先史原史両時代中間期間の遺物に就て」(『考古学雑誌』第七巻第一〇号—第八巻第三号　大正六年)。
(12) 浜田耕作「考古学上利器の材料による時代の区分に就いて」(『歴史と地理』第一巻第三号　大正七年)。

(13) 山内清男「日本遠古之文化」(『ドルメン』第一巻第四—第九号、第二巻第二号　昭和七・八年)。
(14) 浜田耕作「日本の古墳に就いて」(『歴史と地理』第三巻第二号　大正八年)。
(15) 浜田耕作「朝鮮に於ける考古学的調査研究と日本考古学」(東京人類学会編『日本民族』昭和一〇年)。
(16) 注13に同じ。
(17) 小林行雄「古墳の発生の歴史的意義」(『史林』第三八巻第一号　昭和三〇年)、同上『古墳時代の研究』(昭和三六年)に改筆載録。
(18) たとえば藤原俊成『古来風躰抄』の一節「彼の人の歌どもは、上古・中古、今の末の世までを鑑みけるにや、昔の世にも、末の世にも……」(橋本不美男ほか校注・訳『歌論集』日本古典文学全集　五〇　昭和五〇年)、藤原定家『詠歌大概』の一節「近代の人の詠み出づる所の心・詞は、……」(同前)。永藤靖『中世日本文学と時間意識』(昭和五九年)参照。
(19) 内藤湖南が大正一一年一月五—七日の『大阪朝日新聞』に「日本文化とは何ぞや」と題して執筆している。その冒頭に「文化と云ふ語は、近頃流行し、何ものにでも此の二字が附せられると景氣好く見えるかのやうであるが、……」とある点から、文化という語の大衆化した時期が察せられる。『内藤湖南全集』第九巻(昭和四四年)所収。また「国史ハ小学校ニ於テ人物ヲ主題トセルモノヲ総括シテ、歴史上重要ナル事蹟ヲ授ケ、特ニ高学年ニ於テ更ニ文化史的ニ批判綜合スルモノトス」という昭和六年改訂の歴史教育上の注意が影響しているのであろう。
(20) 三十余年後のいま、「ねつ造」事件に続く壁画汚損問題で、考古学は社会的信頼を失いつつある。高松塚は考古学とマスコミとの関係を考えさせる象徴的存在でもある。
(21) 形態と規模とが異なる古墳を階段状に配して「階層制」を表したいわゆる都出モデルは、教科書に掲載されても不思議でないほど基調が合致している。
(22) M・ブロック(高橋清徳訳)『比較史の方法』(昭和五三年)。原著は Pour une histoire comparée des sociétés européennes, *Revue de synthèse historique* (1928)で Bloch, M., *Mélanges historiques*, t. I (Paris, 1963) に掲載。
(23) 比較史については注22の著作が方法論を説いている。M・ブロックが比較史を積極的に提唱した動機として、まずは人種問題、国民史の枠を打破すること、次いで比較史というと直ちに相異なる民族あるいは国家間の比較と理解する一般的な思いこみを批判することが含まれていた、と訳者の高橋が解説で述べている。「日本」という刻印を消しさるために「比較」という方法を筆者が用いることに思いいたったのは、実はブロックのこの著作に接するよりも以前であった。目的は同じであっても、比較の方法が異なるので、併読願えればさいわいである。

　比較というと文明論が思いうかぶほど、この分野の実践例はウェーバーやトインビーなど名だたる歴史家の業績を含めて数多い。堤彪『比較文明論の誕生』（昭和六三年）で紹介されているが、筆者には歯がたたないので、考古学の分野の比較論を管見の範囲で示すことにした。

（24）Claessen, H. J. & P. Shalník (eds), *The Early State* (Mouton Publishers, 1978); Claessen, H. J. & P. Shalník (eds), *The Study of the State* (Mouton Publishers, 1981); Claessen, H. J. *et al.* (eds), *Development and Decline* (Bergin and Garvey Publishers, 1985); Claessen, H. J. & P. van de Velde (eds), *Early State Dynamics* (Nas, P. J. M. ed., *Studies in Human Society*, vol. 2, E. J. Brill, 1987); Claessen, H. J. *et al.* (eds), *Early State Economics* (Aronoff, M. ed., *Political and Legal Anthropology Series*, vol. 8, Transaction Publishers, 1991); Claesssen, H. J. & J. G. Oosten (eds), *Ideology and the Formation of Early State* (Nas, P. J. M. ed., *Studies in Human Society*, vol. 11, E. J. Brill, 1996).

（25）B・G・トリッガー（川西宏幸訳）『初期文明の比較考古学』（一九九三年　平成一三年）。なお、括弧内の西暦年は原著出版年を示す。以降の章の注においても同じ。トリッガーの近作である *Understanding Early Civilizations: A Comparative Study* (Cambridge University Press, 2003) では、構想にさらに血肉を与えて完整度を高めるとともに、脳や神経の分野にまで立ちいって人間行動の要因を追究している。この大冊を遺して、彼は二〇〇六年に逝去した。

（26）川西宏幸『古墳時代の比較考古学』（平成一一年）。

（27）「世界単位」という用語と概念設定は、高谷好一『多文明世界の構図―超近代の基本的論理を考える―』（平成九年）にもみられる。立本との差異を検討することは筆者の力量を超える。

（28）古川久雄「地域研究―実践知の新たな地平―」（『アジア・アフリカ地域研究』第一号　平成一三年）が、地域は固有性と共通性とによって認識されるべきであると説き、「地域には地球大の共通性も、地域独自の固有性も埋め込まれている」と述べる。固有性と共通性あるいは連鎖性とによって地域をとらえ、固有性を構造あるいは「力学の相乗作用」のなかに求める考え方は、地域論の原点として尊重されるべきであると思う。

（29）地域を国家の軛から解き放って「内包」と「外延」とを問う視座は、歴史学の分野では注22として掲げたM・ブロックの著作の一節「地域史研究がなければ、比較史は何もなしえないからである、逆に、比較史がなければ、地域史研究は、何も生み出さないであろう」にも示されている。また地域を構造としてとらえる見方も、歴史学の世界では早くからアナール学派によって実践に移されていたことが、ブロックの著作によって知られる。濱下は現在の世界情勢の変革が地域を歴史研究の表舞台に登場させたと説く。たしかにその通りであろうが、淵源は古い。

（30）福澤仁之・落合浩志「気候変動に周期性をもたらすものがあった」（小泉格・安田喜憲編『地球と文明の周期』（講座文明と環境　第一巻　平成七年）。

（31）岩本通弥「地域性論としての文化受容構造論―『民俗の地域差と地域性』に関する方法論的考察―」（『国立歴史民俗博物館研究報告』第五二集　平成五年）。

（32）大塚民俗学会編『日本民俗事典』（昭和四七年）。

第二章　人類史との疏通

第一節　人間の圏域—四〇キロ域—

エジプト　揺籃期のエジプト考古学の泰斗であり、日本の考古学のはるかな遠い恩人であるW・M・F・ピートリが、著作 *Social Life in Ancient Egypt*（1923）のなかで、古代エジプトの圏域をとりあげて次のように論述している。

　エジプト三角州《デルタ》地帯の州《ノーム》の首邑間の距離は平均して二一マイル（約三四キロ）で、初期のメソポタミアの諸都市間の距離が平均二一マイルであるのと酷似している点が注意される。なんらかの物理的要因が、こうした原始支配の境域を制限しているらしい。それは早期の首邑の基本的機能である、穀物の集中貯蔵庫でありうる距離的限界を、しめすものではないか。穀物を集中し得るのは（半径）一〇マイルまでで、それ以遠は運搬コストが高くつくので、より近い中心をつくって集める方が安あがりなのである。もしそうだとすれば、エジプトの州の単位またはユーフラテス河流国家の州の単位は、穀物の集中貯蔵である。そして独立の都市国家を形成する力をあたえるものは、余剰農産物の集中貯蔵である。交換手段が国家の大きさを規制するのである。[1]

これは、古代エジプトのノモス（州）の成因について触れた一節である。新しい情報がめまぐるしく飛びかうエジプト考古学の現況のなかで、この著作も、ピートリの鋭い歴史意識を物語るこの論述も、すでに忘れられているが、

表1　古代エジプトの時代区分

先王朝時代	前五五〇〇～三一〇〇年
王朝時代	
初期王朝時代（第一・第二王朝）	前三一〇〇～二六八六年
古王国時代（第三～第六王朝）	前二六八六～二一八一年
第一中間期（第七～第一一王朝）	前二一八一～二〇五五年
中王国時代（第一一・第一四王朝）	前二〇五五～一六五〇年
第二中間期（第一五～第一七王朝）	前一六五〇～一五五〇年
新王国時代（第一八～第二〇王朝）	前一五五〇～一〇六九年
第三中間期（第二一～第二四王朝）	前一〇六九～七四七年
末期王朝時代（第二五～～第三一王朝）	前七四七～三三二年
ギリシア・ローマ時代	
プトレマイオス朝時代	前三三二～三二年
ローマ（支配）時代	前三二―後三九五年

（『大英博物館古代エジプト百科事典』による）

しかし充分に玩味すべき内容をなお含んでいる。

さて、年ごとのナイルの増水がエジプトの豊かな穀物生産をもたらしたことは、ローマ帝政時代に、首都ローマの人口百万余をエジプト搬出の穀物で三―四カ月は養いえたらしいことからも察せられるが、(2) ピートリはこの豊かな穀物生産とその集中貯蔵とが、エジプト各地に都市国家を成立させたとみる。そうして北方デルタの例をあげ、ノモスの首邑間の距離が平均二一マイル（三三・六キロ）で、メソポタミアの初期の都市間の距離と等しいこと、穀物の集中貯蔵が首邑の重要な機能であり、首邑間の距離は穀物の運搬コストによって制限されていたことを提示する。

ノモスは古代エジプトの行政区であり、しかもそれぞれに独自の標章をもっていた。全土に神殿が営まれてアモン・ラー神信仰の一色に染めあげられていたようにみえる新王国時代においてさえ、各ノモスで奉祭されてきた神がアモン神と合祀されて命脈を保っていたことが知られている。また、第一王朝期に神殿に奉納された石製の大型化粧板に描かれた図文に、ノモスの標章と同じものがあるところから、ノモスの起源は先王朝時代に遡ることが説かれてもいる(3)（表1参照）。

もっとも、ピートリが例にあげた北方デルタの二〇のノモスが確定されたのは、ギリシア・ローマ時代であるらしい。(4) ノモス同士を限るナイルの流路が長い間に増水で変化し、数や境界が時代によってちがっていた形跡があるというのである。ピートリの二一マイル説には、この点で不安が残る。そこで、流路が単一で流域幅が狭く、したがって増水による影響が少なかった上エジプトをとりあげて、設けられた二二のノモスの区画を概観してみると、首邑間の距離は二一マイル説を支持してもさしつかえないことを示している。すなわち、最長八〇キロ余の第一ノモスから最短二〇キロ足らずの第一一ノモスまで、ノモスの規模には大小の差がみられるけれども、また、差がある理由について確かなことはわからないけれども、首邑間の距離は平均すると二一マイルに近い。

なお、R・フリードマンが土器で提示した先王朝時代のナカダ文化期における圏域が四〇キロほどで[5]（図2）、D・オコナーがウィルボウ・パピルスなどの史料から導いた第一―第二一ノモスの平均規模が四〇キロ余であり[6]、D・ケスラーが精査した第一五・第一六ノモスの首邑間の距離は二一マイル前後である[7]。土器の圏域にせよノモスの規模や首邑間距離にせよ、二一マイル説はこうして実証例が見いだされる点で的を逸していないと思われる。

図2　土器からみたナカダ文化の地域圏

メソポタミア　メソポタミアの都市間を二一マイルとみたピートリの根拠がまだよくわからないので、新しい知見で検証してみると、G・A・ジョンソンの業績がまず注意にのぼる[8]。ティグリス川東岸のディヤラ平原に営まれた初期王朝時代I期の集落の分布を、W・クリスタラーの中心地理論に沿って分析し、結果を公表している（図3）。それによると、五ヘクタール以上の面積を有する都市同士の距離は、平均二五―三〇キロをはかる。ついで、H・J・ニッセンの分析があげられる[9]。ユーフラテス川下流東岸に位置する図抜けた大都市ウルクの周辺で、集落分布の分析を行って、ウルクの影響が及んだ範囲をつきとめた。中心地理論を使った分析の結果、ウルク期後期から初期王朝時代にかけて及んだ影響の範囲は、直接には中心から一二キロ、間接には同じく一

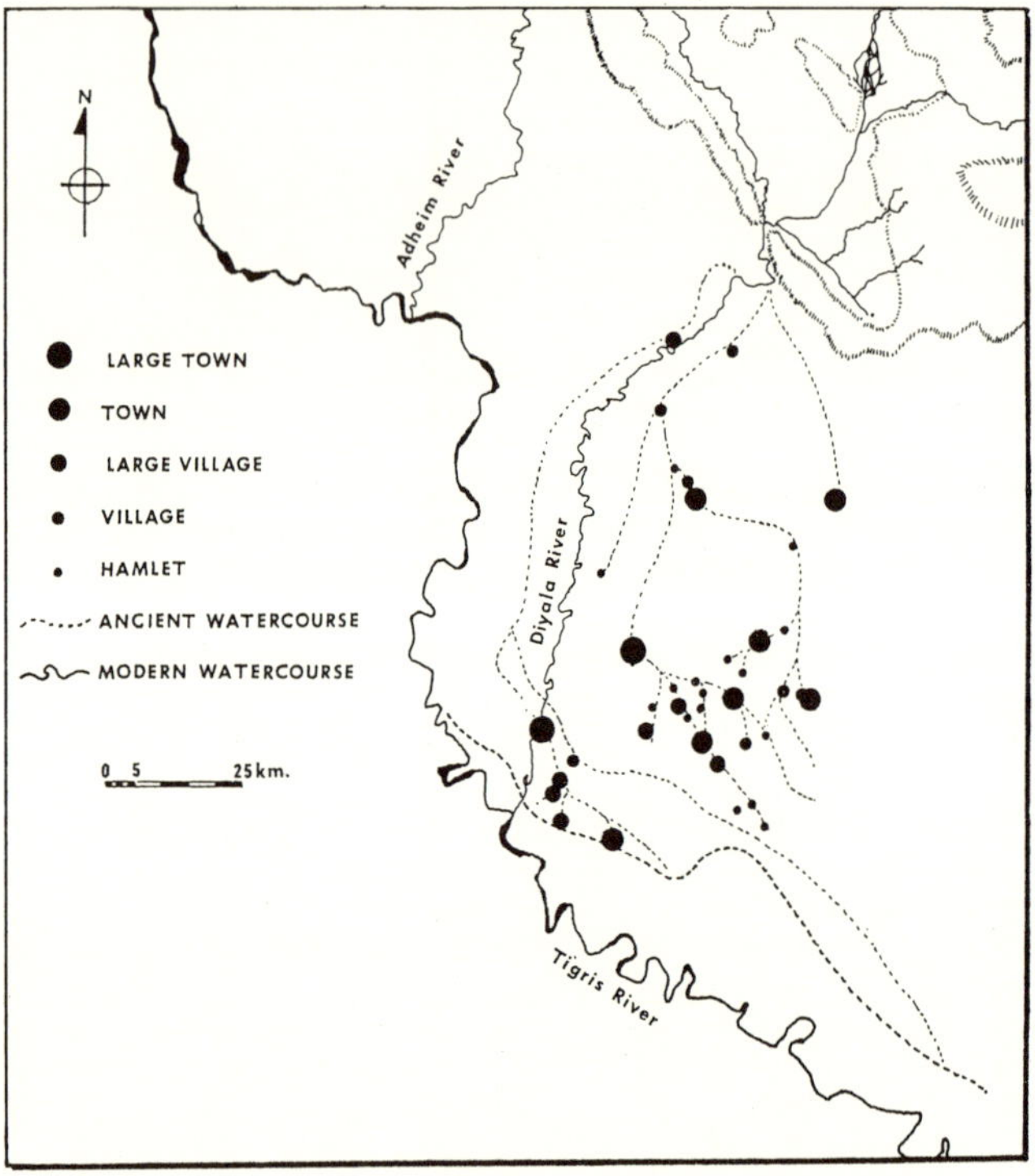

図3　イラク・ディヤラ平原における初期王朝時代Ⅰ期のセトゥルメント・パターン

五―三〇キロに達したという（表2参照）。

ウルクというとさらに、R・マックアダムズの業績が想起される。[10] ウルクの位置するユーフラテス川下流平野で精細な分布調査を実施して、主要集落同士の距離が前三千年紀では二五―三五キロ、前三千年紀末ないし前二千年紀初頭では一二―四三キロ、初期王朝時代後半では一〇―三二キロ、全土を統一したアッカド王朝下では一〇―三〇キロをそれぞれはかるという結果を導いた。この精細なセトゥルメント・パターン研究によって、この地の大規模灌漑が国家形成の原因というよりも産物であることが明らかになり、K・ウィットフォーゲルの提起した東洋的専制体制治水起源説[11]を後退させた。南メソポタミアの初期王朝時代の頃に、シリア方面ではエブラ王国が栄えていたが、その首都址テル・マルディークと、筆者も調査に加わった地方都市址テル・マストゥーマとは、一八キロをはかる。これを「遊牧民が羊を連れて一日で往復できる距離」とみた脇田重雄の臨場感のある指摘は距離の意味を考えさせる。[12]

表2　古代メソポタミアの時代区分

南メソポタミア	北メソポタミア		
ウバイド期（ 一前4000年）	ウバイド期（ 一前4000年）	銅石時代	
ウルク期（前4000—3100年前後）	ガウラ・ウルク期（前4000—3000年）		2900
ジェムデト・ナスル期（前3000年前後）	ニネヴェ5期（前3000—2500年）	青銅期時代前期	
初期王朝時代（前2700前後—2340年）	都市国家の形成と発展（前2500		
アッカド時代（前2340—2150年）	アッカドによる支配		
グティ時代（前2200—2100年）	フルリ人による支配		
ウルⅢ王朝時代（前2100—2000年）	2000年）		2000
古バビロニア時代（前2000—1600年）	古アッシリア時代（前2000—1595年）	中期	1600
中期バビロニア時代（前1600—750年）	ミタンニ王国時代（前1500—1280年）	後期	
	中期アッシリア時代（前1450—1013年）		1200
アッシリア支配時代（前750—640年）	新アッシリア時代（前972—668年）	初期鉄器時代	
新バビロニア時代（前640—539年）	メディアとバビロンの対立（前668—539年）		
アケメネス朝ペルシア時代（前539—331）			
セレウコス朝時代（前312—141年）			
パルティア王国時代（前141—後230年）			
ササン朝ペルシア時代（後230—642年）			
イスラム時代（後642—）			

こうして導かれた主要集落間の距離をエジプトの例と比較すると、メソポタミアの方がいくぶんにせよ短い傾向のあることが現状では見てとれる。すなわち、二一マイルを境にして、エジプトでは長く、メソポタミアでは短い傾向がある。この違いを強調して意味を求めようとすると、集落間のネットワークが、エジプトの場合にはナイル沿いに直線的であるのに対して、メソポタミアでは網目状に結ばれる点が問題になるであろう。また、B・G・トリッガーがエジプトを領域国家、メソポタミアを都市国家に入れて類型化したような社会政治システムの相違も、考慮されるにちがいない[13]。いずれにせよ傾向の相違については、いっそうの検証や考究をまつことにして、さしあたっては二一マイル説がエジプトとメソポタミアに通用することを確認して、ピートリの慧眼を高く評価しておきたい。

中国　文明の出現を念頭においたセトゥルメ

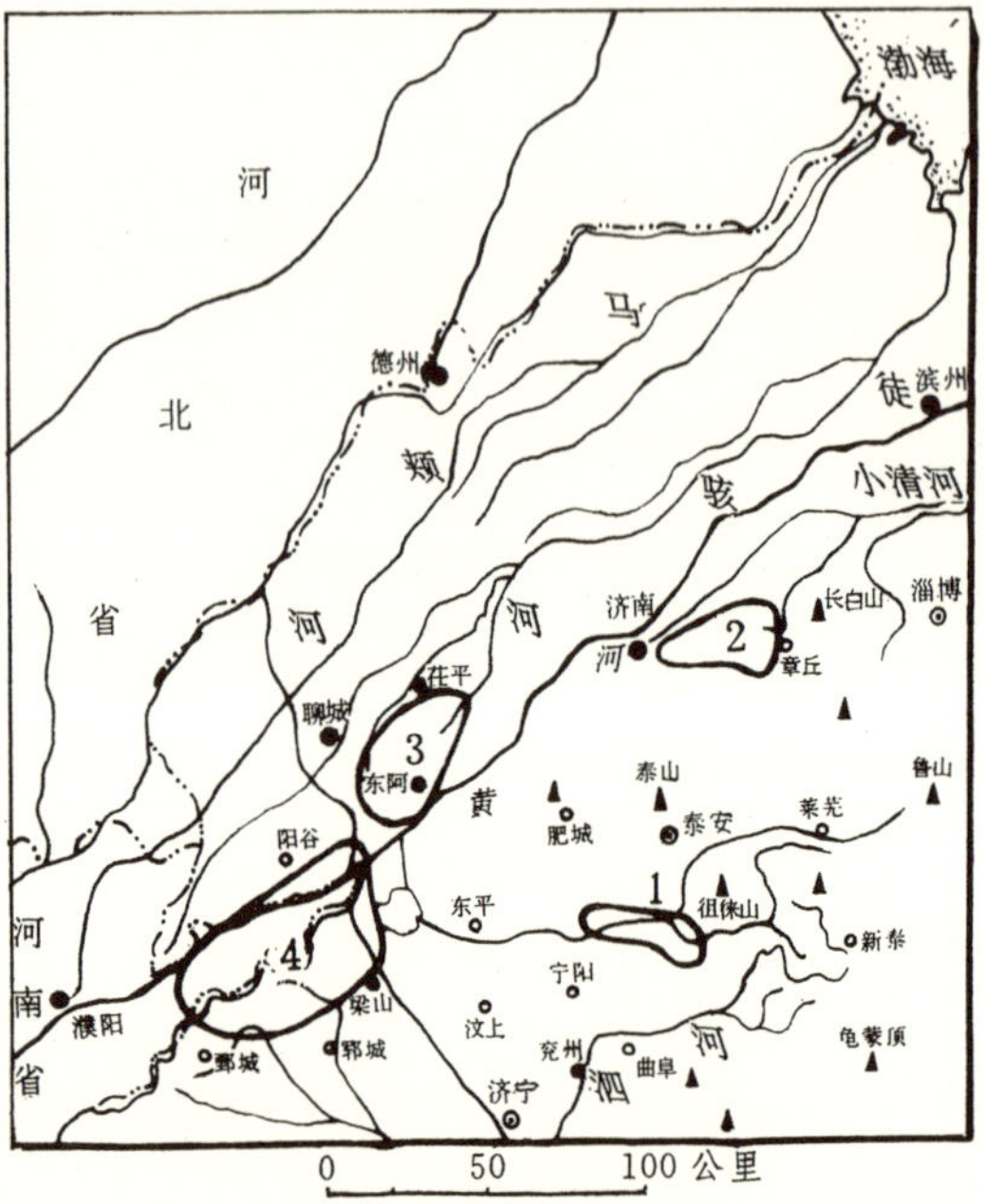

図4 大汶口（1）・城子崖（2）・教場鋪（3）・景陽岡（4）古国位置図

ント・パターン研究が、中国で高まりをみせて久しい。中国文明を育んだとされる河南省方面だけにとどまらず黄河流域の各地で、さらには自余の地でも、都市かと疑われる囲郭集落の存在が確かめられて、文明の出現過程があらためて問題になってきたからである。

そこで、後述するC・レンフリューなどの方法から影響を受けて、集落分布を問う研究が提示されつつある。たとえば、山東省西部の泰山方面の囲郭集落に注目してその分布状況を分析した張学海の結果によると、前四千年紀を中心とする新石器時代大汶口文化期の晩期に山東省泰安市大汶口を首邑に四〇×八キロ域が、前三千年紀末頃の銅石時代龍山文化期に入ると、山東省章丘市龍山鎮城子崖を首邑に五〇×四〇キロ域が、山東省荘平県楽平鎮教場鋪を首邑に四五×二五キロ域が、山東省聊城地区陽穀県景陽岡を首邑に八〇×三五キロ域が、それぞれ地域圏として抽出される(14)（図4）。そうして各圏内の集落は規模の序列によって、首邑を頂点とする成層的な構成が復原されるという。首邑は規模の大きさだけでなく、技術や財が集中していた形跡をとどめていたから、これを張は国都と呼び、各圏域を古国と称して、文献上の記録と結びつけようとした。文献の濫用に問題が残るけれども、圏域の広さについては、張が前年に公表した山東省南西部の龍山文化期集落群の圏域、すなわち第一群三六×一五―二五キロ、第二群二〇×二〇キロ、第三群四五×一六キロ、第四群四八×一六キロ、第五群四〇×二〇キロに近いので、信頼性は高いといえる[15]。ちなみに、宮本一夫によれば山東龍山文化期の城址は、約五〇キロ間隔で分布するという[16]。

河南省域を次にとりあげると、嵩山方面の集落群を分析した大貫静夫によれば、龍山文化期集落群の拡がりは、長軸の直線距離で二〇―三〇キロ前後であるという[17]。また、鄭州南方の龍山文化期集落の分布をL・リュウが問題にしているが[18]、そこで示された首邑同士の距離は最大で七三キロ、最小で二〇キロをはかる。これは平均すれば、宮本がいう山東龍山文化期における城址間の距離に近い。ところが、鄭州南方を含めて中原の龍山文化期集落を扱った銭耀鵬の圏域復原は、首邑の位置が他案と異なる[19]。すなわち、安陽市后岡、登封市王城岡、新密市古城寨、淮陽県平粮台、漯河市郝家台、輝県市孟庄という首邑がそれぞれ要《かなめ》に位置する、扇形の集落分布域を復原し、これを中原の特色とみて争乱の存在と結びつけるのである。中心地理論を汲んで円ないし楕円の中心近くに首邑を配する復原案とちがっているので、臨場感に乏しい筆者に同説の当否はわからないが、ただ、最大は平粮台群で四七×二〇キロ、最小は后岡群で一〇×五キロをはかる。したがって規模の点では、大貫案とあまり変わらない[20]。

倭　関東の弥生土器研究のなかで、霞ケ浦周辺で型式の変遷を追い分布域を描いた小玉秀成の研究が注意される[21]（図5）。圏域の復原に資するところが少なくないからである。その研究成果によると、弥生時代前期には荒海式が霞ケ浦南部一帯を覆い、中期には足洗式が霞ケ浦の沿岸一帯に拡がっている。ところが後期に入ると、複数の型式が分立して分布域は縮小の傾向をみせる。そうして後期後半には、西縁の上稲吉式、南縁の臼井南式系、東縁の十王台式が並立する、という推移がみとめられる。つまり分布域の広さは、前期で六五×三五キロ、中期で最大七〇×七〇キロ、後期で上稲吉式が二六×三一キロ、臼井南式系が四〇×二〇キロ、十王台式が五〇×八〇キロ余をはかり、上稲吉・臼井南式系がともに二〇―四〇キロ域を構成しているのである。なお、分布域が南北に長い十王台式は、分布の中心である北方の久慈・那珂川流域から拡がって、南は霞ケ浦東縁に至っており、水陸ともに海沿いの移動がこのよ

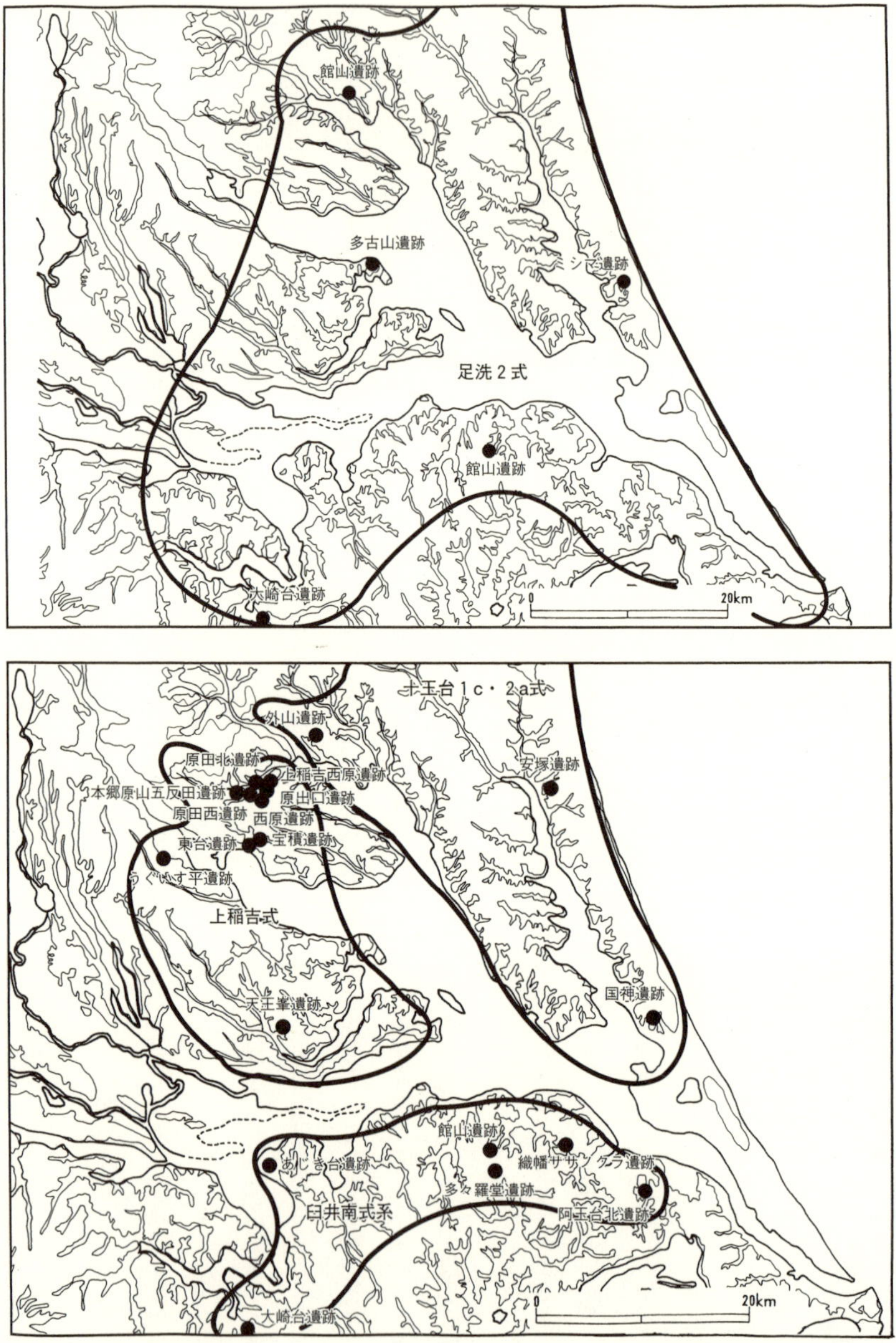

図５　霞ヶ浦周辺における弥生土器分布圏と主要遺跡　上：中期中葉　下：後期末

うな広域の分布を実現したのであろう。分布の中心に限るならば、三〇キロ域の範囲を出ないようである。

移動といえば、霞ケ浦周辺の弥生時代集落について、後期までは定住度が低く、後期後半をまって大型集落が現われ定住度の高まったことも、小玉によって指摘されている。[22] 様式分布域の縮小は、移動から定着へという生活形態の変化と時を同じくする点で、定住度の高進と中核集落の出現とによって、必然的に導かれた変化であったと考えたいところである。そうして、この縮小した結果が二〇—四〇キロ域を示すことは、ユーラシアの諸例と共通する点で留意されるのである。

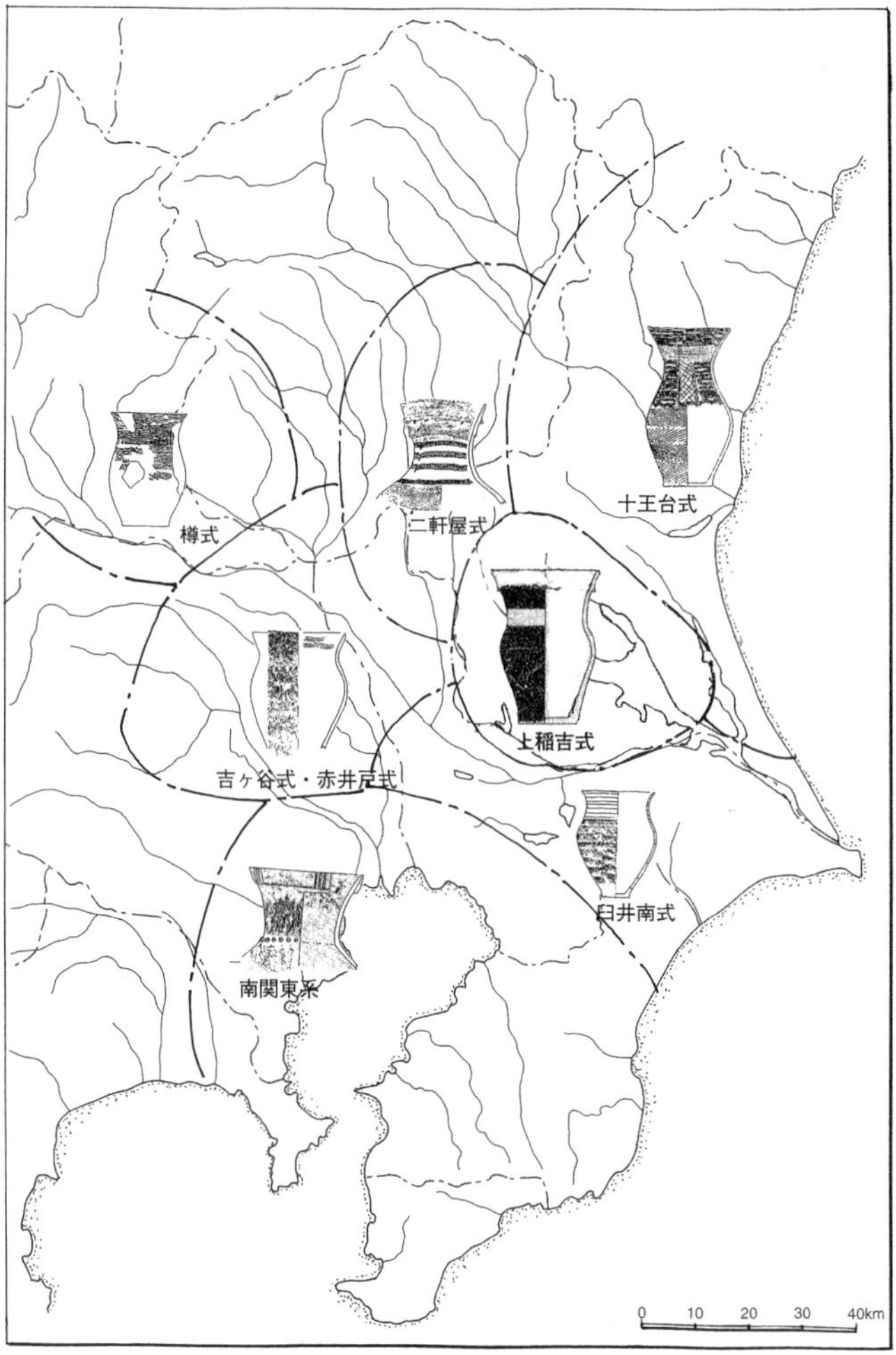

図6　関東における弥生時代後期後半の土器分布

　そこで、後期後半の関東で知られている他の土器様式にも眼を向けると、下野の二軒屋式、上野の樽式、武蔵北部の吉ケ谷・赤井戸式はそれぞれ、三〇—五〇キロの分布域を占めることが既存の研究から知られる[23](図6)。また、南関東系として一括りにされている南武蔵ないし房総方面の土器様式は、これをはるかに越えた広い分布域を有するけれども、西相模・南武蔵・房総・臼井南式系に細分しうるらしい[24]。それならば、細分されたそれぞれが拡がる分布域は狭く、三〇—五〇キロ域にとどまるとみても大過ないようである。ちなみに、中部高地で広大な分布域を擁する箱清水式についても、飯山盆地、善光寺平南部、松本盆地北部、上田盆地、佐久盆地のあいだで差異があるらしく[25]、また南北七〇キロをはかる琵琶湖岸の近江では、南北に土器様式圏が分離されている[26]。後期後半にあたるこれらの例は、二〇—四〇キロの拡がりを有する。

さらに九州北部において高倉洋彰が「クニ」として復原した中期の地域圏などを加えて、後期後半にとどまらない例を添えることもできる[27]。以上例示したような圏域について、日本の考古学のなかでほとんど扱われてこなかったというのは過ぎるにせよ、この問題を人間のレベルから立ちあげた地理学上の議論に注意を払ってこなかったことは確かである。

四〇キロ域の歴史的意義　実例をこうして連ねてみると、ピートリが説いた二一マイルという圏域は、降水量や地形や植生などの自然環境、天水か灌漑か、米作か麦作かという農法、牧畜への依存度、さらには文明の揺籃地か縁辺かという文化地理的占位のような種々の相違を貫いて、広く存在していたらしいことが知られた。そこでこの、二〇—六〇キロの範囲にほとんどの例がおさまることになった圏域の拡がりを、ピートリの二一マイル説を加味して、四〇キロ域によって代表させることにする。

さて、四〇キロ域は地理学の方面に研究上の蓄積が多い。すなわち、水津一朗『社会集団の生活空間』(昭和四四年)によれば、一〇世紀前葉に編纂された『延喜式』巻二四主計上に記載された遠距離交通路の所要日数からみて一日の行程は三〇—四四キロであり、これはシーザー傘下のよく訓練されたローマの重装兵団が、一日で行進しえた距離に近いという。ちなみに、日本橋を起点として京の三条大橋で終わる江戸時代の東海道は、四九二・一キロである。これを二週間ほどで踏破したというから、一日の旅程は平均三五キロ前後になることも、時代を跨いで水津の数値を支持する。また、同じく『延喜式』巻二四主計上に武蔵国から平安京まで一五日を要した記載がある。武蔵国府を起点にしたひとつの目安であったにせよ、江戸時代にほぼ等しい点もつけ加えておく。

この、人間の運動能力によって一日の旅程として制限される距離が、圏域を生み、これに四〇キロという輪郭を与えたと考えれば、地域の諸条件を貫いて四〇キロ域が抽出されたことは頷ける。たとえば、明治初年の新潟平野の諸都市は、城下町や宿場町など起源に違いはあっても、ほぼ一五—四〇キロの間隔で分布している。[28] 一日の旅程で往きさらには反ることが、立地上の要件になっているのである。また水津一朗『社会集団の生活空間』（昭和四四年）を引用すると、

> C_2とG_2の中間には、グン・フルデルトシャフト（ゴー）裁判管区・高僧区（大教区）・バン領主圏レベルのM_2圏が形成される。M_2の母胎は、G_1の拡充によるもの、C_1の範囲をほぼうけつぐものなど、多様であるが、大部分は一河谷流域を本拠とし、その面積は一〇—三〇〇km²前後に落着くことが多い。この面積規模は、一日で中心まで

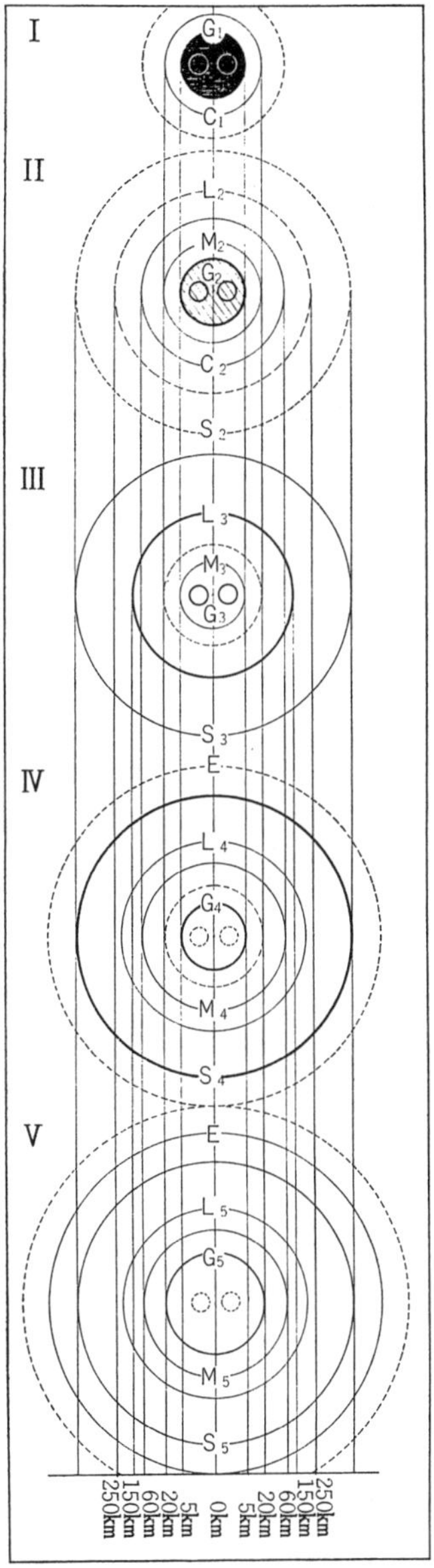

図7　水津一朗による地域進化のシステム

日帰りできる範囲（一八㎞前後）である。その中心集落としては、郡衛やゴー裁判所所在地・大教区教会所在地などがあげられる。

とある（図7参照）。G_1とは第一段階の「予想しうるもっとも原初的な基礎地域」で、「狩猟社会のホルドやバンド、あるいは農耕社会のガウや郷レベル」にあたり、C_1とは同段階の「元来部族領域に由来するもの」である。これが第二段階のC_2に至って「クニ・カウンティー・キヴィタスレベルのC_2として拡充するとともに、制度的にも秩序づけられ、……大部分の居住地が中心から一日で到達しうる距離五〇―六〇キロ内に収まりうることがあげられる。その中心集落として、国府レベルの都市が発展する」という。つまり、単純化して示せば、

Ⅰ	G_1 ホルド バンド 郷など		C_1 部族領域
Ⅱ	G_2 郷などの自律性を維持（中心から五キロ）	M_2 中心に郡衛など（中心から一日で往復できる一八キロ前後）	C_2 クニなど（中心から一日で到達しうる五〇―六〇キロ内）

ということになるであろう。四〇キロ域はM_2にあたるが、この登場を水津が後出的とみている点に注意を促しておきたい。

さて四〇キロ域の問題は、考古学の分野ではピートリ以降、C・レンフリューによって復活され形をかえて論じられて、国家形成研究に多大な影響を与えた。[29] 気象の研究から生まれたというティーセン多角形法を使って、首邑や都

市が占めた圏域の広さを求め、自らのフィールドであるミケーネやミノスにエトルリアやマヤなどを加えて分析対象を増やし、これが四〇キロ域にあたることを説いた。そうしてこの圏域を、初期国家単位 early state module（略称ＥＳＭ）と呼んだのである[30]（図８）。

このＥＳＭの提唱が中国の文明形成研究に影響を与えたことは既述の通りであるが、他方、理論考古学の分野ではＧ・Ａ・ジョンソンが、Ｏ・Ｅ・ウィリアムソンの説いたコントロール・ロスという考え方に立って、ＥＳＭ論に評価を与えた点は、説としての拡がりと深化を物語っている[31]。これによると、四〇キロ域とは、情報の減損や歪曲が増加する限界域であり、国家形成期におけるエリート層のコントロール能力の限界を示す。そうして、情報の集積と回復と伝達とを可能にした点で文字体系の発達は、この限界域をはるかに越える広域の階級社会の形成を可能にしたというのである。

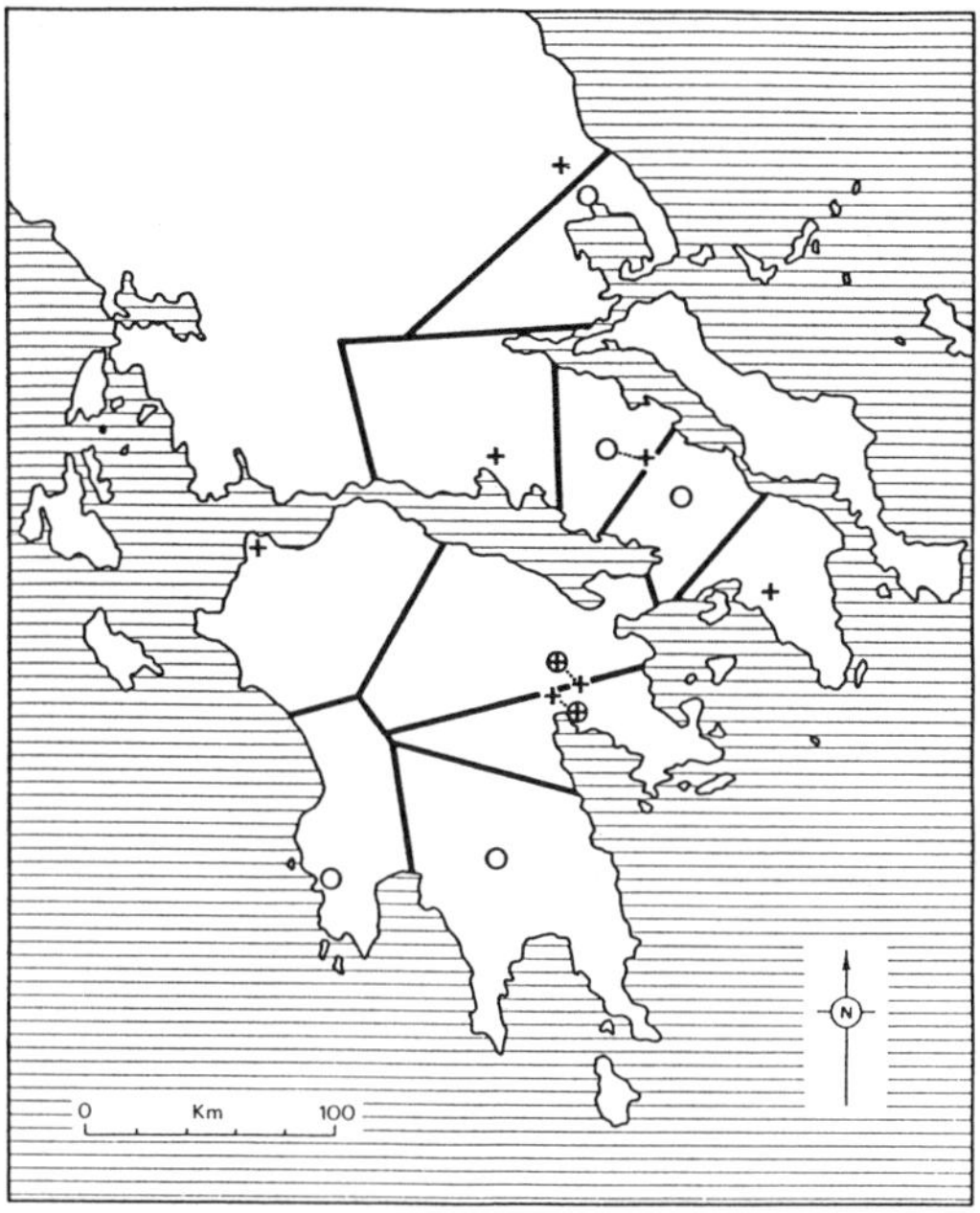

図８　ミケーネにおける初期国家単位

北ヨーロッパとりわけドイツの歴史世界から帰納した水津はともかく、レンフリューにせよジョンソンにせよ、彼らの説く四〇キロ域とはあくまで理念型である。ひとつの中心をアプリオリに設定する点では、単核の理念型にあたる。国家形成の過程で個性ある存在としてこれが現れでるというが、はたして実態に即しているのかどうか、日本のフィールドのなかでは、検証が充分であるとはいえない。たとえば前述の霞ケ浦周辺の場合、上稲吉式分布圏内の中核集落群は、一日で圏内を往復することが難しい縁辺に位置している。あるいは、霞ケ浦周辺とちがって弥生時代前期から定住の痕跡をとどめる倭の西方諸地域の場合、いつから四〇キロ域が顕在化するのか、それは単核であるのか、核の位置はどこか、四〇キロ域の存在は垣間みえるのでこれらの吟味が急がれる。

その意味で、『漢書』地理志が記す「楽浪海中有倭人　分為百余国」は、単核構成であったことを想像させるにせよ、百余は実数とかけ離れているように思われる。『後漢書』倭伝のいう「三十許国　国皆称王」の方が、四〇キロ域としてはまだしも実数に近いのではないだろうか。

第二節　人間の圏域―二〇〇キロ域―

エジプト　エジプトの南端アスワンから内陸のヌビアに向かってナカダ期に搬出された土器を、高宮いづみがとりあげている(32)。その結果によると、搬出されたエジプト製土器が占める比率は、アスワンから二〇〇キロほど隔たったところを極低域とすることが知られる。すなわち、硬質オレンジ土器の場合、ナカダⅡ期ではアスワンから南へ一五〇キロまで達しているが、離れるにつれて比率は減少する（図9上）。そうしてⅢ期に入ると、到達距離は三五〇キロまで延びるが、比率は離れるにつれて低減して二〇〇キロのところで極小を示し、ふたたび増加している。また、ナカダⅢ期の波状把手土器の場合は、距離に比例して比率を下げながら一七〇キロに達し、同じくⅢ期の大型壺形土器の場合は、一七〇キロまで達するがいったん分布が絶え、三〇〇―三五〇キロで回復してふたたび比率を増加させている（図9下）。つまり、消失か回復かの違いがあり、この違いが示唆する歴史的意味は国家形成史上軽くないと思われる。しかし、二〇〇キロあたりに搬出の限界域が存在する点もまた事実であり、筆者としてはこの点に注目したいのである。

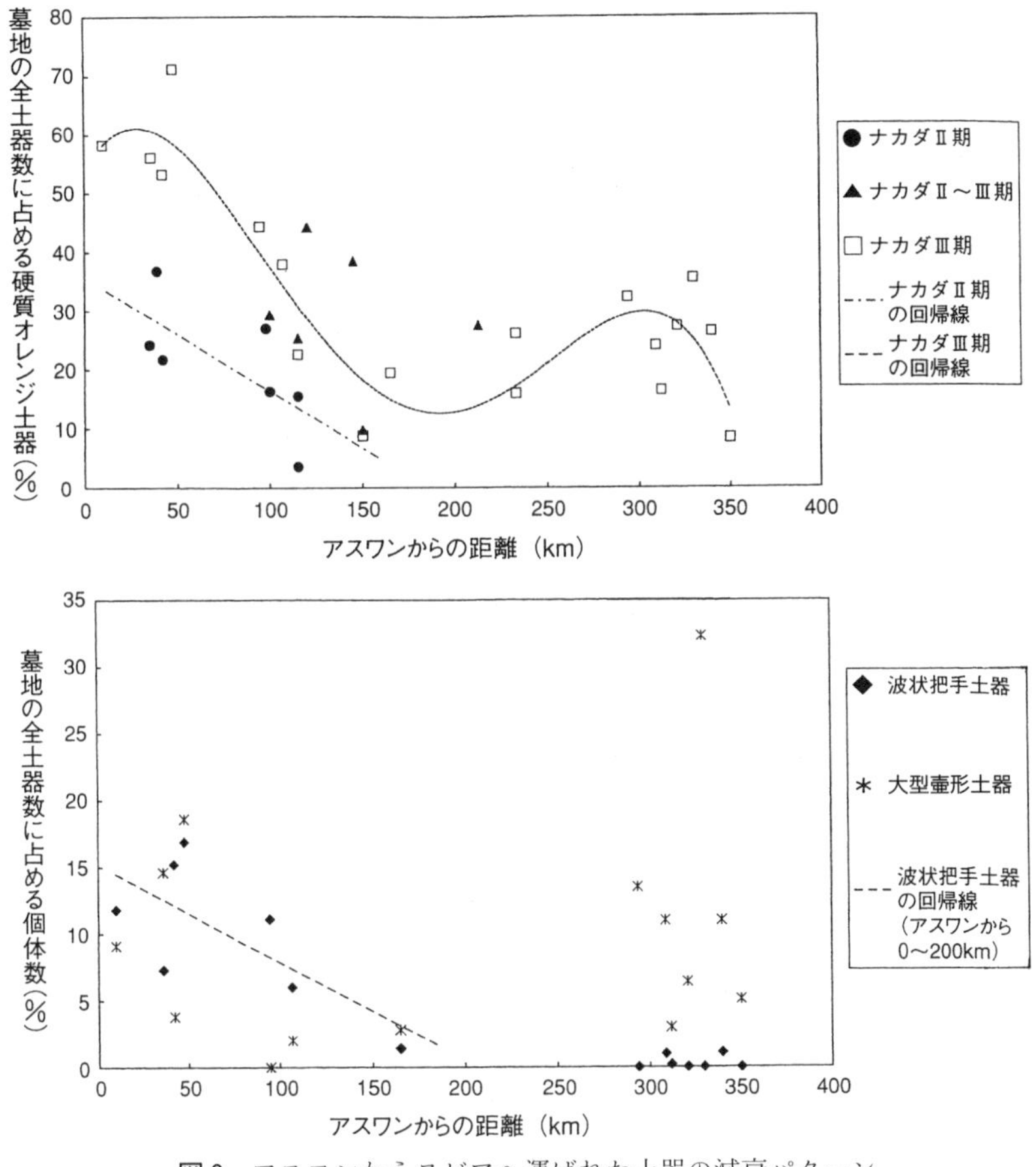

図9　アスワンからヌビアへ運ばれた土器の減衰パターン
上：Aグループ文化墓地の硬質オレンジ土器　下：波状把手土器と大型壷型土器（ナカダⅢ期）

さて、国家形成といえば、屈指のエジプト考古学者であるB・J・ケンプの「独占ゲーム」説が想起される[33]。すなわち、エジプト各地に存在していた数多くの等質的な共同体間で統合が行われ、農業を基盤とする町邑が現れ、さらに、外壁をそなえた初期的な都市国家の段階に進んだ。そうして、それぞれティス、ナカダ、ヒエラコンポリスを首邑とする上エジプトの三原王国のなかでヒエラコンポリスが優位を占めて他を併呑し、さらに下エジプトに進出して全

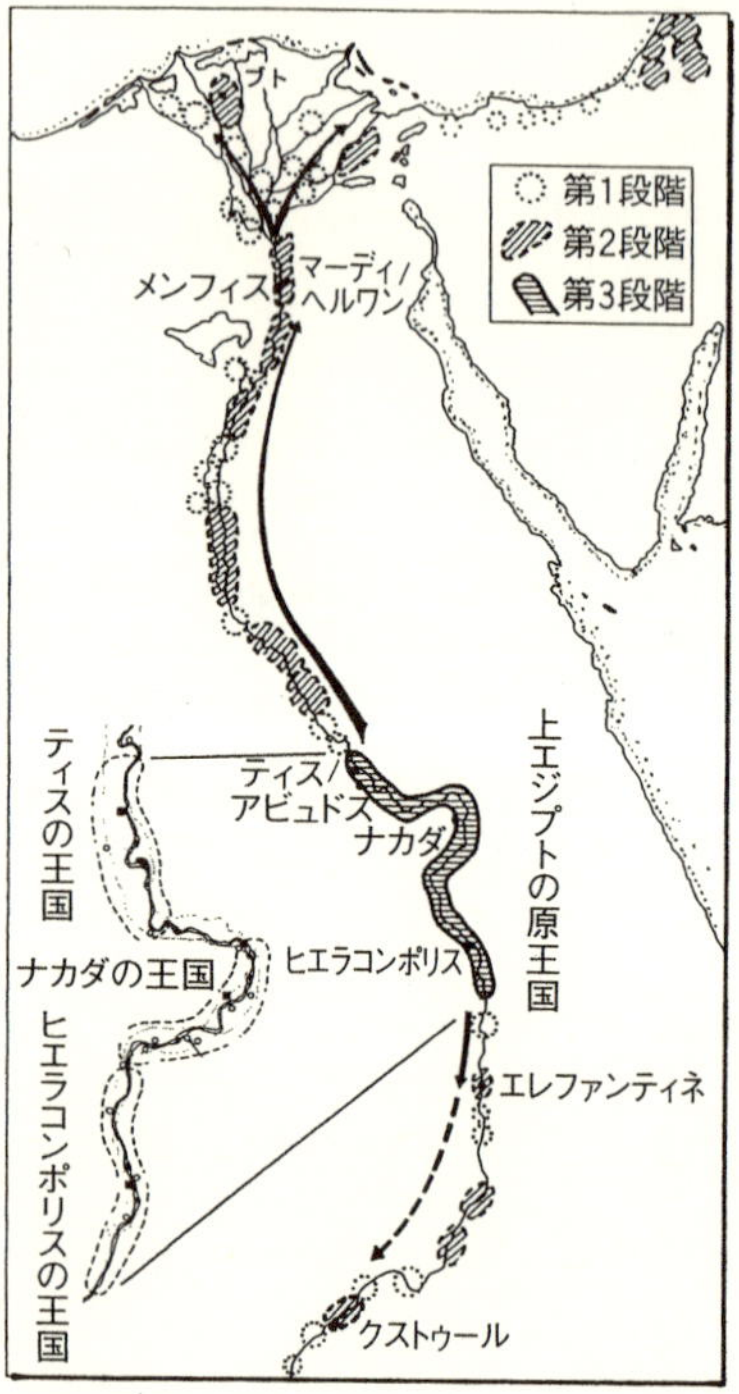

図10　ケンプによるナイル下流域の地域統合モデル

土を統一したという。原王国の領域としてケンプが図示した範囲をみると、ナイル沿いに八〇―一〇〇キロの長さを擁し、併呑後の規模は直線で二三〇キロ、ナイルの蛇行に沿うと三〇〇キロをはかる（図10）。ただし、領域を設定した考古学上の根拠は示されていない。この点に不安が残る。

メソポタミア　南東アナトリアや北メソポタミアにおいてアッカド併行期の有力都市が、概ね二〇〇キロを隔てて連なっていることに気づき、紺谷亮一は有力都市を中核とする二〇〇キロ域の存在を推定している[34]（図11）。二〇〇キロという有力都市間の隔たりは、紺谷によれば、当時における陸上・河川交通上の理想的な距離であり、各有力都市が擁した二〇〇キロという圏域は、この天水農耕地帯での人口や穀物収穫量から推算すると、ふさわしい広さであったという。バグダッド近くにあったとされるアガーデを首都として前三千年紀後半の青銅器時代前期に、強大な勢威を保持していた西アジア最初の広域国家がアッカドであるが、紺谷が鮮かに描いてみせた二〇〇キロという圏域は、この当時の土器の分布圏とは大きくちがっている（図12）。たとえばトゥットゥルという都市の二〇〇キロ圏の場合、ユーフラテス・ウェア（Euphrates ware）とメタリック・ウェア（Metallic ware）との両分布圏の一部によって構成されている。この点は、土器に依拠してその様式上の拡がりから圏域を導きだそうとする操作に注意を促すとともに、考古学的文化が現実の社会集団や言語の分布と必ずしも一致しないことを指摘したI・ホダーの論説を思いおこさせる[35]。

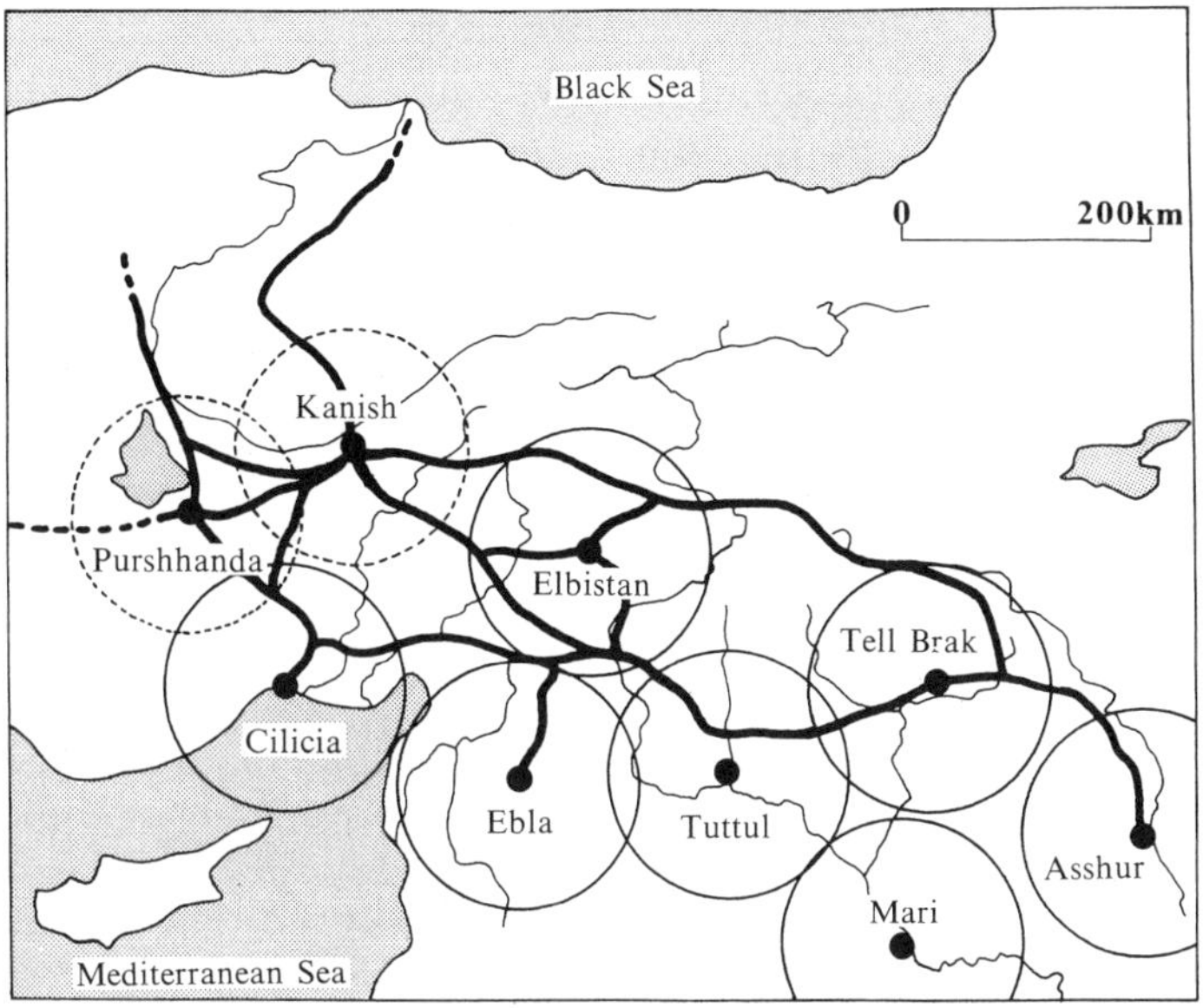

図11　アッカド時代における都市200km域の紺谷モデル

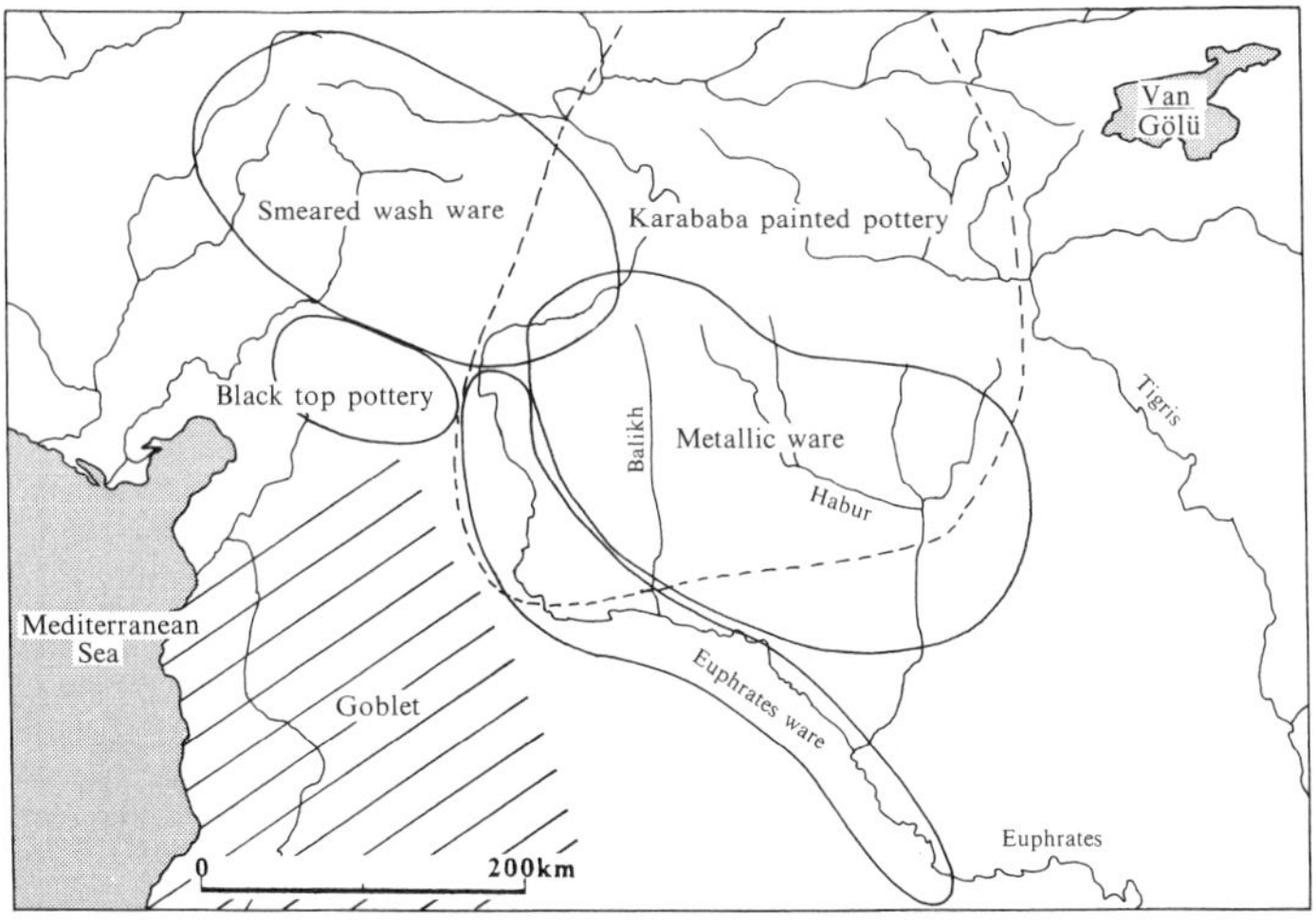

図12　アッカド時代における土器分布圏

ところで、紺谷によって提示されたのは各都市が占めていた面的領域であるが、このような社会政治集団領域の認定とはちがって、有形の財や不可見の情報が流通し、これらを共有する圏域としてならば、二〇〇キロ域の存在はアッカド期よりも古く遡るようである。たとえば、新石器時代におけるアナトリア産黒曜石の分布について、C・レ

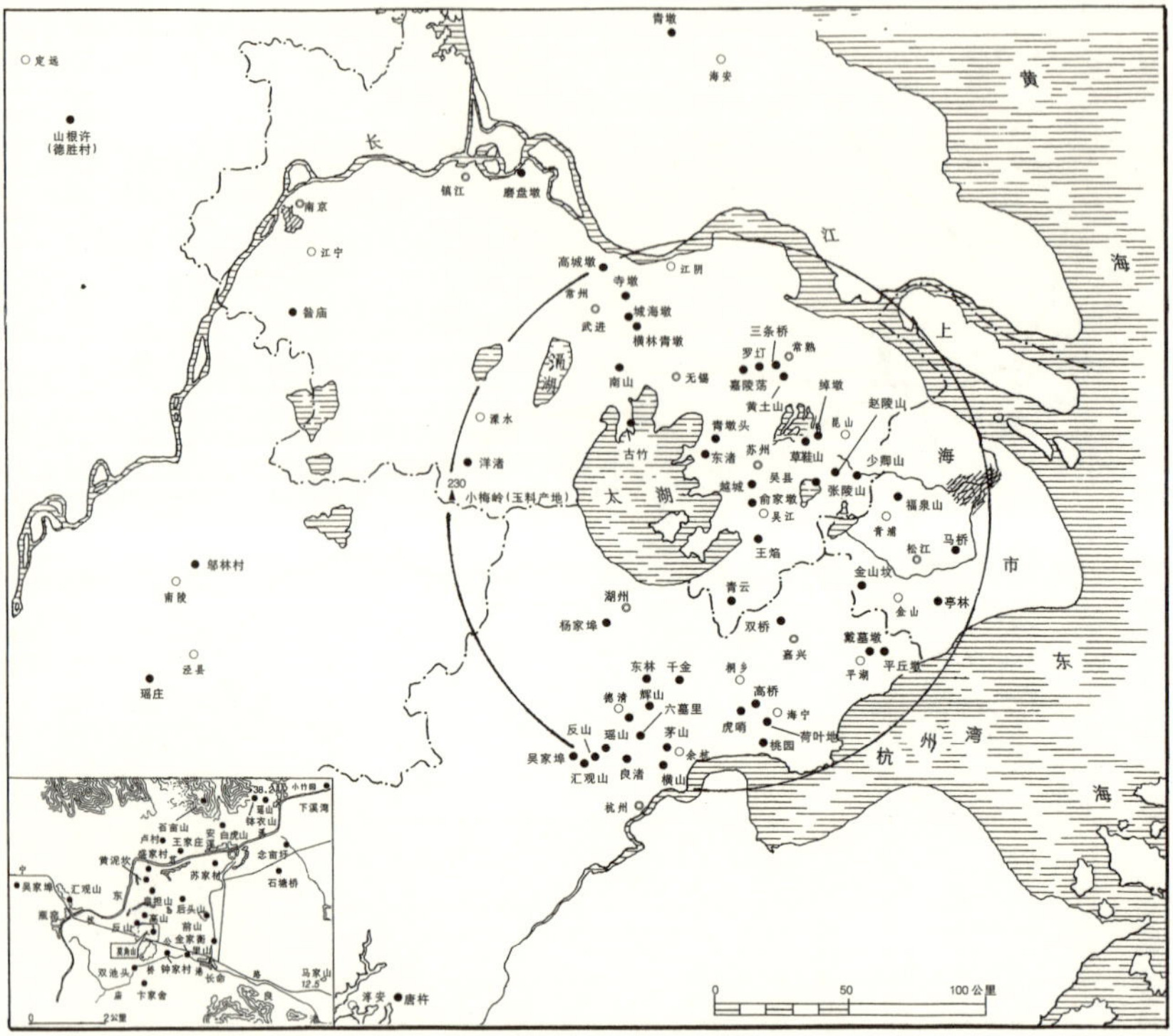

図13　良渚文化にみる200km域

ンフリューが複数の交換・交易モデルを掲げているが、いずれも産地から二〇〇キロ余のところで黒曜石の比率が大きく減少に転じている。(36) あるいは、墓制などの相違に基づいて小泉龍人が措定したユーフラテス河岸域ないしティグリス河水系の地域文化圏をみると、複数の文化圏を包括する南北二群に大別されるらしいが、各文化圏の広さは一五〇キロをもって最大とするようである。(37) 都市が出現する前夜のウバイド期のことであり、銅石時代にあたる。ちなみに、文字と神格とを共有する初期王朝時代のシュメール都市国家群が南メソポタミアで占めた領域は、ニップール以南とみてアッカド語圏から分離してさしつかえなければ、二〇〇×一三〇キロの範囲に概ねおさまる。二〇〇キロ域の例に加えておきたい。

中国　東アジアに転じると、図13として示したのは、良渚文化の遺跡分布である(38)。長江南岸から杭州平野にかけて隆盛をみたこの新石器時代後期文化は、琮などの玉器が富を代表し、墓に副葬されたその数量や種類の甚しい多寡によって、階層社会に達していたことが推測されている。また、分布域南端の浙江省余杭県良渚鎮莫角山遺跡で、現状でも六七〇×四五〇メートルをはかるという壮大な規模の人口基壇が確かめられるなど、米作圏の余剰の豊かさがあらためて衆目をあつめるとともに、基壇の機能について、さらにはこの文化が進展することなく潰えた原因について、論議が交されている。この論議はさておいて、良渚文化の遺跡分布をみると、太湖の北方から杭州湾岸にかけて、南北二〇〇キロ、東西一五〇キロの範囲に集中している。また玉器の原材の産出地も判明しており、太湖西方の小梅嶺というこの産地を起点にすると、供給域は二〇〇キロを限界としている。

黄河流域をみると、L・リュウが抽出した龍山文化期の八集落群のなかで、最大は鄭州南方の、平粮台を含む一群で、その拡がりは二二〇×一五〇キロに達することが注意をひく(39)。あるいは、次代を継承した二里頭文化の範囲について、これを土器様式の面から画定しようとした張立東の成果に従うと、黄河流域に沿って西は三門峡から東は扶溝の東方まで東西に大きく拡がっており、その範囲は東西三〇〇キロ、南北二〇〇キロをはかる(40)。二里頭文化は分布の拡大が著しいというが、それでもなお二〇〇キロの範囲を大きくは越えなかったようである。

なお、土器様式の動態を手がかりにして二里頭文化圏内の地域集団間の関係を、徳留大輔が復原している(41)。それによれば、「二里頭文化内における地域間の関係は、二里頭期における地域集団の再編成に伴う、二里頭遺跡を中心とする地域の領域的な広がりというよりも、新石器時代後期までに確立した社会システムの上に存在している」という。二〇〇キロ域が分節された小地域圏の連なりであることを示唆した弁として、特記しておきたい(42)。

ふたたび龍山文化期に戻ると、黄河下流域に分布する山東龍山文化について、楊家圏、姚官庄、両城、尹家城、尚庄とそれぞれ名付けた五つの地域類型を李伊萍が示している(43)。これは、欒豊実が説いていた七類型(44)（図14）から五類

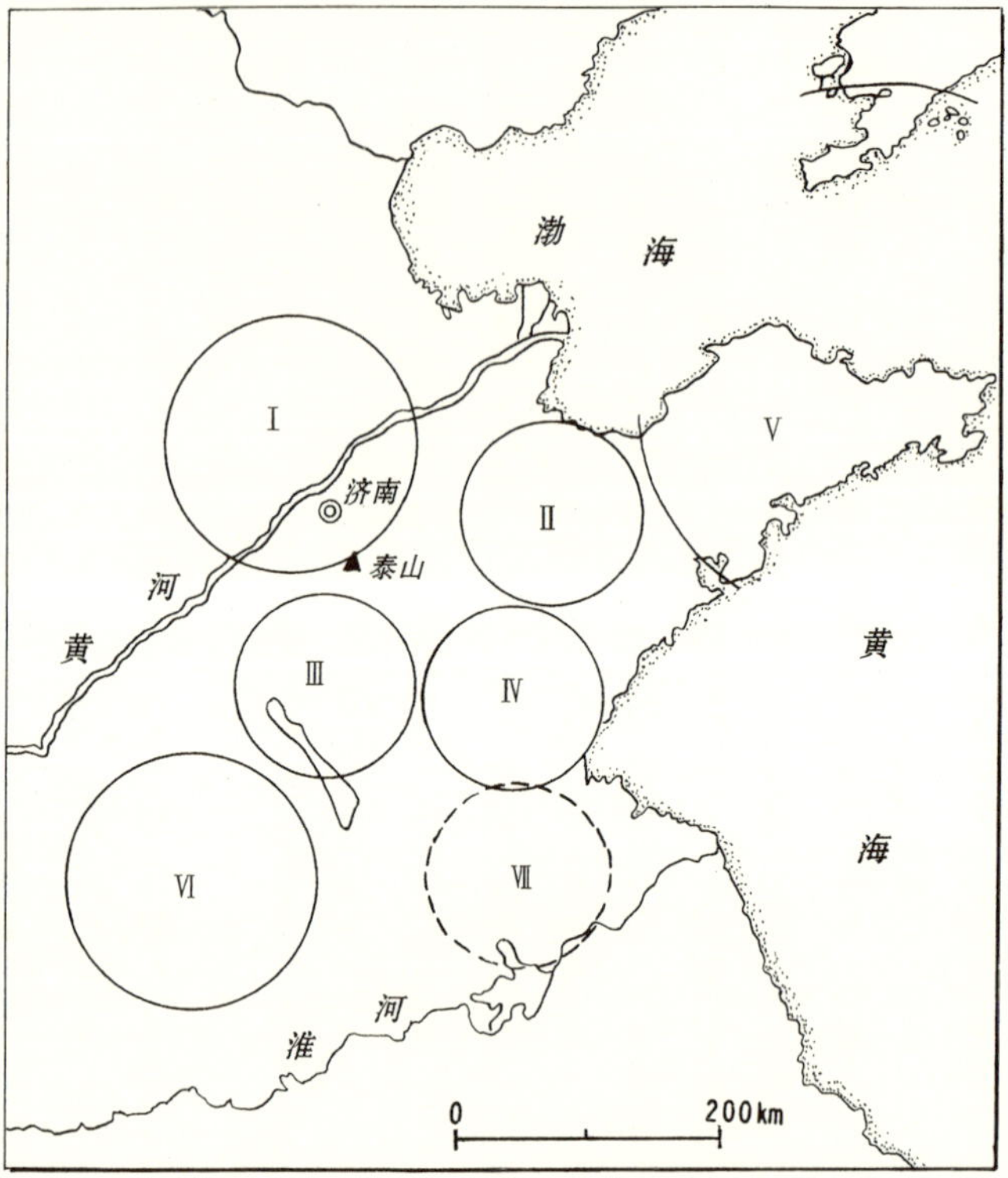

図14　山東龍山文化の地域類型分布

型を採って、分布の拡がりを精細にしたものである。両案のうちで李が設定した尹家城類型は二九〇×二六〇キロ、尚圧類型は一五〇×三九〇キロをはかり、ともに二〇〇キロ域を大きく越えている。しかし、他は二〇〇キロ域付近にとどまり、次代の岳石文化の地域類型の拡がりも二〇〇キロ域を踏襲しているので(45)、これを越える両類型の拡がりの大きさについては、設定者の李に説明を求めたいところである。

倭　二〇〇キロという距離を実感するために、列島各地を直線距離で示しておくと、九州の南北が三三〇キロ、瀬戸内の下関市から神戸市までが四〇〇キロ、佐田岬半島を除く四国の東西が二二〇キロ、京都府北端の奥丹後半島経ケ岬から和歌山県南端の潮ノ岬に至る近畿の南北が二七〇キロ、大阪駅から東京駅までが四〇〇キロ、長野県の南北が一九〇キロ、関東の南北が二四〇キロ、福島県南端から青森県北端までが五四〇キロである。したがって、二〇〇キロを基準にして大まかに分割するならば、九州は南北に、瀬戸内ならびに大阪・東京間は東西にそれぞれ二分され、東北は南北に三分される。そうして、四国

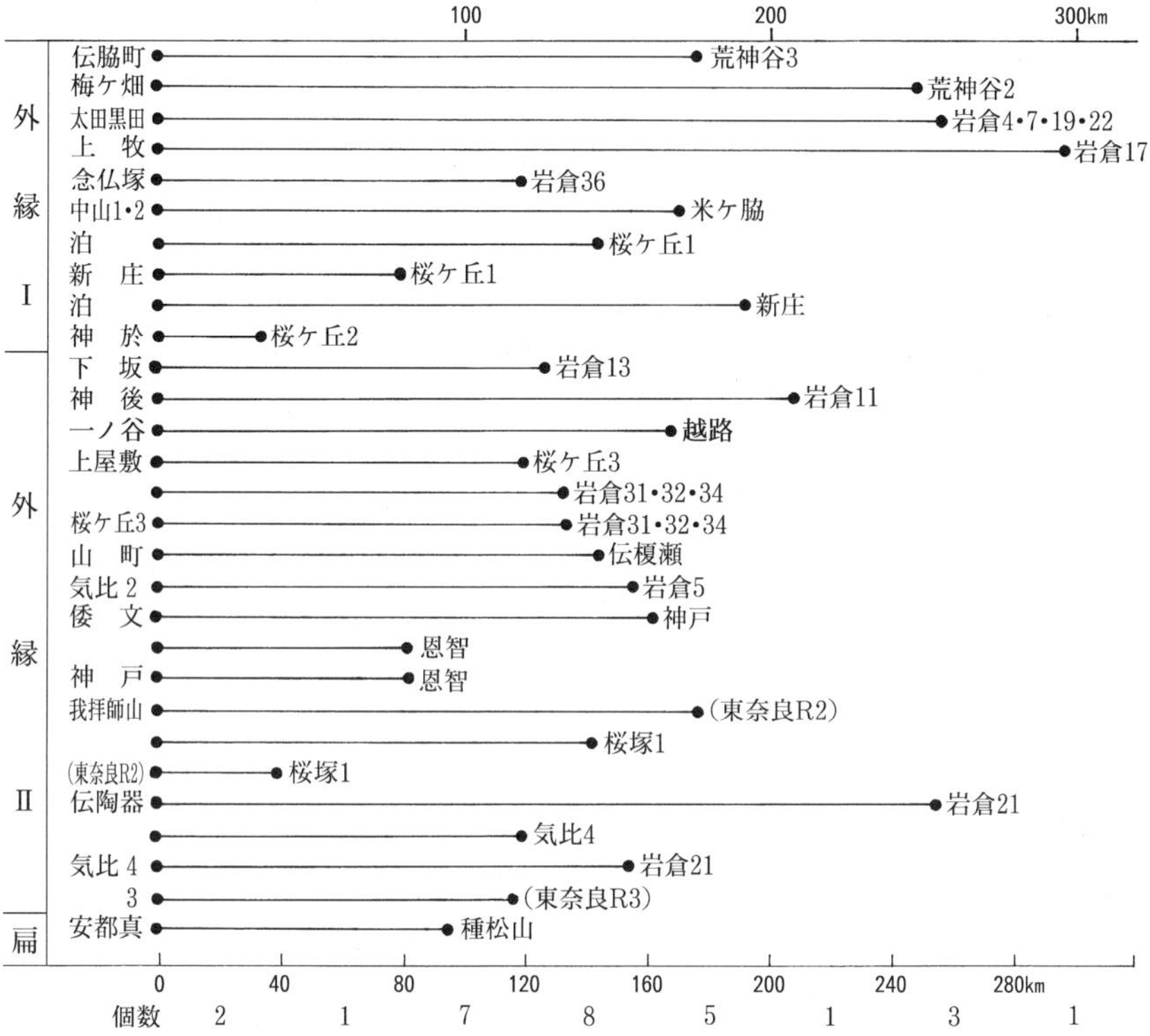

図15　同笵銅鐸間の距離

は東西で、近畿と長野県域と関東はそれぞれ南北で二〇〇キロをはかる、というように単純化して示すこともできるであろう。

さて、銅鐸のなかで同笵関係が知られているのは、外縁付鈕・扁平鈕・突線鈕I式の各古式鐸であり、鋳造時期は弥生時代中期にあたるという。同笵鐸同士が伴出した島根県雲南市加茂町岩倉遺跡のような例があるので、出土地を異にする同笵品の場合には一方で作って他方に運んだと推測されるが、その距離を埋納地間を直線で結んで測ると、図15として示した結果になる。[46]すなわち、兵庫県神戸市灘区桜ケ丘二号鐸—大阪府岸和田市神於鐸の三三キロを最短、島根県岩倉一七号鐸—奈良県北葛城郡上牧町鐸の二九七キロを最長として、八〇—二一〇キロの間に二九例鐸中の二三例鐸が集中している。主要分布地から大きく外れた佐賀県神埼郡吉野ケ里鐸を除いても東西四四〇キロに達する古式鐸の拡がりのなかで、同笵鐸例の八割近くを隔てるこの距離はいかにも短い。一〇〇キロ未満の例が少ないこととあわせて、この点が問題になるであろう。同笵鐸の製作は遠隔地向けであり、しかし授受の関係に距離の限界があったということではなかろうか。神奈川県小田原市中里遺跡などで弥生時代中期の東部瀬戸内系とされる土器が出土しており、このような四〇〇キロに及ぶ土器の移動の長駆の場合とは、契機や様態に差異があったことが推測される。

ちなみに、図抜けて出土数が多い岩倉遺跡の同笵鐸群を中心に据えて、同笵関係によって結ばれる他地鐸とのそれぞれの距離を求めてみると、

(1) 岩倉一六号鐸—伝岐阜県鐸(47)（三六〇キロ）

(2) 岩倉二一号鐸—伝福井県鐸（三一〇キロ）
—兵庫県豊岡市気比四号鐸（一五五キロ）
—伝大阪府堺市旧陶器村鐸（二五五キロ）

(3) 岩倉一七号鐸—奈良県北葛城郡上牧町鐸（二九七キロ）

(4) 岩倉四・七・一九・二二号鐸—和歌山市太田黒田鐸（二五五キロ）

(5) 岩倉三一・三二・三四号鐸—兵庫県神戸市灘区桜ケ丘三号鐸（二三〇キロ）
—鳥取県岩美郡岩見町上屋敷鐸（一三三キロ）

(6) 岩倉一一号鐸—徳島県吉野川市川島神後鐸（二一〇キロ）

(7) 岩倉一五号鐸—伝淡路(48)（二二五キロ）

(8) 岩倉五号鐸—兵庫県豊岡市気比二号鐸（一七五キロ）

(9)　岩倉一三号鐸―鳥取県八頭郡八頭町下坂鐸（一二五キロ）
(10)　岩倉三六号鐸―岡山県勝田郡勝央町念仏塚鐸（一二〇キロ）

である。一二〇―二五五キロに多い結果が導かれる点で、他の同笵鐸例と傾向は変わらない。

つづいて、近畿式と三遠式とに分離されている新式鐸をとりあげると、近畿式鐸は名称が示すように近畿に分布の中心がある。その中心は、かりに堺市に起点を求めた場合、東は伊勢、西は播磨と阿波とに達する二〇〇キロ域にあたる。さらに同様にして東西それぞれに一〇〇キロずつ加算して半径二〇〇キロの四〇〇キロ域を設定するならば、分布する近畿式鐸のほとんどをこの圏内に容れることができる。これよりも設定圏域が狭いと漏れる例が少なくないので、東西各二〇〇キロの四〇〇キロ域は分布のほぼ限界にあたるといってよい。なお、東西の間で、縁辺部における分布の様態に相違があり、分布が東方では濃密、西方では疎である点も付けくわえておきたい。

他方、三遠式鐸の分布については、沼田頼輔「銅鐸考」（大正元年）が「参遠地方に最も多く」と指摘して以来[49]、例数は増加したが、分布上の傾向は変わっていない。すなわち、静岡県掛川市長谷鐸を東限、三重県津市野田鐸を西限とする東西一五〇キロが、三遠式鐸の主要分布域である。ただし、この分布域を大きく外れた京都府舞鶴市岡鐸と長野県塩尻市柴宮鐸とを含めるならば、東西二三〇キロに拡がることになる。この広さは、近畿式鐸の分布の中心域に近い。

なお、弥生時代後期における中部高地型櫛描文系土器や附加条縄文系土器の分布域が、それぞれ二〇〇キロを測るなど、土器についても二〇〇キロ域の存在を示唆する例がみられる点を付記しておきたい。

つぎに三角縁神獣鏡の分布を問題にすると、考察の手がかりとして掲げた図16は、京都府相楽郡山城町椿井大塚山古墳ならびに奈良県天理市柳本町黒塚古墳のそれぞれから出土した三角縁神獣鏡について、同笵関係を有する他古墳出土鏡との直線距離を示した結果である（表3・4参照）。これをみると、両古墳の間で分布の様態がかなり似かよっ

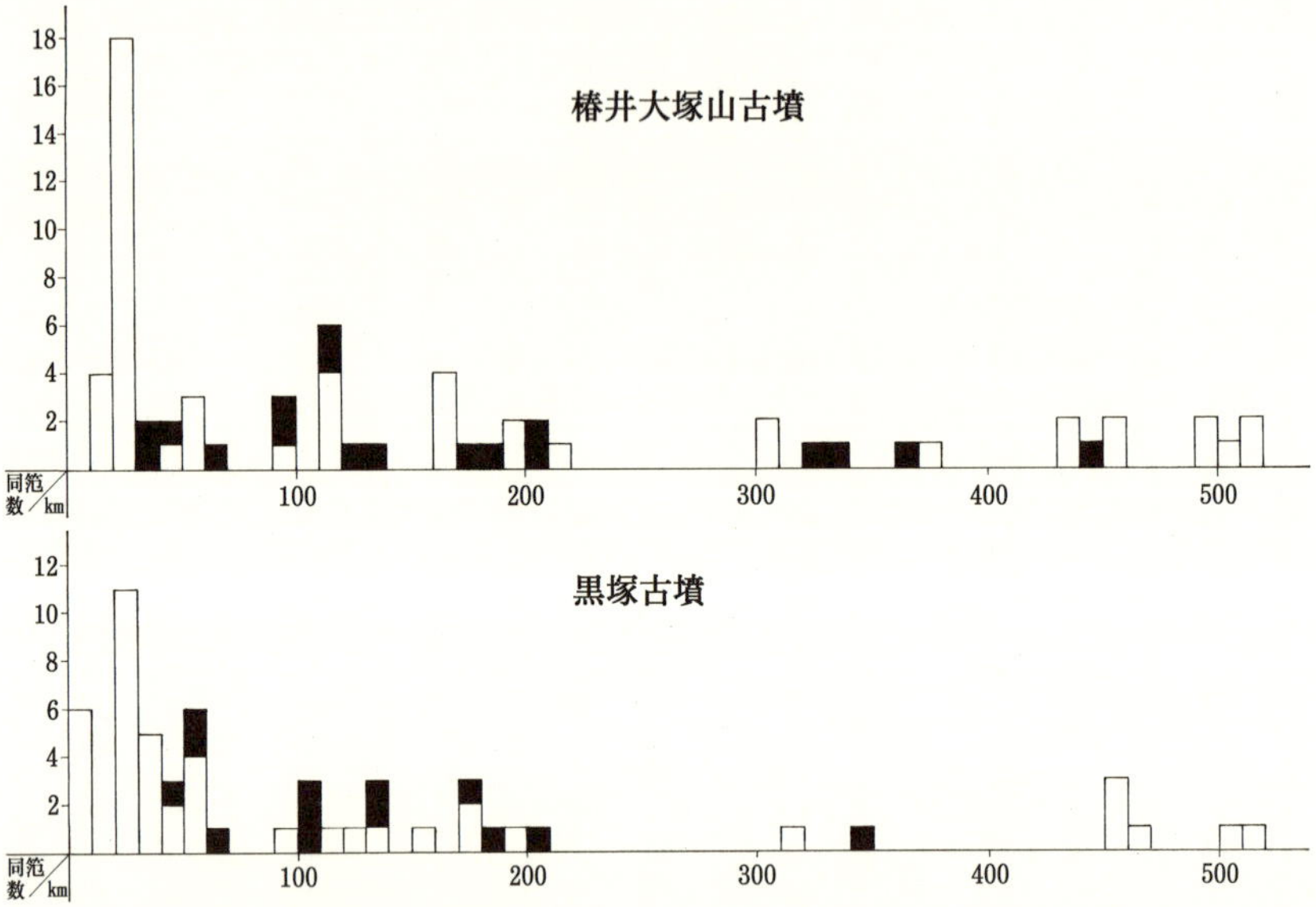

図16　同笵鏡間の距離一覧　白：畿内および西方　黒：畿内より東方

ている点が知られる。すなわちその様態とは、二〇〇キロ前後でいったん中断し、三〇〇キロを越えたところで復活する点である。そうして、これらに添えてもうひとつ指摘しておきたい点は、畿外の東西で地勢が異なるけれども、同じ分布の様態をみせていること、言いかえれば、その様態は地勢よりも同笵関係の中心からの距離の長短に関係している、という点である。

なお、相違点を抽出するとすれば、椿井大塚山古墳の同笵関係は半径三〇〇キロ以遠において東方の比率の高いことが注意される。つまり、東方との分有関係については、椿井大塚山古墳の同笵鏡の方が多種で、しかも遠くに及んでいるのである。相違点をさらに加えて両古墳の同笵鏡群間の差異を問題にすることもできるであろうが、本節の主旨からは外れることになるので、共通点の方を強調しておきたい。

以上述べた諸点を箇言すると、

(1)　古式鐸の分布域は最長で四四〇キロ。

(2)　同笵鐸同士の隔たりは八〇—二一〇キロが多く、最長は三六〇キロ。

表3　京都府椿井大塚山古墳を中心とした同笵鏡間の距離

鏡　式　名	出土古墳名	距離 km	鏡　式　名	出土古墳名	距離 km
波文帯神獣鏡	黒塚	24	天王日月・獣文帯四神四獣鏡	石切	20
	黄金塚	43		黒塚	24
	奥津社	96	天王日月・唐草文帯四神四獣鏡	黒塚	24
天王日月・変形重列式神獣鏡	久保	70		佐味田宝塚	24
	湯迫車塚	170		雪野山	46
	平川大塚	207		吉島	117
陳是作四神二獣鏡	権現山 51	115		赤門上	178
	湯迫車塚	170	天王日月・獣文帯四神四獣鏡	加瀬白山	365
	真土大塚山	329		竹島	376
張氏作三神五獣鏡	黒塚	24		神蔵	500
	権現山 51	115	張・是・作・四神四獣鏡	黒塚	24
	奥 3	161	獣文帯五神四獣鏡	富雄丸山	13
	連福寺	187		湯迫車塚	170
	三本木	334		那珂八幡	513
吾作三神五獣鏡	西求女塚	54	天王日月・獣文帯四神四獣鏡	黒塚	24
	旧可児町	129		龍門寺 1	117
	城山	450		持田	493
吾作三神五獣鏡	権現山 51	115	天王・日月・獣文帯四神四獣鏡	上沼	192
	百々町	131	天王・日月・獣文帯四神四獣鏡	旧社村	217
吾作五神四獣鏡	都介野	21	天王日月・鋸歯文帯四神四獣鏡	南原	23
吾作四神四獣鏡	新山	27		外山茶臼山	28
張氏作四神四獣鏡	黒塚	24		赤塚	433
	奥津社	96	天王日月・獣文帯四神四獣鏡	外山茶臼山	28
	西山	200		広田神社	305
吾作四神四獣鏡	万年山	14	陳氏作四神二獣鏡	古富波山	40
	黒塚	24	天・王・日・月・獣文帯二神二獣鏡	百々ケ池	27
	西求女塚	54	天王日月・獣文帯三神三獣鏡	赤塚	433
	中小田 1	307		石塚山	459
	石塚山	459		原口	509
吾作徐州銘四神四獣鏡	黒塚	24		天神森	512
	佐味田宝塚	24	吾作三神五獣鏡（伝）	黒塚	24
	西求女塚	54		古富波山	40
	内山 1	113		コヤダニ	98
櫛歯文帯四神四獣鏡	円照寺裏山	13		平川大塚	208

表4 奈良県黒塚古墳を中心とした同笵鏡間の距離

鏡　式　名	出土古墳名	距離 km	鏡　式　名	出土古墳名	距離 km
波文帯龍虎鏡	椿井大塚山	24		椿井大塚山	24
	黄金塚	36	天王日月・唐草文帯四神四獣鏡	佐味田宝塚	10
	奥津社	108		椿井大塚山	24
張氏作三神五獣鏡	椿井大塚山	24		雪野山	63
	権現山 51	120		吉島	126
	奥 3	155		赤門上	177
	連福寺	185	張・是・作・四神四獣鏡	椿井大塚山	24
吾作三神五獣鏡	伝椿井大塚山	24	張是作六神四獣鏡	内里	35
	古富波山	60		宮谷	138
	コヤダニ	92	天・王・日・月・吉・四神四獣鏡	佐味田宝塚	10
	平川大塚	206	獣文帯五神四獣鏡	外山茶臼山	5
陳・是・作・竟・四神四獣鏡	西山 2	34		東天神 1	101
張氏作四神四獣鏡	椿井大塚山	24	天王・日月・獣文帯五神四獣鏡	外山茶臼山	5
	奥津社	108		後閑天神山	347
	西山	198	天王日月・獣文帯四神四獣鏡	椿井大塚山	24
吾作四神四獣鏡	椿井大塚山	24		龍門寺 1	131
	万年山	33		持田	470
	西求女塚	58	天王・月日・獣文帯四神四獣鏡	石塚山	456
	中小田 1	311		御陵	506
	石塚山	456	天王・月日・獣文帯四神四獣鏡	新山	10
吾作四神四獣鏡	佐味田宝塚	10		湯迫車塚	173
	椿井大塚山	24		石塚山	456
	西求女塚	58	吾作四神四獣鏡	西求女塚	58
	内山 1	136	王氏作徐州銘四神四獣鏡	古富波山	60
吾作三神四獣鏡	芝ケ原 11	34		老司	514
	水堂	46	新作徐州銘四神四獣鏡	北山	45
	西求女塚	58		織部	48
天王日月・獣文帯四神四獣鏡	石切	22		湯迫車塚	173

(3)　新式鐸のうちに近畿式鐸の分布は近畿を中心とする二〇〇キロ域内に濃密で、東西間四〇〇キロ域を限界とする。

(4)　新式鐸を構成するもうひとつの三遠式鐸の分布は、一五〇キロ域内に濃密で、二三〇キロを最長とする。

(5)　椿井大塚山・黒塚古墳出土の三角縁神獣鏡と同笵関係を有する鏡の分布は、東西で似た様態を示し、それぞれ二〇〇キロを隔てるあたりでいったん途切れて、三〇〇キロで復活する。最長は五一四キロである。

これらの点からみて、四〇〇キロ域と二〇〇キロ域との存在が確かめられるとともに、古式鐸、新式鐸、三角縁神獣鏡の分布域としての四〇〇キロ域は、中心が畿内に集約するにつれて鮮かさを増し、二〇〇キロ域は新式鐸の分布においてもっとも輪郭をあらわにしていることが知られる。そうして、三角縁神獣鏡の分有関係は四〇〇キロの限界をはるかに越えており、この点が弥生時代にとどまる銅鐸との分布上の相違として特筆される。すなわち、瀬戸内中央部に分布する平形銅剣は二〇〇キロ域を占め、九州北半を中心とする広形銅矛の分布は、対馬や四国西半に及んでいる点で二〇〇キロ域をはるかに越えるが、それでも四〇〇キロ域に限界が見いだされる。この事実を加えるならば、広域であることによって特筆される三角縁神獣鏡の分布上の意義は、さらに高まることになる。

ちなみに、一〇世紀前半に編纂された『延喜式』の巻二二民部上に、遠・中・近国名が官道ごとに記されている。その結果をまとめると次のようになる。(50)

近国（伊賀、伊勢、志摩、尾張、三河、近江、美濃、若狭、丹波、丹後、但馬、因幡、播磨、美作、備前、紀伊、淡路）

中国（遠江、駿河、伊豆、甲斐、飛驒、信濃、越前、加賀、能登、越中、伯耆、出雲、備中、備後、阿波、讃岐、伊予、土佐）

遠国（相模、武蔵、安房、上総、下総、常陸、上野、下野、陸奥、出羽、越後、佐渡、石見、隠岐、安芸、周防、長門、筑前、筑後、豊前、豊後、肥前、肥後、日向、大隈、薩摩、壹岐、対馬）

平安京を中心に据えてそれぞれ近・中国ならびに中・遠国の境界に至る最長距離を計測してみると、近・中国間の境は西方へ二〇〇キロ、東方へ一九五キロ、中・遠国間の境は西方へ三九六キロ、東方へ三四〇キロを測る。椿井大塚山・黒塚古墳の三角縁神獣鏡の同笵関係が中断する東西各二〇〇キロは、律令期の近・中国間の境に対応し、弥生時代の青銅器の分布の限界である四〇〇キロは、中・遠国間の境へ至る距離よりも短いがそれでも近いことが、こうして知られるのである（図17）。これは、二〇〇キロさらにはそれを二倍した四〇〇キロという距離が、踏襲されるべき意味をもっていたことを示唆する。

二〇〇キロ域の歴史的意義　ユーラシアでとりあげた二〇〇キロ域の諸例は一様でなく、三類型に分離される。すなわち、ヌビアに分布するエジプト製土器、アナトリア産の黒曜石の例がそのひとつにあたり、特定の核から一方向または一方面に伸びるかたちで圏域が展開する。核が端に位置する点で、良渚文化圏における小梅嶺産の玉材の分布も、同じ類型に入れてさしつかえないであろう。アナトリア産黒曜石の交換・交易形態を問題にしたC・レンフリューによれば、二〇〇キロ域は相互の影響の頻度が高い交易圏で、この内部ではアナトリア産黒曜石の占める比率が八〇％以上に達する寡占ぶりであるという。これを類型Aとする。

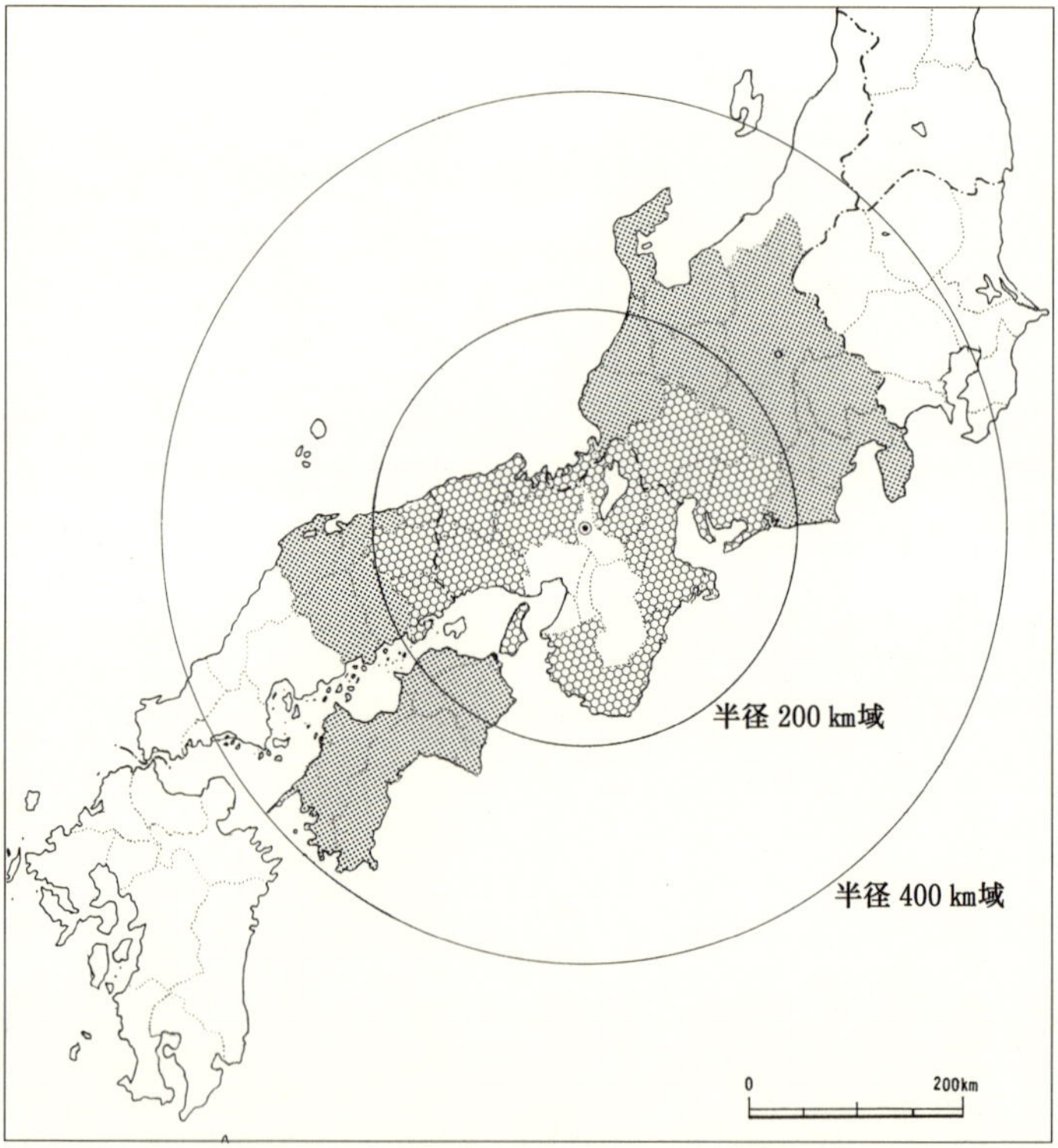

図17 『延喜式』による近・中・遠国

もうひとつは、複数の等質的な核の間で結ばれた関係によって維持される圏域である。中原や山東の各龍山文化内の地域類型、良渚文化圏の拡がりがこれにあたる。シュメール都市国家群を束ねる領域もこの類型に加えられるようである。これを類型Bとする。

残るひとつは、核が中心を占めて圏域が四周に拡がっている類型である。アッカド併行期の有力都市をとりあげて紺谷亮一が復原した政治経済圏、エジプトの先王朝時代についてケンプが推定した原王国の領域、中国の二里頭文化の土器に注目して張立東が措定した様式の拡がりがこの類型に入る。これを類型Cとする。なお、中心に核を有するこの二〇〇キロ圏は、C・クリスタラーの中心地理論でいうところの、供給される財が到達する最外縁地（L領域）にあたる(51)。

そこで、こうしてユーラシアの例によって満たした三類型を、倭のなかに投げいれてみると、二〇〇キロ域は、同笵鐸同士の隔たりが八〇―二一〇キロの間に集中することによって、また、近畿式鐸の分布の濃密さや三遠式鐸の分布の限界によって導かれ、四〇〇キロ域は、古式鐸や近畿式鐸の分布の限界と三角縁神獣鏡の前述の同笵関係の中断とによって画された。そうして、核の存在が稀薄であることによって多核とみられる銅鐸分布域のような二〇〇キロ域の例については類型Bにあたり、岩倉鐸の同笵関係の拡がりについては類型Aに入れたいところである。なお、西口陽一によって示された近江の高島石製の鉄剣形石剣の分布状況が類型Aにあたり(52)、同類型の弥生時代の例は岩倉同笵鐸の場合だけにとどまらない。これを四〇〇キロ域にあてると、類型Aの集積によって形成されたとみることができるのではなかろうか。すなわち、複数の核を有する圏域については核の一方から他方へ、中心核をそなえた圏域については中心から縁辺へそれぞれ二〇〇キロを限界として移動を重ねた集積として説明しようということである。前者は同笵鐸間の最多距離によって傍証を示すことができるであろうし、しかし後者については、別の考察を必要とする。

北ヨーロッパで四〇〇キロ域を問題にした水津一朗によれば、これは「ゲルマニアにおいて形成された部族連合体たる種族国家（Stammstaat）や、それを祖型とする大公国（Herzogsdynastie）の版図がもっとも代表的なもの」で、中世においては「封建諸領域」に、近代に入ると「民族文化の基盤としての地方文化」の領域にそれぞれあたり、「ドイツのLand、フランスのProvinceなど」がその代表例であるという。[53] つまり、四〇〇キロ域は、図7の結果から知られるような重圏構造の一圏として、中世にもっともその存在をきわだたせているのである。そこであらためて、三角縁神獣鏡の前述の同笵関係分布に眼を向けてみたい。

すなわち、分布が中断する二〇〇キロというと、西方は備中の高梁川西岸に、東方は遠江の掛川・袋井市域の境にそれぞれあたる。少し大摑みにすると、西方は因幡、備中、讃岐、阿波を結び、東方は加賀、南信、遠江を結ぶ線が限界である。そうして分布が復活する三〇〇キロというと、西方は出雲と石見との境、広島・松山市の各中心を結ぶ線に、東方は能登輪島市の南域、長野・大月・熱海市の各中心を結ぶ線にそれぞれあたる。これもまた大摑みにすると、西方は石見、安芸と伊予との各西半が、東方は越後、上野、武蔵、相模が復活域にあたるのである。

ところが、二〇〇キロ以内を子細にみると、椿井大塚山・黒塚古墳例とも分布の増減が波状を呈している。縁辺に向かうにしたがって分布が次第に低減する、ということではないのである。そうして、分布の増加域として二〇—六〇キロ域、一〇〇—一四〇キロ域、一七〇—二一〇キロ域が抽出されて波形を呈する点でもまた、両古墳例は同じ傾向を共有していることになる。半径二〇キロ域というとB領域、六〇キロ域というとP領域、一〇〇キロ域というとL領域にそれぞれあたり、こうしてクリスタラーの中心地理論に触れるところがある点で注意されるし、また、一〇〇キロ前後については前述の類型Cの存在を示唆する点で、二〇〇キロ前後については近畿式鐸の東方における分布の高まりと傾向を同じくする点で興味深いのであるが、ここでは波状分布の意味を別の観点から問うことにしたい。

さて、核の有無や位置の相違にかかわらず、また、気候などの所与の条件や農法などの文化の差異をも貫いて、二〇〇キロ域が広汎に存在することは、すでに例示した通りである。それならば、この二〇〇キロ域もまた四〇〇キロ域のように人間の身体能力に基づいているのかというと、この点については検討の余地がある。

アナトリア産黒曜石の占める比率が産地から二〇〇キロのところで大きく低減する点について、レンフリューの説明は高頻度に交換や交易が行われたと述べるにとどまっていた。二〇〇キロ域がかくも広汎に存在することに気づいていなかったせいであろう。また、アッカド併行期の二〇〇キロ域を描いた紺谷亮一が、人口と穀物生産量とを推算して拡がりの妥当性を立論していたが、天水農耕の麦作を前提にしているので、紺谷説の通用する範囲は限定される。さらに、水津一朗が騎馬技術の普及と結びつけて、「古い部族ないしクニ級の地域が、徒歩を前提としても管理できたのに対して、新しい種族国家誕生の背景には、新しい騎馬技術の普及があった」と述べていることが想起される。(54) 広汎に存在することの説明としては魅力的であり、中心核をそなえた類型Cの二〇〇キロ域が鮮かさと安定とを増す理由にはなりうるであろうが、しかし、二〇〇キロ域の存在が騎馬技術の普及以前に遡る点で、水津説には難がある。

それでは解答はいったいどこに求められるのであろうか。三角縁神獣鏡の同笵関係が前述のように波状分布を示すことを手がかりにすれば、解決が得られるのではないかと思う。すなわち、分布の高揚によって抽出された四〇・一二〇・一九〇キロのそれぞれを中心にして四〇キロ域を設定するならば、四〇キロ域の連なりが浮かびあがってくるからである。二〇〇キロ域の一例として示した二里頭文化圏をとりあげて分節された既存の小地域圏の連なりであることを示唆した徳留大輔の論旨とも、これは合致する。そうみてよければ、中心核をそなえる類型Cについては核から外縁まで三日間、多核の類型Bについては外縁からもう一方の外縁まで赴くとすれば五―六日間、縁辺に核を有する類型Aについても核から末端まで同じ日数をそれぞれ閲したことになる。したがって、三角縁神獣鏡の前述の同笵関係の分布や、律令期における近国域から導かれる類型Cの四〇〇キロ域については、中心核から拡がる二〇〇キロ域の拡大とみることができるであろう。つまり、二〇〇キロ域にせよ、さらに広域の四〇〇キロ域にせよ、人間の圏域である四〇キロ域の連結として説明しうる方途が、三角縁神獣鏡の同笵関係の波状分布を手がかりにすれば、こうして開かれることになるのである。

しかしまた、しばしば二〇〇キロ域をはるかに越えている縄文土器の型式圏の広さと較べるならば、いったい何が二〇〇キロ域にとどまらしめたのか。縄文土器の型式圏の広さについては弥生時代以降との居住移動型態の違いに由来するとしても、定着度を増した弥生時代以降の圏域が二〇〇キロ域で制限された要因の問題は解決に近づかない。G・A・ジョンソンがとりあげて四〇キロ域の由来を説いたコントロール・ロスという考え方に立脚するのが、あるいはふさわしいのかもしれないが、この考え方は類型Cの例の説明としては有効であっても、類型A・B例には通用するかどうか問題が残る。人間がある程度正確に情報を共有しうる圏域の限界が、このあたりにあったとみて、後考をまつことにしたい。

注

（1） 横田健一「大和国家権力の交通的基礎―畿内を中心とする二三の考察―」（橿原考古学研究所編『近畿古文化論攷』昭和三八年）に掲載された横田の訳を採用した。
（2） ギリシア・ローマ期を通じてエジプトが地中海世界に豊かな穀物を供給していたことは、P・ガーンジィの著作からも知られる。P・ガーンジィ（松本宣郎・阪本浩訳）『古代ギリシア・ローマの飢饉と食糧供給』（一九八八年　昭和六三年）。
（3） I・ショー、P・ニコルソン（内田杉彦訳）『大英博物館古代エジプト百科事典』（一九九五年　平成九年）の「ミン」の項など参照。
（4） Baines, J. and J. Málek, *Atlas of Ancient Egypt* (Andromeda Oxford, 1980) pp. 14-15.
（5） Friedman, R., Regional diversity in the predynastic pottery of upper Egyptian settlements, in Krzyzaniak, L. *et al.* (eds.), *Recent Research into the Stone Age of Northeastern Africa* (Poznan, 2000). 高宮いづみ『エジプト文明の誕生』（世界の考古学14　平成一五年）による。
（6） O'conner, D., The geography of settlement in ancient Egypt, in Ucko, P. J. *et al.* (eds.), *Man, Settlement and Urbanism*

(Duckworth, 1972) pp. 681-698.

（7） Kessler, D., *Historische Topographie der Region zwischen Mallawi und Samalut* (Dr. Ludwig Reichert Verlag, 1981).

（8） Johnson, G. A., A test of the utility of central place theory in archaeology, in Ucko, *op. cit.*, 769-786.

（9） Nissen, H. J., The city wall of Uruk, in Ucko, *op. cit.*, 793-798.

（10） Adams, R. McC., *Heartland of Cities : surveys of ancient settlement and land use on the central floodplain of the Euphrates* (University of Chicago Press, 1981).

（11） K・ウィットフォーゲル（湯浅赳男訳）『オリエンタル・デスポティズム―専制官僚国家の生成と崩壊』（一九八一年 平成三年）。

（12） 脇田重雄「古代シリア・イドリブ地区の都市生活」（金関恕・川西宏幸編『都市と文明』講座文明と環境 第四巻 平成八年）。

（13） B・G・トリッガー（川西宏幸訳）『初期文明の比較考古学』（一九九三年 平成一三年）。

（14） 張学海「東土古国探索」（『華夏考古』一九九七―一 一九九七年）。

（15） 張学海「従考古発現談魯西南地区古史伝説的幾個問題」（『中原文物』一九九六―一 一九九六年）。

（16） 宮本一夫「新石器時代の城址遺跡と中国の都市国家」（『日本中国考古学会会報』第三号 平成五年）。

（17） 大貫静夫「『中国文物地図集―河南分冊―』を読む―嵩山をめぐる遺跡群の動態―」（藤本強編『住の考古学』平成九年）。

（18） Liu Li, Settlement patterns, chiefdom variability and the development of early states in north China (*Journal of Anthropological Archaeology*, vol. 15 no. 3, 1996) pp. 237-288.『華夏考古』一九九八―一に要約を掲載。

（19） 銭耀鵬「中原龍山城址的聚落考古学研究」（『中原文物』二〇〇一―一 二〇〇一年）。

（20） ちなみに、松丸道雄「殷墟卜辞中の田猟地について―殷代国家構造研究のために―」（『東洋文化研究所紀要』第三一冊 昭和三八年）によれば、殷王はきわめて頻繁に田猟を行っており、その範囲は殷墟を中心とする半径二〇キロないしそれ以下の圏内であるという。また田猟の意義について論を進め、「邑内部の秩序を形成維持するための主要な契機であった祭祀および軍事と深く関りあって」おり、「殷王が、族長としての立場において、自己の基盤としていた邑がその規制下に収めていた原野においてのみおこなったものであった」と述べて、その重要性を説く。殷代における四〇キロ域の存在とその意義を甲骨文字資料から論述した例として付記しておきたい。

（21）小玉秀成「霞ケ浦の弥生土器」展図録（玉里村立史料館　平成一六年）。

（22）小玉秀成「出口遺跡出土の弥生時代中期後半資料―東関東における弥生時代中期後半の居住に関する試論―」（『玉里村立史料館報』第一一号　平成一八年）。小林青樹「弥生再葬墓にかかわる集落と居住システム」（『考古学ジャーナル』第五二四号平成一六年）が群馬県域西部において弥生時代の墓制と居住との関係を問い、中期中葉を境に再葬墓から方形周溝墓へ移ったことは、同時に、縄文時代晩期中葉以来の「分散居住・小規模化」を脱して「大集団の集住化」と「固定化」へ「居住システム」が移行したことと呼応した変化であると説く。土器型式圏の変化がこれに伴うのかどうか、知りたいところである。

（23）霞ケ浦町郷土資料館「霞ケ浦沿岸の弥生文化展」図録（平成一〇年）。なお、東海東部の菊川式の分布域も、これらの例に近い拡がりを有するようである。鈴木敏則「三河・遠江系土器の移動とその背景」（西相模考古学研究会編『シンポジウム弥生後期のヒトの移動―相模湾から広がる世界―資料集』平成一三年）。

（24）比田井克仁「弥生後期南武蔵様式の成立過程」（『西相模考古』第八号　平成一一年）、同上「関東・東北地方南部の土器」（赤塚次郎編『弥生・古墳時代　土器Ⅱ』考古資料大観２　平成一四年）。

（25）小玉秀成氏のご教示による。

（26）高野陽子「近畿地方北部の土器」（注24赤塚次郎編に同じ）。

（27）高倉洋彰「農耕の開始とクニの出現」（下條信行ほか編『九州・沖縄』新版古代の日本　第三巻　平成三年）。

（28）金坂清則「新潟平野における都市の変容―明治から昭和初期―」（『人文地理』第二七巻第三号　昭和五〇年）。

（29）Renfrew, C., Trade as action at a distance : Questions of integration and communication, in Sabloff, J. A. and C. C. Lamberg-Karlovsky (eds.), *Ancient Civilization and Trade* (University of New Mexico Press, 1975) pp. 3-59.

（30）狩野千秋「中米古代都市の二類型―テオティワカンとマヤ―」（斎藤忠先生頌寿記念論文集刊行会編『考古学叢考』上巻昭和六三年）、同上『中南米の古代都市文明』（平成二年）に再録。上記の論文のなかで、レンフリューが提示したマヤ文明における三〇キロ域の存在が詳述されている。

（31）Johnson, G. A., Organizational structure and Scalar Stress, in Renfrew, C. *et al.* (eds.), *Theory and Explanation in Archaeology*（Academic Press, 1982）pp. 389-421；Williamson, O. E., Hierarchical control and optimum firm size（*The Journal of Political Economy*, vol. 75 no. 2, 1967）pp. 123-138. なお、旧稿「都市の発生」（後藤直・茂木雅博編『東アジアと日本の考古学』Ⅴ　集落と都市）で同説をとりあげたが、本文と注との一部に筆者の不注意による誤りがある。本書をもって訂正しておきたい。

（32）注5高宮に同じ。

（33）Kemp, B. J., *Ancient Egypt：Anatomy of a civilization*（Routledge, 1989）.

（34）紺谷亮一「アッカド帝国の勢力拡大をめぐる土器分布―南東アナトリア及び北シリア地域の都市領域―」（『西アジア考古学』第一号　平成一二年）。

（35）Hodder, I., *Symbols in Action：Ethnoarchaeological studies of material culture*（Cambridge University Press, 1982）. この問題を多くの研究者がとりあげているが、日本では、白井則行「葬送行為の考古学と先王朝時代の下エジプト研究」（『エジプト学研究』第六号　平成一〇年）、朽木量『墓標の民族学・考古学』（平成一六年）が注意される。

（36）注29に同じ。

（37）小泉龍人『都市誕生の考古学』（世界の考古学17　平成一三年）。

（38）徐湖平編『東方文明之光―良渚文化発現六〇周年紀念文集―』（海南国際新聞出版中心　一九九六年）。李新偉「良渚文化的分期研究」（『考古学集刊』第一二集　一九九九年）。蔣衛東「良渚文化高土台及其相関問題的思考与探討」（浙江省文物考古研究所編『紀念浙江省文物考古研究所建所二十周年論文集―一九七九～一九九九―』（西泠印社　一九九九年）。浙江省文物考古研究所編『良渚文化研究―紀念良渚文化発現六十周年国際学術討論会文集―』（科学出版社　一九九九年）。朔知「良渚文化的初歩分析」（『考古学報』二〇〇〇―四　二〇〇〇年）。上海博物館編『長江下游地区文明化進程学術研討会論文集』（上海書画出版社　二〇〇四年）。楊晶「長江下游三角洲地区史前玉璜研究」（『考古与文物』二〇〇四―五　二〇〇四年）。

（39）注18に同じ。

（40）張立東「論輝衛文化」（『考古学集刊』第一〇集　一九九六年）。

(41) 徳留大輔「二里頭文化二里頭類型の地域間交流―初期王朝形成過程の諸問題から―」(『中国考古学』第四号　平成一六年)。
(42) ちなみに、山西省域南部および南西部で二里岡文化の圏域を求めた馬保春の成果によると、二〇〇キロ域を最大とする。馬保春「由晋南二里岡期早商文化的分布論其進入、伝播」(『中原文物』二〇〇四―六　二〇〇四年)。
(43) 李伊萍『龍山文化―黄河下游文明進程的重要階段―』(科学出版社　二〇〇五年)。
(44) 欒豊実『海岱地区考古研究』(山東大学出版社　一九九七年)。
(45) 山東省文物考古研究所編『山東二〇世紀的考古発現和研究』(科学出版社　二〇〇五年)。
(46) 「伝奈良県」や「推島根県」や「辰馬鐸」のように出土地が判明していない同笵例については、距離の測定資料から外した。ただし、伝聞や推定であっても、出土地が絞りこまれている同笵例は、これを測定の対象に加えた。その結果、測定対象は三一鐸で、外れたのは八鐸である。また、三鐸以上が同笵関係を構成する場合、たとえば、出土地の相違するA・B・C鐸が同笵であるとすると、A―B間、A―C間、B―C間の距離を求めた。なお、出土地不詳の同笵鐸間の最長は、佐賀県吉野ケ里鐸―推島根県鐸、島根県岩倉一六号鐸―伝岐阜県鐸であり、それぞれの県庁所在地を仮の測点に定めて測ると、三五〇キロ前後になる。また最短は、大阪府八尾市恩智鐸―伝奈良県鐸で、二〇ないし三〇キロを測る。出土地不詳鐸を可能な限り考慮に入れた場合、残る二一鐸で求めた最長・最短距離にはこうして変更が加わるとしても、八〇―二一〇キロの間という距離の傾向は動かない。
(47) 次の伝福井県鐸とともに、それぞれの県庁所在地を仮の測点にした。
(48) 洲本を仮の測点にした。
(49) 沼田頼輔「銅鐸考」(『考古学雑誌』第三巻第一〇号　大正二年)。
(50) 九世紀後半に編纂された『令集解』の巻一三賦役令調庸物条にも近・中・遠国の記載がある。阿波と讃岐を近国、伊予と相模を中国、土佐を遠国として扱っている点からすると、近・中国間の境は西方で西に振れ、中・遠国間の境は東方で東に振れていることになる。つまり、西方では近国域が、東方では中国域が広くなっている。
(51) 森川洋『中心地研究―理論、研究動向および実証―』(昭和四九年)。

（52）西口陽一「近畿・磨製石剣の研究」（福岡澄男編『大阪文化財論集―財団法人大阪文化財センター設立一五周年記念論集―』（平成元年）。
（53）水津一朗『社会集団の生活空間』（昭和四四年）。
（54）同前。

第三章　ユーラシア古代世界との共鳴

第一節　前一二〇〇年頃のユーラシアと倭

「海の民」の侵寇―年代論―　エジプトの記録によれば、後世「海の民」（Sea Peoples）と名付けられた民族群が、第一九王朝メルエンプタハ王（前一二一三―前一二〇三年）の治世五年に北方のデルタ地帯を攻撃し、六〇〇〇人以上が殺されて敗走した。さらに、第二〇王朝ラムセスⅢ世（前一一八四―前一一五三年）の治世八年にもふたたび来襲したが、デルタ東北部の陸戦でも沿岸の海戦でも、エジプト軍に負かされて退却したという。

メルエンプタハ王第五年（前一二〇九年）についてはカルナクのアモン神殿の壁面の記録やいわゆるイスラエル碑が（図18）、ラムセスⅢ世第八年（前一一七七年）については大ハリス・パピルス史料や彼のメディネト・ハブ葬祭殿の浮彫りが伝える「海の民」のこの侵寇は、エジプトだけがその災厄を被ったのではなかったらしい。アナトリアに拠を占めていたヒッタイト新王国を滅亡に追いやり、地中海東岸にあったウガリトなどの都市国家を攻撃して破綻させた。また、東地中海やエーゲ海方面の海上交易を掌握して、ギリシアのペロポネソス半島のアルゴス地方を中心に隆盛をみせていたミケーネ王国も、侵寇を受けて滅んだ。侵寇を退けたエジプトはその後混迷の色を濃くしていったことが、ラムセスⅢ世治下でのデイル・エル・メディーナ工人の怠業や、ラムセスⅪ世治下と目される「ウェンアムンの報告」などから察せられている。[1]

前一二〇〇年頃、このような広範な侵寇によってエジプトに痛打を与え、既存の王国を衰滅に至らせた民族群を「海の民」と名付けたのは、一九世紀のエジプト学者G・マスペロであった。[2] そうしてこの民族群の大規模な侵寇についてマスペロは、ヨーロッパ内陸からペロポネソス半島や小アジアに及ぶ広域の民族移動がさらに南下を続けて、地中海域に達した結果であると説いたのである。このマスペロ説は後世の研究に多くの影響を与え、いまも形をかえて命脈を保っているが、しかし、前五世紀の歴史家ヘロドトスが著した『歴史』の記述に多くを依拠していた。そのために、たとえば小アジア北西に王国を築いたフリュギア人のヨーロッパ起源説がそうであるように、考古学資料や銘辞学的研究が重なるにつれて、マスペロ説は後景に退いていった。

さて、この「海の民」の侵寇は、後期青銅器時代に繁栄していた東地中海域の諸王国を衰滅の淵に追いこみ、宮殿システム（palatial system）と呼ばれている管理経済システムと強国間の交易ネットワークとを崩壊させた。そうして、後述するように、この衰滅と瓦解のなかから人類史上はじめて鉄器時代が幕を開け、政体や経済システムや宗教が一新された。鉄器時代が「海の民」の侵寇の直後に始まったことを考えると、その歴史的意義が論議の対象にされたのは当然の成行きであったといえる。そこで、「海の民」をめぐる近年の論議で、

図18　ラムセスⅢ世葬祭殿に刻まれた「海の民」の侵寇図

本書の主旨に触れる部分をあらためてとりあげると、年代論がまず問題になる。

そもそも、前一二〇〇年頃とされてきた侵寇年代は、エジプト王朝の暦年代から導かれたものである。シリウス星の伴日出(heriocal rising)と民衆暦との一年当たり六時間のずれが累積してふたたび双方が一致する一四六〇年(六時間×一四六〇＝三六五日)周期に基づいているのである。こうして求められた従来の暦年代には、しかし信頼がおけないとして、P・ジェイムズが新案を提起した。[3] 西アジアからヨーロッパ全域に及ぶ同期の古代世界の暦年代を改変しようとしたこの企ては、エジプトの暦年代が発信してきた影響の大きさを、あらためて印象づけるとともに、新王国時代の開始を通有年代よりも二五〇年ほど新しく降し、第三中間期の開始も降して継続年数を圧縮した点で、エジプト学者を驚かせた。

「海の民」の侵寇を前一〇世紀に降して強国不在の時代を短縮しようとしたジェイムズ説について、ギリシア考古学でいうこの暗黒時代を検討した周藤芳幸が好意的な弁を残している。[4] しかし、エジプト学にとどまらずヒッタイトやアッシリアなどの各学界の反応は、一言でいえば冷ややかであることが、その後に刊行された「海の民」関係の研究書が無視している点から察することができる。[5] 歯牙にもかからないということなのか、衝撃的であるから推移を見守ろうということか、いずれともあれ波紋は拡がっていない。古代エジプトの暦年代は、放射性炭素を使った年代測定によっても変更の必要のないことが示されており、我われが調査しているアコリス遺跡で行った新王国時代末ないし第三中間期の年代測定の結果もまた、これを支持している。[6] 暦年代の推定は、エジプトだけに依拠するのではなく、それぞれの地で行うのが原則であるから、その結果次第では、「海の民」の侵寇は現在考えられているよりも長期にわたったことになるかもしれない。エジプト一辺倒の感がある年代推定に警鐘を鳴らした点に、ジェイムズ説の意義があったとみるべきであろう。

暗黒時代の到来―原因論―　東地中海域を暗黒時代に導いた要因として、「海の民」の侵寇をあげたが、これらの民族群が青銅器時代の諸強国を圧倒することができたのは、R・ドリューズによれば、軍事的に優越していたせいであるという。[7] すなわち、諸強国が衰滅した要因について述べた既存の学説を、地震説、移民説、鉄器優位説、旱魃説、システム崩壊説、侵入者説に分けて検討したドリューズは、システム崩壊説と侵入者説とを一部で認めながら、軍事的優越説に辿りつく。そうして、優越した内容について論を進め、青銅製の青や革製の胴鎧を身につけ、長剣と投槍で武装し、楯をもつ歩兵の密集隊が、戦車を基幹とする旧来の戦力を圧倒したと説くのである。また、「海の民」の故地についても言及し、ヨーロッパ内陸に数多いナウエⅡ式と名付けられた長剣が東地中海域に分布することに着目して、ヨーロッパ内陸説を採る。これは形をかえたマスペロ説といえるであろう。

このドリューズ説に対して、津本英利が論難をあびせている。[8] 戦車が敗れたことによって戦力の基幹がのちに集団歩兵へと転換したとするドリューズに対して、「海の民」の侵寇以後もなお戦車が基幹であることをアッシリアの戦闘図を使って立証する。そうして、戦車中心の戦力構成が侵寇を許したのではないから、その後退は侵寇後の結果であるとみる。また長剣をとりあげ、侵寇後もメソポタミア以西において、それが頻用されたというよりも、一部のエリートにのみ許された宮廷などでの儀仗用であったことを、副葬例や画像資料から推測する。津本のドリューズ説批判はこれらにとどまらないが、また、「海の民」の侵寇から外れたアッシリアの資料を主要な論拠としている点で津本説に問題は残るが、詳細は次章（一三三頁）に譲り、ともかく津本の批判によってドリューズ説が打撃を受けたことは否定できない。

なお、「海の民」の軍船の形が舳艫ともに鳥形である点をS・ワックスマンがとりあげ、これがヨーロッパ内陸のアーン・フィールド文化の装飾文様に由来すると説いている点は、「海の民」の故地問題との関連で注意をひく。[9] ドリューズがあげたナウエⅡ式の長剣とならんで、マスペロに連なるヨーロッパ内陸説の根拠になりうるかどうか、検討に値する。ドリューズ説は旗色が悪いけれども、外因説が潰えたということではないからである。

さて、時代の転換をせまったとして「海の民」の実力とその侵寇とを高く評価する外因説とならんで、内的要因の方を重視する説も提出されている。「海の民」の侵寇に先だってすでに諸王国は崩壊の危機に瀕していたとみて社会経済的側面を重視するこの内因説は、システム自壊説としてドリューズがこれを俎上にのせ、問題の本質は社会経済にあるのではなく宮殿が壊され都市が焼かれたことであると批判している。同説は問題の本質を衝いていないというのである。

シリアの各地で新石器時代からビザンツ時代までの長期にわたって遺跡の数と規模との推移を追跡したT・L・マクレランによれば、「海の民」の侵寇前夜である後期青銅器時代に遺跡の数が激減して規模も縮小する。この傾向は内陸部でとりわけ著しいらしく、他方、海岸沿いのウガリトなどの王宮は健在であるという。(10) そうして、内陸部におけるこの激減や縮小については、外的侵入ではなく半遊牧ないし遊牧へと生業が変化したことに原因を求めるとともに、王宮経済自壊説に矛先を向けて、自壊の兆候は見あたらないと説く。

このように内因説に対してもまた問題点が指摘されているが、それでも同説が退けられたということではなく、最近ではP・P・ベタンコートの内因説が管見に触れる。(11) ミケーネを論じたベタンコートによれば、その経済は王宮の管理体制に過度に依存していた。人口が増大して交易ネットワークが広範に展開し、繁栄の極にあるようにみえる後期ヘラディックⅢB期は、しかしすでに自壊を内包していた。そうして、北方からの民族侵入、「海の民」との戦争、気候変動、悪疫、交易断絶、反乱のような原因が直接の引鉄になってⅢB期末に経済が停滞し、ⅢC期の破局へ至ったというのである。このあたりが説として穏当なのではなかろうか。

殷から周へ―文献史学の成果―　殷の帝辛（紂）を周の武王が牧野の一戦で撃破したことをもって、殷から周へ命が革まり王朝が交替したとみるのが、文献史学の通例である。ところが、交替した年代については古くから異見が並立している。その代表的な見解を通覧すると、前漢末の劉歆『三統暦』に発するという前一一二二年説を上限にして、陳夢家が採用した前一〇二七年説を下限にするから、上下限の間に一〇〇年ほどの年代の開きがあることになる。[12]『竹書紀年』などに記された王の治世年に依拠するのか、あるいは史書に現れた天文上の記載に推算の基礎を求めるのかによって、このように大きな隔たりが生じたようである。ただし、日本側ではそれぞれ貝塚茂樹が前一一〇〇年頃、[13]伊藤道治が前一〇五〇年頃、[14]松丸道雄が前一一世紀後半、[15]山田統が前一〇六二年とし、[16]中国側では楊宝成が前一〇四〇年前後とみているように、近年では前一一世紀の中葉ないし後半説に落ちつきつつあることがみてとれる。[17]

さて、殷の最後の王紂が、酒池肉林の悪評を後世に残したのは、『史記』殷本紀の記述によるところが大きい。夏の王桀とならんでこのように悪王の代表にされたことについて、多分に漢代の儒家の潤色により、実相を表していないことは、貝塚茂樹が説いているところである。そこで、同時代史料である甲骨文や金文によって描かれた殷から周への交替について、文献史学の大きな業績に導かれながらあらましを述べてみよう（表5参照）。

二里頭期が伝説上の夏王朝にあたるかどうかはさておき、殷は二里岡期と安陽（殷墟）期に分期されている。安陽に遷都したのは第二四代の王般庚の時であり、殷の滅亡までの二百年余の間ここに都があったというから、遷都すなわち安陽期の開始は前一四世紀末ないし前一三世紀の前半にあたる。また、史料である甲骨文が出現するのは、安陽遷都からほど経た第二七代武丁の時であるらしい。そうして武丁以降紂に至るまでを、董作賓の学説に則って甲骨文の研究者は、第一期武丁期、第二期祖庚・祖甲期、第三期廩辛・康丁期、第四期武乙・文武丁期、第五期帝乙・帝辛（紂）期に分けている。

このような時期区分に基づいて組みたてられた殷代史研究の成果は多大であるが、そのなかでとりあげたいのは、「方」に関する貝塚茂樹の業績である。[18]「方」とは殷の領域外に存在した政体のことであり、貝塚はこれを「一応完全な独立国」とみている。その「方」という卜辞は第一期の武丁期にもっとも多く、なかでも出撃の有無が占われている方は、「邛《キョウ》方」五一例が「方」四二例とならんで図抜けて頻度が高く、あと「大方」「土方」「人方」「北方」が一、二例あるだけだという。「邛方」や「土方」は強大な敵国で、山西省寄りの山地に居住して遊牧を生業とする北方民族であり、武丁期の方の多くはこの大行山脈の山麓地帯に分布していたらしい。胡厚宣が甲骨文を史料に使って、武丁期にもっとも人牲が多いことを推測しているが(19)、これは同期に方との軍事的衝突が頻発し、しかも殷が優位に立っていたことを示唆しており、貝塚の論述と触れるところが多い点で注意される。

貝塚によれば、第二期の祖庚・祖甲期に入ると方との敵対関係を示す痕跡はほとんどなくなり、第五期の帝乙・帝辛期に至って「人方」への外征を占った卜辞が大量に発見されるという。「人方」とは山東省方面を占めた国で、殷末に東征が行われたことは山東省寿張県梁山出土の青銅器の銘を使って貝塚が立証しているところでもある(20)。そうして、西伯として殷の有力諸侯であった周が紂を討つべく東征したのは、殷のこの東征の間隙を縫ってのことであるという。

表5　殷の王統

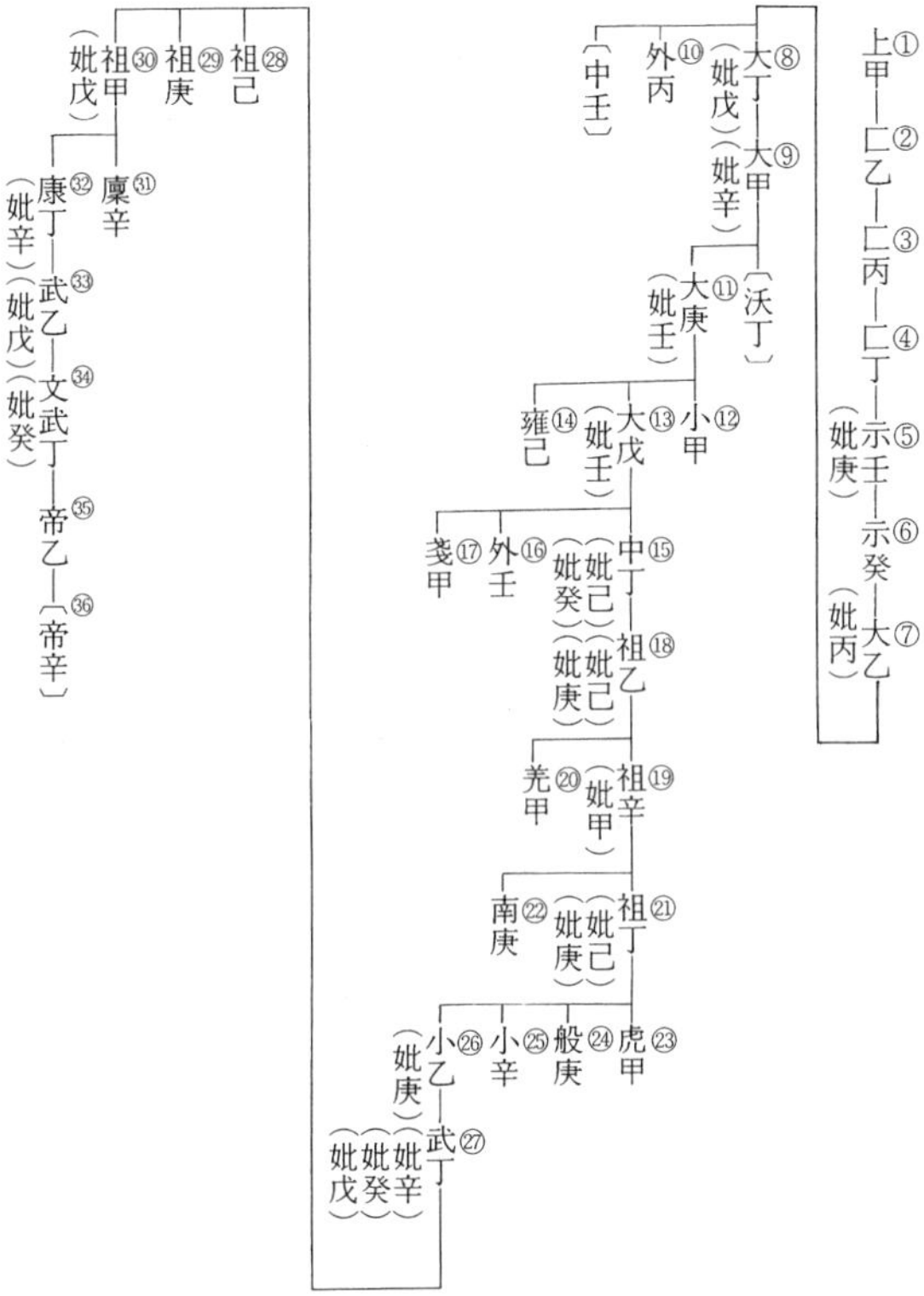

武丁期を過ぎると殷の勢威が衰えたことを、『史記』殷本紀が伝えている。甲骨文の研究成果からもこれは支持されている。殷内部の族長集団間の対立が衰退に導いた原因であるらしいが、原因はともかく、衰退を経て晩期に入

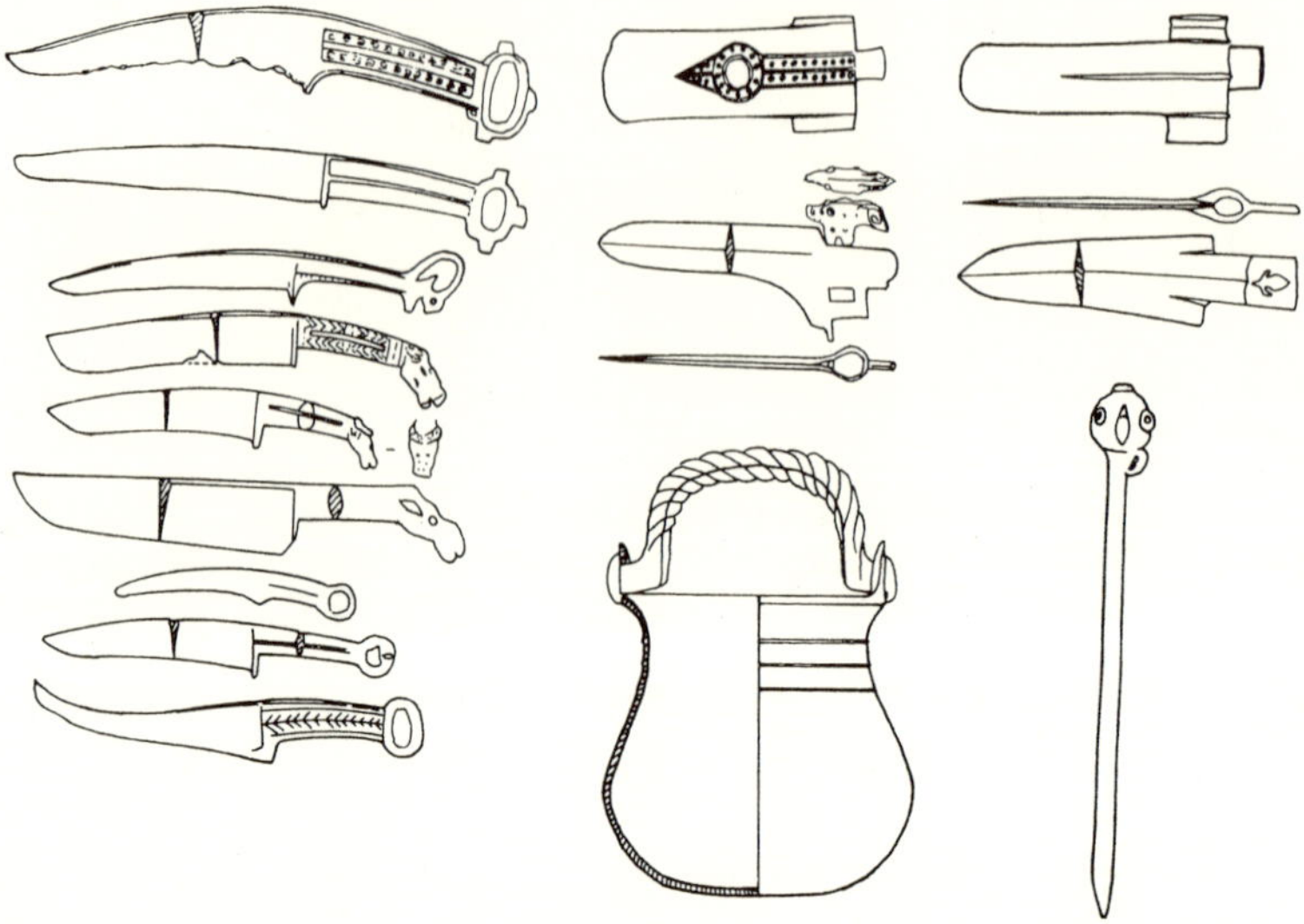

図19　安陽期における北方系青銅器：刀子、戦斧、鍑、鈴付笄形品

ると王権の性格が変化し、神政色を脱して世俗的政治権力としての性格を強める。部落連合の公的占卜機関の宗教的権威が、殷王室の世俗化した君主の政治権力の下で無視されるようになったというのである。[21] そうして次代の周は、父子相続にせよ封建制度にせよ、殷末に準備されていた社会制度を継承しており、この点で、殷周間の相違すなわち周の正統性を強調した『史記』の記述は、割り引かなければならないようである。

殷から周へ—考古学の成果—　貝塚の論考に導かれながら略述した殷の時代像を考古学に引きつけた場合、「方」との関係でいえばオルドス式または北方系と総称されている青銅器の一群が注意される（図19）。これについては少し詳しく述べたいので、あらかじめ考古学資料の紡ぎだした殷像を概観しておく。

二里頭文化の拡がりが二〇〇キロ域を大きくは超えていないことを、前章で述べた。それが殷代に入ると変化し、山西省の垣曲県垣曲商城[22]や夏県東下馮遺跡[23]、陝西省西安市老牛坡遺跡[24]、湖南省黄陂県盤龍城遺跡[25]など、二里岡文化の広域な拡大をみてとることができる。これらの城郭は戦略的な拠点にとどまり、殷の勢威の面的な拡大までは示していないとしても、拡大の甚しさからみると淺原達郎が「二里岡インパクト」と呼んだのも頷ける[26]。ところが前一三世紀の安陽期に入ると、東下馮などの山西省域南部の殷の拠点が廃絶する。これに対して山東省方面では、殷系土器が数多く出土する遺跡が西部で増加し、殷系青銅器を副葬した安陽期末の大型墓が営まれるなど、殷系文化の波を受けるようになる。また西方については、周王朝の前身が関中平野に拠を占め、その文化は殷の分派として出発し殷成立後もその影響下にあったらしい[27]。二里岡文化期のことを甲骨文は語ってくれないが以上述べた考古学上の知見を加えるならば、殷の動向の概略は知られるで

図 20　殷周代のユーラシア東方

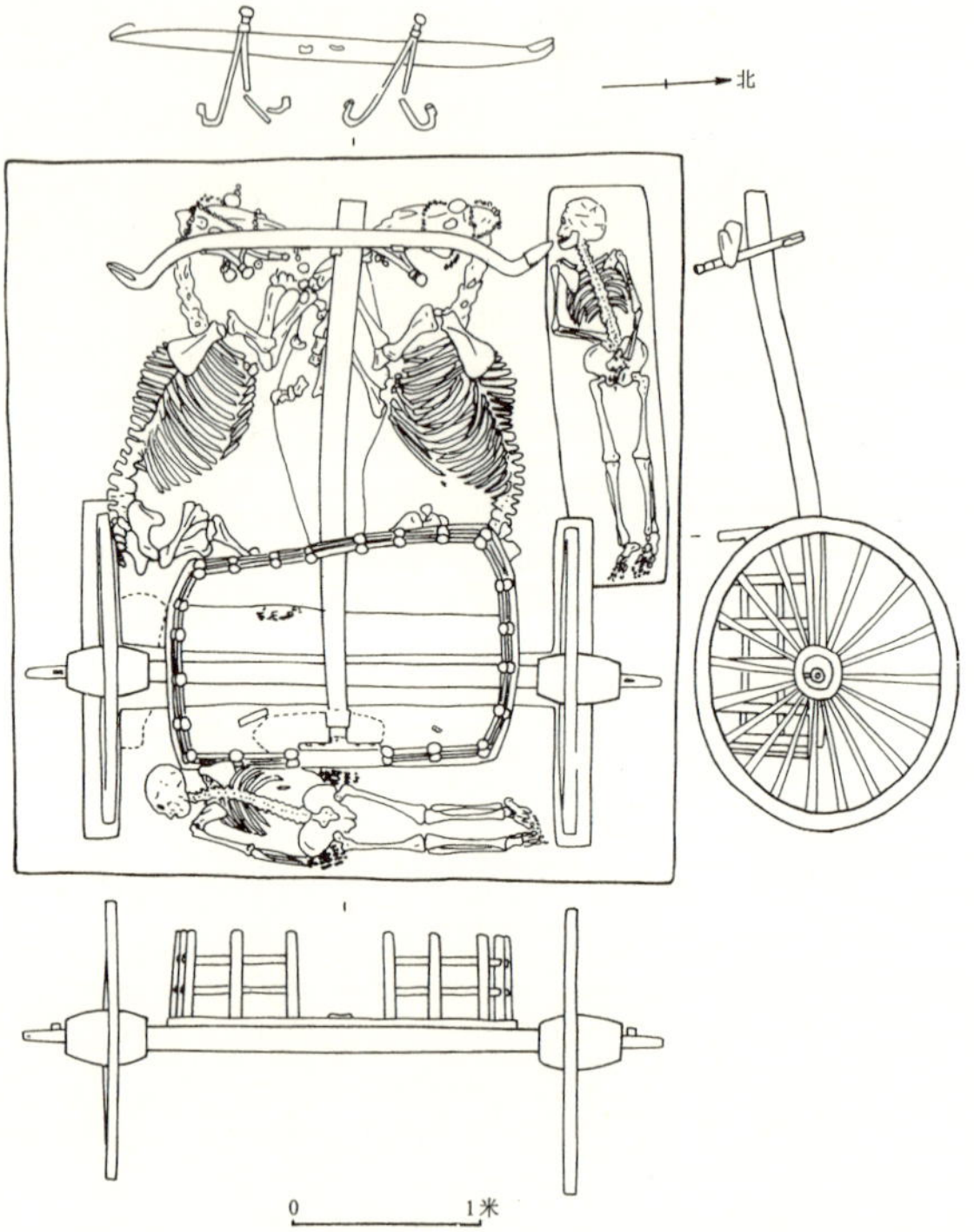

図21　安陽殷墟郭家庄M52車馬坑および車復原図

あろう。

そこで北方系青銅器に戻ると、柄頭を獣頭や鈴などで飾った短剣や刀子が安陽から出土しており、この点が注意をひく。河南省偃師県二里頭遺跡の北方系かと疑われる刀子を最古の例にあてたとしても[28]、増加するのは明らかに安陽期であることが、出土例の多さから知られるのである。これらのうちで年代のわかる代表格といえば、武丁の妻の婦好の墓[29]に伴う鹿首刀子であり、把頭の装飾や湾曲ぶりは、高浜秀によって行われた北方系短剣分類の最古式の一部に酷似している[30]。この種の動物意匠は、南シベリアのイェニセイ川上流域に形成されたカラスク文化に例があり、モンゴルやザバイカルやトゥヴァの例とあわせて烏恩が示しているように広い分布域を有するが[31]、分布の濃密さからみて中国北辺に中心があると高浜はいう。

なお、婦好墓出土品に代表される北方系刀子について、把頭を獣頭で飾るアイデアは中国北方の疆域外に住む異民族から借用したとみて、林巳奈夫は中原で製作されたことを示唆しており[32]、他方、楊宝成は北方からの伝来品であることを積極的に認めようとする[33]。北方系であることに異論はなくても、系譜をはるか北方に求めるのか北辺にとどめるのか、製作地をどこにあてるのか、これらの点ではなお意見が一致していないようである。

柄を挿すための孔をそなえた戦斧の一種もまた、北方系とされている遺品であり、安陽期に帰属するらしい。西アジアにおいてはイランで前三千年紀に出現し戦車が基幹の座を降りる前一千年前半まで形態を変えて存続するこの種の戦斧は、[34] 中国では甘粛・山西・河北・遼寧省の各方面でその例が知られている。カラスク文化やザバイカル方面にも例があるが、北方系というよりも西方系とみるのが妥当であろう。

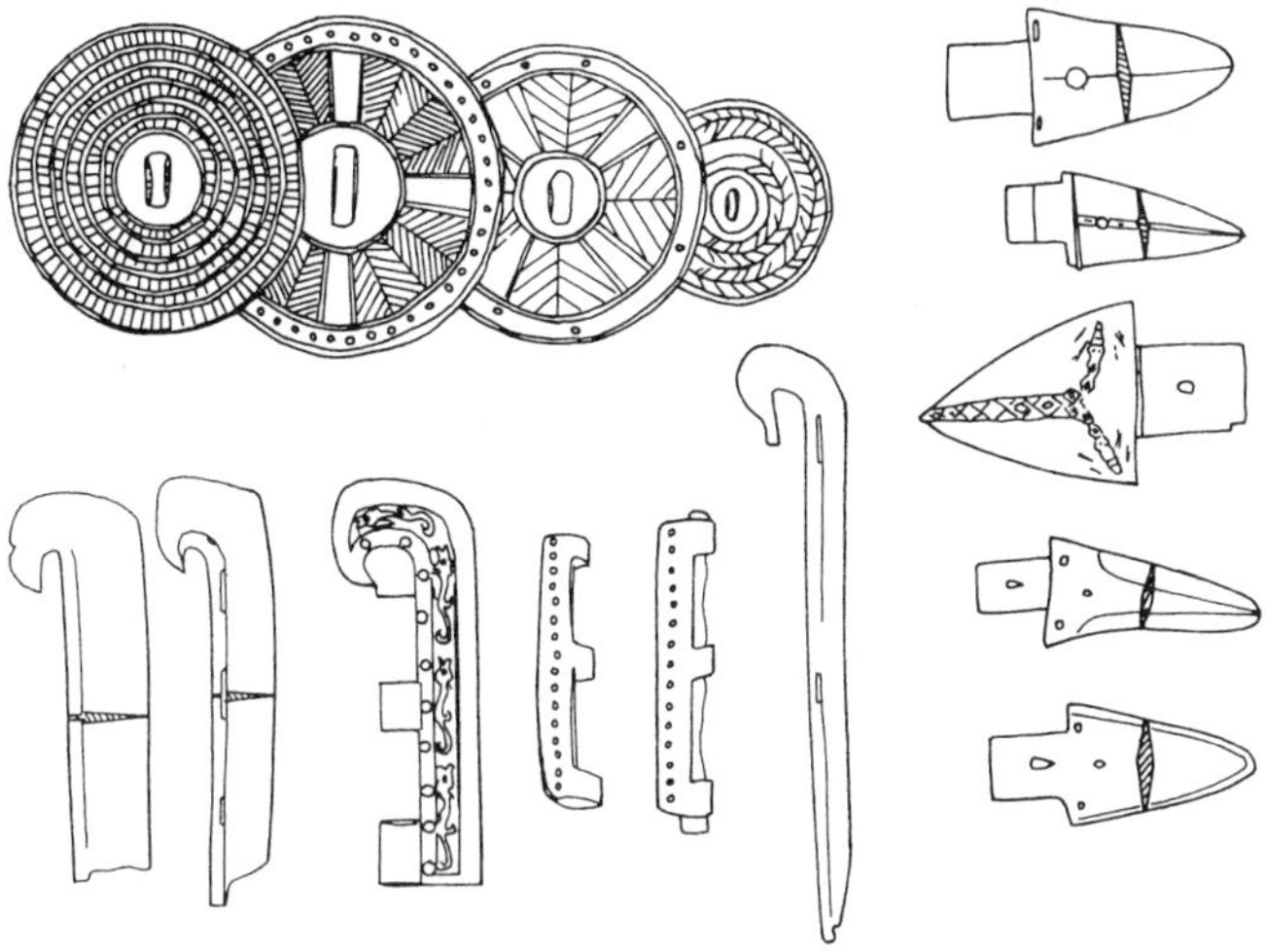

図22　安陽期における北西方系青銅器：鏡、巻頭刀、三角形援戈

安陽期から出現する西方系文物といえば、戦車があげられる(図21)。遺品の出土例は武丁期を遡らないが、先武丁期の殷墟I期の甲骨文に「車」字がみられるというのである。[35] もっとも、二里岡期前半の河南省偃師県の偃師商城で軌間一・二メートルの轍らしい痕跡が見いだされるなど、安陽期よりも古く遡る車の証拠が知られている。[36] これが正しく車で、軌間一・二メートルという記載を信頼するとすれば、安陽期に副葬されているような軌間二・〇―二・五メートルの二頭牽きの戦車ではありえない狭さである。殷代の戦車は西アジア方面から伝わったこと

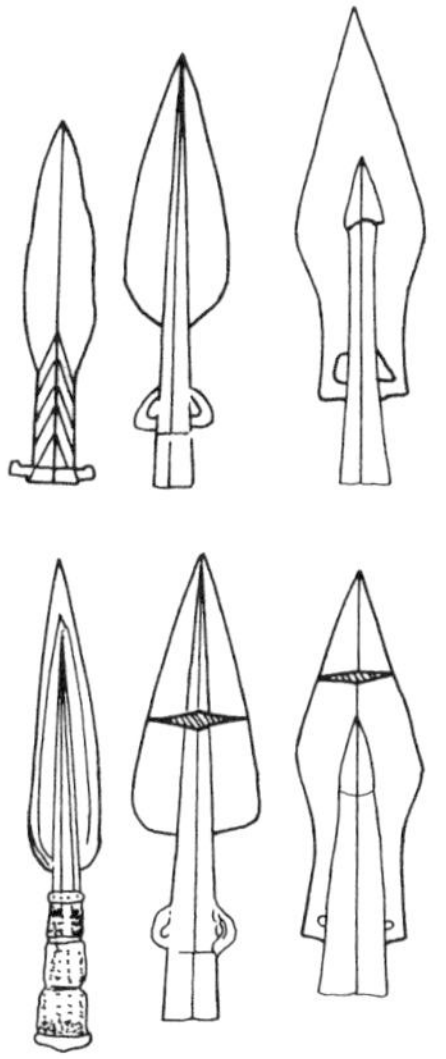

図23　安陽期における南方系青銅器：矛

弥生時代前期の編年細分案

北　　陸	中部高地	関　　東	東　　北	
勝木原・御経塚1	＋	安行3a	大洞B_1	縄文晩期前半
勝木原・御経塚2			大洞B_2	
勝木原・御経塚3	佐野Ⅰa	安行3b・姥山Ⅱ	大洞B－C_1	
中屋1			大洞B－C_2	
中屋2・3	佐野Ⅰb	安行3c・姥山Ⅲ・前浦Ⅰ	大洞C_1	
下　野（古）	佐野Ⅱa	安行3d・前浦Ⅱ	大洞C_2（古）	縄文晩期後半
下　野（新）	佐野Ⅱb		大洞C_2（新）	
長　竹（古）	女鳥羽川	前窪・千網	大洞A_1	
長　竹（新）	離　山 氷Ⅰ（古）	↓	大洞A_2	
柴山出村（古）	氷Ⅰ（中）～（新）	荒海	大洞A′	
柴山出村（新）	氷Ⅱ	沖・↓女方	青木畑・砂沢	弥生前期

を、川又正智が推定している[37]。カラスク文化に先だって西シベリアなどに分布したアンドロノヴァ文化の馬車が問題になるであろうが、殷の戦車は西アジアの基本型に構造がよく一致し、年代上も矛盾がないという川又の意見を尊重しておきたい。

以上示した文物に加えて、安陽からの出土品のなかで、北方系として青銅鍑と鈴付笄形品が、北西方系として銅鏡の一種と巻頭刀と三角形援戈が、南方系として矛の一種と印文陶とがそれぞれあげられている[38]（図22・23）。さらに、近藤喬一が指摘している宝貝を南方系として添えることもできる[39]。つまるところ安陽期は、外囲との接触が盛んになり、安陽からみて西方にあたる山西省や内蒙古方面との接触がことに密な時期であったということになる。この点について、王朝の維持に必要な資源を確保するために一方的に版図の拡大をはかったというよりも、草原の民の動きが活発になり、文化の形成や広域な交流が盛んになった汎ユーラシア的動向を映しているとみるべきであろう[40]。

縄文から弥生へ　弥生時代を縄文時代から区分するにあたって、稲作の存在に着目してきた生業重視の見解が後退し、近年では政治社会や精神上の変化を加味すべきことが集落形態や祭祀などから説かれはじめている。それとともに、土器編年の精細化と

表6　縄文時代晩期ないし

	北・東部九州	中部瀬戸内	近　畿	東　海
縄文晩期	堀田Ⅰ・(楠野)	(岩田第4類)	滋賀里Ⅱ	寺津・清水天王山中層a類
		＋	滋賀里Ⅲa	
	堀田Ⅱ・上菅生B	船津原	篠原（古）	元刈谷・清水天王山中層b類
			篠原（中）	
	松木・(夏足原)	谷　尻	篠原（新）	稲荷山・清水天王山上層a類
弥生早期	山の寺／夜臼Ⅰ・長行Ⅰ 下黒野	前　池	滋賀里Ⅳ	(西之山)　(雌鹿塚)
	夜臼Ⅱa　・長行Ⅱ	津島岡大	口酒井	馬見塚F
弥生前期	板付Ⅰa・夜臼Ⅱb	沢　田	船　橋	五貫森　(関屋塚)
	板付Ⅰb 板付Ⅱa・＋	津島Ⅰ／Ⅱ	Ⅰ（古）・長原	馬見塚
	板付Ⅱb　・下城	高　尾	Ⅰ（中）	樫王　駿河山王
	板付Ⅱc	門　田	Ⅰ（新）	水神平・氷Ⅱ

広域化とがはかられて時空系列の研究は充実の度を加え、東アジアを視野にいれて弥生時代の開始を論議する準備がととのいつつある（表6）。九州北部を中心とするめざましいこのような研究の進展の渦中で、ＡＭＳ法による開始期の暦年代が提示されたことは、したがって時宜を得たともいえるであろう。

そこでまず土器編年の研究成果に眼を向けると、山の寺・夜臼両式土器が最古の水田耕作址に伴うことが判明し、これを受け両式の存続期をもって弥生時代早期が措定されている。縄文時代晩期前半の黒川式と晩期後半の山の寺・夜臼両式との間に、時代を分ける太い一線が引かれ、突帯文土器は弥生時代の序に位置することが動かない事実になったのである。そうして編年の網が拡り、山の寺式は甕の一部や壷が形態上類似する点で半島南部の無文土器中期にあたる休岩里・館山里式に併行すること[41]、さらに、伴出関係を辿ることによって大洞C_2式と或る時間を共有することも説かれている[42]。また青銅器の出現については、細形銅剣や細形銅戈によって代表される半島系の青銅器が列島に伝来し、はじめて九州北部で副葬されるのが板付Ⅱbないし Ⅱc式の前期末であったことも、甕棺編年の精細化に伴って明らかになった点として特記される[43]。

さて、水田を使った灌漑農耕の開始や山の寺式の様式形成には半島から人間の移住があり、青銅器の伝来時にはさらに多数の移住者があったと想像されている。半島系の孔列文土器が倭の西域各地に分布し黒川式に併行することが説かれているが(44)、もしそうだとすれば、移住の初現はさらに古く遡ってもさしつかえない。また、縄文時代晩期における土器の移動を辿った成果によれば、大洞B－C・C_1式併行期に列島の東西間で相互の移動が著しくかつ遠方に及んだこと、大洞C_2式併行期にそれが休止したのち次のA_1古式併行期に復活すること、大洞C_2ないしA式古段階の土器はさらに西行して九州にまで達したことが証示されている(45)。遼寧式銅剣の出現によって画される半島南部の青銅器文化の成立についてはもとより、いくぶんにせよその成立より古く遡る無文土器様式の形成についても、北方からの影響があったというから(46)、弥生時代の開始は歴史上の孤立した一事件ではなく、その前後を含め、半島と列島とを貫いて人間や器物が激しく動いたことが推測される時期の出来事のひとつであったといえる。

この激動期の暦年代について、板付Ｉ式を弥生時代開始期の土器様式とする旧来の説は、これに前三〇〇年前後の年代を与えてきた。山の寺式や夜臼式と名付けた突帯文土器様式の時期が弥生早期として加わるようになっても、年代を甚しく遡らせる見解は学界の同意が得られなかったであろう。ところが、黒川式と山の寺式との境界が九五％の確率で前九四五―前九一五年の間にあるとするＡＭＳ法の結果が公表されるに及んで、賛否をめぐる議論が沸騰した(47)。否定する側はＡＭＳ法によって導かれた結果の信頼性を問い(48)、賛成する側は弥生時代早期の遺構や土層に伴ったという鉄器の伴出関係を疑って、中国における鉄器出現年代と整合させようとした(49)。当然のことであろう。

そこで問題になったのが、青銅器の暦年代である。土器様式の暦年代を考古学的に決定しようとすれば、青銅器わけても製作年代が確かな中国王朝の彝器や鏡に依拠せざるをえないからであり、こうして決めてきた学史の蓄積があったことによる。しかし、副葬された中国鏡の製作年代に基づいて甕棺の編年結果に暦年代を求める方法はもちろんのこと、西周代に中原で製作された青銅彝器に伴う遼寧式銅剣を最古式において前九世紀としたうえで細形銅剣の型式組列に暦年代を与える方法でさえも、それぞれの結果はＡＭＳ法による暦年代との間で理想的な一致はみていない(50)。遼寧式銅剣の暦年代の変更を視野に入れて、その起源や製作地を再考する試みが賛成側の一人である春成秀爾によってなされたが(51)、この方面の従来の研究成果に大幅な改変をせまる点で、今後の推移を見まもるほかない。

いずれともあれ、ＡＭＳ法の暦年代に依拠するならば、半島と列島とを貫いて人間や器物の動きが高まりをみせた時期の一事件として説明した弥生時代の開始は、安陽期から周初に至る前述の動向とこれを連動させることが可能となるであろう。またひいては、ユーラシア西方における「海の民」の侵寇や暗黒時代の到来とも連なる可能性が開かれることになる。そうではなく、弥生時代の開始は前五世紀をどうしても古く遡らないということであれば、ユーラシアの東西の動向とはひとまず分離したうえで、あらためて開始の要因を探らなければならないであろう。二度のブラインド・テストを経てＡＭＳ法の信頼性が高いことをエジプトのアコリス遺跡で確認した筆者としては、どちらかと問われれば前者の見解を採りたいと思う。

第二節　三世紀のユーラシアと倭

ローマ帝国の衰退—外的要因—　一般に五賢帝時代と呼ばれている紀元一—二世紀のパックス・ロマーナの隆盛を閲したローマ帝国にとって、三世紀は破局の危機に瀕した時期であった。この危機を経て、ローマ帝国は元首制からドミナートゥスと称される専制君主制へと移行し、さらにキリスト教が公認されて国教化へ向かった。こうして古代末期（Late Antiquity）といわれる時代に入り、ヨーロッパ中世世界への転換が準備されたのである。三世紀の危機がもつ歴史的意義は、したがってきわめて大きいし、これはまた研究の蓄積の多さが物語っているところでもある。この蓄積のなかに足を踏みいれて論述することはしかし、膨大さからみて筆者の力量を超える。また危機の要因論については弓削達「ドミナートゥスの成立」(昭和四五年)に、詳しく学史の総括がなされている。[52] そこで、弓削論文以降に公表され、管見に触れた知見を添えて危機の実態を述べ、要因論にせまることにしたい。[53]

軍事面をはじめにとりあげると、一世紀のローマ帝国にとって外敵といえば、ユーフラテス川をはさんで対峙していた東方のパルティアであり、ダニューブ・ライン両河を隔てた北方には、ケルトやゲルマンやサルマタイを邀《むか》えていた。南方のアフリカは、ナイル流域を除けば砂漠が奥地からの侵入を阻んでいたので、国境の攻防が問題になるのは、西方のブリタニア北半にケルトの領域を残すけれども主として北と東とであった。

ところが、パルティアの勢威はこの頃に衰えつつあったから、東方の脅威はそれほど深刻ではなかった。したがって、トラヤヌス帝(九八—一一七年)のように、東方の北メソポタミアやアルメニアを、また北東方のダキアを、一時的にせよ帝国に併合することが可能であったし、ルキウス・ウェルス帝(一六一—一六九年)のように、パルティアの首都クテシフォンを陥落させるところまで進出を重ねることもできた。また、クラウディウス帝(四一—五四年)のように西方のブリタニアで、積極的に領土拡張戦を行うことも難しくはなかったのである。

そのいっぽう、マルクス・アウレリウス帝(一六一—一八〇年)治下には、[54] ダニューブ川北岸にいたゲルマン系のマルコマンニー族が北方諸族と同盟を結んで国境を破り、北イタリアや中部ギリシアにまで侵寇する大事件が起きて、人びとを震撼させた。もっとも、このマルコマンニー戦争が帝国の対「蛮族」政策に大きな変化をもたらさなかったことは、南川高志が詳しく論じている。[55] 一〇年近くに及んだこの戦争が終結に向かった一七五年、シリア総督のカシウスが反乱を起こす事件が勃発した。パルティアとの戦いで勲功をたてたこの将軍が反乱したのは、ダキアでの苦しい拡張戦に原因があるというが、もしそうだとすれば、北方と東方との両面作戦の困難さをよく示している。

東方国境に戦雲が濃く立ちこめるまでには、まだ少し時間の有余があった。この間にセプティミウス・セウェルス帝(一九三—二一一年)がパルティアに遠征してふたたび首都クテシフォンを陥落させ、また、ブリタニアでの反乱に乗じてスコットランドまで北進した。続いて次帝のカラカラ（二一一―二一七年）も弱体化したパルティアを攻めてティグリス川にまで軍を進めた結果、両帝のもとでローマ帝国の版図はかつてない広さに達したのである。

しかし、パルティアが滅びてササン朝ペルシアが興起した二二四年を境にして、東方情勢は一変する。初代のアルダシールⅠ世（二二六頃―二四一年）は二三〇年に、北メソポタミアの回復をめざして出師し、ローマ属州を占領したが、この強敵に対して当時のアレクサンデル・セウェルス帝（二二二―二三五年）は有効な手を打つことができなかった。これに続く三世紀半ばにおけるササン朝との攻防のなかで、ヴァレリアヌス帝（二五三―二六〇年）が捕虜となって奴隷として生涯を終えるなど、戦局は芳しいものではなかった。ただ、ガリエヌス帝（二五三―二六八年）のもとで「ローマ人の統治者」および「東方総督」の称号を与えられたパルミラの王オデナトゥスが、二六六年の対ササン朝戦でメソポタミアの奥深く攻めいり、クテシフォンで圧勝したことが、ほとんど唯一の輝しい勝利であった。

ササン朝の興起と同じ頃に、ゲルマン系のゴート族がローマの外敵として歴史の舞台に登場した。そうしてこのゴート族に北東の国境を、同系のアレマンニ族やユトゥンギ族、さらにはケルト系のフランク族に北西の国境を破られ、北方中央でヴァンダル族やサルマタイの侵入を許すなど、三世紀中葉における北の国境は、外囲の諸族の蹂躙に委ねざるをえなかったのである。

ローマ帝国の衰退―内的要因―　北方と東方とに敵をうけて両面戦闘を強いられたローマが、有効な手を打つことができなかった原因のひとつは、皇帝推戴方法にあったと思われる。すなわち、帝位の継承にあたっては血脈だけにとどまらず、執政官（コンスル）職や軍歴などの実績を加味して推戴し、元老院の承認を得るのが建前であったが、領土拡大戦や国境の争乱が続くと、苦しい戦闘に従事する軍団や親衛隊の発言力が増し、彼らによって帝位が左右されるようになった。この傾向はたとえばライン方面軍が擁立したヴィテリウス帝（六九年）の場合のように、一世紀に遡ってみられるが、三世紀になればそれが極まり、皇帝が乱立して在位が短命に終わる事態を招いた。ローマ都市における神殿への石碑の奉献行為が、アコリス遺跡の例でみるように三世紀の初めで絶えてしまうのは、この事態と無関係ではないであろう。[56]

また、打ちつづく国境戦や争乱に伴う戦費・給与支出の増大は、戦いによる略奪で潤うことはあるにせよ、国庫を圧迫しないはずがなかった。そこで、マルクス・アウレリウス帝治下におけるパルティアやマルコマンニーとの戦争さらにはカシウスの反乱が、次のコンモドス帝（一八〇—一九二年）治下の通貨危機につながった時のように、またセプティミウス・セウェルス帝治下の版図拡大戦争時もそうであったように、デナリウス銀貨の品位を下げて発行数の増大をはかった。セウェルス帝の後継であるカラカラ帝（二一一—二一七年）が、新しくアントニヌス銀貨を発行し、帝国内の全自由民に市民権を与えたのは、経済の立てなおしと税収の増大とを意図した施策であったというから、事態は深刻であったようである。改鋳にせよ貨幣発行量の増大は経済を活性化させ、インフレがかえって好況をもたらす面はたしかにあるが、しかし改鋳が限度を超えると、実勢価と名目価値とが離れてしまい、インフレがいっそう高進して貨幣経済の根幹が揺らぐことになる。三世紀の経済はこのような情況に陥ったらしい。[57]

ローマ経済を圧迫したのは、戦費や兵士給与の増大だけにとどまらなかった。プリニウスの『博物誌』には、アラビアやインドや中国方面から奢侈品が輸入され、その代価が毎年一億セステルティウスにのぼったこと、ローマからインドへもたらされた富が毎年五〇〇〇万セステルティウスをくだらなかったことが、慨歎の弁とともに記されている。[58]作者不明の『エリュトゥラー海案内記』に、香料や綿や絹などの輸入品に対する輸出品として、金銀貨に加えてガラス器などが入っているから、[59]一部は器物によって支払ったのであろうが、それでもローマの国庫収入が年三三〇〇万セステルティウスであったことを考えると、輸入代価の異常な多さと金銀貨の流出量の夥しさとを窺い知ることができる。

ところが、「海のシルクロード」の異名をとるこの長駆の南海交易は、三世紀の早い時期に途絶し、アッバース朝が隆盛を迎えた九世紀に至るまで回復をみなかったらしいことが、ペルシア湾岸における中国陶磁の出土状況から察せられる。ナイル流域は北アフリカとならぶローマの穀倉であると同時に、上流の奥地から産物を運びいれる航行路であり、さらには、東方砂漠を横断して紅海に出る南海交易の幹線でもあったから、帝国の南の門戸にあたっていた。これは、紅海沿岸に港湾都市が機能していたことを伝える文献史料上の記録や、沿岸で実施された発掘調査の結果が物語っているところでもある。[60]これらのうちで、南端にあるベレニケの実態はまだよくわかっていないが、クセール・エル・カディムやミオス・ホルモス路[61]の調査結果は、三世紀初めに機能が停止したことを示しており、この点からも南海交易の途絶を推知することができる。

ちなみに、前三二年にローマに併合され、二年後のオクタヴィアヌスの登極とともに皇帝領になっていたエジプトで、二一五年にカラカラ帝によるアレクサンドリア市民の大虐殺が発生した。さらに二七四年にはフィルムスという人物がアレクサンドリアとコプトスとで反乱を起こしている。[62]アレクサンドリアやコプトスという南海交易の拠点港で争乱が惹起しているのである。東方砂漠のモンス・ポルフィリテスなどの直轄の採石場も、[63]アコリス近傍で営まれた大採石場も、[64]三世紀初頭を境に操業が停止しており、この点をあわせ考えるならば、三世紀におけるエジプト社会の動揺は激しかったことが想像される。[65]

それはさておき、三世紀に入るとほどなく、ササン朝との軍事対決に加えて、黒海北岸のローマ都市群がゴート族などの「バルバロイ」によって略奪される事件が起こった。東方情勢の悪化は、ユーラシアを横断する内陸交易路の円滑な運用を妨げたにちがいない。長駆の交易活動が海陸ともこうして衰微したことによって、金銀貨の膨大な流出は止んだであろうが、しかし経済が立ちなおった形跡が乏しいことは、銀貨の地すべり的下落が二三八年以降に始まったらしいことからも察せられる。[66]

なお、M・ウェーバーが古代資本主義の退潮を説き、M・ロストフチェフが商品生産のスプロール現象をあげて、三世紀の危機の要因を経済構造の変容の面から究明している。(67)その当否はさておいて、一六六―一八〇年に猖獗を極めた疫病の流行に眼を向けると、これによって労働力や兵員の不足が深刻化したことが、危機の一因になったという。(68)エジプトでも人口の激減したことが指摘されており、したがって人口減少が穀物供給を低下させたとしても不思議ではない。(69)

以上述べたような内外情勢の重なりあった悪化は、システム崩壊と表現するのがふさわしい。この危機を収拾したのは、ディオクレティアヌス帝（二八四―三〇五年）であった。同帝は帝国を東西に二分してマクシミアヌスと共同統治を行い、それぞれに副帝をおいて僭帝を排除した。こうして外敵に当たり、行政改革を断行し、税制を整え、「公定価格令」でインフレを抑えようとした。インフレの進行を食いとめることは難しかったが、帝国の体制の新しい基礎がここに固まったのである。

しかし、元老院の力を削いで皇帝権力を強化したこの体制は、既述のように、ドミナートゥスすなわち専制君主制と呼ばれ、かつての元首制とは一線を画したものであった。そうしてディオクレティアヌス帝による最後の大弾圧を経てキリスト教が公認され、国教化されて皇帝権力との癒着が始まった。「わたしたちは、生ける神の宮である」と説いて地上の大神殿に背を向けた反権力性が、こうして失われていったのである。(70)太陽神信仰を掲げるなどしてローマの宗教的統一をめざしながら揺らぎをみせてきた皇帝権力にとって、唯一神の名による帝権の承認は望ましかったにちがいない。

後漢の衰滅―外的要因―　最後の皇帝献帝が曹丕に位を譲り、二世紀ほど続いた後漢王朝は終焉した。二二〇年のことであるが、終焉を必然にした衰退の転機は一〇〇年頃に兆し、この頃すでに衰因は胚胎していたのである。そこで、一〇〇年前後の動向を正史の記載や先学の高論に導かれながら述べすすめることにしたい。

一〇〇年前後といえば、北方や西方に居住していた外縁民族があいついで侵寇した嚆矢の時期であった。すなわち、北匈奴の西遷に乗じてモンゴル方面を占めた鮮卑は、永元九年（九七）に遼西の肥如県を攻めたのを皮切りにして、辺境をしばしば犯すとともに、長城地帯を守ってきた南匈奴や烏桓にも攻撃を加えた（図24）。そうして、安帝（一〇六—一二五年）治下における侵寇は、七度の多きを数えるに至ったのである。この鮮卑の動きに刺激されたのであろうか、南匈奴や烏桓も後漢から離反し、一〇九年には鮮卑との三者連合が縁辺に侵入して、迎えうった漢兵は大敗を喫したという。烏桓は鮮卑とならんで東胡と呼ばれているように、ともに東方の大興安嶺南部にいたモンゴル系の種族である。

図24　後漢代のユーラシア東方

同じ頃に西方では、羌の活動がことに激しくなった。西方の羌つまり西羌は元和三年（八六）以降、侵寇の回数を重ねるようになったが、とりわけ九六年には族長の迷唐が八千騎を率いて隴西にまで達した。飢餓に見まわれていたらしく迷唐はいったん漢に降ったけれども、侵寇は止まなかった。永初元年（一〇七）から翌年にかけては、竹竿や木の枝などをもって戦い、漢陽に駐屯した鎮定軍五万は大敗した。この結果、東は趙魏を侵し、南は益州に入って漢中の太守を殺害し、三輔を寇して隴道を断ったというから、現在の陝西省一帯から山西省の一部に侵入して西域路を塞いだことがわかる。これに勢いを得たのか侵寇は続き、永初五年(一一一)には河東に達し帝都洛陽の近くまで迫ったのである。鮮卑や烏桓の侵寇に較べるとはるかに激しかったことが察せられる。安帝治下の一九年間で一〇回前後の侵寇があり、その頻繁さも尋常ではなかった。

なお、一二一—一三九年の間は、西羌の侵寇記事が見あたらない。この間は北匈奴の呼衍王を破るなど、西域に派遣した班勇によって経営が順調に進捗した時期にあたっているから、この空白は頷ける。空白といえば鮮卑についても、陽嘉二年(一三三)の反乱から永寿二年(一五六)の檀石槐に率いられた寇掠まで、二十年余の間は侵寇記事がみとめられない。檀石槐が鮮卑諸部族を統合して全モンゴルを支配下におさめ、衰退期に入った後漢に痛打を加える前夜であり、烏桓の侵暴が目立つことと関係があるのであろう。このように外縁民族間で盛衰の波動があり、後漢との親疎も一様ではなかったが、一世紀末から始まる彼らの度重なる侵寇が王朝の衰亡を早めたことは疑いない。

いま、彼らによる侵寇や反乱などの騒擾が起きた季節を、『後漢書』から拾いだしてみると、西羌の場合は、春一〇回、夏二回、秋七回、冬二回を数え、春と秋とが多い。またこの結果を、光武帝(二五—五七年)から和帝(八八—一〇五年)に至る紀元後一世紀と、概ね二世紀にあたる安帝(一〇六—一二五年)以降とに分期して結果を求めると、一世紀で季節が記された四回はことごとく秋であり、これに対して二世紀に入ると、春が図抜けて多い。ところが鮮卑の場合には、夏三回、秋八回、冬四回を数え、烏桓の場合は、夏二回、秋冬各一回である。これらは二世紀の騒擾であり、しかも春が見あたらない。東胡と総称される鮮卑と烏桓とは、この点で傾向を同じくしているのである。そうして匈奴の場合にもこの傾向があることからすると、二世紀における西羌の動きは外縁の北方諸族とはちがっていたことが知られる。

遊牧を生業とする民族にとって、馬が肥える夏や秋が侵寇するのにふさわしいはずである。それぞれ一—三月が春、四—六月が夏、七—九月が秋、一〇—一二月が冬にあたるからである。したがって、北方諸族の侵寇が夏や秋に多い点は頷けるし、侵寇原因としての飢饉説を否定した内田吟風の所説も納得しうる。[71] それでは西羌の場合にはなぜ春が多いのであろうか。青海方面を中心とする中国北西部が居住地であり、北方諸族と環境がちがっていたことに原因があるのであろうか。それならばなぜ、一・二世紀の間で秋から春へ転じたのであろうか。論を進めることはできたが、問題は残る。諸賢のご教示を乞いたい。

後漢の衰滅―内的要因（1）―　王朝を衰滅に追いやった一〇〇年前後の動向として、次にとりあげたいのは、国内の事情である。以下に示した一覧は、労榦「両漢戸籍与地理之関係」（一九三五年）に載録されている後漢代の人口である。

光武帝中元二年（五七）　二一〇〇万七八二〇
明帝永平一八年（七五）　三四一二万五〇二一
章帝　章和二年（八八）　四三三五万六三六七
和帝元興元年[72]（一〇五）　五三二五万六二二九
安帝延光四年（一二五）　四八六九万〇七八九
順帝建康元年（一四四）　四九七三万〇五五〇
沖帝永嘉元年（一四五）　四九五二万四一八三
質帝本初元年（一四六）　四七五六万六七七二

前漢末の平帝元始二年（二）の人口が五六二五万五二人であることを後述する袁祖亮論文が記しており、この結果によると、光武帝中元二年までの半世紀余の間に三七％に激減していることになる。王莽の失政や赤眉の乱による混乱がこの半世紀余を覆っていたので、人口は実際に減少したのであろうが、後漢王朝による戸口調査がまだ行きとどいていなかったせいでもあろう。その後混乱が収拾されて社会に落ちつきが戻ると、人口は急激に回復し、前漢末の

表7　全人口に占める省域別人口の比率と密度/1km²

省域名	後2年 前漢平帝元始2年		後140年 後漢順帝永和5年		後280年 西晋武帝太康元年	
河南	22.7 %	81.0人	19.7%	62.0人	16.7%	18.9人
山東	21.5	81.0	17.8	59.3	9.1	11.2
河北	12.3	32.0	12.8	29.5	13.0	10.9
安徽	6.4	28.0	4.6	17.7	3.4	4.8
陝西	5.7	16.9	1.5	4.1	4.8	4.6
四川	5.7	5.7	10.1	8.9	7.4	2.4
山西	4.5	16.9	2.5	8.4	5.2	6.3
江蘇	4.2	22.6	3.9	18.7	3.0	5.3
湖北	2.6	8.3	3.6	9.9	7.1	7.2
江西	0.65	2.3	3.5	10.9	2.4	2.8
湖南	0.85	2.3	4.7	10.9	4.7	3.3
自余16省域	12.9 %		15.4%		23.2%	
総人口	56,250,052		50,134,751		1,827,672	

水準にまでほぼ達している。人口自体の伸びに加えて、戸口の把握も順調に推移したことが想像される。

ところが、半世紀近くを閲した和帝元興元年（一〇五）を頂点にして、人口は伸びが止まり、若干の増減をはさみつつ減少傾向をみせている。つまり和帝期が、増加から減少へ移る転換点になっているのである。そこで、袁祖亮『中国古代人口史専題研究』（一九九四年）をも参照しながら、人口減少を別の観点から分析すると、表7のような結果になる。すなわち、前漢平帝元始二年（二）と後漢順帝永和五年（一四〇）との間で人口を地域別に較べると、人口の分散が進むとともに、河南・山東・山西・陝西省方面では減少、四川・湖南・江西省方面では増加がそれぞれ著しいという結果が導かれる。そうして、一世紀における総人口の激増ぶりをあわせ案ずるならば、河南・山東・山西・陝西省方面でかくも著しく人口が減少するようになったのは、二世紀に入った安・順帝期であったことが、ここから推測されるのである。

総人口の減少はこの場合、数よりも動態に深刻な問題があり、黄河流域における減少が、長江以南や四川での増加を補えないほどに大幅であったことを、表の結果が示している。その意味で、西羌などの外縁民族の侵寇が黄河流域に減少をもたらせたことが、山西・陝西省方面については指摘されるであろう。また、ときに烏桓の侵掠を蒙った山東や河南の方面については、自然災害が多発して「青・冀之人、流亡数萬」という状況が現出し、騒擾が多発したことを論じた多田狷介の所説が注目される（73）。

多田によれば、一〇〇―一三〇年頃にあたる後漢衰退の第一段階は、後漢社会の矛盾が淮河以北の関東地区に集中的にあらわれた時期であったという。そうして一三〇―一六〇年頃の第二段階には、「海賊」曾旌らが会稽の諸県を攻焼し、「揚州六郡の妖賊」章何らが四九県を寇した順帝の陽嘉元年（一三二）を皮切りに、一三〇年代に六回、一四〇年代に一四回、一五〇年代に三回、一六〇年代に九回、一七〇年代に二回の反乱記事がみられ、しかも江南方面に波及していくらしい。

多田が述べたこのような情況を前史とし、一八〇年代に入ると、宗教的騒乱が激化した。黄老道を奉じ、延年益寿・消災治病を唱え、「符水」や「呪説」で病気を治療する現世利益的実践を通じて、道士の張角が数十万の信者を獲得した。彼は太平道を掲げ漢室にかわろうとして、中平元年（一八四）に乱を起こした。そうして、黄巾の乱と呼ばれるこの反乱は、北は現在の北京から南は長江北岸、西は洛陽を含む河南省域に及び、官庁を焼き村落を劫掠したという。さらに加えて陝西・四川省方面では、祈祷によって病いを治し義舎を設けて米や肉を施す五斗米道という教団が、張魯に率いられて根を張り、太平道とも結んで自律の気配をみせていた。このような現世利益的教義を掲げた宗教教団が民衆の幅広い支持や共感を獲得した背景として、一五〇年以降とくに甚しくなり平均すれば三年に一度の頻繁さで発生した疫病の大流行があったことを、秋月観暎が指摘している。[74]その通りであろう。

後漢にとって、前漢武帝期に董仲舒が発揚した公羊学こそが官学であり、これが王朝と集権政治体制との正統性を保障していたのである。孔子が整理編纂したとされる『春秋』の解説に基づくこのような経学思想とならんで、数理によって「天」の運行を説明する宇宙秩序論が流布し、これもまた天命をうけた王朝の正統化につながるものであった。宇宙世界を精緻な幾何学的操作によって表現した方格規矩鏡や内行花文鏡の流行が伝えている通りである。[75]ところが、後漢後半に入ると、天の運行の厳正さよりも神仙像を図柄にして現世利益を乞い願う銘辞を刻んだ神獣鏡が参入し、増加する。宇宙的秩序に対する信頼を失い、人びとが神仙世界に長生福祥を託するようになったのである。仏教が格義仏教のかたちで流行の気配をみせ、道教の先駆けとなる太平道や五斗米道が大いに民衆的支持を得た背景として、このような思念上の変化があったことを付記しておく(76)。

後漢の衰滅—内的要因(2)— 一〇〇年前後に戻ってもうひとつとりあげたいのは、帝位継承時の情況についてである。王朝を創始して六二歳で没した光武帝はさておいて、次の明帝以降の各帝に即位と死没との年齢を添え、表8として示した。結果を通覧すると、成人後に即位したのは前半代の明章二帝であり、天寿を全うしたといえるのは明献の二帝である。ただし、献帝は最後の皇帝で死没前に退位したから、ふさわしい年齢で即位し定命に沿って没したと思われるのは、明帝ひとりということになる。和帝以降は、皇帝としての判断力が疑われる幼少で即位し、長じても三〇歳代で没する異常なかたちが続いているのである。

表8　明帝以降の即位および没年齢

在位(西暦)	即位年齢	没年齢
明帝(五七—七五)	三〇	四八
章帝(七五—八八)	二〇	三三
和帝(八八—一〇五)	一〇	二七
殤帝(一〇五—一〇六)	一	二
安帝(一〇六—一二五)	一三	三二
少帝(一二五)		
順帝(一二五—一四四)	一一	三〇
沖帝(一四四—一四五)	二	三
質帝(一四五—一四六)	八	九
桓帝(一四六—一六七)	一五	三六
霊帝(一六八—一八九)	一二	三四
少帝(一八九)	一七	一七
献帝(一八九—二二〇)	九	五四

幼帝にかわって実権を握ったのは外戚であった。のちには宦官も帝位継承を左右した。すなわち、政治に容喙した竇《トウ》皇太后のような外戚が抬頭し、竇一族を誅した鄭衆のように皇帝の寵を得る宦官が現れ、外戚と宦官とが帝位を壟断する悪弊が和帝期にあらわになった。それとともに、狩野直禎が詳述した楊震(五〇?—一二四年)のように(77)、地方豪族の出身で、儒教的教養から反外戚・宦官を標榜して政治の浄化を主張する官吏も現れ、のちに政治的混迷を生む三派がこうして一〇〇年前後に出そろうのである。

桓帝期の李膺や陳蕃は、反外戚・宦官の流れを汲む官吏の代表格である。彼らは朋党を組んで素志を遂げようとしたが、宦官によって誣告されて獄に下った。これが党錮の獄である。次の霊帝の時にはともに許されて挙用されたが、太后の信任をうけた宦官の企みで二度目の党錮の獄が起き殺害された。しかし、中平元年（一八四）に黄巾の乱が発生すると、党人と黄巾とが結合することを怖れ、党錮は解除されたという。党人と黄巾との結合を怖れたという点にちなんで、R・A・スタンの論をとりあげた川勝義雄の所説を紹介しておくと、(78)後漢政府は売官に走り、富殖豪族層を基盤にし、こうして郷邑秩序を破綻に追いやろうとしていた。民衆が希求する道教的共同体秩序と、党人のような清流派知識人が志向する儒教的共同体秩序とは、後漢政府による郷村秩序破壊への対抗軸として通底していたとみるのである。従うべき見解であると思う。

以上縷述した内外の要因が重なりあい、因が果を生み、その果がさらに因を作って、後漢王朝は魏の曹丕に禅譲するかたちで幕を閉じた。戦乱の打ちつづく三国鼎立時代がこうして始まり、統一を成しとげた西晋王朝も長い存続は許されず、三一六年に滅びた。こののち、南は東晋のもとで安定を確保し、北は五胡十六国時代と呼ばれる争乱期に入って、南北朝時代が始まる。ローマ帝国が滅亡の危機を脱し、コンスタンティヌス帝のもとで再建に向かって動きはじめた時のことである。

倭の動向―正史が伝える時代像―　中元二年（五七）に倭の奴国が漢に朝献して光武帝から金印を与えられ、安帝永初元年（一〇七）に倭国王帥升等が生口一六〇人を献じて朝見を乞うたことを、『後漢書』倭伝が伝えている。中元二年というと、王朝樹立の大業を終えて光武帝が没した年である。死没したのは二月で、朝献は一月のことである。また永初元年は、前年の延平元年八月に殤帝隆が二歳で没して安帝が践祚した翌年にあたる。朝献はこのように即位直後に行われるのが通例であるから、中元二年の朝献が光武帝の死没直前であったのは、偶然ではなく、王朝の創始者の権威に与っておきたかったことが考えられる。朝献記事をこうして通覧すると、後漢王朝の動向が倭に伝わり、鋭敏に対処していた様子が見てとれる。『後漢書』倭伝はさらに、「桓霊間」すなわち桓帝と霊帝とが帝位にあった一四六―一八九年のあいだに、倭国が大いに乱れて戦闘が起き、「歴年無主」という状態が生じたことを記している。後漢もまたこの頃は、前述したように混迷の極にあった。

その後の倭の動向については、これを『三国志』魏志倭人伝の記述に委ねることにすると、戦乱のはてに卑弥呼という名の「一女子」を「共立」して王にした。こうして立った卑弥呼は中国王朝への朝献を再開し、景初三年（二三九）と正始四年（二四三）とに魏へ使いを遣わしている(79)。景初三年といえば、遼東方面で燕王と自称して自律の動きをみせていた公孫淵を、太尉の司馬宣王が討って、南満北鮮の一帯を平定した翌年であり、しかも同年の一月一日に明帝が死没して新皇帝斉王芳が立った即位年にあたる。また正始四年の遣使については、芳の元服大赦が行われ、あるいは、高句麗攻撃が間近にせまっていた情勢を汲んだというよりも、狗奴国との争いを訴えでる必要にせまられていたことの方が想像される。半島の戦乱が落ちついた正始八年（二四七）、すでに仮授されていた詔書と黄幢とを携えて帯方郡吏の張政らが卑弥呼のもとを訪れ「檄告」したという。争いが激化していたのであろう。

狗奴国との争いの帰趨は語られていないが、卑弥呼は没し、男王が立ったという。しかし、国中が収まらず、ふたたびあい殺しあう事態となった。そこで卑弥呼の宗女で一三歳の壱与を王にして、争いを収拾した。壱与は、倭に滞留していた張政らを帯方郡に送りとどけさせ、同伴した使者を答礼のために帝都の洛陽へ赴かせた。

魏志倭人伝の記述は以上で尽きるが、泰始年間（二六五—二七四）の初めに倭が遣使入貢したことを、『晋書』四夷伝が短く伝えている。武帝本紀にある泰始二年の貢献のことを、これは指しているのであろう。高句麗を討った司馬宣王すなわち司馬懿が魏の実権を握り、孫の司馬炎が禅譲を受けて西晋王朝を開いたのが泰始元年であるから、建国に伴う遣使であった可能性が高い。また、太康二年（二八一）から永熙二年（二九一）に至る一一年間に、一〇度の東夷朝献の記事がみられる。東夷のなかに倭が含まれていたことが考えられるが、記述には上っていない。こうして倭に関する記述は、東晋の義熙九年（四一三）まで正史から絶えるのである。

なお、『三国史記』新羅本紀に倭の侵寇記事がある。一四、七三、一二一、一二三、二〇八、二三二、二三三、二四

九、二八七、二九二、二九四各年の侵寇が三世紀以前の例であり、その後は三四六年まで空白である。また、一七三年のこととして卑弥呼の来聘を記しているが、真偽よりも年代に問題が残る。ともかく侵寇記事が三世紀中葉ないし後葉に集中し、これが邪馬台国の時代と重なることは、意味をもつかのようである。

以上、中国の正史が伝える二―三世紀の倭の動向として、中国王朝の内外事情に敏速に対応する力を邪馬台国がそなえていたらしいこと、また、大乱、卑弥呼の共立、狗奴国との争乱、卑弥呼の死没、男王立、攻伐、壱与立という推移を倭が辿ったこと、そうして、この推移には中国王朝の変動が影をおとしていること、という三点を、目新しい事実ではないが確認しておきたい。そこで、この一連の倭の推移をとりあげ、一線をもって時代を画するとすれば、卑弥呼の共立を重視する見解があってよいし、女性が王位に就かなければ収まらない段階を脱したところに画期を求める意見も成立しうる。あるいは、造墓上の変化で時代を画したいという方針を貫くのであれば、卑弥呼の奥つ城として「大冢」が営まれた時点を、新時代の幕開けとして重視することになる。つまり、邪馬台国を基準にしていえば、その創始期か、終焉期か、存続期内か、という異案が画期観の相違によって生じるわけである(80)。

倭の動向―考古学資料がみせる時代像（1）―　弥生時代がけっして安寧で静謐な時代ではなかったことを、考古学資料によって垣間みることができる。すなわち、後期に至るまではおしなべて、集落の数が増加して規模も拡大し、農耕を基盤とした社会が曲折を経ながらも概ね順調に拡大を遂げたことを、各地の集落址の調査結果が伝えている(81)。ところが、これらの調査結果によると、紀元前後にあたる中・後期の交を境にして高揚の極点からいきなり奈落に落ちるように既存の集落が姿を消し、次代を継ぐべき集落の形成も微弱な状態に陥ったようである。

この断絶には、細かくみれば地域間で差異がみられる。近畿以西では、筑前や岡山県域のように減少ぶりの比較的鮮かな地域があり（図25、表9）、高地性集落が形成された讃岐の高松平野のように減少がさして目立たない地域もある。そうしてこのような地域ごとの差異は尾張以東にもあり、駿河のように減少の痕跡をとどめる地域（表10）や、尾張のように継続度の高い地域が知られている。また関東では集落形成について、宮ノ台式期に高揚して久ケ原式期に低下し、前野町式期にふたたび高揚することが説かれているが、相模と上総や上野との間には低下度に差異がみとめられることを、既存の結果から窺いしることができる。このように地域ごとの差異はあるけれども、そうしてその差異には歴史的動向が反映されているけれども、近畿以西の低下度の方がおしなべて甚しいことは、指摘してもさしつかえない。激動の後期が始まったのである。

後期後半すなわちV様式併行期後半に入ると、低下していた集落形成に拍車がかかる。そうして庄内式併行期にもこの傾向は維持され、尾張以東ではこの時期にいっそう高揚したことを、尾張や信濃の飯田盆地などの例がよく物語っている（図26）。後期後半におけるこの高揚は関東北部の霞ケ浦沿岸にも達して、定住的な集落が数多く成立して

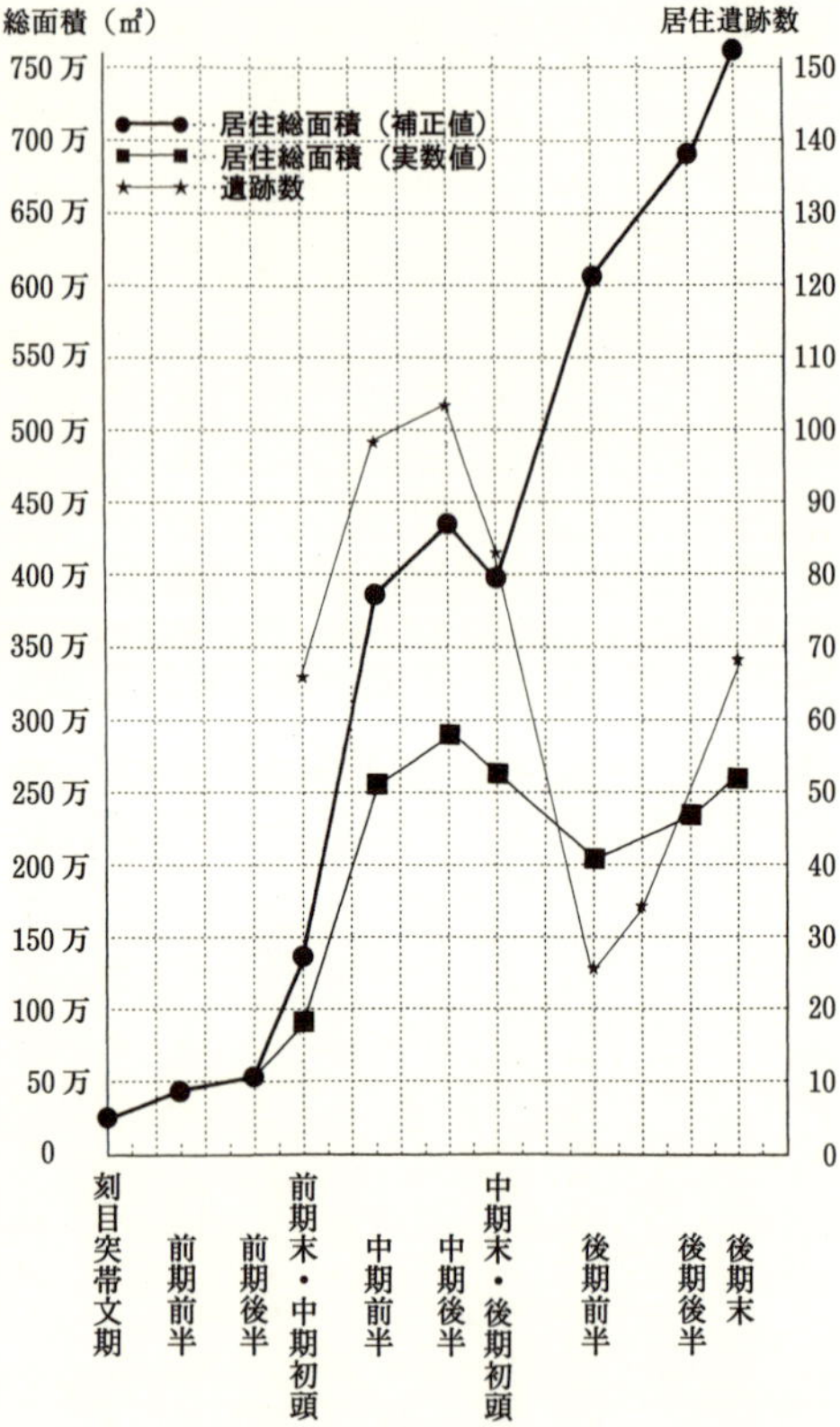

図25 玄界灘沿岸域（福岡・早良・糸島平野）の弥生時代における集落数と居住面積と復原人口との増減

表9 岡山県域における弥生時代集落数の増減

時期	前期			中期			後期			
	Ⅰ	Ⅱ	Ⅲ	Ⅰ	Ⅱ	Ⅲ	Ⅰ	Ⅱ	Ⅲ	Ⅳ
集落数	8	42	42	16	54	148	74	82	74	66

表10 静岡県域東部における弥生時代遺跡数

時期	中期		後期	
	古	新	古	新
遺跡数	7	48	18	54

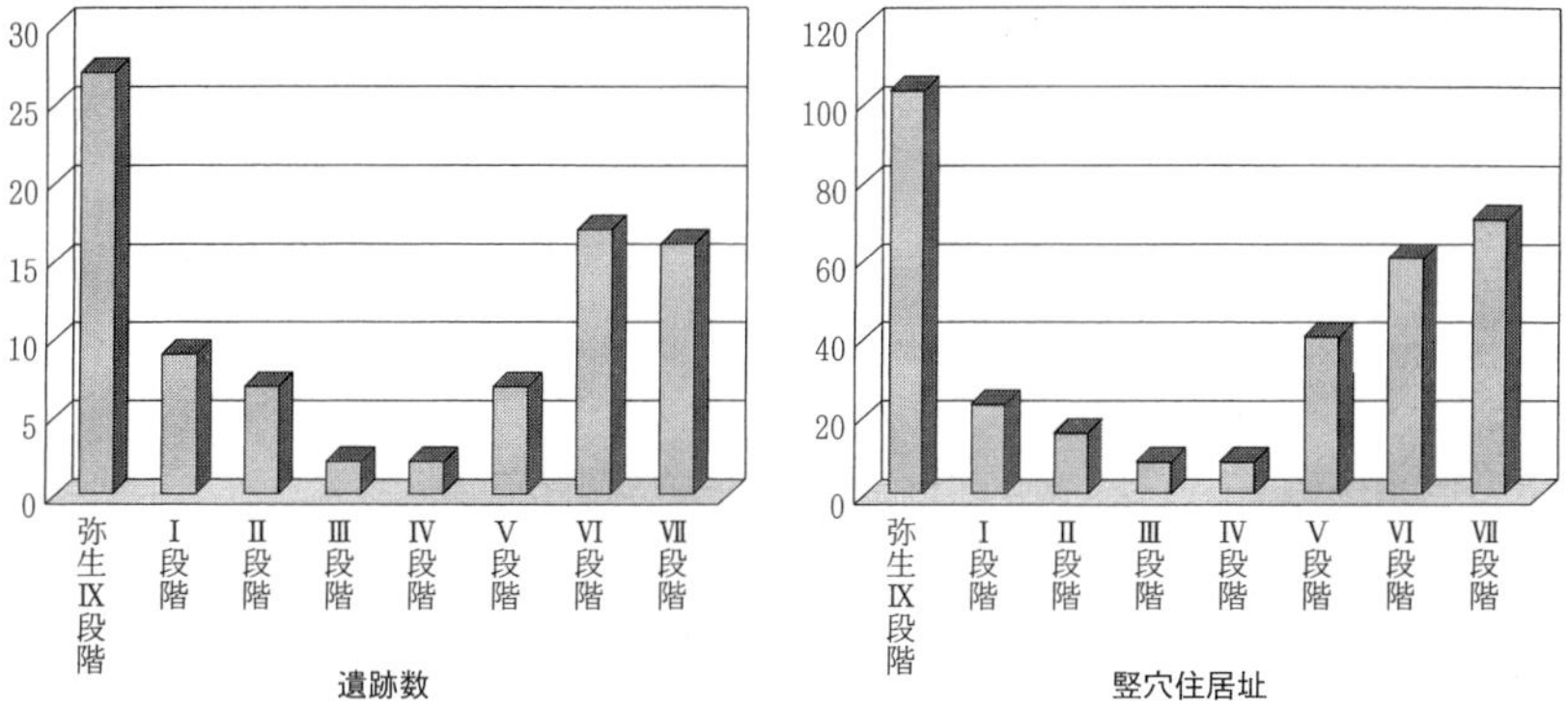

図26　飯田盆地における弥生時代終末ないし古墳時代前・中期の集落形成

規模も拡大するようになる。また、北方の天王山式土器様式圏や続縄文土器様式圏でも集落形成が進む。ただし、半遊動的な状態にとどまる点で、西方と鮮かな対比をみせている。鹿児島県域でも同じ高揚がみられるので、この現象は倭と呼びうる範囲を越えている。

高地性集落が近畿以西だけでなく、群馬県富岡市中高瀬観音山遺跡例(82)から知られるように東方にも出現するとともに、土器様式の個性化が著しくなり始める。集落形成の高揚よりも幾分かは遅れるかもしれないが、それでも甚しい時間の隔たりはなくて連結している。また東方ではV様式併行期に至って、外囲に環濠を設けた集落の例が多く見いだされる。そうして庄内式併行期をまたずに放棄され、これと前後して集落の数が増加する現象が、尾張などで知られている。高地性集落や環濠集落の存在によって争乱状態を思いえがくならば、争乱はV様式併行期に入ってから東方では激化し、それが収束したのちに集落形成がいっそう高揚した様子を、これらの点から窺うことができるようである。

ところが、布留式併行期に近づくと集落形成は衰えをみせ、同期を迎えるとその傾向は著しくなる。出雲の安来平野や信濃の飯田盆地における形成動向は、その退潮の激しさを映した例であり、尾張や関東南部での動向も移住説が語られているほど後退の甚しい例として特記される。また、備前の旭川下流域の集落群については、洪水によって壊滅したという点が注意をひく(83)。

大和や相模や下野では衰退の形跡が見あたらないらしいので、Ⅳ・Ⅴ様式併行期の交の場合と同様に地域的差異があったことは疑いない。この点は今後追求されるにせよ、概観すれば衰退の色は覆えない。いわゆる居館が出現して分布を拡げはじめるのもこの頃である点から察すると、Ⅴ様式併行期後半に増加した集落の間で整理統合が進むとともに、統合の核が登場したと考えたいところである。

以上、Ⅴ様式併行期を中心にして集落形成の動態を探り、隆替を大きなうねりとして復原した。そこでうねりを生んだ原因を求めるとすれば、人口の増減が考えられる。仮定上の推算であるが、人口が五〇年間で倍増・半減する年ごとの平均増減率は一・四％であり、一〇〇年間ならばこれが〇・七％となる。明和八年（一七七一）の津波とその後の飢饉などとで八〇年間に人口が四〇％に減り、その後急激な回復をみせた石垣島の例などを参考にするならば、(84)これらは増減率として充分にありうる数字である。人口に関わるもうひとつの解釈として、移動ということが考えられる。人口に甚しい増減はなく、移動が集落形成の隆替を招いたとするこの解釈は、土器の激しく広域な動きからすると、これも頷ける点がある。移動についてはしかし、二つの場合がありうる。移動によって集落形成が衰微した場合と、移動をくりかえすことによって集落址の数が多くなり結果として形成が高揚したようにみえるという場合である。いずれの解釈が当を得ているのか、正確なところはわからないが、筆者としては移動を促した要因があり、それがまた人口の増減を左右したと考えておきたい。

この点については解明をまつことにして、いずれにせよ集落形成の隆替によって、集落間をとり結ぶ社会システムが大きな変化を蒙ったことは間違いない。そこで、集落形成が退潮を示すⅤ様式併行期前半、隆盛をみせる同期後半ないし庄内式併行期、後退の色を窺わせる布留式併行期の開始前後に分けたうえで、Ⅴ様式併行期前半を一世紀、同期後半を二世紀、庄内式併行期を三世紀、庄内・布留式の各併行期の交は三世紀後半のうちに求めておきたい。(85)

倭の動向——考古学資料がみせる時代像（2）——　集落形成がふたたび高揚を始める後期後半には、墓制にも変化がみられる。刀剣などの鉄製品やガラス小玉などの玉類のうえに時に鏡を加えて、副葬品の種類や量を充実させようとする風が発生したのである。もとより、弥生時代中期にこの風が盛行した過去をもつ九州は除外されるし、畿内では開始の形跡が外囲の諸地域よりも薄い。また、日本海沿岸では副葬品の充実とならんで墳丘の大型化が知られている。これらの点で墓制の変化は、階層的格差とともに地域的偏差を孕みつつ進行したとみられる。儀仗系として一括りにした矢鏃類が品目の一部を構成するようになり、奈良県桜井市箸中ホケノ山古墳(86)の画文帯神獣鏡や長野県松本市出川弘法山古墳(87)の獣文鏡のような中国鏡を伴った組みあわせが、庄内式併行期をまって出現した。そうして、布留式併行期の開始前後に三角縁神獣鏡が長刀剣などの鉄製品とともに副葬品に加わるようになり、異論なく古墳とみてさしつかえない副葬品目がととのったのである。

ガラス小玉にせよ鉄器や鏡にせよ、製品や原材は列島外からもたらされた。原材の入手から加工までを列島内で賄うことができた副葬品といえば、鉱物系の玉類と木製品あるいは布類にとどまる。その意味で、半島との通交を物語る移入土器などの遺物が玄界灘沿岸で見いだされ、これらの資料に依拠して通交の中心地の推移を復原した久住猛雄の所説が注目される(88)。その所説によれば、弥生時代中期末すなわちⅣ様式併行期末に変化があり、以来、庄内式併行期前半に至るまでは糸島方面が、庄内式併行期後半ないし布留式併行期初めに東へ移って博多湾岸が、それぞれ中心を占め、その後は畿内に中心が移ったという。この説を敷衍していえば、「伊都国」に「一大率」をおいたという魏志倭人伝の記事は、糸島方面に中心があった段階の最終末にあたることになるであろう。また、三世紀の中葉ないし後葉に半島への倭の侵寇が頻繁であったことを示す新羅本紀の記載は、もし正しいとすれば、博多湾岸に中心が移る前後の状況を映している。そうして、倭の侵寇がふたたび激しくなったことを物語る四世紀後半の記載は、畿内に中心が移ってからの活動であったということになる。

第三節　同時性をめぐる考察

同時性とその歴史的意義―前一二〇〇年頃―　東地中海域で「海の民」がヒッタイトやミケーネなどの既存の王国を滅ぼし、新王国時代のエジプトを痛打した。前一二〇〇年頃とされているこの年代観に変更の余地がまったくないとはいえないにせよ、P・ジェイムズ説のような甚しい変更が難しいことはすでに述べた通りである。前一二〇〇年頃といえば中国では、殷の安陽期の一時点をさす。殷の滅亡年には多くの異説があるけれども、これは変わらない。殷は武丁の治世を過ぎると衰えたというが、この、『史記』殷本紀が語り甲骨文研究によって追認されている安陽期の推移から察すると、その衰退は「海の民」の侵寇とかなり接近した年代であったことが推知される。また倭については、ＡＭＳ法による年代に依拠するならば、弥生時代の開始は安陽期から周初に至る動向と関連させられることをすでに指摘しておいた。

そこで、東西で時を同じくするこれらの事柄について、あらためて歴史的意義を問うならば、「海の民」の侵寇については、その意義を軽めに見積もったとしても、強国不在の暗黒時代に移るきっかけになったことは否めない。この暗黒時代のなかで、次章で詳しく述べるように、利器の主要な素材として鉄が重要度を高め、鉄器時代が始まった。青銅器時代にはなかった新たな政治体制が生まれ、生産手段や軍事技術などが変わり、社会の一新が準備されたのである。また殷の衰退については、この衰退が王権の世俗化を促し、そこで準備された父子相続や封建制度が周に継承された。礼制に基づくという周の統治体制は、『周礼』や『周髀算経』のような書物名からも知られるように、のちに理想化されて、後代に大きな影響を与え続けた。さらに倭における水田を使った灌漑農耕の出現について、生産様式の改変だけにとどまらないその歴史的意義の重さはあらためて説くまでもないが、指摘しておきたいのは、この出現の頃に人間の移動が頻繁になった点である。半島から列島への移動は弥生時代を画する点で特筆されるが、大洞式土器の南下から説かれているように列島の北から南への移動があい前後して発生している点が注意される。半島と列島とを貫く広域な移動の嚆矢にあたるからである。

さて、政体や宗教や風土などさまざまな面で異なるユーラシアの東西で、後世にかくも大きな影響を及ぼした変革が、時をほとんど同じくして惹起した原因を求めるとすれば、それぞれの内的事情を強調して偶然の一致に帰するのは致し方がないのかもしれない。しかし、内的事情を誘発する共通の因子、あるいは共有される外的事情がもし介在しているとすれば、それを抽出する方がのぞましいことはいうまでもない。そこで注意されるのが、人間の移動である。すなわち、「海の民」については、アナトリアやギリシアや地中海の島じまなどの各地に起源をもつ民族群であるらしいことが、デンイェン、シャルダナ、ルッカなどの民族名に対する言語学的分析から推測されており[89]、さらにヨーロッパ内陸部の文化に連なる要素のあることが説かれてもいた。殷の場合には、山西省境に近い大行山脈の山麓方面からしばしば侵寇を受けていたらしいことが、甲骨文に残る「邛方」や「方」の記載から推測されていた。倭についても、AMS法の結果に従えば、半島と列島とを貫く広域の移動が、これらの侵寇と期を同じくしたことになる。つまり、歴史の展開に濃い影を落とすほどに人間の移動が激化した点で、ユーラシアの東西も倭も同じ事情を抱えていたのである。

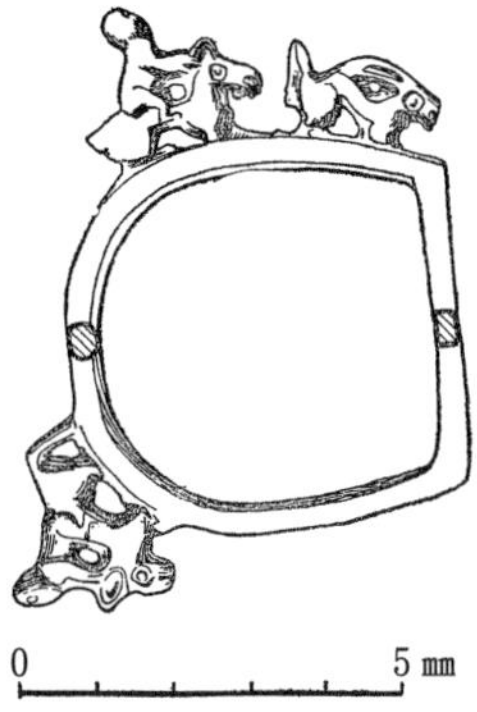

図27　内蒙古自治区寧城県南山根遺跡M３出土の夏家店上層文化期銅環

ところで、図27として掲げた遺物は、兎らしい小動物を追う騎馬を表現した銅環である[90]。この環が出土した内蒙古自治区寧城県南山根遺跡の墓葬群は、夏家店上層文化に属しており、この文化期の年代は青銅彝器などから、西周晩期ないし東周早期すなわち前九世紀初から前七世紀中頃までにあたることが推測されている。したがってこの年代の頃にはすでに、内蒙古で騎馬の風が存在していたことを、この銅環装飾によって目のあたりにすることができるのである。ミヌシンスク盆地東方のトゥヴァでアルジャン古墳と名付けられた径一二〇メートルの巨大な円墳が築かれたのもこの頃であり（図20参照）、黒海北岸で先スキタイ期の墓葬が営まれたのも同じ頃にあたる。(91) 前九世紀に入ればこうして、中央ユーラシアの広い草原地帯はにわかに活発化した人間活動の痕跡と、轡の形状で代表される強い類似性とをみせるようになる。遊牧民の間で騎馬の風の流布したことが、ここから察せられるわけである。西アジア方面から戦車が伝わり安陽期の殷で戦力の基幹になっていたことはすでに述べたが、騎馬に長じ長駆の活動に秀でた遊牧文化はこうして中央アジアで西周代に成立した。移動の手段にちなんで付記しておきたい。

同時性とその歴史的意義―三世紀（1）― ローマ帝国と後漢とを次に俎上にのせると、ローマ帝国の場合には、二世紀に予徴はあったにせよ本格的な苦境は三世紀前葉から始まり、後漢の場合には、二世紀に入るとほどなく衰滅の徴候が現われたことは、すでに詳しく述べた。このようにローマ帝国の衰退の方が遅れて表面化する点について、後漢の動向がこの衰退の引き金になったことは考えにくい。その証左も見あたらないので、衰退する時間差を穿鑿することに大きな意味があるようには思われない。それよりも強調したい点は、戦乱や混迷の渦中において、西方ではキリスト教が、東方では道教がさらには道教的潤色を蒙ったにせよ仏教が、人びとの心をとらえるようになったことである。後漢から三国時代にかけての精神史上の変化を、宇宙的思惟から内的思弁へという言葉で端的に言いあらわした堀池信夫の言にあるように、(92) 王朝や皇帝を支える理念に信頼を失った人びとは自らの心のうちを見つめて、平穏や救済を求めるようになった。そうして東方におけるこの変化は、H・マスペロがすでに言及しているように、(93) キリスト教の西方での流布と軌道を同じくしている。

このような東西あい通じる心性上の変化は、都市を変貌させた。皇帝が権威を誇示する壮大な神殿と市民が集う公共建造物とを擁し、直交する道路網をそなえたローマ都市の定型的な姿貌は、キリスト教の流布とともに崩れて、非定型化の方向を辿った。我われが調査しているエジプトのアコリス遺跡も、この推移を如実に映した一例である。他方、漢代の中国では、前漢の長安や後漢の洛陽のような公共建造物で満たされた王都だけにとどまらず、地方都市もまた姿貌は定型的であったらしいことが、湖南省長沙市馬王堆三号墓出土の県城図や河北省武安県午汲古城や湖南省赤壁市新店鎮赤壁土城などの発掘結果から垣間みえる。[94] ところが、六朝の王都であった建康はその姿貌がきわめて非定型的で、外壁の付設さえも定かでない。魏の鄴城[95]で試みられた里坊制が隋唐の長安で壮大な完整に至る北方の王都の系譜とは、著しくちがっているのである。里坊制が貫徹した北方の王都をもって、同期の中国の都市を代表させることはできず、非定型的な姿貌の王都が誕生し機能し続けたところに、漢代にはなかった新たな都市像がみられる。

弓削達の論述にあったように[96]、三世紀の混迷はローマ帝国の姿を変えた。また中国では、後漢が瓦解した二二〇年をもって古代と中世とを分離する見解さえあるほど[97]、三世紀は中国史上の画期であった。画期という点は倭の場合も同様である。弥生時代と古墳時代とを分離する一線の引き方については、前述したような意見の違いがありうるけれども、律令体制の完整によって頂点に達する古代国家形成の第一歩は、三世紀の邪馬台国期に踏みだされた。そうして、二世紀後半における「大乱」、卑弥呼後の「攻伐」、王位継承上の不備をも加味するならば、倭の情況はユーラシアの東西と混迷という点で通じるところがあるといえる。

同時性とその歴史的意義――三世紀（2）――　ユーラシアの東西同士が共有した衰滅要因といえば、異民族との抗争、帝位継承の混乱、内紛、内乱、疫病があげられる。内憂外患によるシステム崩壊の状態に東西を陥れたこれらの要因のなかで、異民族との抗争をとりあげたい。これが唯一の外的要因にあたるからであり、交易路で東西を結んでいた中央アジアで、四世紀に民族大移動が惹起する前兆が二―三世紀に現れでるからである。

九一年匈奴は漢によって破られて一部が西方へ走り、内田吟風によれば天山山脈の北方、烏孫の地であるイリすなわちバルハシ湖方面に移動したという。[98] そうして、一〇七年頃には西域の諸国を収属して十余年にわたって後漢の境辺を侵寇し、一二三年頃に北匈奴呼衍王は、常に蒲類と秦海との間を展転して西域を専制したことを、『後漢書』西域伝が記している。蒲類とは現在の新疆省鎮西県巴里坤湖で、秦海が黒海をさすことは、内田の論考に詳しい。なお、黒海のはるか東方、タリム盆地北辺のボステン湖を秦海にあてる異説があることも付記しておく。(99)

北匈奴のこの活発な動きに対して後漢は班勇を西域経営に派遣し、戦いに勝利を得てしばらくは北匈奴を圧迫し、西域路にあたる車師後国などへの侵寇を退けて西走させていたが、一三五年に車師後国への侵掠撃退に失敗して以降、西域における後漢の勢威は衰え、西域諸国もまた驕放になった。一三五年といえば、順帝治世下ですでに王朝は、引きかえしようのない衰退の兆しを内部に孕んでいたから、西域経営の行きづまりも頷ける。ところが、後漢を悩ませていた北匈奴は、内田によれば一五八年頃、西走してキルギス・ステップの北部に中心を移したという。この突然ともいえる西遷の理由について内田は、檀石塊に率いられて隆盛の途上にあった鮮卑が西方への圧迫を強めたせいであるとみる。北匈奴の足跡は、その後しばらくの間中国の文献史料から姿を消す。そうして三国時代の三世紀中葉にふたたび正史に少し顔をのぞかせ、二三〇年頃にキルギス・ステップにとどまって付近の蛮族を併合したこと、二八〇年頃に同ステップの南部アラル海に流入するシルダリア（シル川）北岸を奪ったことを伝える。加えて、三五〇年頃に北匈奴は粟特国（古名奄蔡）の王を殺して国を奪ったという。大民族移動の主役フン族の問題で古くから議論が多い『魏書』西域伝の記事がこれである。

『魏略』や『後漢書』に粟特国は、「一名阿蘭」とある。ローマ時代の文献に「アラノイ」の名で知られているのがこのアランで、黒海、カスピ海の北域を占めて二世紀頃にはこの地を支配した。そのために同じ遊牧民のサルマタイは、黒海に注ぐドナウ川下流からさらに西方のパンノニア平原へ移住を余儀なくされたらしい。(100)またアランは一三六年にパルティアを侵犯し、これを契機としてパルティアは東方領域の主導権を失った。西方からはローマの攻撃が止まなかったので、各王国が半独立状態で臣従する連合体制下にあったこの古い大王国は、腹背に敵を受けて衰微した。

図28　サルマタイの主要遺跡分布

要するにアランの強盛は、ローマ帝国の東・北辺に騒擾をもたらし、ササン朝ペルシアの擡頭を促した、ということになる。

サルマタイといえば、ドン川下流のコビャコヴォ一〇号墳から出土している四虺文鏡が注意をひく[101]（図28）。サルマタイ中期にあたる一世紀末ないし二世紀の墳墓で、中国鏡の出土例としてはこれが西端にあたる。サルマタイ後期はアラン文化期とも呼ばれているように、アラン進出期をさす。ウラル本流の東方にあって、この時期に編年されるレベデフカ村墳墓群から、図文の簡略化した方格規矩鏡と内行花文鏡とが報告されている。これらの墓の年代は二世紀ないし三世紀前半にあたるという。中国鏡が西遷して黒海やカスピ海方面に達していたことが、これらの例から知られるとともに、いずれも幾何学文の鏡種であることは、遊牧民の好みを反映していることを想像させる。

銅鍑と総称されている銅容器は、まさに遊牧民が愛好した器物である（図29）。ドン川以西の黒海北方を中心にしてヨーロッパ内陸部にも分布する、フン型と呼ばれる

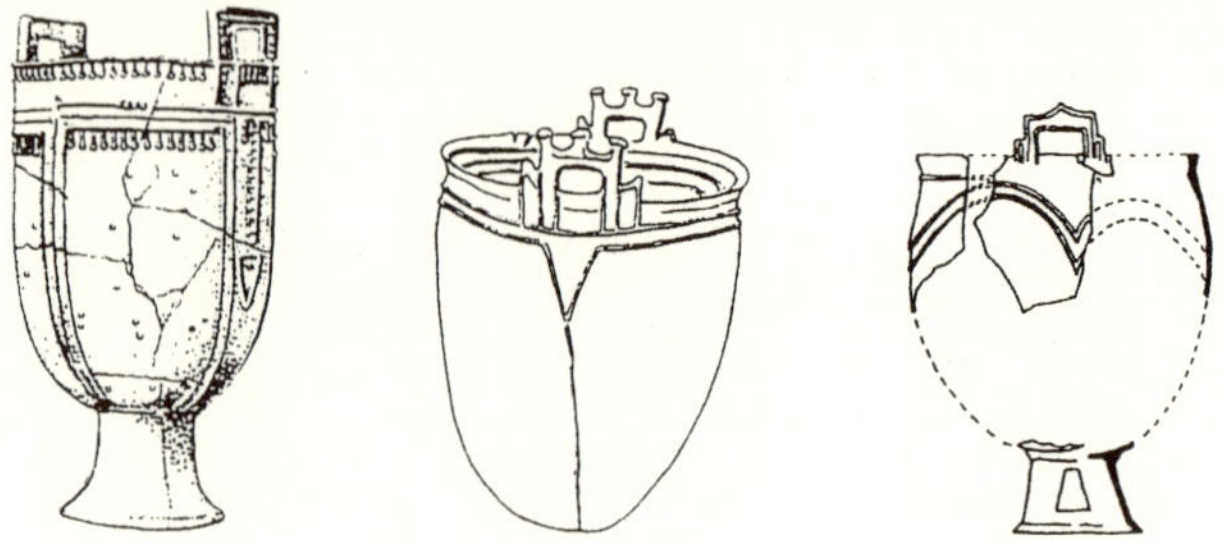

図29　銅鍑
左：ヴォルガ中流域ソカ出土　中：アルタイ、チョールナヤ・クリヤ出土
右：モンゴル、ノイン・ウラ出土

一群について、その古式と覚しい例が近年タリム盆地北辺のウルムチで発見され、これによって、東から西へフン型鍑が拡がったとみる有力な見解が出されている。(102) 中国鏡とならんで北匈奴の西遷を窺わせる遺物として特記される。

ちなみに、黒海に注ぐブグ川下流右岸の、サルマタイ中期というソコロヴァ・モギーラ三号墓で出土した鏡の柄を飾る人物坐像は、顎が張った四角い顔貌に、ハの字に大きく開く口髭と短く密生した顎髭とをそなえている。三角縁唐草文帯二神二獣鏡上の東王父像もまた顔貌は同じ特徴を有し、これが同像を異色あらしめている。さらに、西晋末ないし東晋初という山東省臨沂市洗硯池一号墓から出土した水注の人物像の顔貌もまた、同じ特徴をみせている。(103) 報文通りに胡人であることは、服装からみても間違いない。三世紀に西域人が訪れていたことを物語る中国側の例として付記しておきたい。

二・三世紀における倭の情況を最後にとりあげると、ユーラシア東西における上記の動向を人間移動の激化ならびに広域化として総括した場合、これに倭の例が加わることは集落形成の隆替や半島との関係について既述した結果が示唆しているところである。しかし文献史料の乏しい倭の場合には、人間の集団移動の実際を考古学資料によって描きだす努力は必要であるにせよ、そもそも資料上の限界がある。そこでユーラシアの諸例を参照しながら、移動をあらかじめ類型化して示しておくと、北匈奴やゲルマンのように自地を捨てて他地へ移る移住型、地中海・西域・南海交易のように物資や情報の獲得をめざす交換・交易型、対パルティア・匈奴征討のように利害が反する他地の人間を強制力で排除する遠征型が設定される。

これらの類型を念頭において倭の情況をみると、廻間式期後半すなわち庄内式期後半ないし布留式期初頭における人間集団の濃美平野からの拡散[104]、庄内式併行期末頃に主として下総に発して東北南部に至るという集団移動[105]が、ともに、集落形成の微弱化と土器の伝播現象とを根拠にして説かれている。これらは移住型であることを考えさせる例である。V様式併行期後半に入ると、集落形成が隆盛を見せはじめるとともに、土器様式が個性化の方向に傾斜したことは先に述べた。その、個性をきわだたせしかも伝播域がとくに広い代表格といえば、濃美平野の廻間式であり、山陰中部の鍵尾式、北陸西部の月影式、畿内の庄内式である。そうして布留式併行期に近づくにつれて、これらは倭の各地で様式構成の一部に加わるほど、伝播の範囲を拡げるのである。しかし、廻間式の場合のように他の様式の伝播についてもまた、移住型とみてさしつかえないかというと、山陰中部についてはあたっているかもしれないが、なお問題を残している。集落形成の推移の全貌が判明していないことに増して、そもそも広い伝播域を擁するこれらの様式の故地で集落形成の微弱化がとりわけ著しいのかどうか、という明証が得られないことによる。そこで、集落形成を微弱化させ移住を促した要因が求められることになるであろう。

なお、土器の動きについて付記しておきたいのは、北海道の石狩平野を故地とする後北C_2・D式土器の南下である。同式土器が本州北端で見いだされ、この地の赤穴式の成立に影響を及ぼしたことが説かれているが[106]、新潟市福井御井戸遺跡[107]例など南下品は越後に達しているのである。また、東北の天王山式土器が越中までは知られている。常陸の十王台式のように北上が著しく赤穴式にまで影響を与える様式があるもういっぽうで、北海道や東北から南下の動きがみられることは、土器や土器様式の激しい伝播が、倭の地域内にとどまらなかったことを示している。これはまた、伝播を促した原因が列島全域に関わるものであったことを示唆しており、弥生時代開始前後の情況と通じる。

以上述べた諸例が移住型の可能性を考えさせるのに対し、久住猛雄の成果をかりて先に述べた半島との通交については、交換・交易型とみたい例である。また、新羅本紀が伝える倭の侵寇およびその年代が大過ないとすれば、これらは物品の入手を目的としたことが想像される点で交換・交易型に入るであろう。さらに例を加えるならば、集落形成が隆盛に向かい土器様式の個性化が進むV様式併行期後半に、山陰、近畿北部、北陸の日本海沿岸で造墓活動が盛んになり、副葬品中に、ガラス釧や長刀剣のような当時の倭では製作しえなかった外来の器物が、他地域にまさって含まれている点が特筆される。[108] 出雲から百済系らしい瓦質土器の出土が報告されている点も示唆的である。[109] そうして、庄内式併行期に継続するこの器物の東行は、内陸にも入って長野県下高井郡木島平村往郷根塚遺跡に渦文装飾付鉄剣を残している。[110] 四隅突出型墓や土器の伝播方向とも合致するこのような外来器物の東行についても、交換・交易型としての人間の活動があったにちがいない。

なお、日本海沿岸というと、出雲から越後に至る各地で管玉生産が高揚をみせるのも同じ頃である。交換・交易用として半島へ製品が運ばれたというのは過ぎるにせよ、地元の需要を賄うだけにとどまらなかったことは、生産址の数の多さから察せられる。常陸の十王台式土器様式圏で数多くの土製紡錘車が出土しており、編・織物の盛んであった様子がここから窺える。同期の関東で他にあまりみられないのでこれもまた特産品の例に加えてよければ、V様式併行期後半には特産品生産が高揚したといえるであろう。これはまた交換・交易型の人間の移動と表裏をなす。

移動類型のもうひとつにあげた遠征型については、物資や情報よりも領域の獲得ないし確保を目的とする点で、いま問題にしている三世紀の倭における人間の移動の一類型にこれが該当するのかどうか、考古学上の情報はこの疑問に応えてくれない。畿内に倭の中核としての政体が定立したのちの五世紀に入って始まった北方や南方への勢威拡張の動きこそが、遠征型にふさわしいのではないだろうか。

同時性の導因　気候は多様な条件が影響しあって一定のシステムを構成し、地球規模で変動するという。前一二〇〇年頃にせよ三世紀にせよ、ユーラシアの東西を痛打して歴史的変革をもたらした民族移動が同時多発的に発生した原因を説明しようとすれば、気候変動のほかには見あたらない。倭の場合には、ＡＭＳ法の年代に依拠した弥生時代の開始、古墳時代への移行がそれぞれユーラシア東西の二変革と、年代的に対応するとともに、移住や交換・交易による域内の頻繁な移動のうえに域外からの南下の動きが加わる点でも軌道を同じくしている。したがって倭のこれらの動きについてもまた、ユーラシア東西と同じ気候変動が原因として作用している可能性が高い。

前一二〇〇年頃と三世紀とは、地球規模で気候変動の激しかったことを示す自然科学上の証左が得られている。まず前一二〇〇年頃のデータを示すと、ユーラシア西方では、前一五〇〇—前一〇〇〇年にアナトリアやメソポタミア方面が冷涼・乾燥化し、ヨーロッパやロシア平原でも同じ傾向をみせている。[111] 気候のこの変動を太陽黒点のマウンダー極少期の到来と関連づけて飢饉が「海の民」の侵寇を促したと説くB・ウェイスの論考があるが、[112] 飢饉説については、侵寇のさいに食料を求めた形跡が見あたらないという考古学上の証拠によって、R・ドリューズがこれを否定している。[113]

なお、メソポタミアについて、前一二〇〇—前九〇〇年に温暖・乾燥化の著しいことが指摘され、北部のアッシリアや南部のバビロニアで政治や軍事などの諸活動が衰退した原因として、この変動があげられている。[114] 前一五〇〇年以降の冷涼化に続くこの温暖化は、ヨーロッパ方面でもみとめられているから、前一二〇〇年頃というのは、寒冷化がもっとも進み、同時に温暖化へ移る転換点であったことが知られる。

もういっぽうのユーラシア東方では、中国北部の遼寧省域で前一五〇〇—前一〇〇〇年に急激に冷涼化が進み、乾燥状態に陥った。そうしてこの冷涼・乾燥状態を脱して前八〇〇年頃から急速に温暖・湿潤化へ転じたらしい。[115] ロシア平原でのデータともこの変動は一致する。また内蒙古の場合は、前一五〇〇年頃に冷涼・乾燥化が始まり、前一一〇〇年頃から砂漠化の進行が著しくなる。[116] つまり、殷安陽期は、「西周寒冷期」に向かって冷涼・乾燥化しつつあり、北方系青銅器の故地とも目されている内蒙古では気候が悪化して農耕から牧畜への転換を余儀なくされた時代であった。

倭で殷安陽期ないし周初に併行する頃というと、阪口豊による尾瀬ヶ原のハイマツ花粉の分析結果が、この頃に急激に冷涼化したことを示している。[117] 氷河期の終焉以来、例をみない下降ぶりである。この激しい下降は、日本海西南部でも確認されており、[118] したがって倭の広域を覆った変動であったとみられる。その後は温暖化へ転じ、昇降を繰りかえしつつ前六〇〇年頃から温暖基調を維持したことが、阪口のデータから見てとれるので、この変動は大筋で中国と一致している。ただし冷涼化については、湿潤化が伴ったらしい点で中国の場合と相違がある。

ついで三世紀の変動に眼を移すと、[119] ヨーロッパで冷涼化したことをアルプス氷河の前進が伝えており、クリミア半島でも冷涼化を示すデータが得られている。アナトリアでは紀元前後から七世紀までは冷涼期にあたり、中国では遼寧省域などの分析データが全土的に冷涼・乾燥化に向かった三世紀の変動の激しさを示している。倭の変動は、阪口のデータによればアナトリアの例に近く、しかし降水量が増加する点に違いがある。

以上示し述べたように、ユーラシアの東西を貫いて同時多発的に惹起した二度にわたる変革の時期はまた、汎ユーラシア的に気候が冷涼化した時期にあたることが知られたかと思う。しかし、気候変動が同時性の原因を提示することができる唯一の説であるとしても、それを原因視して他の検討を怠るならば、牛刀をもって鶏を割く気候決定論に陥ることになるであろう。そこで、人間の生活の領域に問題をおろして肌理の細かい議論を試みようとすれば、考古学としては土中に残された風水害の痕跡や動植物相に分析を加え、他方、文献史学としては史料に記された災害や気象に関する事項を検討する必要がある。

表11として掲げたデータは、中国の文献史料に書かれた異常気象の記事を宋正海が一書に編み、[120] それを筆者の手で整理したものである。本表が示す結果のなかで注目したい部分は、大旱と大雨とがあい並んで増加している点であり、この傾向が後漢後半の二世紀から現れ、三・四世紀に著しくなっていることである。漢代のことを述べた史料で「陰陽失序」を検索した陳良佐によれば、異常気象をさすこの句は前漢末ないし王莽期と、後漢代後半とに集中している。[121]

前漢末ないし王莽期が政治や社会の混乱した時代であったことは、『漢書』王莽伝が伝えるところであり、倭では集落形成が衰微に転じた頃にあたる。黄巾の乱の前史を論究した多田狷介が、水旱の災害によって流民が発生してこれが内乱に結びついたことを述べていたが[122]、この多田説をも勘案していえば、水旱の常ならない異常気象の頻発する情況こそが、人間の生活に打撃を与えて移住を促し、歴史に変革をもたらしたひとつの、しかし重要な原因であったことが導かれる。冷暖化、乾湿化というだけならば、人間はその変動に対処することができたであろう。それよりも変動期に頻発する異常気象が、人間生活のうえでは深刻な事態をもたらしたのである。この点で、前一二〇〇年頃の変動期についても二―四世紀の中国でいま垣間みたような異常気象期であった可能性は低くない。

表11　古代中国の自然災害一覧

A. D.		地震	大旱	大雨	霜雪寒雹	雷	蝗《いなご》	螟《めい》*	大疫
漢	0- 25	0	0	0	0	0	2	0	2
	26- 50	1	0	0	0	0	1	0	4
	51- 75	0	0	0	0	0	3	0	0
	76-100	0	0	1	0	0	2	1	0
	101-125	0	2	3	0	0	4	0	2
	126-150	4	0	2	0	0	1	0	1
	151-175	0	0	5	0	0	1	1	4
	176-200	2	2	2	1	0	2	1	2
三国	201-225	0	1	2	0	0	2	0	5
	226-250	0	2	3	3	0	0	0	4
西晋	251-275	0	5	5	1	1	1	1	4
	276-300	1	5	10	5	1	0	3	7
南北朝	301-325	4	3	6	3	3	8	1	2
	326-350	0	4	4	2	1	2	0	0
	351-375	0	6	1	0	0	1	0	1
	376-400	0	2	6	1	0	0	0	1
	401-425	1	2	0	2	0	0	0	2
	426-450	0	0	2	0	0	0	0	1

＊草木の茎・枝などの髄に食いいる昆虫の幼虫
（宋正海編『中国古代重大自然災害和異常年表総集』1992 による）

　なお、気象の異常によって飢饉に陥った遊牧民が食料を求めて侵寇するという筋立てをもし思いえがくとすれば、それは単純に過ぎるようである。すなわち、匈奴をとりあげて内田吟風がこの点を論じ、飢饉時には漢に和を求め、食料が足りてのちに侵寇したことを立証している[123]。しかし内田が立証したのは侵寇時の食料事情であって、飢饉の存在を否定したということではない。したがって飢饉説は、依然として成立する余地を残している。「海の民」の侵寇についても同様に、R・ドリューズは飢饉原因説を否定したけれども説として命脈が絶たれたことにはならない。

そこで、気候変動に伴う異常気象の頻発が、人間の移動を促し、それぞれユーラシアでは遊牧民の活動を、倭では域内外の移住を誘い、こうして二度にわたる同時多発的変革の鍵になったことを指摘して、考古学資料による検証をまつことにしたい。

注

（1）一方向的なエジプト衰退史観に対して再考を促す論文が出されているので、参考までに特記しておきたい。藤井信之「エジプトは『折れた葦』か?—前一千年紀のエジプト史再考に向けて—」（関西学院大学西洋史学研究室編『西洋世界の歴史像を求めて』平成一八年）。エジプト・アコリス遺跡における我われの調査結果によれば、第三中間期は、王朝の力が衰微してはいても、けっして混迷の時代ではなかった。社会の中間層が都市に拠って手工業生産や交易に携り、現世利益的地域神を信仰した大衆化の時代であった。

（2）Maspero, G., *Histoire ancienne de peuples de l'orient classique*, vol. 2（Paris, 1895）.

（3）James, P., *Centuries of Darkness*（Rutgers University Press, 1993）.

（4）周藤芳幸『ギリシアの考古学』（世界の考古学3　平成九年）。

（5）Oren, E. D.（ed.）, *The Sea Peoples and their World : A reassessment*（University of Pennsylvania Museum, 2000）.

（6）アコリス遺跡出土物で一八点の年代測定をＡＭＳ法で行った結果によれば、土器編年に基づく時期判定と整合する。Shaw, I. M. E., Egyptian chronology and the Irish oak calibration（*Journal of Near Eastern Studies*, vol. 44 no. 4, 1985）pp. 295-317 ; Bonani, G. *et al.*, Radiocarbon dates of old and middle kingdom monuments in Egypt（*Radiocarbon*, vol. 43 nos. 2-3, 2001）pp. 1297-1319.

（7）Drews, R., *The End of the Bronze Age : Changes in warfare and the catastrophe ca. 1200 B. C.*（Princeton University

Press, 1993).

（8）津本英利「古代西アジアにおいて『軍事革命』はあったのか」（『筑波大学先史学・考古学研究』第一一号　平成一一年）。

（9）Wachsmann, S., To the sea of the Philistines, Oren, *op. cit.*, 103–143.

（10）McClellan, T. L., Twelfth century B. C. Syria: Comments on H. Sader's paper, in Ward, W. A. and M. S. Joukowsky (eds.), *The Crisis Years: The 12th century B. C. from beyond the Danube to the Tigris* (Kendall/Hunt Publishing Company, 1992) pp. 164-173.

（11）Betancourt, P. P., The Aegean and the origin of the Sea Peoples, in Oren, *op. cit.*, 297-303; Galaty, M. L. and W. A. Parkinson (eds.), *Rethinking Mycenaean Palaces: New interpretations of an old idea* (The Costen Institute of Archaeology at UCLA, 1999) も経済システムを重視して内因説に終始している。

（12）楊宝成『殷墟文化研究』（武漢大学学術叢書　二〇〇二年）に既存の説がまとめられている。

（13）貝塚茂樹「金文より見た周代の文化」（『貝塚茂樹著作集』第四巻　中国古代史学の発展　昭和五二年）など。

（14）伊藤道治『中国社会の成立』（新書東洋史1　昭和五二年）。正確な年代は不明という但し書がつく。

（15）松丸道雄「序説」（松丸道雄編『西周青銅器とその国家』（昭和五五年）。

（16）山田統「周初的絶対年代」（北京師範大学国学研究所編『武王克商之年研究』（北京師範大学出版社　一九九七年）。

（17）ＡＭＳ法の測定結果によれば、武王克商の年代は前一〇四六年であるという。仇士華・蔡蓮珍「夏商周断代工程中的碳十四年代框架」（『考古』二〇〇一―一　二〇〇一年）。

（18）貝塚茂樹「中国古代人の国家像」（『貝塚茂樹著作集』第一巻　中国の古代国家　昭和五一年）。羅琨「商代亘方考」（中国社会科学院考古研究所編『二十一世紀的中国考古学―慶祝佟柱臣先生八十五華誕学術文集―』（文物出版社　二〇〇六年）参照。

（19）胡厚宣「中国奴隷社会的人殉和人祭」上・下（『文物』一九七四―七・八　一九七四年）。黄展岳『中国古代的人牲人殉』（文物出版社　一九九〇年）参照。

（20）貝塚茂樹「殷末周初の東方経略に就いて―特に山東省寿張県出土の銅器銘文を通じて―」（『貝塚茂樹著作集』第三巻　殷

周古代史の再構成　昭和五二年）。
(21) 貝塚茂樹「殷周時代」（『貝塚茂樹著作集』第三巻　殷周古代史の再構成　昭和五二年）。
(22) 中国歴史博物館考古部ほか編『垣曲商城—一九八五—一九八六年度勘察報告—』（科学出版社　一九九六年）、同上編『垣曲古城東関』（科学出版社　二〇〇一年）。
(23) 中国社会科学院考古研究所など編『夏県東下馮』（文物出版社　一九八八年）、程平山・周軍「東下馮商城内円形建築基址性質略析」（『中原文物』一九九八—一　一九九八年）。
(24) 劉士莪編『老牛坡』（陝西人民出版社　二〇〇二年）。
(25) 湖北省文物考古研究所編『盤龍城—一九六三～一九九四年考古発掘報告—』（文物出版社　二〇〇一年）、陳賢一「盤龍城遺址的分期及城址的性質」（北京大学考古文博学院編『考古学研究』五　上冊　二〇〇三年）。
(26) 淺原達郎「蜀兵探原—二里岡インパクトと周・蜀・楚—」（『古史春秋』第二号　昭和六〇年）。
(27) 西江清高「初期王朝時代の王朝周辺地域」（小澤正人ほか『中国の考古学』世界の考古学7　平成一一年）。
(28) 中国社会科学院考古研究所二里頭隊「一九八〇年秋河南偃師二里頭遺址発掘簡報」（『考古』一九八三—三　一九八三年）。
(29) 中国社会科学院考古研究所編『殷墟婦好墓』（文物出版社　一九八〇年）。
(30) 高浜秀「オルドス青銅短剣の型式分類」（『東京国立博物館紀要』第一八号　昭和五八年）。田広金・郭素新編『鄂尓多斯式青銅器』（文物出版社　一九八六年）参照。
(31) 烏恩「殷至周初的北方青銅器」（『考古学報』一九八五—二　一九八五年）。李伯謙『中国青銅文化結構体系研究』（科学出版社　一九九八年）参照。
(32) 林巳奈夫『中国文明の誕生』（平成七年）。
(33) 注12に同じ。
(34) 足立拓朗「古代イラン青銅製柄孔付斧の編年試案」（『西アジア考古学』第五号　平成一六年）参照。
(35) 注12に同じ。
(36) 杜金鵬ほか「試論偃師商城東北隅考古新収獲」（『考古』一九九八—六　一九九八年）。河南省鄭州市鄭州商城の紫荊山北鋳

銅址から車軸頭の鋳型が出土したという。河南省文物研究所「鄭州商代二里岡期鋳銅基址」（『考古学集刊』第六集　一九八九年）。

(37) 川又正智『ウマ駆ける古代アジア』（講談社選書メチエ11　平成六年）。Gening, V. F., The cemetery at Sintashta and the early Indo-Iranian peoples（*The Journal of Indo-European Studies* vol. 7, 1979）pp. 1–29 ; Teufer, V. M., Ein Scheibenknebel aus Džarkutan（Süduzbekistan）（*Archäologische Mitteilungen aus Iran und Turan* Band 31, 1999）pp. 69–142 をあわせ参照。

(38) 注12に同じ。

(39) 近藤喬一「商代海貝的研究」（中国社会科学院考古研究所編『中国商文化国際学術討論会論文集』中国大百科全書出版社　一九九八年）。

(40) 童恩正「試論我国従東北至西南的辺地半月形文化伝播帯」（文物出版社編集部編『文物与考古論集』一九八六年）。烏恩岳斯図「論青銅時代長城地帯与欧亜草原相隣地区的文化連係」（中国社会科学院考古研究所編『二十一世紀的中国考古学—慶祝佟柱臣先生八十五華誕学術文集—』文物出版社　二〇〇六年）。

(41) 家根祥多「朝鮮無文土器から弥生土器へ」（立命館大学考古学論集刊行会編『立命館大学考古学論集』I　平成九年）。武末純一「弥生時代前半期の暦年代—九州北部と朝鮮半島南部の併行関係から考える—」（小田富士雄先生退職記念事業会編『福岡大学考古学論集—小田富士雄先生退職記念—』（平成一六年）。

(42) 小林青樹編『縄文・弥生移行期の東日本系土器』（国立歴史民俗博物館　春成研究室　平成一一年）。設楽博己「東日本と西日本の併行関係」（春成秀爾・今村峯雄編『弥生時代の実年代—炭素14年代をめぐって—』平成一六年）。

(43) 橋口達也『甕棺と弥生時代年代論』（平成一七年）。同上「甕棺の編年的研究」（同上編『九州縦貫自動車道関係埋蔵文化財調査報告』XXXI中巻　福岡県教育委員会　昭和五四年）を載録。

(44) 注41家根（平成九年）に同じ。片岡宏二『弥生時代渡来人と土器・青銅器』（平成一一年）。滋賀県立安土城博物館「縄文から弥生へ—農耕社会の形成と実年代—」展図録（平成一九年）。

(45) 注42小林（平成一一年）。鈴木正博「『土器型式』の眼差しと『細別』手触り—大洞A_1式『縁辺文化』の成立と西部弥生式における位相―」（『埼玉考古』第三五号　平成一二年）。鈴木によれば「北奥の『亀ケ岡式』の貫入が大洞C_2式後半から大洞A_1式にかけてかなり強力に西日本の遠隔地に進行した」という。

（46）中山清隆「朝鮮・中国東北の突帯文土器」（『古代』第九五号　平成五年）。

（47）国立歴史民族博物館編『炭素14年代測定と考古学』（平成一五年）。注42春成・今村編（平成一六年）に同じ。

（48）大槻瓊士「放射性炭素^{14}C年代測定法の問題点」（『古文化談叢』第五一集　平成一六年）、同上「放射性炭素^{14}C年代測定法の問題点―その2」（『古文化談叢』第五四集　平成一七年）など。

（49）春成秀爾「炭素14年代と鉄器」（注42春成・今村編　平成一六年に同じ）。

（50）注42春成・今村編（平成一六年）。『季刊考古学』第八八号　弥生時代の始まり（平成一六年）参照。

（51）春成秀爾「弥生時代の年代問題」（西本豊弘編『弥生時代の新年代』新弥生時代のはじまり　第一巻　平成一八年）。

（52）弓削達「ドミナートゥスの成立」（『岩波講座世界歴史』第三巻　古代三　地中海世界Ⅲ　南アジア世界の形成　昭和四五年）。

（53）Browman, A. K. *et al.* (eds.), *The Crisis of Empire, A. D. 193-337* (*The Cambridge Ancient History*, 2nd edition, vol. XII, Cambridge University Press, 2005). C・スカー（月村澄枝翻訳）『ローマ皇帝歴代誌』（一九九五年　平成一〇年）を、総説として参照した。

（54）ルキウス・ウェルス帝と共同統治期がある。

（55）南川高志「マルクス・アウレリウス帝とマルコマンニー戦争」（『西洋史学』第七七号　昭和五七年）。

（56）Liebeschuetz, W., The end of the ancient city, in Rich, J. (ed.), *The City in Late Antiquity* (Routledge, 1992) pp. 1-49; Kawanishi, H. and S. Tsujimura (eds.), *Akoris 1981-1992* (Koyo Shobo, 1995).

（57）本村凌二「ローマ帝国における貨幣と経済―三世紀『通貨危機』をめぐる研究動向―」（『史学雑誌』第八八編第四号　昭和五四年）。

（58）プリニウス（中野定雄ほか訳）『博物誌』（昭和六一年）。村上英之助「鉄鋌の遠近―日本・朝鮮半島両地域の鉄鋌の原流―」（『考古学研究』第四〇巻第四号　平成六年）。Hedeager, L., Empire, frontier and the barbarian hinterland: Rome and northern Europe from AD 1–400, in Rowlands, M. *et al.* (eds.), *Centre and Periphery in the Ancient World* (Cambridge University Press, 1987) pp. 125–140. によれば、マルコマンニー戦争を契機に、ヨーロッパ内陸民族は自信をつけ、戦利品を目ざすようになったという。また、ゲルマン社会は集落拡大、階級化へ動く。

(59) 村川堅太郎訳『エリュトゥラー海案内記』(昭和二一年)。

(60) Whitcomb, D. S. and J. H. Johnson, *Quseir Al-Quadim 1980: Preliminary report* (*American Research Center in Egypt Reports*, vol. 7, Undena Publications, 1982).

(61) Cuvigny, H. (ed.), *La route de Myos Hormos: L'armée romaine dans le désert Oriental d'Égypte*, vols 1 et 2 (Institut français d'archéologie orientale, 2003).

(62) E・ギボン(中野好夫訳)『ローマ帝国衰亡史』II(昭和五三年)によれば、フィルムスというインド貿易を業とする豪商が、エジプト人の解放熱を煽ってアレクサンドリアに侵入して、みずから帝号を僭称したという。これは二七四年のことであるが、その三年後、フィルムスはさらにプトレマイオスやコプトスのあたりで反乱を続けたという。

(63) Maxfield, V. and D. Peacock, *The Roman Imperial Quarries: Survey and excavation at Mons Porphyrites 1994–1998, vol. 1, Topography and quarries* (Egypt Exploration Society, 2001).

(64) 川西宏幸「古代都市アコリスの軌跡—生産と流通—」(屋形禎亮編『古代エジプトの歴史と社会』平成一五年)。

(65) アレクサンドリアの三世紀に破壊の痕が確認されている。Fraser, P. M., Byzantine Alexandria: Decline and fall (*Bulletin de la Société Archéologique d' Alexandrie*, vol. 45, Alexandrian Studies in Memoriam, Daoud Abdu Daoud 1993) pp. 91–106.

(66) 注57に同じ。

(67) 注52に両者の学説が詳述されている。

(68) ボーク説として注52が紹介している。なお、北アフリカでは三世紀に都市機能が低下していないという。Lepelley, C., The survival and fall of the classical city in Late Roman Africa, in Rich, *op. cit.*, 50–76. P・ガーンジィ(松本宣郎・阪本浩訳)『古代ギリシア・ローマの飢饉と食料供給』(一九八八年 平成一〇年)によれば、北アフリカの穀物輸出はエジプトの二倍に達し、ローマを一年間のうち八カ月間養っていたという。

(69) Bagnall, R. S. and B. W. Frier, *The Demography of Roman Egypt* (Cambridge University Press, 1994). ナイルの水位の増水不良期であった可能性が高い。

(70)「コリント人への第二の手紙」第六章一六。J・A・ユングマン（石井祥裕訳）『古代キリスト教典礼史』（一九六七年　平成九年）のなかで、「初期のキリスト教徒は、キリスト者の礼拝堂と異教徒のそれとの根本的な違いを、よく意識していた。だからこそ、ミヌキウス・フェリクス（Minucius Felix 一六〇頃―二三〇年頃）は、異教徒に対して大胆に『私たちには神殿も祭壇もない』と主張できたのである。われわれのもっているものは、あなたがたが神々のために建てた建物とはまったく別ものだ、と。」と述べられている。初期キリスト教徒が異教の神殿にいだいていた意識をよく物語っていると思う。なお、「三世紀の危機」を過度に強調してきたロストフチェフなどの従来の説に対して、それを戒めて連続性を主張するP・ブラウンの著作が翻訳されている。P・ブラウン（足立広明訳）『古代末期の形成』（一九七八年　平成一八年）。日本語版の刊行にあたって寄せられたブラウンの序文は、彼の学問的基盤と軌跡とが述べられていて興味深い。

(71) 内田吟風『北アジア史研究―匈奴篇―』（昭和五〇年）。

(72) 原本には「永興元年」とある。後漢の永興元年は一五三年にあたるので、誤植であると考えて「元興元年」に改めた。

(73) 多田狷介「黄巾の乱前史」（『東洋史研究』第二六巻第四号　昭和四三年）。

(74) 秋月観暎「黄巾の乱の宗教性―太平道教法との関連性を中心として―」（『東洋史研究』第一五巻第一号　昭和三一年）。

(75) 立木修「方格規矩鏡の割付」（奈良国立文化財研究所創立四〇周年記念論文集刊行会編『文化財論叢』II　平成七年）。川西宏幸「仿製鏡再考」（『古文化談叢』第二四集　平成三年）、同上『古墳時代の比較考古学』（平成一一年）に補訂載録。

(76) 川西宏幸「三角縁仏獣鏡」（『考古学フォーラム』五　平成六年）、注75川西（平成一一年）に補訂載録。

(77) 狩野直禎『後漢政治史の研究』（平成五年）。

(78) 川勝義雄「漢末のレジスタンス運動」（『東洋史研究』第二五巻第四号　昭和四二年）。

(79) 原本は「景初二年」であるが、『梁書』東夷伝の「景初三年」を採る通説に従った。

(80) この異案を中国王朝と関連づけて言いかえると、後漢末の混迷期、魏への朝貢期、西晋末の混迷期にそれぞれあたることになる。造墓によって時代を画する案が王朝の盛期に、他の二案が終末の混迷期にあたるわけである。造墓に基づく時代認識は、明治期にはじめて「古墳時代」の名称を提唱した八木奘三郎の所説を出ない点で、問題がある。

(81)　記述にあたって次の諸文献を参照した（刊行年順）。

(ア)　若林正人「鏑川流域における集落展開の様相―小地域の考古学的特徴を検討する一つの試み―」（群馬県埋蔵文化財調査事業団『研究紀要』第九号　平成四年）。

(イ)　蒲原宏行編『ムラと地域社会の変貌―弥生から古墳へ―』（第三七回埋蔵文化財研究集会　平成七年）。

(ウ)　森岡秀人「弥生時代抗争の東方波及―高地性集落の動態を中心に―」（『考古学研究』第四三巻第三号　平成八年）。

(エ)　第四五回埋蔵文化財研究集会実行委員会編『弥生時代の集落―中・後期を中心として―』（平成一一年）。

(オ)　『みずほ』第三〇号　東部瀬戸内地域における集落の様相（平成一一年）。

(カ)　『みずほ』第三一号　大阪から紀伊水道地域における集落の様相（平成一二年）。

(キ)　『みずほ』第三二号　淀川流域における集落の様相（平成一二年）。

(ク)　『みずほ』第三三号　琵琶湖周辺における集落の様相（平成一二年）。

(ケ)　『みずほ』第三四号　三重県における集落の様相（平成一二年）。

(コ)　平塚市立博物館「相武国の古墳」展図録（平成一三年）。

(サ)　『みずほ』第三五号　兵庫県東南部における集落の様相（平成一三年）。

(シ)　『みずほ』第三六号（平成一三年）。

(ス)　『古代文化』第五四巻第四号　弥生時代高地性集落研究の現状と課題（平成一四年）。

(セ)　『みずほ』第三七号（平成一四年）。

(ソ)　佐々木知子「伊豆半島とその周辺地域における弥生遺跡の様相―狩野川流域を中心として―」（『静岡県考古学研究』第三四号　平成一四年）。

(タ)　小沢佳憲「弥生時代における地域集団の形成」（二五周年記念論文集編集委員会編『究班』Ⅱ　埋蔵文化財研究会二五周年記念論文集　平成一四年）。

(チ) 高田浩二「吉備南部における古墳社会形成期の様相―集落の分析を中心として―」(古代吉備研究会委員会編『環瀬戸内海の考古学―平井勝氏追悼論文集―』下巻　平成一四年)。
(ツ) 山下誠一「飯田盆地における古墳時代前・中期集落の動向―発掘された竪穴住居址を基にして―」(『飯田市美術博物館紀要』第一三号　平成一五年)。
(テ) 第四回播磨考古学研究集会実行委員会編『播磨の弥生社会を探る―弥生時代中期から後期における集落動態―』(平成一五年)。
(ト) 勝部昭ほか編『宮山古墳群の研究』(島根県古代文化センター調査研究報告書　一六　平成一五年)。
(ナ) 『みずほ』第三九号　京都府北部・福井県西部における集落の様相(平成一六年)。
(ニ) 堀大介「コシ政権の誕生」上下(『古代学研究』第一六六・第一六七号　平成一六年)。
(ヌ) 比田井克仁「地域政権と土器移動―古墳時代前期の南関東土器圏の北上に関連して―」(『古代』第一一六号　平成一六年)。
(ネ) 今平利幸「栃木県内における鉄器普及の様相―主に古墳時代前期集落を中心に―」(『栃木県考古学会誌』第二五号　平成一六年)。
(ノ) 宮崎幹也「倭国時代の北近江」(『北近江』第二号　平成一七年)。
(ハ) 「シンポジウム　新潟県における高地性集落の解体と古墳の出現」実行委員会編『新潟県における高地性集落の解体と古墳の出現』(平成一七年)。
(ヒ) 中村直子「居住遺跡からみた南九州弥生・古墳時代の人口変動」(鹿児島大学考古学研究室二五周年記念論文集刊行会編『Archaeology from the South』平成一八年)。
(82) 坂井隆ほか『中高瀬観音山古墳』(群馬県埋蔵文化財調査事業団発掘報告　第一九四集　平成七年)。
(83) 下澤公明「弥生時代後期末の吉備南部の社会について―百間川遺跡群を通して―」(『古文化談叢』第四五集　平成一二年)。
(84) 上本進二「古墳時代前期～中期の相模を襲った地震と災害―巨大地震と津波による災害の可能性を探る―」(『神奈川考古』

第二八号　平成四年）。
(85) 森岡秀人・西村歩編『古式土師器の年代学』（財団法人大阪府文化財センター　平成一八年）。
(86) 奈良県立橿原考古学研究所編『ホケノ山古墳調査概報』（平成一三年）。
(87) 斎藤忠編『弘法山古墳―長野県松本市弘法山古墳調査報告―』（松本市教育委員会　昭和五三年）。
(88) 久住猛雄「古墳時代初頭前後の博多湾岸遺跡群の歴史的意義」（大阪府立弥生博物館「大和王権と渡来人」展図録　平成一六年）。
(89) P・ビエンコウスキ、A・ミラード編（池田裕・山田重郎監訳）『大英博物館版図説古代オリエント事典』（二〇〇〇年平成一六年）の「海の民」の項参照。
(90) 中国科学院考古研究所内蒙古工作隊「寧城南山根遺址発掘報告」（『考古学報』一九七五―一　一九七五年）。
(91) 林俊雄「北方ユーラシアの大型円墳」（郵政考古学会編『平井尚志先生古稀記念考古学論攷』第Ⅱ集　平成四年）。藤川繁彦編『中央ユーラシアの考古学』（世界の考古学6　平成一一年）。
(92) 堀池信夫『漢魏思想史研究』（昭和六三年）。
(93) H・マスペロ（川勝義雄訳）『道教』東洋文庫三二九（一九五〇年　昭和五三年）。
(94) 孟浩ほか「河北武安午汲古城発掘記」（『考古通訊』一九五七―四　一九五七年）。湖北省文物考古研究所ほか編『赤壁土城―戦国西漢城址墓地調査勘探発掘報告―』（科学出版社　二〇〇四年）。愛宕元『中国の城郭都市―殷周から明清まで―』中公新書一〇一四（平成三年）に、漢代の県城の例が集成されている。
(95) 葉驍軍編『中国都城歴史図録』第二集（蘭州大学出版社　一九八六年）。
(96) 注52に同じ。
(97) たとえば、宮崎市定『アジア史概説』正・続編（昭和二三・二三年）。この区分観は内藤湖南の学統に連なる。
(98) 注71に同じ。
(99) 郭沫若主編『中国史稿地図集』上冊（地図出版社　一九七九年）。
(100) 雪嶋宏一「サルマタイの西漸」（安田喜憲・林俊雄編『文明の危機―民族移動の世紀―』（講座文明と環境　第五巻　平成

八年）、同上「ウラルからカルパチアまで―中央ユーラシア西部の騎馬遊牧文化―」（注91藤川編　平成一一年に同じ）。

(101) 村上恭通「スキタイ・サルマート古墓の柄鏡と中国鏡」（金関恕・置田雅昭編『古墳文化とその伝統』平成七年）。注100雪嶋（平成一一年）に同じ。

(102) 林俊雄「草原世界の展開―中世の中央ユーラシア―」（注91藤川編　平成一一年に同じ）。

(103) 山東省文物考古研究所・臨沂市文化局「山東臨沂洗硯池晋墓」（『文物』二〇〇五―七　二〇〇五年）。臨沂市文化局・臨沂市博物館編『中国臨沂洗硯池晋墓』（五州伝播出版社　二〇〇五年）。

(104) 注81―(イ)に同じ。

(105) 注81―(ヌ)に同じ。

(106) 佐藤信行「東北地方の後北式文化」（東北考古学会編『東北考古学の諸問題』昭和五一年）。斎藤邦雄「岩手県にみられる後北式土器と在地弥生土器について」（『岩手考古学』第五号　平成五年）。

(107) 注81―(ハ)に同じ。

(108) 会下和宏「西日本における弥生墳墓副葬品の様相とその背景」（『島根考古学会誌』第一七集　平成一二年）、同上「東アジアからみた弥生墳墓の地域性―弥生中期後葉～終末期を中心に―」（考古学研究会編『文化の多様性と比較考古学』考古学研究会五〇周年記念論文集　平成一六年）。

(109) 鹿島町教育委員会編『南講武草田遺跡』講武地区県営圃場整備事業発掘調査報告書5（平成四年）。

(110) 高橋桂・吉原佳市編『根塚遺跡―墳丘墓とその出土品を中心にして―』木島平村埋蔵文化財調査報告書13（木島平村教育委員会　平成一四年）。

(111) 鈴木秀夫『気候変化と人間―一万年の歴史―』（平成一二年）。

(112) Weiss, B., The decline of late bronze age civilization as a possible response to climatic change (*Climatic Change*, vol. 4, 1982) pp. 173-198.

(113) 注7に同じ。

(114) Neumann, J. and S. Parpola, Climatic change and the eleventh-tenth-century eclipse of Assyria and Babylonia

(*Journal of Near Eastern Studies*, vol. 46 no. 3) pp. 161-182. この時期はK・W・ブッツァーのデータによれば、ナイルとティグリス・ユーフラテス川の水位の変動期でもある。Butzer, K. W., Environmental change in the Near East and human impact on the land, in J. M. Sasson *et al.* (eds.), *Civilizations of the Ancient Near East*, vol. 1 (Charles Scribner's Sons, 1995) pp. 123-174.

(115) 注111に同じ。なお、ノロ鹿の活動に基づく遼東半島のデータによると、前二〇〇〇年を寒冷化への画期にして、前一五〇〇年頃に最寒期が訪れ、以後前一〇〇〇年までは温暖化が進んだという。他の結果と整合しない点で注意される。王清「遼東半島的獐与古環境変遷」（『考古与文物』一九九九—五　一九九九年）。

(116) 魏峻「内蒙古中南部考古学文化演変的環境学透視」（『華夏考古』二〇〇五—一　二〇〇五年）。中国北辺における考古学上の事象に環境変動を結びつけて説明する論文は、近年数多い。管見に触れたものを参考までにあげておく。田広金・郭素新「中国北方畜牧—遊牧民族的形成与発展—」（注39中国社会科学院考古研究所編　一九九八年に同じ）。索秀芬「内蒙古農牧交錯帯考古学文化経済形態転変及其原因」（『内蒙古文物考古』二〇〇三—一　二〇〇三年）。宋豫秦「科爾沁沙地沙漠化正逆輪回的人地関係初探」（北京大学考古文博学院編『考古学研究』五　下冊　二〇〇三年）。靳桂雲「燕山南北長城地帯中全新世気候環境的演化及影響」（『考古学報』二〇〇四—四　二〇〇四年）。韓茂莉「中国北方農牧交錯帯的形成与気候変遷」（『考古』二〇〇五—一〇　二〇〇五年）。

(117) 阪口豊『尾瀬ケ原の自然史—景観の秘密をさぐる—』中公新書九二八（平成元年）。

(118) 小泉格・田中耕司編『海と文明』（講座文明と環境　第一〇巻　平成七年）。

(119) 注111に同じ。

(120) 宋正海編『中国古代重大自然災害和異常年表総集』（広東教育出版社　一九九二年）。

(121) 陳良佐「再探戦国到両漢的気候変遷」（『中央研究院歴史語言研究所集刊』第六七本第二分　民国八五年）。

(122) 注73に同じ。

(123) 注71に同じ。

第四章　ユーラシア古代世界との比較

第一節　ユーラシア西方の動態

利器材の変化　ユーラシア西方において前一二〇〇年頃が大きな画期であったことはすでに述べたが、「海の民」の侵寇や「宮殿システム」の崩壊に加えて、鉄器時代の開始もまたこの時期を画期たらしめている。したがって、欧米の学界がすでに実行しているようにこれらをそれぞれ独立した論点として分離するならば、問題の所在は定まり、議論は精確さを増すであろう。しかし、これらがあい次いで惹起して、画期と呼びうる一時代が現出したことを考えるならば、論点の分離が時代相の解明を妨げているというのは過ぎるにせよ、全容を描ききれない欠陥を露呈していることは否定できない。前一二〇〇年問題の難しさは、分離して扱われている論点をいかに統括するかというところにあるといえる。そこで本節では、鉄器時代の開始を前面に出し、しかし残る論点を退けることなく添えて、論述を進めていこうと思う。

さて、ヒッタイトが鉄生産を独占し、「海の民」の侵寇による滅亡に伴ってその独占が解け、ユーラシア西方の鉄器時代がこうして一挙に始まったという説がある。アナトリア方面における鉄生産の情況がまだよくわかっていないので命脈は保っているが、少なくとも通説としてのかつての輝きをこの説が失ってしまったことは確かである。実用品の素材が鉄におきかわるまでに長い時間の経過があったことを、J・C・ワルトバウムらの尽力によって集成された数多い鉄製品の出土例が語りはじめているからである。(1) この経過をA・M・スノドグラスが三段階に分けているので、(2) それを紹介すると、

第一段階　装飾品や、威信財として短剣に使う。実用品ではない。

第二段階　実用の鉄製品が存在する。しかし実用品の素材としての重要性は青銅に劣る。

第三段階　実用品の素材として鉄が青銅を上回る。ただし一部で、実用品の分野にも青銅製品が残る。

である。鉄はこうして武器や道具の主要な素材となり、他方、青銅は甲冑や容器のような叩打製品に重用されるに至るという。ちなみに、エーゲ海域やアナトリア方面では、銅と鉄とが利器材として並存する鉄銅時代（Chalcosideric）を設ける研究者がいる。(3)

これらの三段階を設定したスノドグラスは、鉄器化の遅速や情況を問題にして、地中海の諸地域を三群に分ける。すなわち、第一群は鉄器化の早い先駆的地域で、キプロス、エーゲ海方面、レバント海岸域がこれにあたり、候補としてアナトリア海岸域が加えられる。そうして、第一群から直接の影響をうけたのが第二群で、北アフリカ、スペイン、地中海の幾つかの島嶼がこれに属し、独自の進行度で鉄器化に向かったのが第三群で、イタリア、シシリア、エジプトなどがこれに入るという。

さらに移行年代に言及し、キプロスの場合、第二段階へは前一二〇〇年頃かその直後に、第三段階へは遅くとも前一〇五〇年頃にはそれぞれ到達する。ところが同じ第一群のなかで、エーゲ海方面が第三段階に入るのは前九世紀以前、レバント海岸域は前一〇七五―前九二五年ないしこれ以前で、アナトリア海岸域の場合は前一一〇〇―前八五〇年でなお第二段階にとどまり、第一群のなかで鉄器化の進行に差異があったことを指摘する。そうして第二群については、北アフリカやスペインが第三段階に達するのは前八世紀に始まるフェニキアの植民活動をまたなければならな

かったこと、第三群については、エジプトで第二段階が長く、前七世紀に至って第三段階に移行したことを述べる。つまり、地中海をめぐる諸地域のなかで、鉄器化の進行に著しい時間の差があったこと、キプロスやエーゲ海方面やレバント海岸域が進行の先駆けであったことが、こうして具体的に示されたのである。

そこで、スノドグラスが対象にしなかった西アジア内陸部の知見を添えておくと、イラン西部では、鉄器時代Ⅰ期（前一四五〇／一三五〇―前一一〇〇年）がスノドグラスの第一段階に属し、同Ⅱ期（前一一〇〇―前八〇〇年）から同Ⅲ期（前八〇〇―前五五〇年）にかけて、第二・第三段階に移行したようである。(4)そうして前一千年紀初頭前後には浸炭法による鋼が登場しただろうというから、鉄器化の進行は、キプロス、エーゲ海方面、レバント海岸域という第一群の最速地には及ばないにせよ、第三群のエジプトを上回ることになる。また、メソポタミアを支配したアッシリアの場合は、前一一世紀後半に鉄短剣が高価であったことを文献史料が伝え、前八世紀までには多量の鉄の流通していた形跡があるらしいので、(5)前一一世紀から前八世紀までの間に、第二段階を閲して第三段階に至ったことが知られる。第一群のアナトリア海岸域に匹敵し、第二群の諸地域を上回る早さであったことが察せられる。

以上述べたように、ヒッタイトが鉄生産を独占していたことも、崩壊によって鉄器時代が一挙に幕を開けたことも、現在の考古学資料で語るのは難しい。J・D・ムーリーによれば、(6)ヒッタイトの文献史料に鉄はしばしば登場するので、前二千年紀のアナトリアでの鉄の使用が他に優っていたことは確かである。しかし、儀礼・交易用の半貴金属の扱いであり、ヒッタイトが鉄生産を独占していた証拠はない。独占説の根拠になったのは有名な“Iron Letter”であるが、これは南部のキリキアで製鉄を行い、アッシリア王が贈り物として鉄を欲しがったことを述べたにすぎないという。たしかに、アンカラ近傍のアラジャ・ホユクなどで後期青銅器時代の層から腕輪や短剣などの鉄製品が出土しており、またワルトバウムの集成によるとアナトリアでの出土数は他を凌いでいる。したがって、後期青銅器時代にあたる前一五〇〇―前一二〇〇年において、鉄生産が、ヒッタイトによって独占されていたとはいえないけれども、相対的にアナトリアで盛んであったことは認めてもよいようである。しかしこの生産は、スノドグラスのいう第一段階にとどまっていた。そうして「海の民」の侵寇後の生産は、キプロスなどの第一群とされた地域に中心を移し、利器の素材として発展を遂げた、ということになるであろう。

なお、キプロスについて付言しておくと、この島は青銅器時代にアラシアと呼ばれて、バビロンやヒッタイトやエジプトの文献にその名をとどめる銅の産出・交易地であった。したがって、高熱をよく駆使しえた技術上の蓄積を考えれば、また、産出する銅鉱石に鉄分の含有が豊富であったという点から判断するならば、キプロスが鉄生産の先進地に加わったことは頷ける。

それではなぜ、利器の材料が鉄へと転換したのであろうか。この問題についてもまた、スノドグラスの提言が新たな局面を切りひらいた(7)。それが青銅欠乏説である。すなわち、ギリシアの青銅器生産をとりあげたスノドグラスは、銅の多くをキプロスやレバント地域に依存し、錫もまたエーゲ海域以外の遠隔地に求めざるをえなかった。しかしその生産が、前二千年紀末に発生した交易の急激な後退によって、素材不足に追いこまれ、これが鉄生産が拡まる契機になったと説く。前二千年紀末の交易の後退とは、もとより「海の民」の侵寇と暗黒時代の到来とを指すことはいうまでもない。一九七一年に公表されたこの欠乏説は大きな影響を与え、ワルトバウムが錫の不足に力点をおいて同説を補強するなど(8)、ヒッタイト独占崩壊説にかわる有力な見解として賛同を得ている。

ただし、疑義も出されている。管見の範囲でいうと、錫の不足は考えられないとするP・E・マックガバン説であり(9)、不足を認めたうえでその原因を需要増加に求められないかというT・チャンピオンらの提言である(10)。しかし、ムーリーが文献史料を使って復原した錫交易の実態からみて(11)、後期青銅器時代のキプロスは、錫錠の存在が示すように、東方のメソポタミアからもたらされる錫の交易においても、東地中海域の中心を占めていたことが知られる。しかも、復興は早かったが「海の民」の侵寇を蒙ったから、錫の不足は大いにありうる事態である。

そもそも銅は、錫を加えた合金でなければ堅緻さが得られないのに対して、鉄は単体であっても、浸炭と鍛接を行うならば、青銅よりも堅くて丈夫な用材に生まれかわる。また、錫のようにメソポタミアを横断する遠距離交易に頼らなくても、鉄鉱石は広く各地に存在しているので入手が容易である。したがって、鉄が半貴金属の域を脱して普及し、鉄器時代が訪れるためには、採鉱―製錬―精錬の技術が確立して良鉄が安価にならなければ難しい。鉄が青銅よりもはるかに基本材としての条件をそなえていた点で、普及は遅かれ早かれ訪れる必然であったともいえるであろう。

その意味で、青銅または錫の不足と、原因を作ったとされる「海の民」の侵寇とは、たしかに鉄器時代の開始を促した契機ではあっても、これをいたずらに高く評価するのは避けた方がよい。鉄器化をスノドグラスのいう第三段階へと導いた要因は、後期青銅器時代の青銅器生産に伴っていた高熱処理の技術的蓄積であり、「海の民」侵寇後の社会情勢の諸変化であったからである。

青銅器時代の国家　金属の素材や製品の流通の多さから察せられるように、東地中海域から西アジアに至る有力都市国家間の交換・交易活動は、前二千年紀後半の後期青銅器時代に頂点に達していた。これはM・リベラーニの指摘の通りである(12)。また、エジプトのテル・エル・アマルナで出土した同時代の「アマルナ書簡」によれば、バビロン、アッシリア、ミタンニ、アラシア（キプロス）と外交関係を結んで、互いに王を「兄弟」と呼びあい、ときに通婚さえ行い、威信財を交換しあっていた。交換・交易にせよ外交にせよ、このような近密な関係を成立せしめていたそれぞれの地域の核は、王がいます宮殿であった。ユーフラテス中流域に営まれた有力都市国家マリの手工業職人の実態を問題にしたC・ツァッカニーニによれば、国家組織の厳密な統制を受けており、宮殿組織に縛られて自由な移動が困難であったことが、逃散職人の引きわたし条約などの文書から推測されるという(13)。

盛んな交換・交易、外交関係を展開していた後期青銅器時代は、またいっぽうで、エジプトがシリア・パレスチナ方面に軍を進め、ミタンニに続いてヒッタイトが北シリアに進出して、双方が干戈を交えた時期でもあった。新王国時代第一八王朝のトトメスⅠ世（前一五〇四―前一四九二年）期に始まり、トトメスⅣ世（前一四〇〇―前一三九〇年）の和解期を経て、第一九王朝ラムセスⅡ世（前一二七九―前一二一三年）の治世四年にヒッタイト王ムタワリとの間で行われたカデシュの戦いは、とりわけ激しかったという。こうしてラムセスⅡ世の治世二一年に和平条約が結ばれて、長い戦争にようやく終止符が打たれた。

この戦いが続いていた前一三世紀に、ミケーネは最盛期を迎え、キプロスは王都エンコミが銅生産を独占して急激に発展し、ウガリトでは都市の発展と繁栄に加えて王権が伸張した形跡をとどめているらしい。ところが、シリア・レバント方面で都市形成の隆替を追跡したT・L・マクレランの結果にふたたび依拠すると、[14] シリアの内陸部では中期青銅器時代の著しい高揚が後期に大きく下降し、北シリアやレバントの海岸域でも程度は劣るが同じ傾向を示している。筆者が調査に携ったユーフラテス中流河岸に位置する北シリア内陸部のルメイラ遺跡でも、前期末に都市形成が始まり、中期の隆盛を経て、後期初頭をもっていったん断絶するから、この動態にまさしく添う推移を辿ったことになる。

シリア・レバント方面の中・後期青銅器時代の都市がみせたこのような動態について、リベラーニは王権の強化を説き、M・ヨンはウガリトの後期に都市の人口密度が高まった原因を農民の流入に求める。[15] これに対し、内陸部における都市の甚しい衰微に注目して構成員の半遊牧民化や牧畜民化に原因をおいたマクレランの所説は、[16] ヒッタイト・エジプト戦争による疲弊や打撃とならんで、気候の悪化を想像させる。またヒッタイトの場合は、エジプトと和平条約を結んだ一二五九年以降、急速に勢威を低下させた。この原因は、王位をめぐる内紛を起こし、しかもアッシリアの攻撃を受けたことによるらしい。

交換・交易や外交を通じてひとつのシステムを構成していた青銅器時代国家群は、「海の民」の侵寇を蒙るまえに、このように問題を抱えて弱体化していた。システム崩壊説が出るのも、したがって理由のあることといえる。「安価な鉄は、農業や工業、そしてまた戦争をも民主化した」と述べたのはV・G・チャイルドであるが[17]、鉄に対して青銅は、特定の産出地と、遠地を跨ぐ交易とに依存しなければ生産が成立せず、必然的に王による独占が避けられなかったのである。威信財や生産財をこのようなかたちで確保し再配分しなければならなかったところに、青銅器時代の国家の限界があったといえる。

武備の変革　「海の民」の侵寇がかくも打撃を与えた理由として軍事的優位をあげ、長剣と投槍と小型盾をそなえ胸甲で武装した歩兵の密集隊が戦車を機動力の基幹とする旧式の軍隊を敗ったというR・ドリューズ説に触れ、津本英利が行った批判を示してこの説に難点があることはすでに述べた。そこで津本説をもう少し詳しく紹介し、管見も添えながら鉄器時代に達する武備の変革を概観したい。

さて、アッシリアのレリーフ像などを資料に加えて展開した津本の論点を箇条書きにすると、以下のようになる。

(1)　アッシリア軍が歩兵用の胸甲を導入するのは、前八世紀からである。

(2)　後期青銅器時代の前一二《ママ》世紀の頃に尖頭器に大型化の傾向がみられる。これについて投槍の使用が頻繁になった可能性は否定できないが、しかし鉄器時代に継承された形跡がない。もし投槍が「海の民」によってもたらされて大いに威力を発揮したとするならば、鉄器時代においても欠かせない武備の一部を構成していたはずである。

(3)　長剣の使用は西アジアでは前一三〇〇年よりも古く遡り、前一三—前一一世紀に定型化し、量産したと覚しい例が出現する。この点をとりあげれば、ドリューズ説は成立の余地を残す。ただし、戦闘の光景を描いたアッシリアや後期ヒッタイトの鉄器時代の浮彫り図による限り、歩兵同士が長剣で斬りむすぶ場面は見あたらない。また長剣は佩用者が高位の人物に限られており、実戦向きというよりも武威を示す儀仗を目的としている。

(4) 長剣の流布は青銅器時代よりも後である。レバントからアナトリアに至る海岸沿いで先行し、ここで流行する。青銅器時代に槍のような長兵や弓矢を主武器にして戦車戦に長じていたメソポタミアやエジプトでは、その後も長剣は実戦向きではなかった。

(5) 戦車は鉄器時代に入っても機動力の主役であり、二頭一対で騎射を行う「戦車式騎射法」の騎兵がみられるようになる前九世紀においてもなお戦車は、その座を譲っていない。そうして、真の騎兵が登場して戦車が後景に退くのは、アッシリアの画像による限り、前八─前七世紀をまたなければならない。

以上列挙した内容はドリューズ批判であり、同時に鉄器時代に及ぶ武備の変革を言いあてている点で評価される。ただ(2)についてはやや問題があるように思われる。すなわち、アッシリアのレリーフによると、ニムルド北西宮殿B室を飾る狩猟図に例があるように[18]、前九世紀前半には槍が武器として使われている。またエジプトの例であるが、アシュムネインで第三中間期（前一〇六九─前七四七年）の建築址から、最長二二・七センチをはかる鉄槍先四個と三一・五センチの鉄矛先一個が出土している[19]（図30）。これらの例からみると、統計処理によって津本が導いた結果は、当時の戦闘の実態を映していない可能性がある。ギリシアでは初期幾何学文期（前九世紀）にすでに長い矛が出現しており[20]、イタリアでは前八世紀末ないし前七世紀初頭にエトルリアの戦士が、円形の盾と二本の投槍をもって描かれている[21]（図31）。また、メディネト・ハブの浮彫り戦闘図では、「海の民」もエジプト側も槍を使い、ミケーネの前一二世紀初頭の壷に描かれた戦士は槍で武装している[22]。これらの点を考えあわせると、槍は青銅製として後期青銅器時代に登場し、鉄へと素材をかえつつ広く普及していったとみた方が妥当なのではなかろうか。

また、騎兵の用法についてであるが、前述したエトルリアの戦士図には、投槍と覚しい短槍をもつ騎馬像が伴っており、オーストリア南部のシュタイマーマルクでケルト民族の墳墓から出土した青銅儀器に造形された行軍群像に、円形盾と投槍とを構えた騎馬像が、戦斧を掲げた男子像などとともに鋳だされている[23]。墳墓の年代は前七世紀にあたるというからエトルリアの騎馬像と年代が近く、しかも投槍を武器に使った点でも共通している。アッシリアの初期の騎兵は弓矢と投槍とを一対にしており、この点でヨーロッパ方面の例とちがっているが、いずれも飛道具である点に注目するならば、初期の騎兵の用法として類似点を見いだすことはたやすい。

なお、アッシリアが機動力の基幹を戦車から騎兵に変更したのは、北方のスキタイとの戦闘経験によるところが大きかったことを、巽善信が述べている(24)。また、前九世紀に入ると中央アジアの草原地帯でにわかに人間活動が活発化して器物面でも強い類似性をみせるようになったことを指摘し、騎馬の風の流布を前章で示唆しておいた。このような動きがメソポタミアやヨーロッパに騎馬の風を伝えたのであろう。

ついで長剣をとりあげると、ギリシアではすでに前九世紀に全長八〇センチに達する鉄製の長剣が出現しており(25)、イタリアでは青銅製であるが前八世紀の長剣の例が知られている(26)(図32)。長剣の先駆は西アジアであるかもしれないが、流行

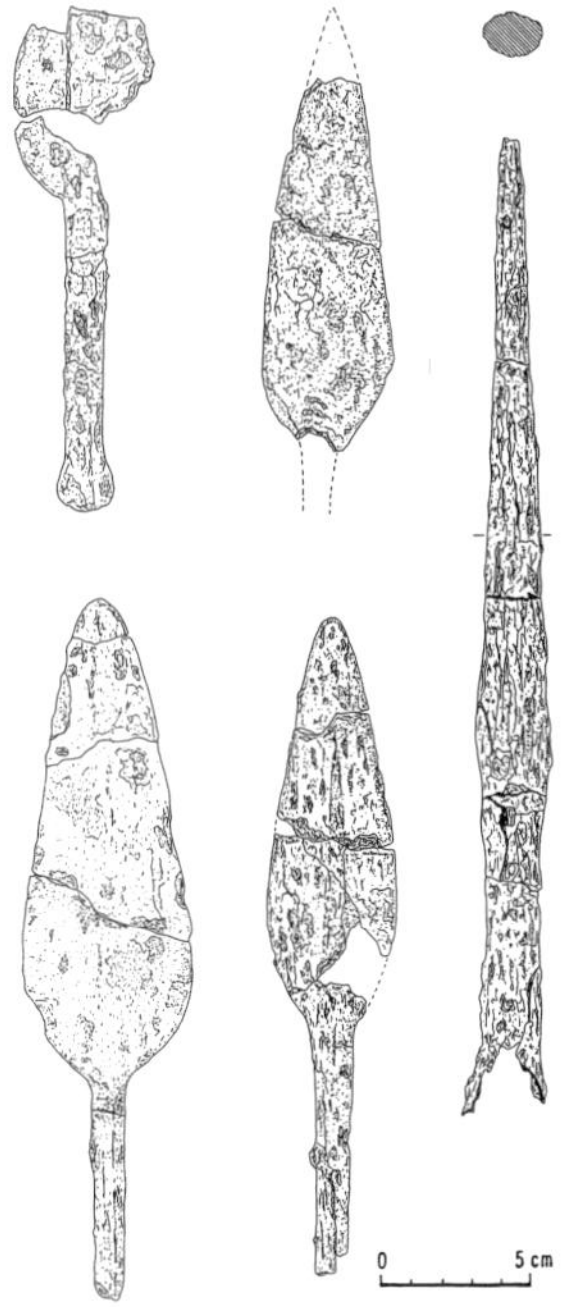

図 30 アシュムネイン出土の鉄製の槍と矛
左下例：長 22.7cm

図 31 イタリア中部パレストリナ出土の金を被せた銀製鍑 前 8 世紀末〜7 世紀初

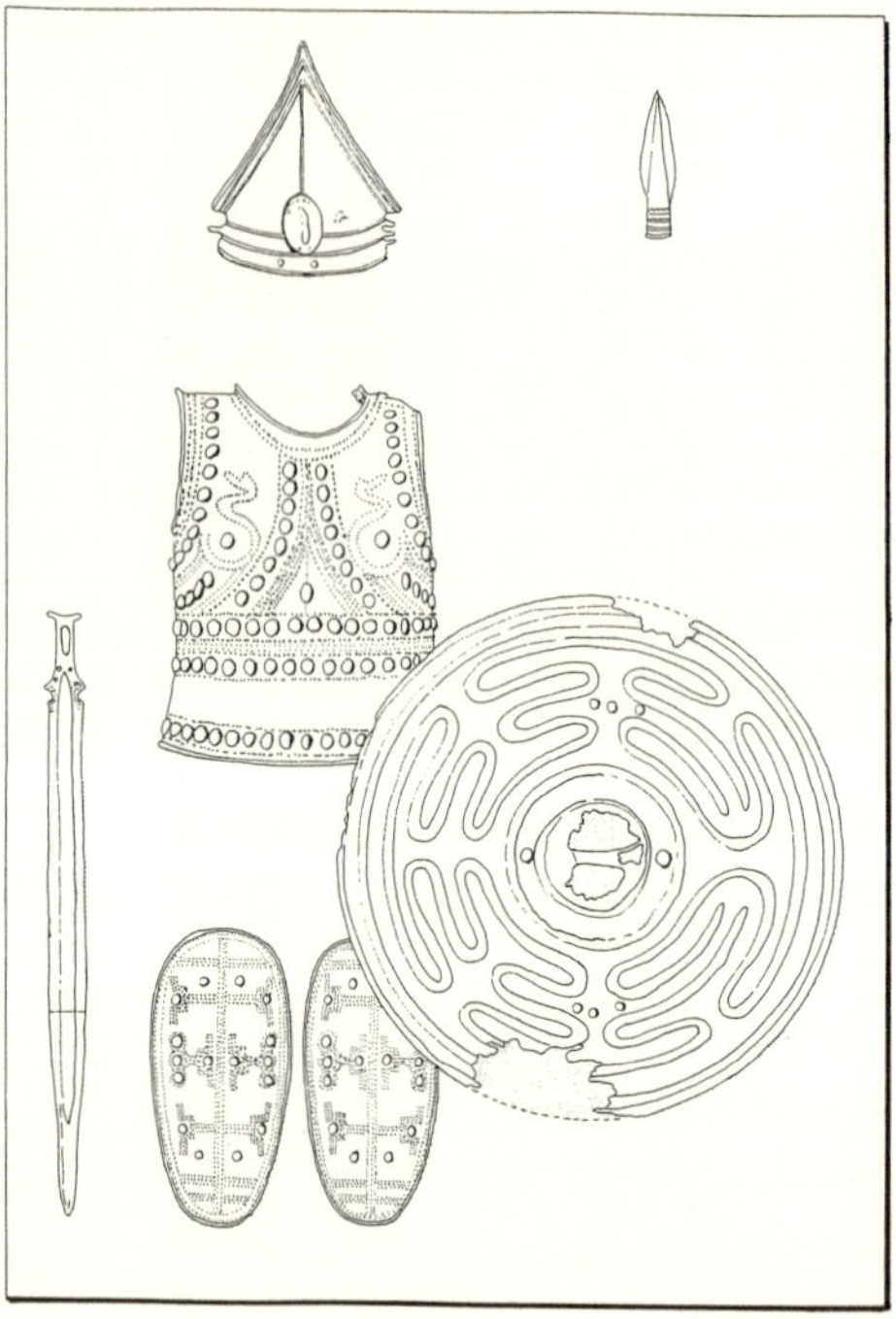

図 32　西ヨーロッパ後期青銅器時代の武器と武具
前 1000〜700 年

するのはヨーロッパの北・中部であり、前二千年紀前半に遡ることを、ナウェII式の分布の多さと年代が物語っている[27]。また、鉄器化にあたって銅剣の形態を模倣する場合が多かったようであり、柄部の形態の類似がそれを窺わせる。後述するように、ユーラシア東方における剣の鉄器化についても同じことがいえる。

以上、津本の所説のうえにさらに屋を架すことにはなるが、「海の民」の侵寇が武備の内容に甚しい影響を残した形跡はたしかに乏しい。戦争が武備の改変を促すという点からいえば、後期青銅器時代の前二千年紀後半における戦車の流布や槍の普及や長剣の登場が、鉄器時代の前一千年紀前半における騎馬技術の完整と歩兵の重装化が、それぞれ大きな画期になったといえるであろう。さらにアッシリアについては歩兵の分化に加えて、攻城兵器の発達が著しいことも指摘しうる[28]。つまり武備は、機動力の基幹を戦車に求めていったん完整をみ、続いて、メソポタミア方面では歩騎連合、ギリシアなどでは重装歩兵の密集隊というかたちをとる次の完整へと至るのである。

なお、陸上の戦いを念頭において述べてきたが、海上での交易・植民活動が、中央アジアにおける遊牧民の活発化とほぼ時を同じくしてまずフェニキア人によって前九世紀に、続いてギリシア人によって前八世紀に始まる[29]。地中海全域に及ぶこの活動は、初期の五十櫂船から前五世紀に三段櫂船を生むに至ったギリシアにおける軍船の発達が示すように、造船・航行術とならんで海上戦闘への備えを飛躍的に向上させたにちがいない。この点も付記しておきたい。

都市の変容　ユーラシアの青銅器時代の都市は、外貌によって定型と非定型とに区分され、メソポタミアの例は非定型を代表する。[30]定型都市とは外壁や街路が直線的に走る計画された類型であり、これに対して非定型都市とはこのような計画性が乏しく外貌が乱雑にみえる点で"unplanned"あるいは"organic"と形容されている類型である。[31]したがって、外壁と街路とが平行し東西が対称形をなす隋唐代の長安を、定型都市の極まった例とするならば、ウルなどのメソポタミアの青銅器時代の都市は、その対極に位置することになる（図33）。もっとも、明らかに南のシュメール人がシリアに移り住んで建設したとわかるウルク期のハブバ・カビラの例は、定型的な外貌をそなえている。[32]植

図33　ウルの町並

民して都市を新造する場合は、幾何学的に整備したことを示す例である。また、後期青銅器時代になると、定型化した外貌をみせるシャドゥップムやヌジのような例が少しは現れる。鉄器時代都市への変貌の先駆として注意される。ハブバ・カビラの前期青銅器時代の例からわかるように、都市の外貌を計画して幾何学的に整える発想はメソポタミアに存在していた。したがって、青銅器時代にはその実現を妨げる何かがあったということになる。矢や投槍の直進を防ぐという軍事上の理由ならば、植民市の方がいっそう防禦手段は求められたはずであるから、この理由は当たらない。都市が成長しても初期の不規則な街路網を継承し、外壁は都市の尽きる境界を区画するにとどまったこと、後代のイスラム都市のように街路の不規則さが保障する族的な地縁的な結合を重視し、外部からの不意の入来をこうして防げたこと、これらの点を理由としてあげておきたい。

非定型であることによって特徴づけられるメソポタミアの青銅器時代の都市はまた、北方と南方との間で相違を見せている。[33] 都市という集住システムを育んだティグリス・ユーフラテス川下流域では、ウルクやウルのように、神殿が都市の中央にあって広域を占め、宮殿は神殿よりも小規模で縁辺に位置する。これに対して中・上流域の北メソポタミアでは、エブラやマリのように大規模な宮殿を神殿とともに都市の中央に据えてテメノスを形成し、あるいは、アッシュールのように外壁沿いに神殿を営んで壮大な宮殿を都市門ぎわにおく。またウガリトの場合、宮殿と神殿とが離れている点で異なるが、宮殿の方が神殿よりも卓越している点は北メソポタミアの諸例と変わらない。南北間に横たわるこのような王宮と神殿との扱いの違いは、王権と神権との関係の差異に由来するのであろう。

メソポタミアに較べるとエジプトの場合には、青銅器時代にあたる第一—第二〇王朝期の都市の実態があまりよくわかっていない。かつて「都市なき文明」という異称をJ・A・ウィルソンが付けたことも、したがって理由のないことではない。[34] それでも、都市の初例とされる先王朝時代末期のナカダでは、L字形に屈曲して直進する外壁の一部が見いだされている。[35] また、初期王朝時代に外壁を設けて体裁を整えたらしいヒエラコンポリスでは、外壁が方形にめぐり、それに沿って街路が直線に走り、外壁と街路とが平行する典型的な定型都市の外貌をみせている[36]（図34）。そうして第三—第六王朝（前二六八六—前二一八一年）期の古王国時代には、エドゥフやエレファンティネのように外壁が不整形にめぐる非定型都市があり[37]、定型都市と非定型都市とが併存していたようである。続いて、第一中間期の混迷を閲して中王国時代（前二〇五五—前一六五〇年）に入ると、第一二王朝センウスレトⅡ世のピラミッド用の葬祭都市であるカフーンのような、目的的に営まれた定型都市の例が目立つ[38]。新王国時代（前一五五〇—前一〇六九年）の都市の外貌はほとんど判明していないが、定型都市の系譜を先王朝時代から中王国時代までは辿ることができる点で、同期のメソポタミアと一線を画していることは間違いない。

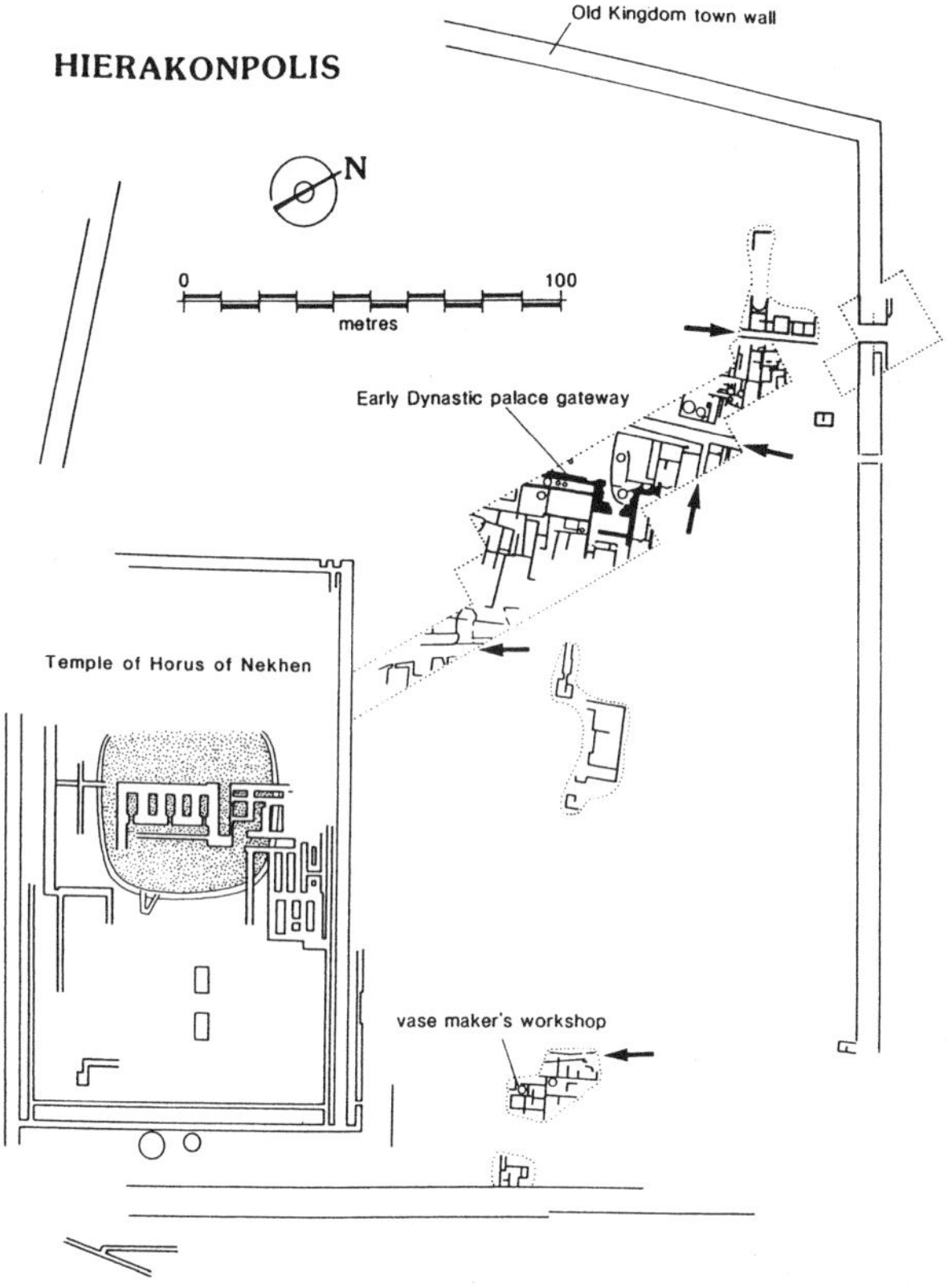

図34　古王国時代のヒエラコンポリス

地中海の島嶼部にも眼を向けると、キプロスのエンコミは定型的な外貌をそなえている[39]。後期青銅器時代にミケーネ人によって造られたとされるこの港湾都市は、外壁は不整形に囲繞し、内部は街路がほぼ直交している。これは後述するギリシア植民都市の先駆的外貌にあたる。クレタのミノス文明の一都市として中・後期青銅器時代に形成されたグルニアは、内外とも非定型である。[40] エンコミと同じく東地中海域の島嶼部にあってこのような差異が生まれたのは、植民かどうかという都市の形成事情の違いによるのかもしれない。

さて鉄器時代に入ると、都市は定型化の方向へ大きく傾斜し、そこで三つの系統に分岐した。ひとつは、ニムルドやコルサバードやニネヴェのような新アッシリアの王都の系統である。[41] アッシュル・ナツィルパルⅡ世（前八八三―前八五九年）のもとで営まれたニムルドはややいびつながらも方形で三六〇ヘクタール、サルゴンⅡ世（前七二一―前七〇六年）の新都コルサバードは二・〇×一・九キロのほぼ整った方形を呈し、面積はニムルドと大差がない。また、父サルゴンⅡ世を継いだセンナケリブ王（前七〇六―前六八一年）が大拡張を行ったニネヴェは、いびつな台形ではあるが、七五〇ヘクタールに達する。七五〇ヘクタールというと、隋唐代の長安にやや劣る程度の巨都である。青銅器時代の場合、最大級の都市が四九四ヘクタールのウルク、三二三ヘクタールのニップールであるから、新アッシリアの王都は、外貌の整備が進んだだけでなく、最大規模が青銅器時代の例を大きく上回っている。軍事遠征を重ねて領土を拡大し、アッシュル・ナツィルパルⅡ世期には「世界の王」と称するまでになった前九世紀の新アッシリア王の勢威の強大さが、こうして王都の外貌からも窺われるのである。

新アッシリアの王都はまた、青銅器時代の王都アッシュールの伝統を引きついで、広壮な宮殿を神殿とともに都市門沿いに配している。したがって、堅固な外壁と一体となった宮殿の威容は、王の権力と王朝の磐石さとを外に向かって誇示する媒体として機能したにちがいない。これに対して、前六一二年メディア人とともにニネヴェを陥落させて新アッシリアを滅ぼした南のバビロニア人は、ネブカドネツァル王（前六〇五―前五六二年）のもとで国を建て、王都を営んだ。この王都バビロンやボルシッパは、方形基調の整った平面形で、ともに四〇〇ヘクタールほどの都市域の中央に、ジッグラト（聖塔）の付属した広壮な神殿を据えてある（図35）。青銅器時代の南メソポタミアの神殿配

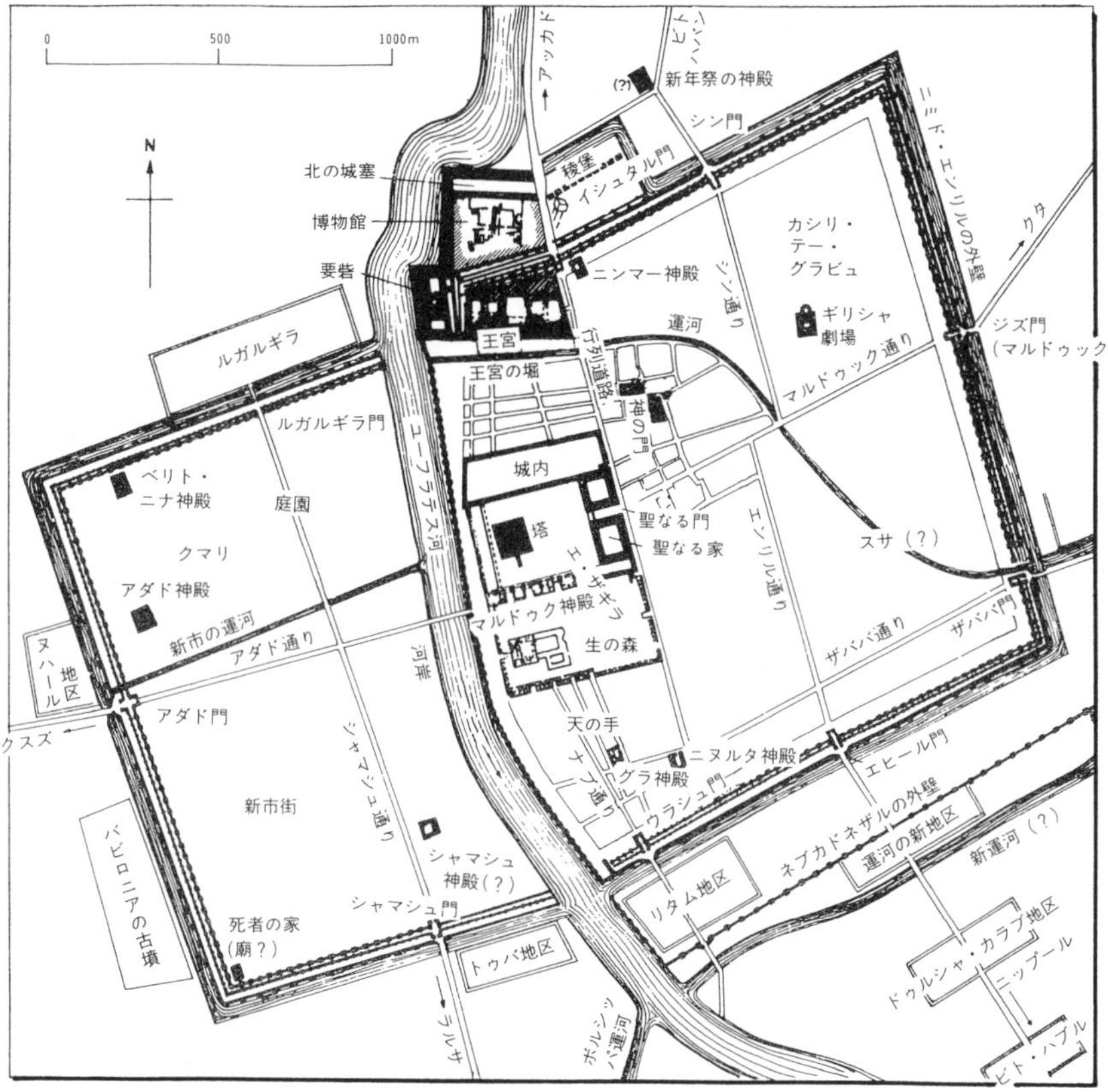

図35　バビロン

置を、定型的な外貌にあらたまってもなお継承しているわけである。

　鉄器時代都市のもうひとつの系統は、アナトリアからシリア・パレスチナ方面にかけて分布する円形ないし不整円形の都市である。前九世紀にアナトリア南部に営まれたジンジルリが、そのもっとも大規模で円形に整った例である(42)(図36)。最大規模といっても、直径六四〇メートル、面積三二ヘクタールであるから、新アッシリアの王都の巨容には遠く及ばない。中央に宮殿と神殿とを配して周壁で囲み、内外二重の構造をとっている。筆者が調査に加わったシリアのマストゥーマや、イスラエルのベールシェバなど、テル(遺丘)

のうえに造った不整円形で一重構造の町邑がこの系統に連なり、いずれも小規模で防禦的性格が強い。ニネヴェの王宮の攻城図に描かれているように、新アッシリアや新バビロンから強圧を受けていたことが、このような防禦に適した都市を生んだのであろう。円形都市はその後巨大な姿で、パルティアのハトラやササン朝ペルシアのフィルサバードのような王都として再現される。(43) 円形の外貌は方形に較べると威容に欠けるけれども、面積比に対する防衛線の長さが短いので、要塞としてはふさわしい。

残るもうひとつの系統は、ギリシア都市である。メソポタミア方面でアッシリアが再興の色をのぞかせ、帝国として強大な姿を現しはじめた前一〇世紀末よりもやや遅れて、西地中海域ではフェニキア人が、遅れてギリシア人が交易・植民活動に着手したが、フェニキア人は交易の方を重視し、ギリシア人は土地の獲得をも同時に行い活動が黒海沿岸にまで達したから、(44) 宗教と言語とを共有するギリシア文化の影響は広く深かった。スノドグラスが墓地数を用いて算定したギリシアの人口増加曲線によれば、前八世紀中葉で急激な増加を示しており、(45) これはイタリアやスペインでの増加に対応することがA・ホイットルらによって議論されている。(46)

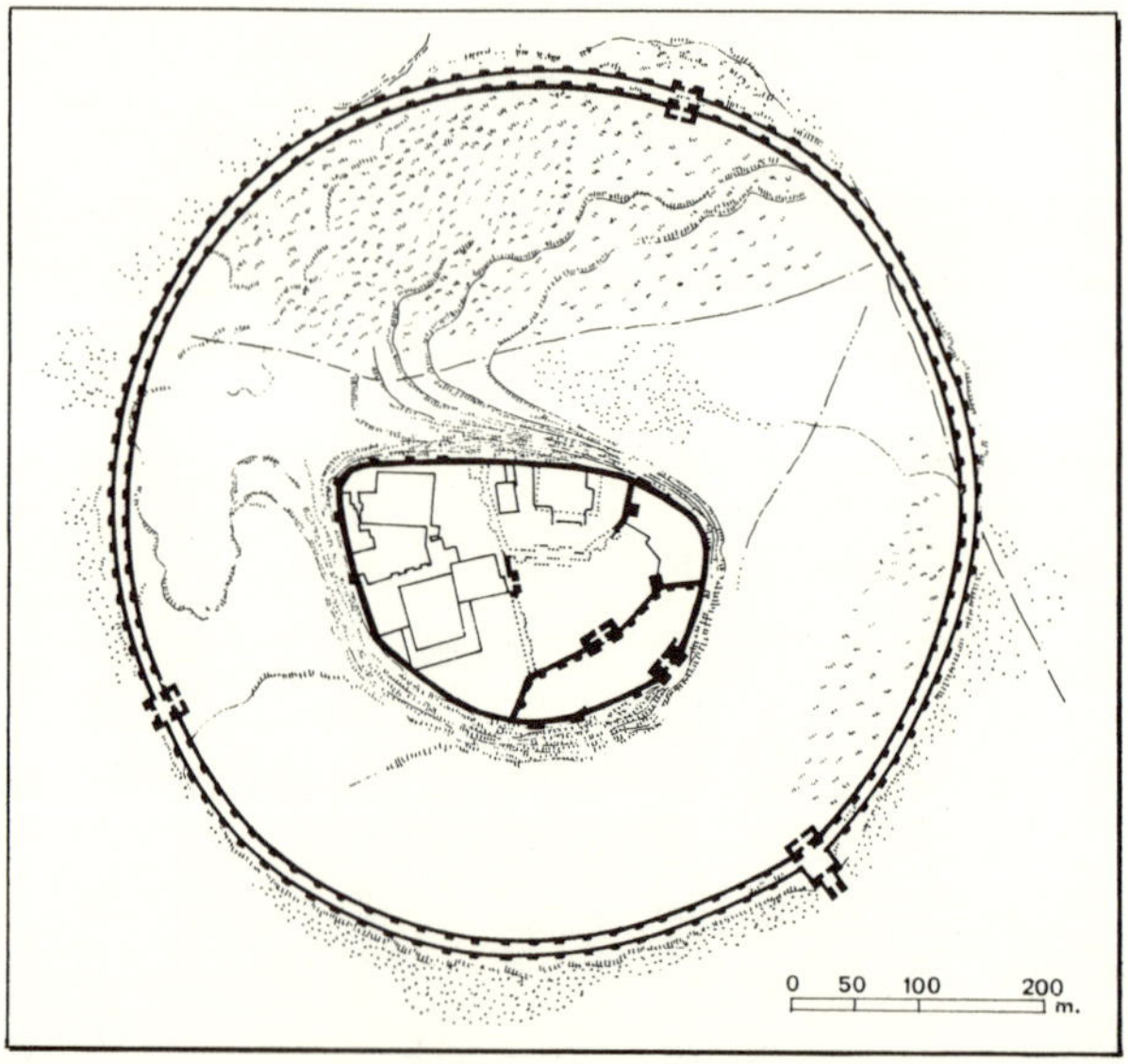

図36　ジンジルリ

小アジアのミレトスやプリエネ、南イタリアのパエストゥムをはじめ、ギリシア人が主として地中海北岸や黒海沿

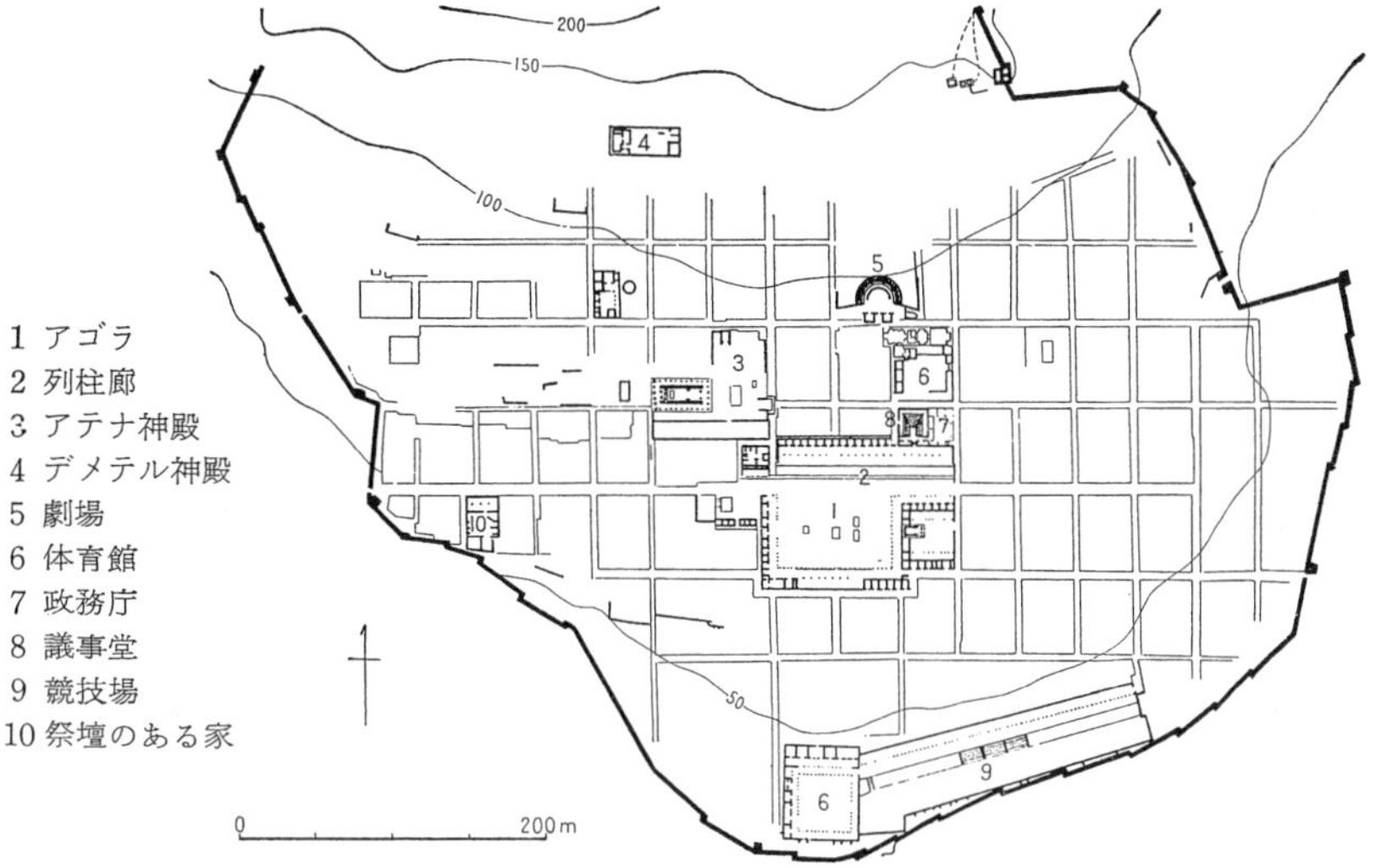

図37　プリエネ

岸の各地に建設した植民都市は数多く、その立地は丘陵地から平野や海岸寄りまでさまざまである[47]（図37）。それぞれの立地にあわせて外壁をめぐらせ、防禦に地の利を生かそうとしたから、都市の輪郭はいきおい不整形にならざるをえなかった。これに対して内部は、幾何学の世界で彩られていた。直交する道路で街区を方形に区切り、広場と神殿とを町並に沿って配置したのである。フェニキア人による植民都市もまた、ギリシア植民都市ほどの規格性はないにせよ内部は直交する街路で満たされていたから[48]、地中海・黒海沿岸域の都市は、既存の都市ではなく植民都市の夥しい新造によって、定型的な内部構成が主流になった[49]。こうして地中海・黒海沿岸域でも、メソポタミアと足並をそろえて定型化した鉄器時代都市が姿を現したが、新アッシリアや新バビロンの王都の定型化が街路構成よりも輪郭や外貌の整備に力点をおいたのに対して、地中海・黒海沿岸域の植民都市の定型化は、もっぱら内部を指向したといえる。

　メソポタミアとの間に見いだされる鉄器時代都市のこの差異は、国家形態の違いを反映している。新アッシリアや新バビロンは、版図の広大さもさることながら、軍事力を背景にした王の権勢の点で、青銅器時代の国家をはるかに凌ぐ強力な専制体制をとっていた。これに対してギリシアの方は、それぞれの都市（ポリス）が王の有無にかかわらず有力市民または貴族の合議で運営される小国家の集合体であった。またフェニキアの場合は、都市国家のビブロスやティルスが王制をとっていたが、アッシリアの抬頭とともに前九世紀にはその官吏のもとで支配を受け、貢献の見返りに海上活動が保障されていたのである。つまり、地中海・黒海沿岸域の植民都市は、交易・軍事上の、ギリシアの場合にはさらに土地取得上の利便をはかり、運営の公正と円滑をめざすにとどまり、外囲を威圧する媒体ではなかった。

定型都市といえば、エジプトはそれを創造したはるかな先駆者であった。しかし、鉄器時代にあたる第三中間期ないし末期王朝時代の都市の例は、いずれも非定型の外貌をのぞかせている。アコリス[50]やエル・ヒベー[51]の外貌、ネベシェーの街路などが示している通りである。エジプトの鉄器時代の都市が定型化の方向へ転舵していない点について、植民都市の新造が低調で、ナウクラテスにとどまることを第一義として指摘すべきであろう。それとともに、外壁を設けて既存の都市が自律化の方向を辿り、中間層が抬頭したことを、非定型化を促した理由としてあげておきたい。第三中間期にフェニキア型アンフォラがナイル第一急端のエレファンティネにまで及んでいる点からみて[52]、フェニキアの商圏はエジプト全土に及んだことが推測され、エジプトの青銅製品が主としてメソポタミア方面へ、ファイアンス製品が地中海全域へそれぞれ流出を始めた点は、エジプトが交易網に連なったことを示唆している[53]。そうして、J・テイラーが述べている手工業生産の高揚[54]、アコリスの調査結果が示す威信財の大衆化は[55]、都市が自律化し交易網が全土を覆う動きと軌道を同じくしているのである。交易・生産活動だけでなく宗教でさえもが、こうしてファラオの独占から離れることになった。自律化した小宇宙こそが真に都市の名に値するというのであれば、エジプトの場合には皮肉にも、ファラオが往時の盛容を失った第三中間期に入ってようやく、その姿が実現したことになるであろう。

第二節　ユーラシア東方の動態

利器材の変化　中国で青銅器生産が盛んになるのは殷の鄭州・安陽期であるから、前二千年紀後半にあたる。ほぼ同じ頃、ユーラシア西方は後期青銅器時代であり、したがって西方と期を同じくして青銅器の生産は隆盛を迎えたことになる。ところが、西周代に入っても生産は衰えをみせず、西方よりも青銅器時代の存続ははるかに長かった。殷周代に生産された青銅器の種類は主としては鼎などの彝器類であったことが、墳墓に副葬品として納入された数の多さから察せられる。農工具は集落址における出土例が驚くほど乏しく、副葬品中に占める割合も低いのである。農具における青銅器化の度合を周昕がとりあげて、石や骨や木が併用されたと推測しているのは頷けるし(56)、林巳奈夫が華北の野を耕すのは石や木で充分で華中には銅の道具を必要としたと述べている点も記しておきたい(57)。

そこで鋳銅遺址にも眼を向けると、殷前期の王都鄭州で検出された陶笵で種類のわかる一〇四個のうちの六一個を釣針用や工具用が占め(58)、後期の安陽ではほとんどが彝器用である(59)。また河南省洛陽市北窯などの西周代の鋳銅遺址の例も彝器が生産品目の中心であった形跡をとどめている(60)。これらの例からみると、工具の多い鄭州の例は、彝器の隆盛よりも前の青銅器化の様子をとどめているようにみえる。これをまた別の視点から探ると、龍山文化期の河南省淮陽県平粮台(61)や殷前期の河南省偃師県尸郷(62)で確認されている鋳銅遺址は城内に位置し、鄭州の例は内城の外で外城の内側にあたる。これに対して西周代の場合、陝西省西安市西郊(63)の長王村と張家坡が城内であったことが推測されるが、河南省北窯は城外である。生産規模の拡大に伴って城内を避けるようになったのであろうし、鋳銅工人の地位の低下がここに反映されているとみる意見があってよい。

殷周代の青銅器生産が王や諸侯の用に供することを目的としていたことは、彝器を主要品目としている点から察せ

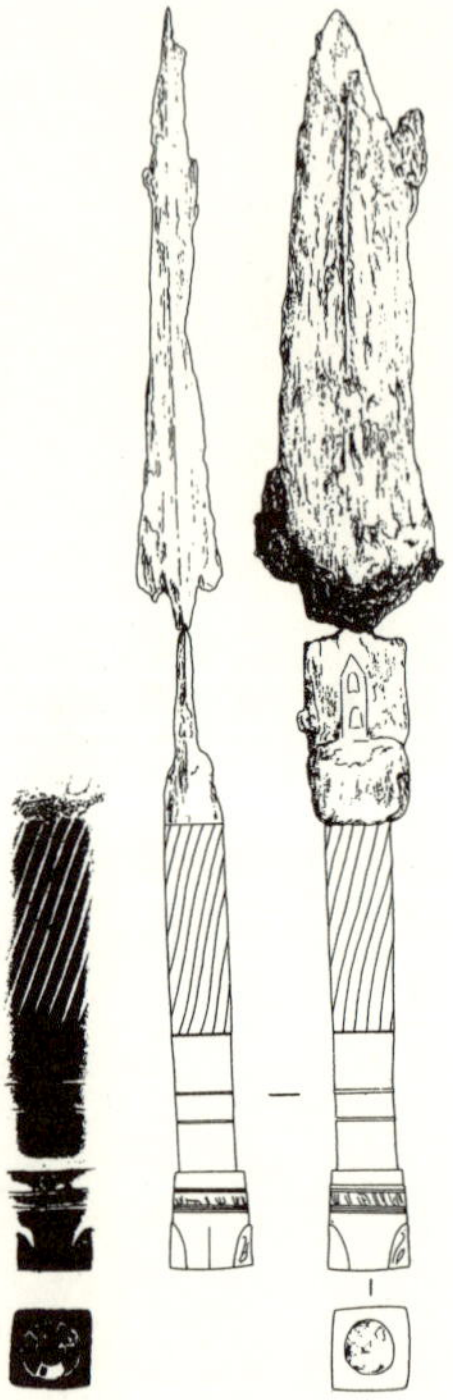

図38　河南省三門峡虢国墓出土玉柄鉄剣
全長 34.2cm

られる。ところが春秋時代に入ると、佐野元が示しているように後期から青銅農具の種類が増加しはじめる。(64) それとともに、彝器や武器のうえに銅鏡や銭布などが加わって品目が増した情況をみると、青銅器生産は品目の構成をかえていっそう高揚したにちがいない。春秋後期には自営青銅器生産者が出現して生活用品の一部を供給していたことを、主として文献史料に依拠しながら佐藤武敏が指摘しているが、(65) 青銅器生産の増大はこの指摘にあるように王や諸侯の独占だけでは達成しえなかったであろう。

さて、西周後期に入る前九世紀末ないし前八世紀初の河南省三門峡市虢《かく》国墓から剣などの鉄製武器類が出土しており、(66) これが人工鉄のもっとも古い例として管見にのぼる（図38・39）。ただし新疆ウイグル自治区では、さらに古く遡る例が見いだされており、前一〇〇〇年までにはこの地域で鉄器が知られていたとみてもさしつかえないところまで、例数が増加している。(67) それぞれ、虢国墓例を隕鉄加工から発達したという自生説の根拠とし、ウイグル自治区の例によって伝播説を加味する白雲翔の二系統説が、現状では穏当なのかもしれない。(68) しかし、新疆ウイグル自治区の例がいずれも短い刀剣であり、虢国墓例もまた装具こそ異なるものの短剣である点からすると、西方からのみの一系伝播説は成立の余地を残しているように思われる。いずれにせよ、西方から東方への鉄器または製鉄法の伝播は、西方での鉄器化の興隆や拡散と切りはなすことができないほど年代が接近しているのである。

鉄器の出現はこのように古く遡るけれども、鉄器化がまがりなりにも達成されて鉄器時代と呼びうるようになるのは、戦国時代に入る前四世紀をまたなければならなかった。農工具類から鉄器化が始まり、武器類のそれは相対的に進捗が遅れたことを、河南省の登封県陽城[69]や新鄭県倉城[70]などの戦国時代の鉄器製作工房址からの出土品が示している。鉄器化は武器類が先行するイラン方面、農工具類と並行するギリシアなど、武器類の鉄器化が遅れないユーラシア西方のこれらの地域と較べると、差は歴然である。したがって、戦国時代後期で鉄製の武器や甲冑の数が農工具をはるかに上回る河北省易県燕下都武陽台村二一号工房址の品目構成は[71]、鉄器生産に長じていた燕が武器の鉄器化を進めた自信のほどを示す孤立した例として扱った方がよいであろう(図40)。隣接する同期の二二号工房址で鉄製品は農工具の方が多いことからみて、鉄器生産に器種別分業が成立しており、武器や甲冑の生産はこの体制のもとで実施されていたことが察せられるのである。

燕の鉄生産の卓越性を示すのは、これだけにとどまらない。そもそも中国の鉄器には、鍛造製と鋳造製とがみられる。鍛造とは、低炭素の海綿鉄に鍛打を繰りかえして滓を除去して成形し、熱処理によって浸炭して硬度を与え、こうして鋼を作りあげる方法である。他方、鋳造とは、高炭素の銑鉄を溶解して鋳型に流しこんで製品に仕上げる方法

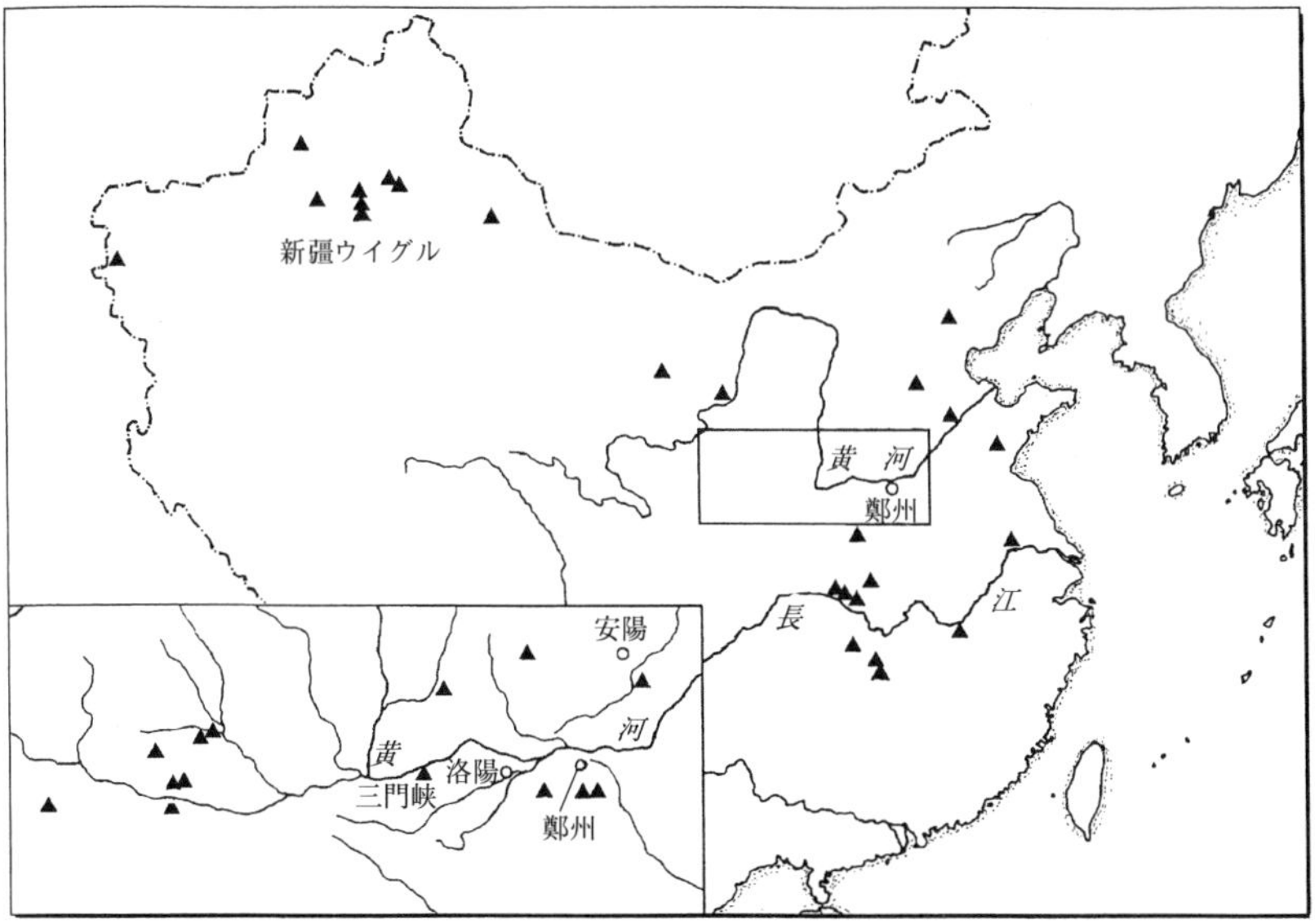

図39　出現期鉄器の分布

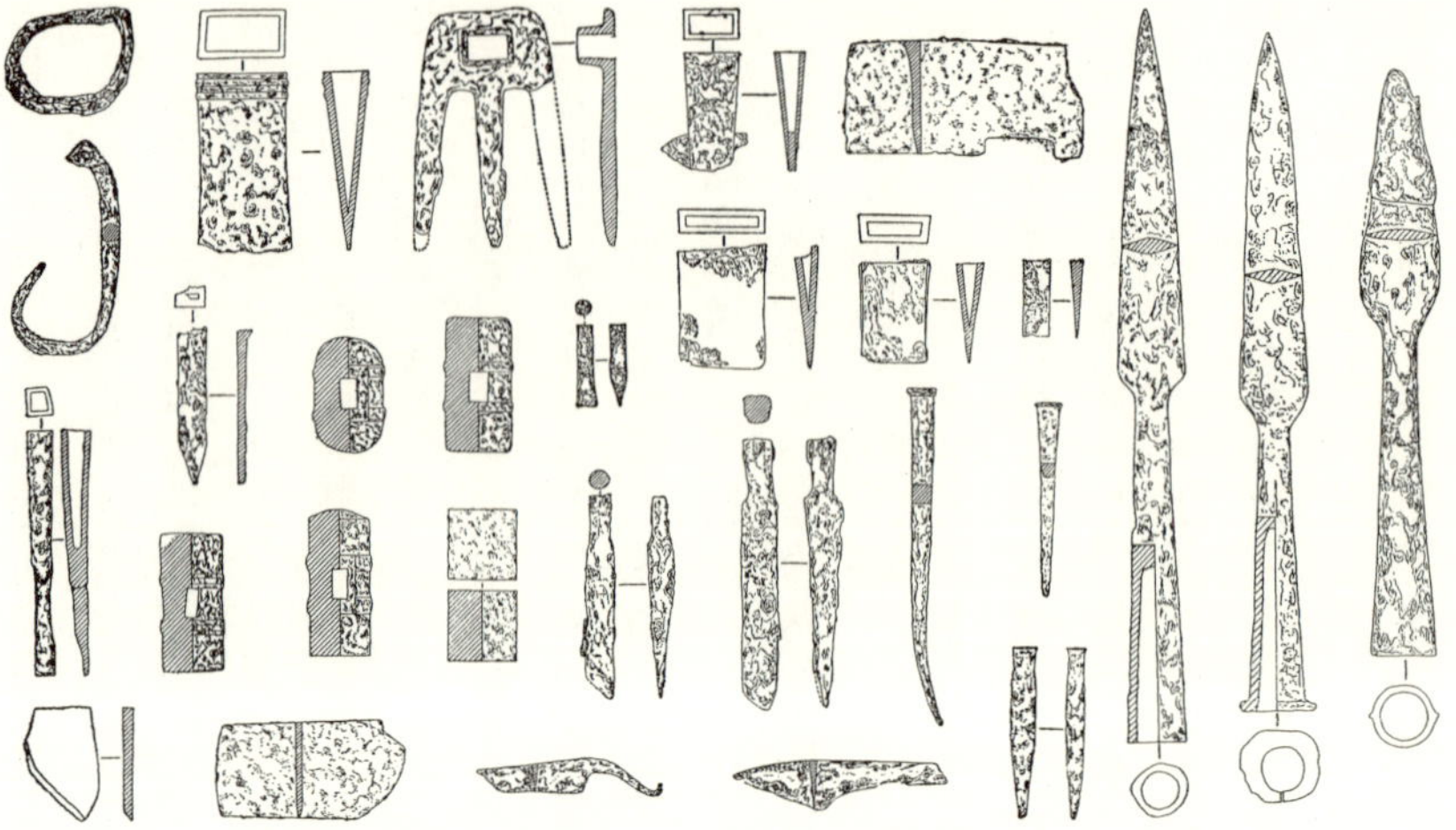

図 40　燕下都の武陽台村 21 号工房址出土鉄器　縮尺不同

であり、青銅器生産のなかで培った蓄積を鉄器生産に移転した独自の技術である。しかし、クロム酸化処理によって鋳銅製の剣に硬さを与えたように、脆い鋳鉄製品を利器として使うためには脱炭処理を行って延性を与える必要があった。武陽台村二一号工房址の鉄製武器は両技術によるというから、これらを一工房で併用していたことになる。工人達の技術の高さを窺わせる。

以上ユーラシア東方の鉄器化を通覧すると、西方で鉄器が普及するのとほとんど時を隔てることなく鉄器が登場し、しかしその後、西周代に春秋時代を加えた六〇〇年ほどは鉄器化の進捗がはかばかしくなかった。そうして前五世紀末から始まる戦国時代のなかで、農工具の鉄器化が鋳造技術を駆使することによって一気に進み、次に武器類へと移って、鉄器化に拍車がかかったことになる。ユーラシア西方における鉄器化の推移に較べると、鉄銅時代がきわめて長かったようにみえるかもしれない。しかし西方の場合、後期青銅器時代が鉄を半貴金属視していた時期にあたること、また、この長い揺籃期を閲して前一二―前一〇世紀の間に急速に普及したことを想起するならば、戦国時代中・後期から前漢代に至る中国での鉄器化の完成に要した時間の短さは、西方とさして遜色がないことになる。中国で鉄器化に速度を与えた要因は打ちつづく戦乱であり、富国強兵策であり、商工業の発達でもあった。西方では、「海の民」の侵寇後に訪れた混迷のなかからフェニキア人の交易活動が始まりアッシリアの抬頭が争乱を生み、これらの動きが鉄器の普及を促したが、これらは中国と通じる点でもある。

つまり、ユーラシアの東西はこうして、鉄器化が急速に実現した要因の点で同じ事情を共有しているのである。交易の活発化や争乱の頻発によって鉄の需要が増大し、これがまた鉄鉱山の開発を促して生産量を押しあげると、価格が下がって普及がいっそう進んだ。農工具の素材として汎用され、武器材として技術的改良が加えられた。鉄器化の急速な進展をこのように考えれば、東西が同じ事情を共有しているのも頷ける。東西間にはむろん相違点もあるが、七〇〇年の時間を跨ぐ共通点の方に注目しておきたい。

青銅器時代の国家　人類史上に現れた初期文明の七例をとりあげて異同を論じたB・G・トリッガーは、これらが都市国家システムと領域国家という二つの類型から構成されていることを説示した[72]。そうして、都市国家システムの例としてシュメール、アステカ、マヤ、ヨルバをあげ、領域国家の例としてエジプト、インカのうえに殷周代の中国を加えた。かつて中国の初期文明をエジプトやメソポタミアと比較した貝塚茂樹が「中国古代の殷周二王朝の都市文明は、一見するとエジプトの統一国家型にぞくするようにとられやすいが、じつはメソポタミアの都市国家分立型の方により接近している」と述べ[73]、また宮崎市定が、殷・周・春秋期は都市国家段階で、戦国時代に領土国家段階に達する、という立場を崩さなかった[74]、中国史の両碩学の国家観がここで想起される。

トリッガーは遺著 *Understanding Early Civilizations*（二〇〇三年）のなかで[75]、殷を都市国家連合とみるM・E・レウィス[76]などの異見があることに言及しつつそれでも領域国家の類型にあたることを、王都の移動や甲骨文の内容をとりあげながらあらためて強調する。そうして、都市国家システムと区別される領域国家の類型上の特徴として、以下の点を示している。

(1) 都市国家よりも広大な領土を有する。
(2) 領域国家内の都市は都市国家システムの都市よりも人口が少ない。
(3) 領域国家は大きい統治機構を擁し、労力と剰余とを自由にする。したがって、壮大な芸術作品や建造物を造ることができる。
(4) 領域国家の王権は、経済を中央で統制し、その剰余によって上層階級を維持することが求められる。
(5) 領域国家では、農耕生活が継続し、上層階級と農民との格差がいっそう大きい。

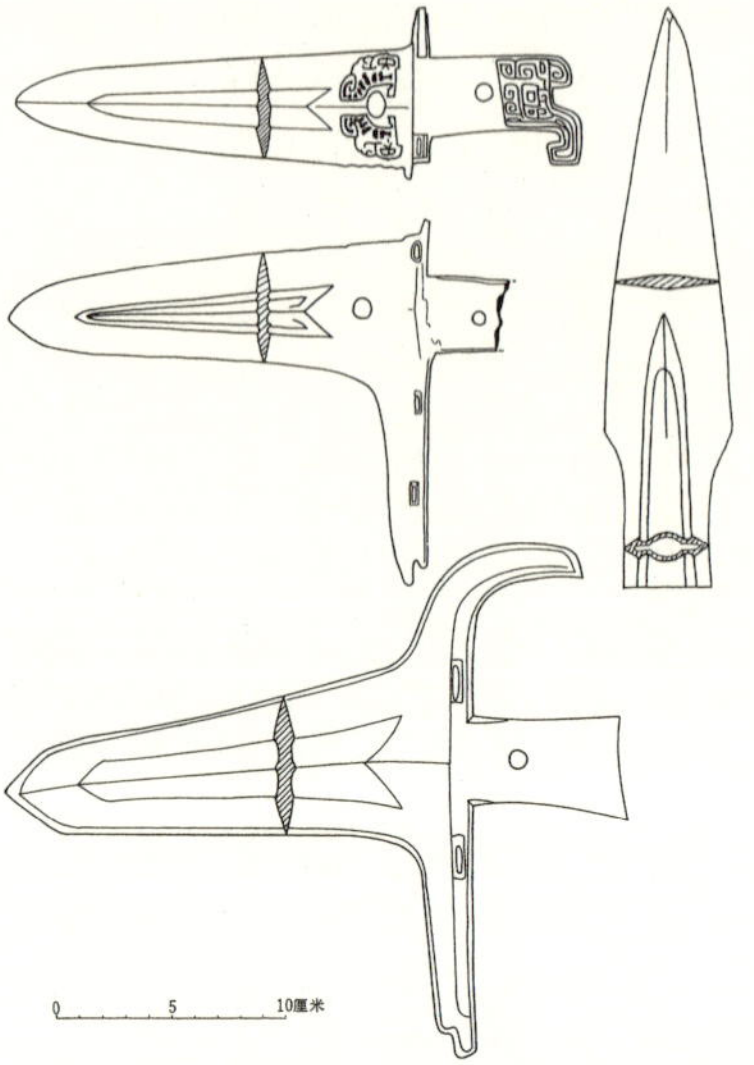

図41　江西省新干大墓出土の青銅製戈・戟・矛

後述する都市の類型からみても、王都の卓越によっても、殷はエジプト初期王朝時代に近いので、殷を領域国家の範疇に入れたトリッガーの見解は支持しうる。中国の国家形成や青銅器時代国家の実態を論じた著述は少なくないが、クレッセン流の超時代的「初期国家」論に依拠するよりも、類型を重視するトリッガーの比較考古学的視点を高く評価しておきたい。

武備の変革　中国における戦車の出現が安陽期に遡ることはすでに述べた。この当時の武器というと、弓矢、青銅製の戈や矛に加えて、殳という八角形の木棒が知られている。また、戈と矛とを組みあわせた初源的な戟も一部に例がある（図41）。刀も剣も存在はしていたが、戈や矛ほどには普及していなかったらしいことが、河南省安陽市殷墟郭家庄M一六〇号墓のように副葬品中にそれらの乏しい例があることから察せられる。[77] ちなみに、出土数の多い部類に入る殷墟婦好墓には二種二三本の刀があり、全長四六センチ未満で、報告書では工具に分類されている。[78] 鉞という斧に似た武器も安陽期にあったが、林巳奈夫はこれを首切り用とする。[79]その形態と数の少なさからみても、戦闘で常用されたようには思われない。なお防具としては、銅冑とともに革甲がみられ、殷墟侯家庄一〇〇四号墓で革盾の出土が報告されている。[80]

そこで、ユーラシア西方における後期青銅器時代の武器類と較べてみると、短兵である剣の寡少さにひきかえ、戈や矛のような長兵で量と種類の多さがきわだっている。戦車の使用を念頭におくと、相手の車兵を討つのに戈が欠かせなかったことは楊泓が復原してみせた通りであり、[81]矛は車兵にも歩兵にも必要な刺突具であったであろう。青銅製の戈は二里頭期から、矛は二里岡期からみられ、ともに戦車登場以前から存在すること、安陽期の戈や矛に先端の青銅部分の長さが二〇センチ未満の小型品が含まれていること、戈と盾とをもつ人物の象形が金文にあること、これらの点で、戈や矛は歩兵の兵器として出発したことは疑いない。

さて、車・歩兵ともに戈や矛を多用する殷代の戦い方は基本的に西周・春秋時代に継承されたが、武器の構成には変化が加わった。西周代に入ると戟が増加し、春秋時代には戈が主役の

図42　河南省汲県山彪鎮出土の戦国時代鑑に銅象嵌された戦闘図

座を戟に譲るという。[82] これとならんで、剣が長身化して二八—四〇センチに達し、作りも巧緻になる。護身用としても白兵戦においても有効な刺突具として活用しうるまでに、発達を遂げたのである。歩兵が戦力として重要性を増したことを、これは窺わせる。剣の長身化は戦国時代にも続き、湖北省江陵県望山一号墓出土の長さ六〇・六センチをはかるいわゆる越王勾践剣の例から知られるように[83]、江南方面ではとりわけ優れた青銅剣が生みだされた。河南省汲県出土という戦国時代の鏡に描きのこされた歩兵の戦闘場面をみると、ほとんどが剣を佩用していてその流布ぶりが知られるとともに、長柄の戟か矛、短柄の戟か矛、弓矢、盾のいずれかを手にし、軍鼓を打って合図をする人物までいる。[84] 戦闘の組織だった様子が、まざまざと伝わってくる（図

図 43　弩
上：戦国時代弩の復原
下：漢画像石に表された上弩・射弩図

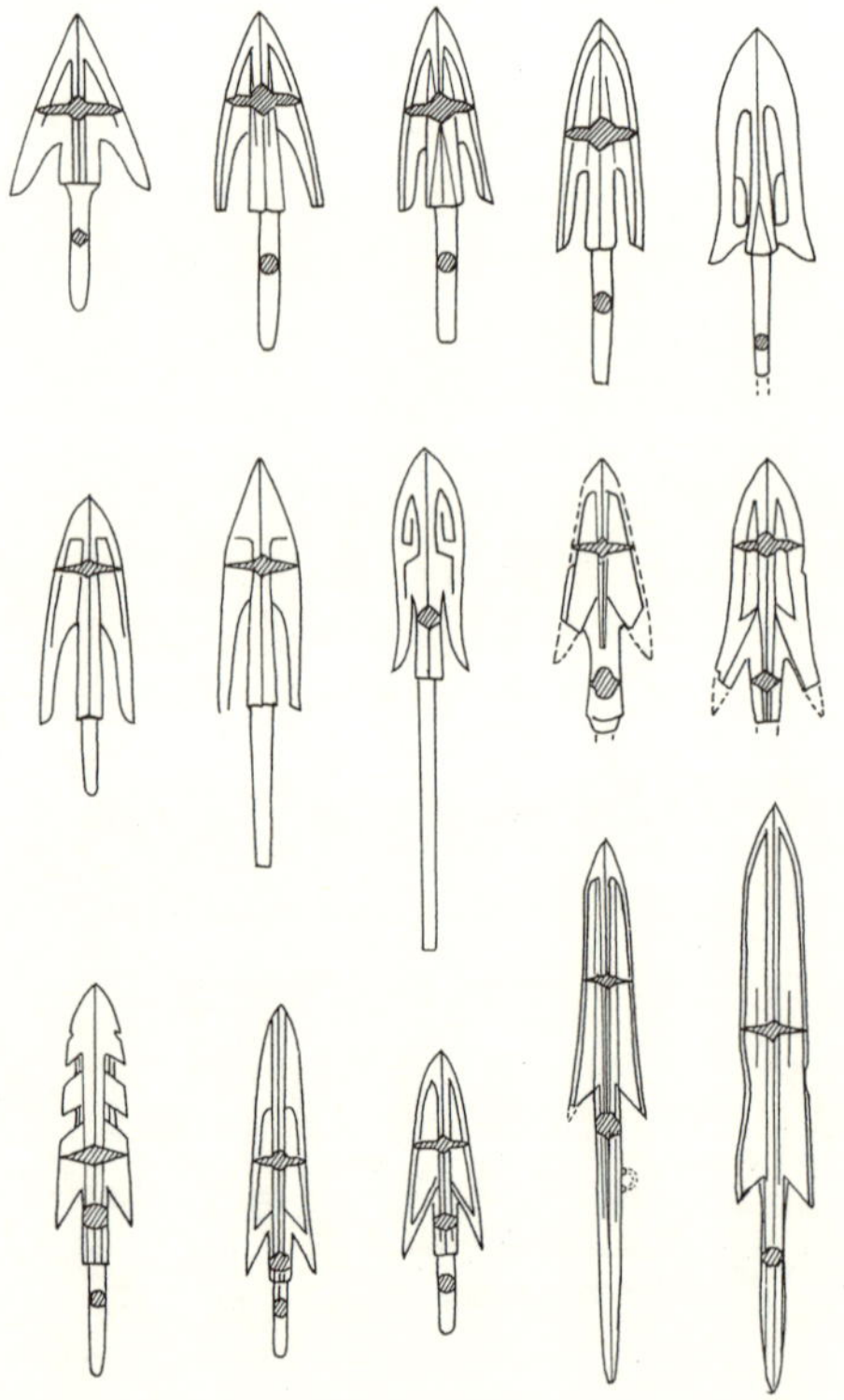

図 44　東周の双翼式銅鏃　長約 5〜11cm

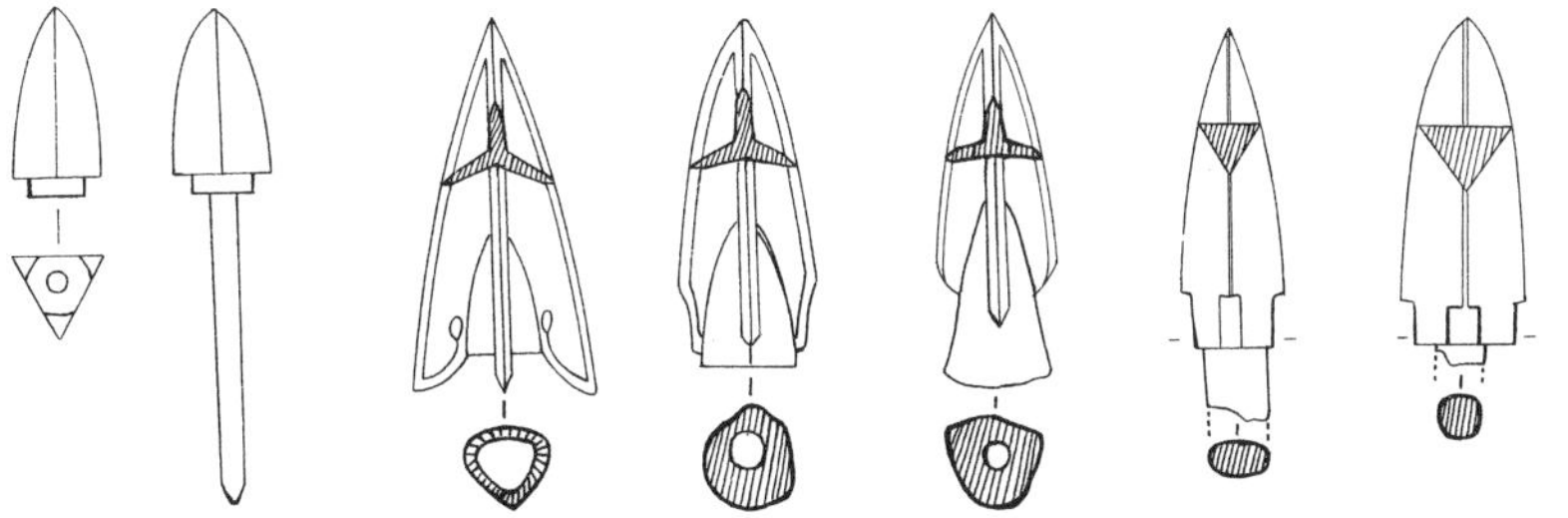

図 45　戦国時代の鉄鋌銅鏃（左 2 点）と鉄鏃

42）。ただし、投槍の場面は見あたらない。

戦国時代はまた、騎兵が登場し、武器や武具の鉄器化が進行した時期でもあった。さらに弩は、登場が春秋時代に遡り長江方面を初現地とすることが湖北省江陵県九店二一七号墓例などによって知られるが[85]、流行をみせるのは戦国時代である（図43）。そうして弩の流行と呼応して鏃の形態も変化する。横幅が広い殷代以来の双翼式にかわり、鋭い三稜式が主流を占めるようになるのである（図44・45）。

戦国時代にみとめられたこれらの変化のなかから、ユーラシア西方と比較する意味で戦車から騎兵への交替をまず俎上にのせて、もう少し説明を加えると、戦国時代には全軍のなかで騎兵の占めた数の比率が小さく、主力の歩車に対する補助的兵力であったことを、『史記』に基づいて楊泓が指摘している[86]。もっとも、同じく文献史料に依拠した王学理によれば、車に対する騎の比率が戦国時代のなかで高まるという[87]。しかしそれでも秦代においては歩車が依然として主力の座にあった、と王は推測を重ねる。始皇帝陵の兵馬俑坑における騎兵の配置や数を分析して導いた推測であるから、納得するほかない。陝西省咸陽市楊家湾前漢墓出土の騎兵俑群にみるような、長柄の戟を手挟んだという騎兵軍団の成立をまたなければ、戦車にとってかわれなかったのであろう[88]。

ついで武器の鉄器化に焦点をあわせると、燕下都武陽台村二一号工房址の出土品が、戦国時代後期に矛、剣、鏃、甲の鉄器化した例を伝えていることは前述した通りである。戈は一部にせよ戦国時代前期に鉄器化が始まっていたことを、河南省登封県

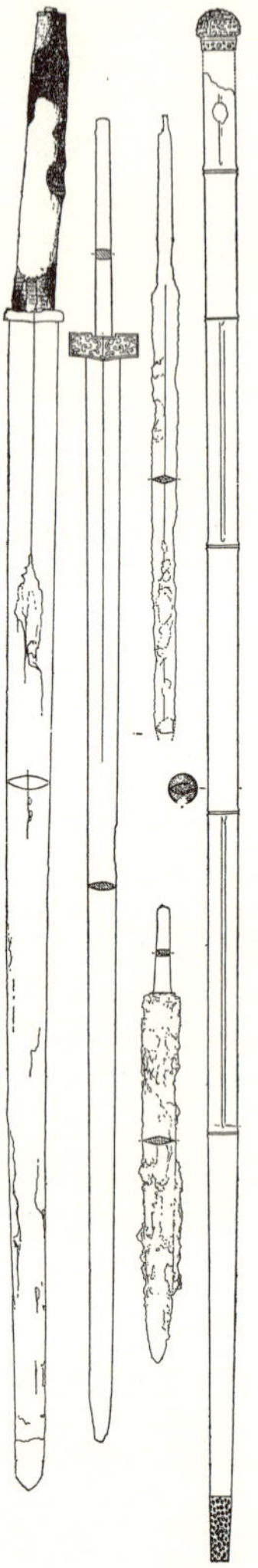

図 46　河北省満城漢墓出土鉄剣
右端例：全長114.7cm

陽城鋳鉄遺址出土の陶范が物語っている。[89] これらの例からすると戦国時代のなかで鉄器化が順調に進展したようにみえるが、進展に不均衡があったことを始皇帝陵の出土品が示唆している。始皇帝陵二・三号坑出土の武器四一九二四点のなかで、鏃四一〇〇〇中の二点が鉄鏃、五点が鉄の茎をそなえた鉄鋌銅鏃で、残りは銅鏃であるという。[90] 弩一六四、戈二、戟四、鈹一六、殳三一、鉞一、剣一八九（破片を含む）はことごとく青銅製で、鉄製というと矛一三点中の一点にとどまる。鉄製武器の数がきわめて少ないことについて王学理は、秦が拠点とした西北の地には鉄鉱山が乏しかったこと、同地では鉄器化が遅れていたこと、副葬用であったことの三点を、考えられる理由としてあげている。[91] 青銅製品が武器としての鋭利さをそなえ、銘さえ有する点で、副葬用という理由はあたっていないと思われる。青銅素材の入手が容易で、しかも武器としての使用に耐える処理技術に長じていたことが、鉄器化を遅らせたとみておきたい。

このように戦国時代後期ないし秦代には、鉄器化が進展したといってもなお揺らぎや偏りがある。真に進

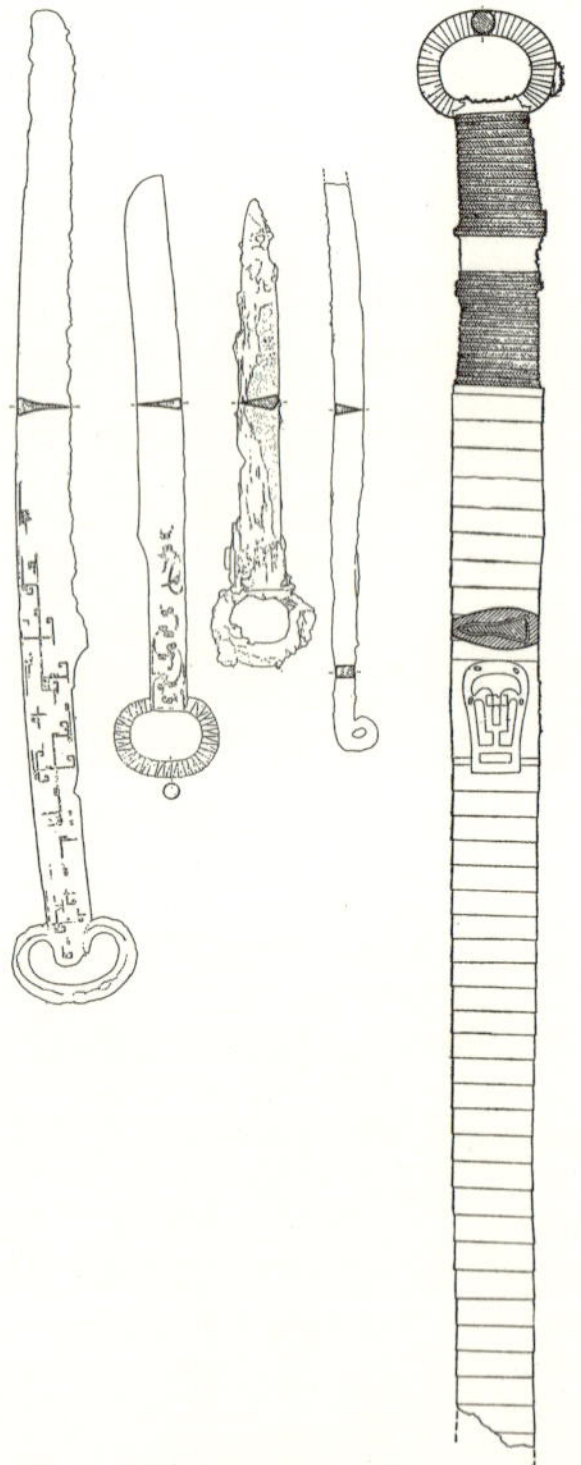

図47　河北省満城漢墓出土鉄刀
右端例：残存長 62.7cm

展した姿をみせるのは、墓の副葬品が示しているように前漢代からである。たとえば、河北省満城県にある中山靖王劉勝墓の場合、出土した戟二、矛一、殳一、鏃三七一はすべて鉄製で、弩三七、戈二は青銅製である。そうして剣一三は鉄製九、青銅製四で、刀三八は鉄製三〇、青銅製八によってそれぞれ構成されている[92]。剣は鉄・青銅製とも長身化しているが、鉄製は最長一一四・七センチ、青銅製は最長七一・八センチをはかり、長身化は鉄製において著しい(図46)。また鉄・青銅製とも形制が類似しており、したがって鉄剣は青銅製品の模倣から出発して、それを凌ぐ長さを獲得したことになる。一部に青銅製品を残すけれども、ここまで鉄器化が進めばまぎれもなくスノドグラスのいう第三段階にあたる。

図48　山東省沂南画像石墓に表された騎兵と歩兵

鉄器化した前漢代の武器に関連してもうひとつ指摘しておきたいのは、鉄製の環頭付長刀が加わった点である。中山靖王劉勝墓にも例があり、刃の途中で欠損しているがそれでも六二・七センチをはかる(図47)。他の例からみて全長は一メートル前後に達していたにちがいない。このような長刀の出現について、戦車が後退して騎馬が機動力の主役になった変化と結びつけ、薄い刃に厚い脊をつけた刀身は切りおろす騎兵戦闘にふさわしいと説く楊泓[93]や劉旭[94]の意見がある。後漢代に下がるが画像石に描かれた騎馬の兵士が刀と盾をもっているところからみても[95]、この意見は当たっているように思われる(図48)。

以上要するに、戦車にかわって騎馬が機動力の主座を占める転換と、武器がほぼ鉄器化する変化とが、概ね時を同じくしていた。鉄器化の完成に至る間はまだ戦車が機動力の主役の座にとどまっていた新アッシリアの情況に、これは近い。加えてまた、鉄器化が始まると遅速の差はあってもともかく、戦車が退いて騎馬に変わり、歩兵とともに戦力の基幹を構成するに至るという点で、時を違えても東西の変化はその軌道が等しい。

都市の変容（1） 河南省鄭州市西山遺跡の発見で、中国における囲郭集落の初現は、仰韶文化後期の前四千年紀に遡ることが明らかになった。そうして前三千年紀の龍山文化期に入って二里頭文化期が近づくと囲郭集落が多くなるらしいこともまた、発見例の増加が示している。これらを都市と呼ぶかどうかは定義に関心が深い識者の議論に委ねるが、たとえまだ都市とは呼べない胎動であるにせよ、ユーラシア西方における都市の出現と年代の隔たらない頃に、東方では囲郭をそなえた集落が登場したことになるわけである。

そこで、メソポタミアやエジプトの例にならって外貌に眼を向けると、隅角を直交させた方形基調の例が淮陽県平粮台（一八五×一八五メートル）、登封市王城岡（九二×?メートル）、新密市古城寨（四六〇×三四五メートル）のように河南省域と、滕州市西康留（四五〇×四四〇メートル）、滕州市龍楼（一七〇×一五〇メートル）のように山東省域と、都江堰市芒城（三六〇×三四〇メートル）、郫県三道堰（六五〇×五〇〇メートル）のように四川省域でそれぞれ知られている[96]。外貌を定型化する指向がとりわけ中原の龍山文化期にあたる前三千年紀のなかで顕在化したことを、こうして察することができるのである。前三千年紀というと、エジプトでは初期王朝時代ないし古王国時代に、メソポタミアでは前期青銅器時代にあたり、都市という集住システムがすでに呱々の声をあげて機能を始めていた頃である。

囲郭内の実態が比較的判明している平粮台の場合、東西南北の四方に則って郭を配し、南壁のほぼ中央に門をおく[97]。郭内を基壇建造物や陶窯や灰坑や墓葬坑が満たしている。灰坑のひとつで銅滓が出土したというから、製陶とならんで鋳銅も行っていたことがわかる。非定型都市として出発し、農民が居住者の半ば以上を占めたという南メソポタミアの都市とはちがって、神殿や宮殿を営み威信財生産を行っていたエジプトの定型都市ヒエラコンポリスを、平粮台は想起させる。ただ、墓葬を行っている点で差異がある。

次の二里頭文化は拡大が著しいというが、そのタイプ・サイトである河南省偃師県二里頭の場合は、それぞれ東壁三七八メートル、西壁三五九メートル、南壁二九五メートル、北壁二九二メートルをはかる囲郭が確認され、すでに知られていた基壇建造物と墓は囲郭内に営まれたことが判明した(98)（図49）。さらに囲郭の外周、東西二五〇〇メートル、南北一八〇〇メートルの範囲で、建造物、祭祀場、攻玉や鋳銅の工房、墓が見いだされており、囲郭の内外には直線道路の走っていた痕跡があるという。囲郭の規模は龍山文化期の諸例と変わらないが、外周をこれらの施設がとり囲んでいる点に機能の拡大と集中ぶりが窺われる。したがってこの飛躍を重視して二里頭文化期以降のアドミニストレイション・センターすなわち管理中枢に都市という異称を与えてもさしつかえないが、その原型はすでに龍山文化期の囲郭集落にそなわっていた。

図49　河南省二里頭遺跡

　殷代に入ると、最初の王都と目さ

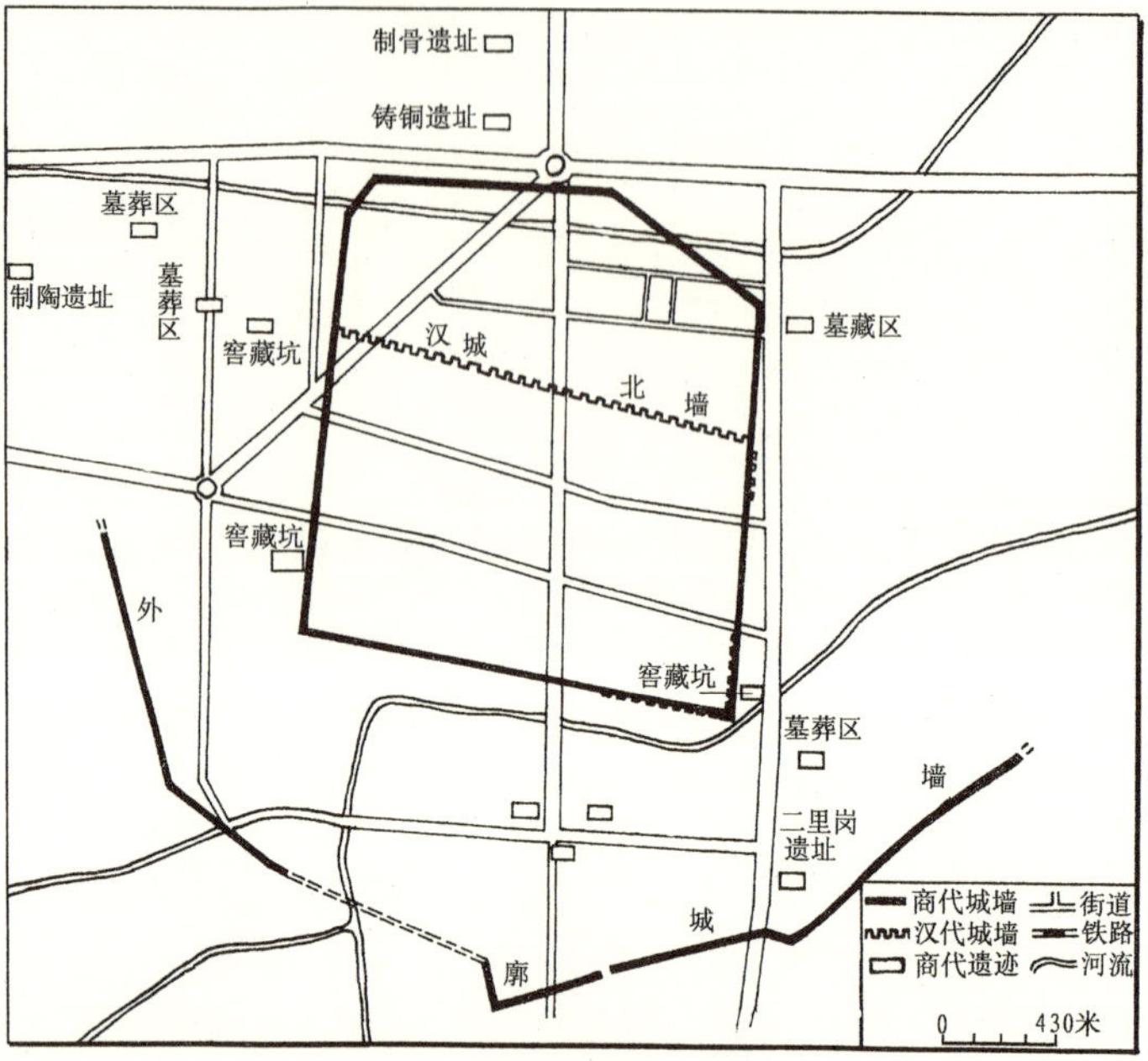

図50 河南省鄭州商城

れる偃師県尸郷の例では、方形囲郭が東西七四〇メートル、南北一一〇〇メートルをはかり、二里頭のそれよりも面積が七倍強に拡大している(99)。内部を基壇建造物が満たし、外周に陶窯や鋳銅工房や墓が集中する。造都当初はこの方形囲郭だけで出発したらしいが、やがて生産工房や墓をとりまく逆L字形の外郭を付設し、こうして外界と遮断した。発掘で確かめられた都市全体の規模は、東西一二〇〇メートル、南北一七〇〇メートルをはかる。続いて営まれた河南省鄭州市鄭州商城では、やや不整な方形の囲郭を擁し、東壁一七〇〇メートル、西壁一八七〇メートル、南壁一七〇〇メートル、北壁一六九〇メートルをはかり、面積が尸郷の三倍強に拡大している(100)(図50)。内部で確認されている施設としては基壇建造物にとどまり、墓が見あたらない。尸郷の方形囲郭の場合も同様であるから、殷代に入ると墓域は王都の郭外に求められるようになった可能性がある。陶・銅・骨の各工房や下級者の墓は方形囲郭の外にある。これらには外壁をめぐらせて外部から分離していた可能性があり、この点もまた尸郷と通じるところである。

殷後期にあたる安陽期の例に移ると、殷墟に囲郭がめぐっていたのかどうか、まだ解明されていないが、洹北商城という都市址が近傍で見いだされたことによって、論議されてきた殷墟の機能問題に一石が投じられた[101]。二里岡上層Ⅱ期から存続するという洹北商城は、二二〇〇×二一五〇メートルの整った方形の外貌を呈し、中央に方形の宮殿区をそなえているという。殷前期にあたる尸郷や鄭州よりも幾何学的で、定型的な外貌をみせている。ただ、外郭を含めた規模は鄭州に劣り、同じ殷後期で四〇〇万平方メートルの面積を擁するという河北省石家庄市新城舗に近い。洹北商城の外貌に注目するならば、殷代における王都の規模は前期の鄭州において極まり、後期に入ると規模の拡大よりも外貌の整備に重点が移ったことになる。その意味で、基壇建造物と墓と工房で満たされ、囲郭の存在が定かでない殷墟は、王都群の実態が明らかになるにつれて特異さがさらにきわだつのである。

さて、殷代都市の場合、王都級と非王都との規模の較差が次代に較べると甚しいようにみえる。この点でもまたエジプトの場合に近い。都市の例数がまだ乏しく、鄭州北方の小双橋のような例によって補われることも将来少なくないであろうが[102]、他方、青銅彝器などの威信財の生産と、卜骨による祭儀とを独占していたことを示す王都の姿をみると、図抜けた規模をそなえていたとしても不思議ではない。

西周代に限るならば、都市の判明した例は殷代以上に乏しい。そこで春秋・戦国時代の例を添えてこの欠を補うと、以下に列挙した点が殷代との異同として指摘できる[103]。

(1)　殷の王都が五〇〇ヘクタールに満たなかったのに対して、春秋時代に入ると河南省洛陽市東周洛陽城や陝西省鳳翔県秦雍城のように九〇〇ヘクタールに達する例が現れ、この大型化の傾向は戦国時代においてさらに進む。

(2)　大型都市の突出する傾向は弱まり、大から小に至る規模の差が段階的となる。

(3)　両城制を採用した例がとりわけ戦国時代に多くなる。方式には差異があり、外郭沿いの一部を囲って宮殿・宗廟区を設けた伝統的方式に連なる山東省滕県薛国城や湖北省江陵県楚紀南城、分離壁を共用する河北省易県燕下都や河南省禹県韓新鄭城、二区を分離してそれぞれに囲郭を設けた河北省邯鄲市趙邯鄲城のような例があげられる。

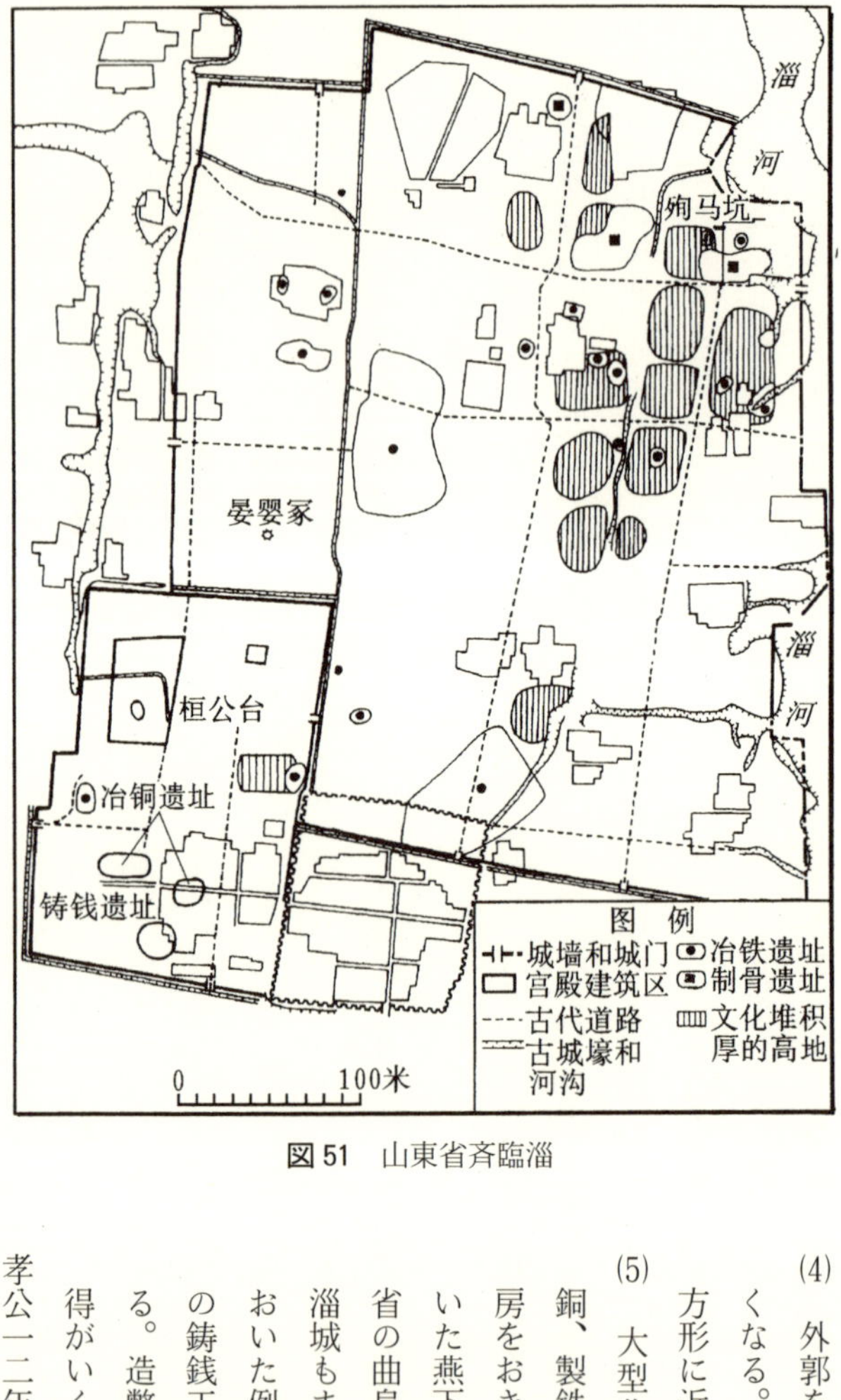

図51 山東省斉臨淄

(4) 外郭を方形に整える傾向が弱くなる。ただし、東周洛陽城が方形に近いことは注意をひく。

(5) 大型化した囲郭の内部に鋳銅、製鉄、製骨、製陶などの工房をおき、墓葬用にも一角を割いた燕下都の例に加えて、山東省の曲阜県魯国城や淄博市斉臨淄城もまた工房と墓とを郭内においた例である。ただし臨淄城の鋳銭工房は宮殿・宗廟区にある。造幣の重要性を考えれば納得がいく（図51）。

孝公一二年（前三五〇年）の遷都から始皇帝死後の前二〇七年の滅亡まで、秦の王都として機能した陝西省咸陽市咸陽城は、全容が判明しておらず、外壁を設けていなかった可能性さえある。(104) 宮殿にあたる咸陽宮には囲郭があり、東壁四二六メートル、西壁五七六メートル、南壁九〇二メートル、北壁八四三メートルのほぼ台形を呈する。背後にあたる北では幅四〇—五〇メートルの東西に走る大道、宮の近傍からは工房や小型墓が見いだされている。阿房宮が南一〇キロほど離れたところに営まれていることを考えると、囲郭はなかったとしても宮殿・宗廟区の壮大さは戦国時代の例を大きく凌いでいたことが想像される。

都市の変容（2）　秦から覇権を奪った前漢は、戦国時代に流布した両城制を止めて新都長安には一城制を採用した(105)（図52）。そうして、東西六・五キロ、南北六・八キロをはかる不整方形の内部を、宮殿、高官邸、官設の市場や工房

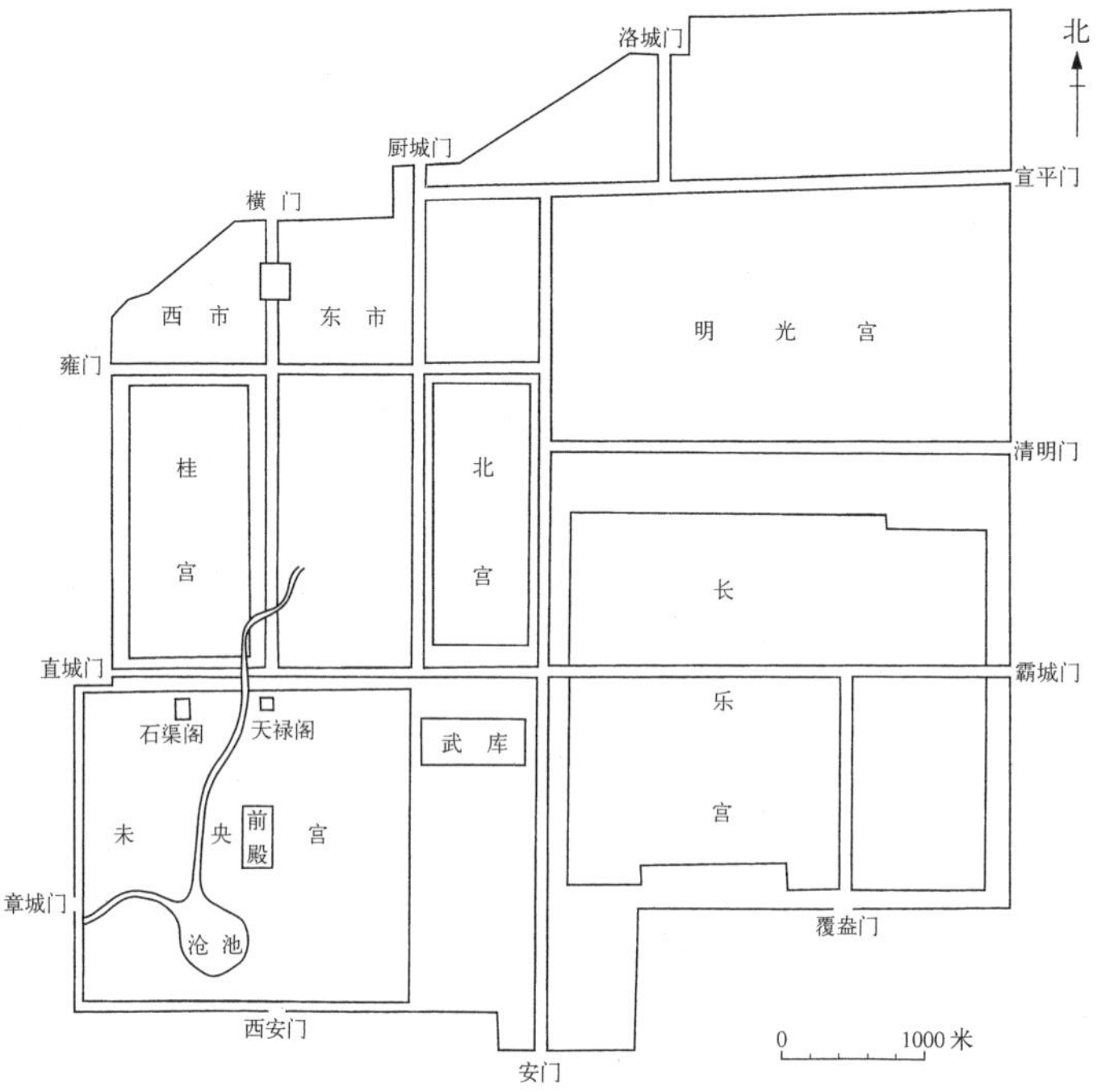

図52　前漢長安

などの官用施設で満たした。市場と工房とが全域に対して占めた面積は、せいぜい二割ほどであった。五銖銭鋳造工房や鋳鉄工房や瓦陶窯が工房区で見いだされているが、官用の器物を製作するための少府制度を全土規模で展開した前漢にとって、郭内に大規模な工房や市場をしいて設ける必要はなかったであろう。また墓葬については、秦の陵寝制度を継承して陵園を郊外に営み、郭内から墓域を外した。そうして、王朝の創始者である劉邦の廟だけを、北郊の長陵から切りはなして郭内においたという。

　長安の外貌が整っていない点については、原因をめぐる議論がある。全土の統一が成った高祖五年（前二〇二年）に、秦の離宮の興楽宮を利用して長楽宮に改築するところから

着工が始まり、未央宮、北宮、武庫の順に造営が進んで、これらの建物群を囲う外郭の築造は次の恵帝のときであったという。十年余のこの漸移的な建築状況が結果として外郭の不整形を生んだことが考えられるし、着工当初から全体の配置計画が存在したという見方も成立する。この点について、秦咸陽城の例を引きつつ、星宿を象ったとして外貌の不整形を説明する論がある。(106) これがもし正しいとすると、長安は天界を地に写しとった理念的な定型都市であったことになる。天円地方の宇宙観に基づいて地の方形を囲郭の外貌に採用する方式とは、一線を画しているのではなかろうか。

なお、人口について付言しておくと、斉の臨淄の場合、『戦国策』巻Ⅳ斉上宣王によれば戸数七万を数えたというから、三五万ほどの人口を擁していたことになる。この人口のことごとくが郭内に居住していたとすれば、一ヘクタール当たりの人口密度は三三〇人ほどで、一ヘクタール当たり三八二人と推算される南メソポタミアのウルのそれにほぼ匹敵する。この密集ぶりは臨淄が海塩の交易でとくに栄えていたことによるのであろうが、いずれにせよ、商工業の利を掌握するうえでも、兵員を募るためにも、数多くの人口を郭内に収容しておくことは、富国強兵を競った戦国時代の雄国にとっては必要であったにちがいない。これに対して前漢の長安の場合、『漢書』地理志によると前漢末で、戸数八万八〇〇、人口二四万六二〇〇を数えたらしい。もっともこの数は、郭外近傍の居住者をも含んでおり、郭内に住んだのは八万人ほどであったともいう。この説に従うと、長安の一ヘクタール当たりの人口密度は一七人、かりに全人口が郭内にいたとすると五四人を数える。前漢末の混乱で郭内居住者が減っていたとしても、戦国時代の臨淄とは比較にならないほど人口密度が低かったことは否定できない。官用施設群で満たされた内部の様子から察すると、この結果は当然ともいえる。

以上王朝の変転を追って縷述した青銅器時代から鉄器時代に至る王都の変貌を通覧すると、二様の類型があったことに気づく。すなわち、宮殿や宗廟のような支配者用の施設で満たされた類型と、農民を含んでいたかどうかわからないが商工業者が郭内に居住した類型である。そうして中国の王都は、前者の類型のもとで出発し、春秋・戦国時代の間に後者の類型へ傾斜し、秦漢帝国の成立とともにふたたび前者へ戻るという推移が復原されるのである。これを既述の例の類型に擬《なぞら》えていえば、エジプト型からメソポタミア型へ、そうしてふたたびエジプト型へ、ということになるであろう。

しかし、商工業の発達ぶりからみて、殷周代のような王都に回帰させることには無理があった。後漢の洛陽は四分の一ほどの面積に縮小していることからも、それが察せられる。また、戦国時代に成長した商工業者の活動を圧迫して、現代流にいうと社会主義体制のもとにおこうとしてかえって停滞を招き、後漢代にこの体制を改めたことを指摘した山田勝芳の所説は、戦国時代から後漢代に至る王都の推移状況とよく契合する。(107)行政、裁判、宗教の中心であり、交易、交通、物資集積、技術、防禦の拠点としても機能する都市の条件を満たし、しかも理念に裏づけられた定型的な外貌をそなえた王都が求められる情勢になっていたのである。しかし漢代においてこれを実現することは、まだ難しかったということになるであろう。(108)

そうではあっても長安の外貌は、戦国時代の王都に較べれば定型的である。春秋・戦国時代に進展した大型化が極まったのも、長安であった。県都のような地方行政の中心地が定型的な姿貌を垣間みせていることも、すでに触れた通りである。新アッシリアの王都が大型化と定型化とを達成し、フェニキア人やギリシア人の植民活動が数多くの定型都市を生んだことをここで想起するならば、ユーラシアの東西は、歴史上の時間は隔てても近いところにある。つまり大型化と定型化は、青銅器時代から鉄器時代へ移行する争乱の渦の中で胚胎して、鉄器時代の開始とともに実現をみた、と結論づけてさしつかえないであろう。

第三節　倭の動態

利器材の変化　弥生時代における倭の金属器を概観すると、鉄器が前期に存在していたことは疑いない。福岡県糸島郡二丈町石崎曲り田遺跡出土鉄斧などの最古とされる鉄器は時期の判定に問題があるということなので措くとしても、[109]前期後半の例であれば、福岡県行橋市下稗田遺跡[110]のように九州北半でも、山口県下関市綾羅木郷遺跡、[111]広島市東区中山遺跡、[112]京都府京丹後市峰山町扇谷遺跡[113]のように東方諸地域でも見うけられる。形態の判明する例は、斧を筆頭にして鎌や鋤先や刀子などの農工具類である。そうして、倭で出土している板状鉄斧が半島で例をみない手斧用の小型品であるところから、鉄器は出現とともにその製作が始まったという。[114]

青銅製品が加わったのも前期である。剣と矛と戈がそろって前期末に登場する。当初は半島からの伝来品であったが、石笵鋳造技術の伝来をまって、中期前半には製作が始まったようである。伝来品や初期の製作品が磨製の石剣や石鏃とならんで実戦に使われたことは、橋口達也が立証につとめた点である。[115]銅鏃の出現がこの頃であることも、それならば頷ける。

要するに、倭に出現した初期の金属製品は主として、鉄が農工具用、青銅が武器用であり、金属器の使用は材質によって用途が分かれる状態で出発した、ということである。福岡県福津市宮司今川遺跡[116]で出土した、遼寧式銅剣の茎を加工したという銅鑿や、混入が疑われている鉄鏃を、前期の遺品として扱ったとしても、この用途別の傾向は動かない。前期後半というと、中国においてさえまだ武器の鉄器化が完成に至っていなかった時期であるから、倭のこの情況は当然ともいえよう

中期以降の鉄器化は、農具よりも斧や鉇のような工具の方が先行し、かつ東方の広い範囲に及んだ。鳥取市青谷町

上寺地遺跡出土の鉄製工具をとりあげて、鉄器化の画期のひとつが中期後半の普及にあることを田中謙が指摘している(117)。この画期は、関東で宮ノ台式期に鉄器が出現しそれが工具であることと、時期の点でも内容の面でも通じるところがある。木製品で賄われていたために鉄器化が遅れた農具は、それぞれ九州北半では中期後半、近畿に至る各地では後期に入って鉄器化に拍車がかかった。川越哲志『弥生時代の鉄器文化』(平成五年)によれば、弥生時代の鉄鎌出土数は一一〇例以上を数え、中期三、後期前半ないし中葉七で、残りは後期後半ないし終末であるという。現在では出土例がさらに増加しているにちがいないが、時期別の出土数にこれほどの隔たりがあれば、後期後半ないし終末に鉄器化の画期があったことは動かないであろう。ちなみに、上寺地遺跡の鉄製工具から導かれたもうひとつの画期は後期後半ないし終末にあり、鑿類の多種化によって特徴づけられるという。

鉄器化が進捗をみせるこれら二つの画期は、すでに述べたように集落形成が盛んな時期でもある。増大する人口を養う食料が求められる情況のなかで、耕地化を進めて増産をはかるためにも、木製の交換財を生産するうえでも、鉄器は有効に機能したであろう。鉄製工具の速かな東行は、その有効性と喫緊性とをよく物語っている。しかしもういっぽうで、それは共同体内に格差を生み、共同体同士の緊張を高めて、争乱を惹起させる原因にもなったであろう。

中期には、武器も鉄器化の徴候をみせる。その画期のひとつが中期後半であり、もうひとつが後期後半ないし終末である。詳細は次項に譲って中期後半の画期をとりあげると、九州北半を中心にして刀、剣、矛、戈の鉄製品が急増し、鉄鏃も普及して分布が近畿に達する。そうして既存の青銅製剣・矛・戈は、武器としての殺傷力を失った形態に変化して儀器に転じ、東方へ分布を拡げるのである。鉄製武器が出現し、青銅製品が実戦用の座から降りた九州北半の変化は、半島に近い同地が技術や素材の入手に地の利を得ていたことに原因があるのであろう。鉄矛と鉄戈とは九州北半を出ることなく中期のなかでほぼ消失し、他方、刀剣や鏃は次の画期をまって、鉄器化が関東にまで到達する。工具の鉄器化の東漸が速かであったのに較べると、遅滞があるわけである。

ところが、このように農工具や武器の鉄器化が他のどの地域よりも早期にかつ多種にわたって進展した九州北半においてさえ、石器の使用が存続したことは、中期における今山産蛤刃石斧や立岩産石包丁の流行がよく物語っている。これらの石製農工具は後期に入って衰退はみせてもなお存続し、とりわけ石包丁にその傾向が強いことを松井和幸の集成結果が伝え(118)、磨製石鏃の豊後大野川上・中流域における流行ぶりを高橋徹が示している(119)。鉄器化に遅滞をみせた東方の諸地域が程度の差はあっても同じ情況であったことはいうまでもないし、石器の出土によってもこれを検証することができる(120)。

倭において石器が衰滅しその種々の機能が鉄器で代替されるようになる変化を、鉄器化の完成という意味で重視するならば、弥生時代後期終末の動向が注意される。後述するように形態や材質の改まった武器類が広域に波及をし、工具類においても有袋鉄斧の分布が東に拡大して関東に及び、関東に鉄精錬炉が出現するなど、広い範囲で鉄器の斉一化が進み、生産が拡大した形跡をみせているからである(121)。半島に仰いできた鉄素材に不足がなく、倭のなかでは流通網の整備が進まなければ、達成されえなかったという点で、この画期をもって古墳時代の開始とする見解があってよいし、異見も出るにちがいない。

以上、鉄器化が完成に至るまでの道程を述べてきたが、この道程とは石器時代から鉄器時代への移行過程を指している。したがって、利器材を石のみに頼る早期から始まり、鉄銅石を併用しつつ鉄器化の完成をまって古墳時代を迎えたという点で、弥生時代の大半は移行に終始していたといえるであろう。これを中国と比較するならば、殷周代は銅石時代、春秋時代が青銅器時代、戦国時代が鉄銅時代、前漢代が鉄器時代にそれぞれあたっていたから、倭の三時代区分は鉄銅石の併用によって特色づけることができる。もとより、採鉱から精錬加工までの技術を擁していた中国とちがって、青銅にせよ鉄にせよ、倭の場合には素材や製品を大陸や半島に仰いでいたから、鉄器化の道程がちがっていることに不思議はない。

ところが、エジプトのアコリス遺跡が伝える第三中間期の情況に眼を向けると、鋤鍬は木製、鎌はフリント製刃器、工具は青銅または銅製であり、これらに鉄製の鏃と装身具が伴っている。[122]鉄器の普及期においてもなお農具を木や石で作る伝統が維持されているのである。アコリスが垣間みせてくれる往時の姿を敷衍するならば、エジプトでは石器時代、銅石時代、鉄銅石時代という推移を経て鉄器時代に到達したことになる。銅石時代は倭には存在しなかったけれども、青銅器時代を閲することなく鉄銅石時代からいきなり鉄器時代に至った点で、倭が辿った利器材の変遷はエジプトに近い。またミケーネでは、後期青銅器時代にフリントや黒曜石でさかんに刃器を作って鎌などに仕上げていたらしい。[123]それならば厳密には銅石時代というべきであろうし、後期青銅器時代にはすでに半貴金属として扱われた鉄の短剣などが存在するから、鉄器普及の初期段階にあたるともいえる。したがって、ミケーネとはエジプトほどの親近度はないにせよ、倭にとっては中国よりもはるかに近いといえる。要するに、倭における利器材の変化の道程は、いっけんすると変則的であるようにみえるけれども、ユーラシア古代世界と必ずしも隔絶してはいないのである。

倭の鉄器化に関連して比較考古学的観点からさらに指摘しておきたいのは、その政治的側面である。すなわち、鉄器化の過程は争乱や混迷の時代であり、その完成は時代の画期として新たな政体の誕生を意味する。この点で倭は、ユーラシアの東西と軌道を同じくしているのである。西方では、「海の民」の侵寇による混迷のなかで鉄器化に拍車がかかり、専制体制をとるアッシリアが西アジアの覇権を求め、民主制や寡頭体制をとるギリシアが植民活動を開始したことを、先に述べた。また東方では、秦、楚、燕、斉、趙、魏、韓の戦国七雄が争った戦乱期に鉄器化が加速し、皇帝中心の官僚統治体制を敷く前漢の成立をまって鉄器化が完成したことも、前述の通りである。これらの点を想起するならば、中期末と後期後半の争乱を経て広域の政治秩序が生まれ、こうして古墳時代が始まり、ほぼ同時に鉄器化も完成に至った倭の動態は、ユーラシアの東西と時の隔たりを超えて同調していることになる。

武備の変革（1）　半島から九州北半に運ばれ、ほどなく模倣された当初の剣、矛、戈は、青銅製品ではあっても武

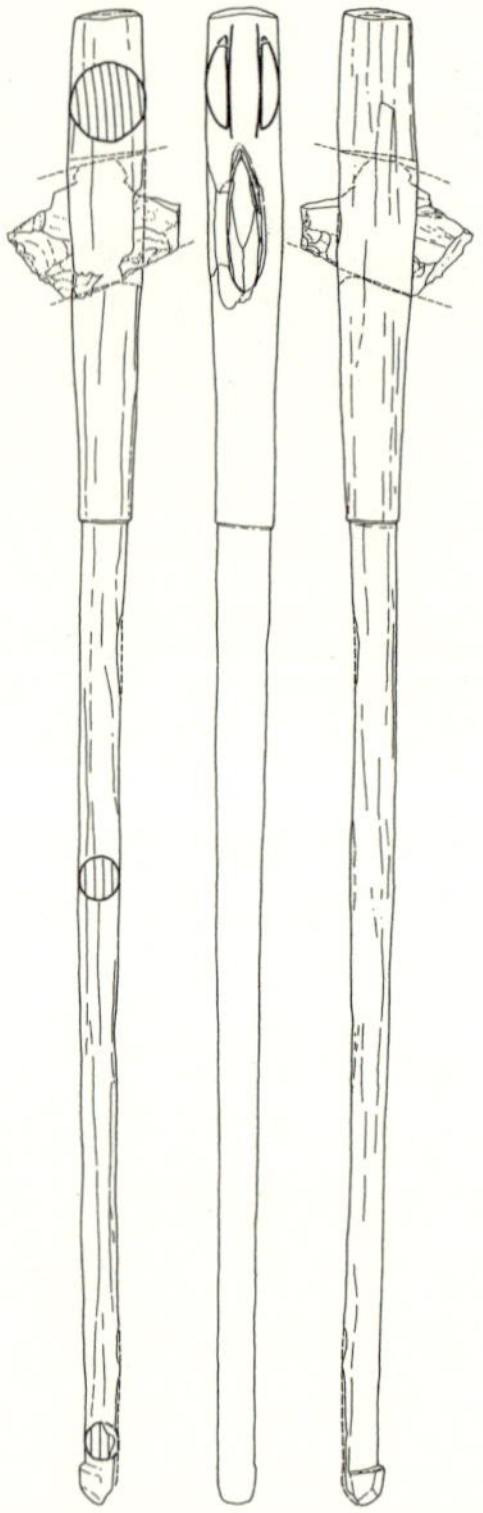

図53　東大阪市鬼虎川遺跡出土の石戈
全長67cm

器としての鋭利さをそなえていた。これらが中期前半において石製武器とともに戦いの場で使われたことはすでに説かれているが、それならば、中期後半にこれらが儀器化するのは争乱が止んだことを意味するのであろうか。そうではなく、争乱は止むことなく続き、武器はその威力を高めることが要請され、この情況のなかで、新しく現れたこれらの威力ある鉄製品に武器の主座を奪われたということであろうか。

ところが鉄戈については、武器としての有効性を疑う見解が大勢を占めている。たとえば、装着された木柄の太さを検討した川越哲志によれば、直径二―三センチにとどまり、三〇―五〇センチをはかる身の長大さに較べて、いかにも柄が脆弱であるという[124]。それならば茎が異様に短いことともつじつまが合う。鉄戈はやはり儀器とみるべきであろう。中期には石製の戈も存在する。九州北半を分布の中心にした磨製品が知られており、大阪府東大阪市弥生町鬼虎川遺跡では木柄に打製のサヌカイト製尖頭器を嵌めた戈が中期前半の層から出土している[125]（図53）。石戈の磨製品については武器としての実用性が否定されているが[126]、石剣を武器として使ったことを示す例が見いだされる点からすれば、儀器説は再考の余地を残す。また、奈良県天理市庵治町清水風遺跡で出土した中期末の壷に、短柄の戈と盾とを掲げた人物一体、戈を持つ人物一体が刻まれている[127]。壷の所属時期と三角形を呈する身の形状とからみて、大阪湾形銅戈でなければ木戈であろう。祭儀の場面を描いたにせよ、戦闘時の戈の用法がこれらの姿から察せられる。

鉄矛については、半島または大陸からの伝来品であることが説かれている[128]。形態の多様さからみても頷ける所説である。武器としての実用性の要件は満たしているが、出土数は鉄戈の半分ほどの一〇例前後であるから、広く流布していたようには思われない。また鉄刀剣は、数多い出土例の大半が後期に属しているが、それでも鉄剣ならば福岡県飯塚市立岩遺跡などで中期後半に遡る例が少なからず見いだされているので、[129]普及への動きを察することができる。

つまり剣については、儀器化した青銅製品が失った武器としての機能を、鉄製品がただちに継承し高進させたといえる。これに対して戈や矛という長兵は、鉄製品が代替しえなかったということになるのである。短兵は後継を得て機能を高め、長兵は脱落する。単純化していうとこの変化が、青銅製武器の儀器化を促したのであろう。負傷した遺骸の埋葬例が中期後半に入ると減少するが、[130]これは戦いの頻度が減ったということであろうし、戦い方が変わったのかもしれない。儀器化の原因はこのあたりにもあったと思われる。

さて、石戈や石剣や鉄矛の武器としての機能を過大に評価したとしても、いずれにせよ後期の成立とともにこれらは衰滅する。そうして、鉄刀剣とりわけ鉄剣が既存の弓矢とならんで、後期の武器の中心を占めることになる。石製の矢鏃が減少して銅・鉄製が増え、こうして武器の金属器化が後期のなかで進むのである。これは鉄器化が早かった九州北半だけにとどまらず東方諸地域でもまた、跛行性を孕みつつ同じ軌道で進行した。

なお、戈と矛という長兵が衰滅する変化については一考を要する。たしかに戈や矛という大陸・半島系の長兵は絶えるのであるが、はたして長兵自体が不要になったのかどうか、結論はもう少し先に延ばした方がよいのではなかろうか。それは剣のなかに槍として使われた製品が含まれている可能性を保留しておきたいからであり、長崎県対馬市上対馬町河内経隈三号石棺例[131]や岡山県倉敷市西尾女男岩遺跡例[132]によって考古学者が槍の出現と認める後期後半ないし終末まで、長兵の有効性が忘れられていた理由を見いだせないからである。その意味で、把を糸巻きにして黒漆で塗りかため、しかも合口式である石川県金沢市西念・南新保遺跡の「短剣」の存在は、[133]槍の多くなる古墳時代に接しているからといって無視すべきでないし、身に較べて茎が極端に長い兵庫県豊岡市駄坂舟隠九号墳例[134]のような類にも槍の疑いをかけることができる。[135]

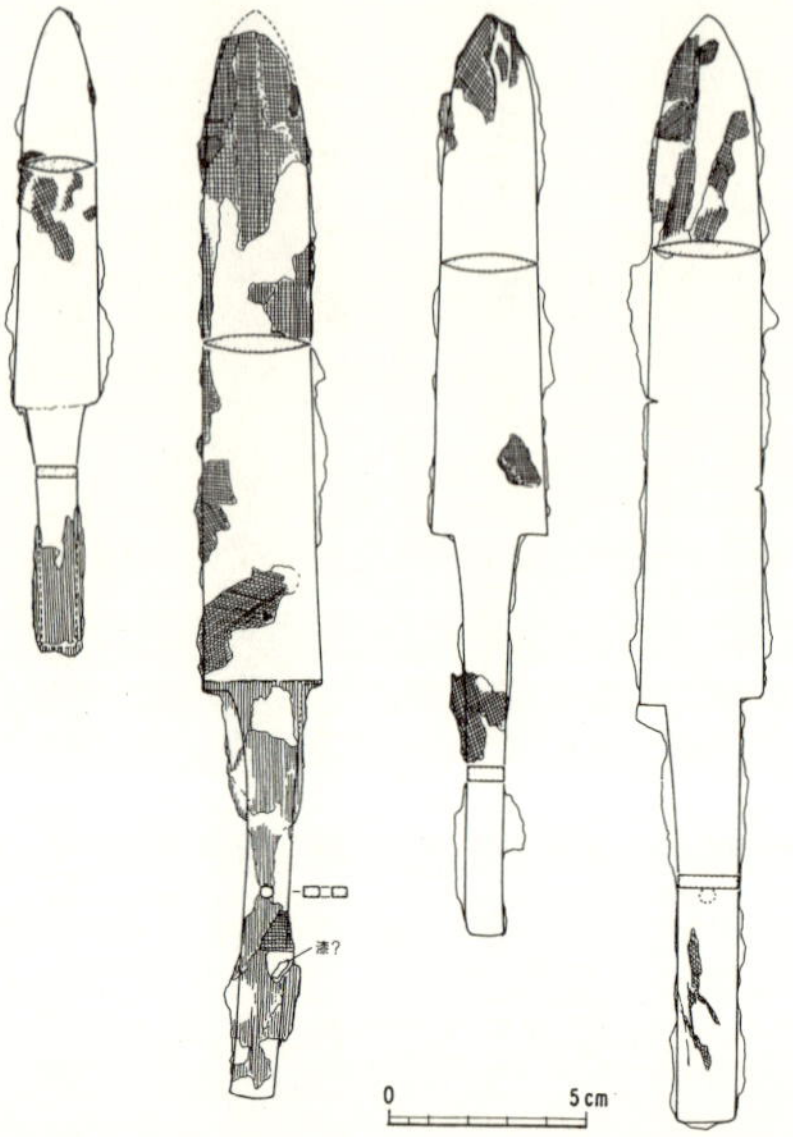

図54　兵庫県豊岡市舟隠9号墳墓出土鉄剣

そもそも後期の剣は、このように槍の疑いが容れられるほどの、全長五〇センチに満たない例が大半を占め、その多くが三〇センチ以内にとどまっている。[136] 茎の長さ、目釘孔の位置や数に相違があって斉一性を欠くとともに、把の形制も倭の東西で甚しく異なっていたことが指摘されている。[137] 刀もまた剣の長さと隔たらず、長い刀剣といえば出土地は日本海沿岸に偏り、例数も少ない。これらの点で、後期には短い刀剣が戦いの場で駆使されたことを窺わせる。

後期の刀剣について付言しておきたい点は、伝来品かまたはその改造品がみとめられることである。身に較べて茎の異様に長い短剣、把頭に素環をとどめた長・短刀、素環を切りおとした細身の長刀などの存在がこれを立証している。しかし、大半を占める特徴の乏しい短剣までも改造品にあたるのかどうか、言いかえると、後期の短剣のなかに鉄素材から作りあげた倭製品が含まれているのかどうか、この検証は意見の一致をみていない。

武備の変革（2）　畿内では後期に編年される長刀剣の出土が知られておらず、短刀剣も例数は山陰や北陸より劣っている。ところが、空白とはいえないまでも個性に乏しい後期を閲した畿内に、古墳の副葬品として数多くの長短の刀剣がいきなり登場する。唐突にみえるこの変化については、奈良県天理市櫟本町高塚東大寺山古墳出土の中平（一八四―一八九）銘大刀の存在を重視し、[138] 後期に伝来した刀剣は厚葬の風の出現をまって副葬品の一部を構成するようになったことによるとすることも可能であろう。あるいは、卑弥呼の朝献時の授与品中に鉄刀二口とある魏志倭人伝の記事に依拠するならば、複数次にわたる朝献で伝来品が急増し、墓中に器物を納入する風が発生して刀剣もまたその一部に加えられたせいであるとみることも許されるにちがいない。いずれにせよ、古墳の副葬品として眼前に現れた刀剣は、長身の伝来品が少なくなかったことを、京都府相楽郡山城町椿井大塚山古墳の素環頭大刀などの例から見てとることができる[139]。また、兵庫県たつの市御津町権現山五一号墳の細身の剣[140]や福岡県朝倉市小隈神蔵古墳の刀を改変した剣[141]などの例からみて、畿外各地においても伝来品に連なる長身の刀剣の存在を、古墳の副葬品としてならば確認することができる。すでにこれらを副葬品の一部に加えていた日本海沿岸の各地だけにとどまらず、こうして倭の全域に長身の刀剣が流布するに至ったのである。

ところが、三角縁神獣鏡をもって古墳時代前期の副葬品を代表させ、その分与の発動をもって古墳時代を画することに異論がないとすれば、長刀剣の流布はこうして画した古墳時代の開始と時を同じくして始まる。なお、奈良県桜井市箸中ホケノ山古墳で素環頭大刀が出土しており[142]、この点で長刀剣の副葬の開始が但馬などと同様に畿内でも三角縁神獣鏡の分与の発動に先行することは疑いない。流布の開始が遅れたか、当初ははかばかしく進まなかった、ということになるであろう。はたしてそうみて誤りがないとすれば、呑口式として形制を整えた槍、形態と材質とを一新した儀仗系矢鏃は、長刀剣に先んじて流布が始まったことになる。つまり、既存の短刀剣に槍と儀仗系矢鏃がまず加わり、次いで長刀剣が追加されるという二つの段階を経ることによって、倭の武備は弥生時代のそれから離脱して拡充の度を加えたわけである[143]。

矢鏃は青銅・鉄製とも多様な形態が生まれ、厚さが増した（図55）。出土数が多い主要型式のうちで、柳葉式は弥生時代の銅鏃型式の系譜を引き、倭に系譜が求められない定角式や方頭式は半島の鉄鏃型式に連なる可能性があることを慶尚南道金海市大成洞二九号基の出土例などが示唆している[144]。そこで大成洞墳墓群の位置する嶺南に眼を向けると、この地の武備について、二世紀後葉ないし三世紀中葉に素環頭大刀、鉄刀、鉄長刀、有茎式鉄鏃が新しく加わり、

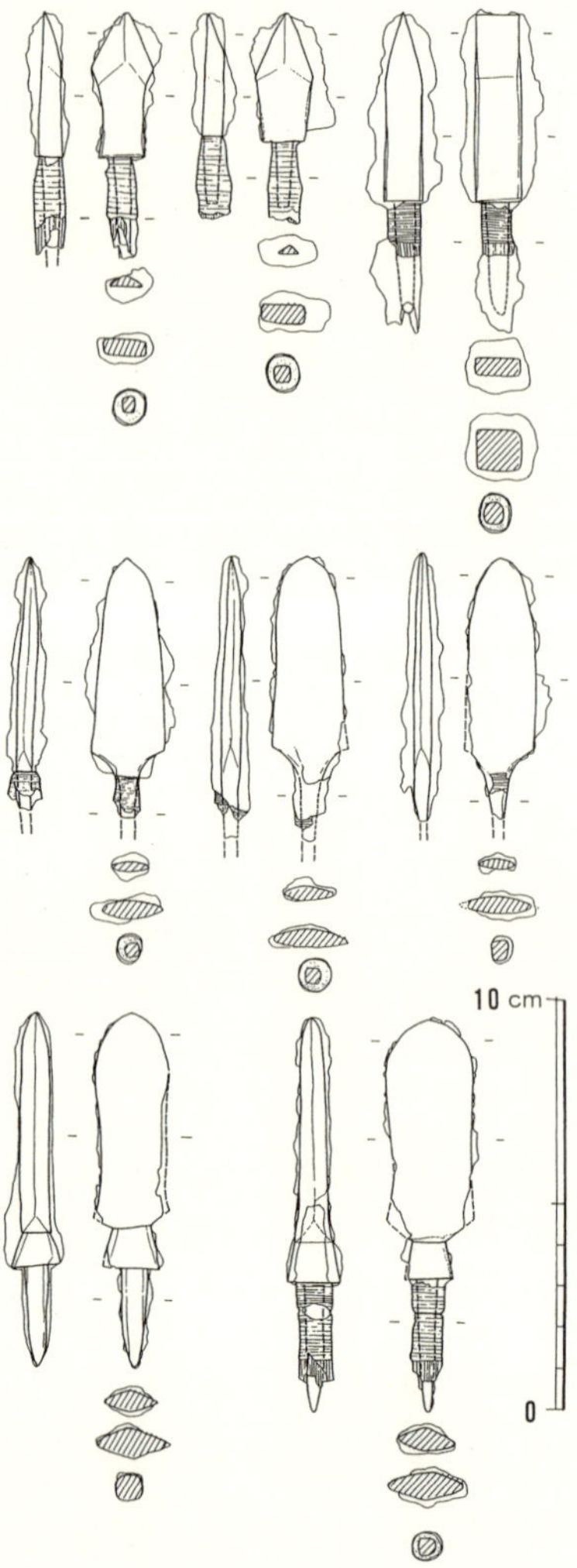

図55　奈良県天理市黒塚古墳出土鉄鏃

鉄矛の副葬数が著しく増加するなどの変化が甚しいことを指摘した高久健二の論考が注意される。[145] すなわち、嶺南では矛、短剣のうえに長刀剣が、倭では二段階の拡充を経て槍のうえに長刀剣がそれぞれ加わり、結果として両地の武備の内容は矛の有無を別にすればほとんど隔たらないことになったのである。したがって、倭における武備の拡充は、嶺南と同じ契機を共有し、しかも幾分遅れて始まり完整もまた遅れるので、同地に学んだことが推測されてよい。鉄の素材や製品を彼地で大量に確保することができなければ、倭の場合には拡充が難しかったのである。[146]

ところが、慶尚南道蔚山市下岱ka四三号墓の鑣轡が推測させる騎馬の風については定着度に問題があるので措き、[147] 倭との間でいえば鏃形態に大きな相違が横たわっている。彼地で新しく加わった有茎鉄鏃は刺突力に優れた形態をそなえ、大型化を経てもその特徴を崩していないのに対して、形態を一新した倭の鏃は、鉄・銅を併用して出発し、刺突力を犠牲にして儀仗化の方向を辿った。これは、いたずらに輝きと鋭さとを強調し、しかも刺突力を失って大型化する鏃身の変化が示しているところであり、最後には碧玉製品さえも生むに至った材質の推移が物語っている点でもある。定角式と鑿頭式については半島品に倣って少しは実戦向きの形態から出発したとしても、矢というものに寄せた期待の内容が彼地とは隔たっていたことになる[148]。

実戦にふさわしい兵仗用矢鏃が別に存在して、兵仗と儀仗とを使いわけたということではなく、倭の主流は儀仗用であった。武威を誇示する儀仗はたしかに武器がそなえるひとつの貌ではあるが、戦闘の帰趨さえ左右しかねない矢鏃本来の機能を削いでほとんど儀仗用にのみ特化させた改変は、常に争乱の渦中にいたならばありえないことである。この点で、矢鏃とともに流布した槍や、遅れて加入した長刀剣の登場が、はたして戦闘力の高進のみを目的としていたとすれば、鏃の改変方向とはあい反することになるのである。極言するなら、実戦上の要請が牽引したというよりも、儀礼・心性上の希求の方が強く働いた点に、倭が達成した武備の変革の特色があるといえるのではなかろうか。

以上、倭における武備の改変の跡を辿ってきたが、この推移を高所から俯瞰するならば、鉄器化が完成に向かうに従って刀剣の長身化など武器の改変が進む点で、ユーラシアの東西と時空の隔たりを超えて歩調を同じくしている。ところが改変の内容に立ちいると、戦車を欠いたことは致し方がなかったとしても、鉄器化が完成してもなお乗馬の風の発現は滞り、騎兵の成立はさらに遅れる。こうして一―二世紀の時間を閲したことは、鉄器化の完成とともに騎兵が機動力の基幹となった中国とはもとより甚しい差異があり、「戦車式騎射法」をただちに創出して騎兵化に向かって動いた新アッシリアとは較べるべくもない。類似を彼地に求めるならば、乗馬の風が遅れて定着する嶺南にとどまる。したがって、歩騎連合の体制をすでに整えて組織戦に長じていた中国王朝や高句麗の眼には、歩兵戦用の倭の武備は奇妙にさえ映ったにちがいないし、半島南半からみてさえ、矢鏃を儀仗化した倭の指向には、隔たりを覚えたことであろう。

集落の変容　「都市なき文明」と認識したＪ・Ａ・ウィルソンのエジプト文明観[149]に挑んだＭ・ビータクが、次の九項目を設けて、都市と非都市とを区分している。[150]

(1)高密度の居住(一ヘクタールあたり五人以上、人口二〇〇〇人以上)、(2)コンパクトな居住形態、(3)非農業協同体、(4)労働と職業との分化、社会的階層性、(5)住みわけ、(6)行政、裁判、交易、交通の地域的中心、(7)物資、技術の集中、(8)ときに宗教上の中心、(9)ときに避難、防禦の中心。

ビータクは当代屈指のエジプト考古学者であるが、これらの条件は西アジア方面の古代都市を念頭において導いたという。彼が戒めているように、条件のことごとくを満たした集落こそが都市で、そうでなければ非都市ということではない。したがって、これらの条件は都市度あるいは都市性を測る物差しであると理解した方がよい。主要文明の古代都市全般に、さらには中世以降の都市にまで通用する汎用性をそなえている点で、V・G・チャイルドの十条件よりも評価される。[151]

そこで、この物差しを弥生時代の環濠集落に押しあててみると、かなりよく条件を満たしていることがわかる。まず条件一—三は難しい。また条件四—九については、佐賀県神埼市神埼町・神埼郡吉野ケ里町吉野ケ里遺跡などで確認されている大型集落の例ならば、充分とはいえないまでもこれらの方向に傾斜した姿をみることができる(図56)。そもそも条件一・二は、壁を接して家屋が営まれた西アジアの集落址の例から導かれたものである。出発点が異なるので、これらの条件を振りかざす必要はないが、一ヘクタールあたりの人口密度は、神奈川県横浜市都筑区大棚町大塚遺跡で五〇人、[152]吉野ケ里遺跡で一〇人ほどと推算されており、[153]人口は最大でも吉野ケ里遺跡の四〇〇人である。人口密度については五人を充分に満たしているが、[154]人口の点では二〇〇〇人に遠く及ばない。

また条件三については南メソポタミアの例が参考になるかもしれない。ウルク期初頭で全人口の五〇%が、初期王朝期には八〇%が都市に住んでいたというから、[155]都市住民のなかで直接生産者が占めた比率はかなり高かったとみられる。それでも都市と呼ぶのは、豊かな穀物や毛織物とひきかえに得がたい原料を求める交換・交易活動が活発に行

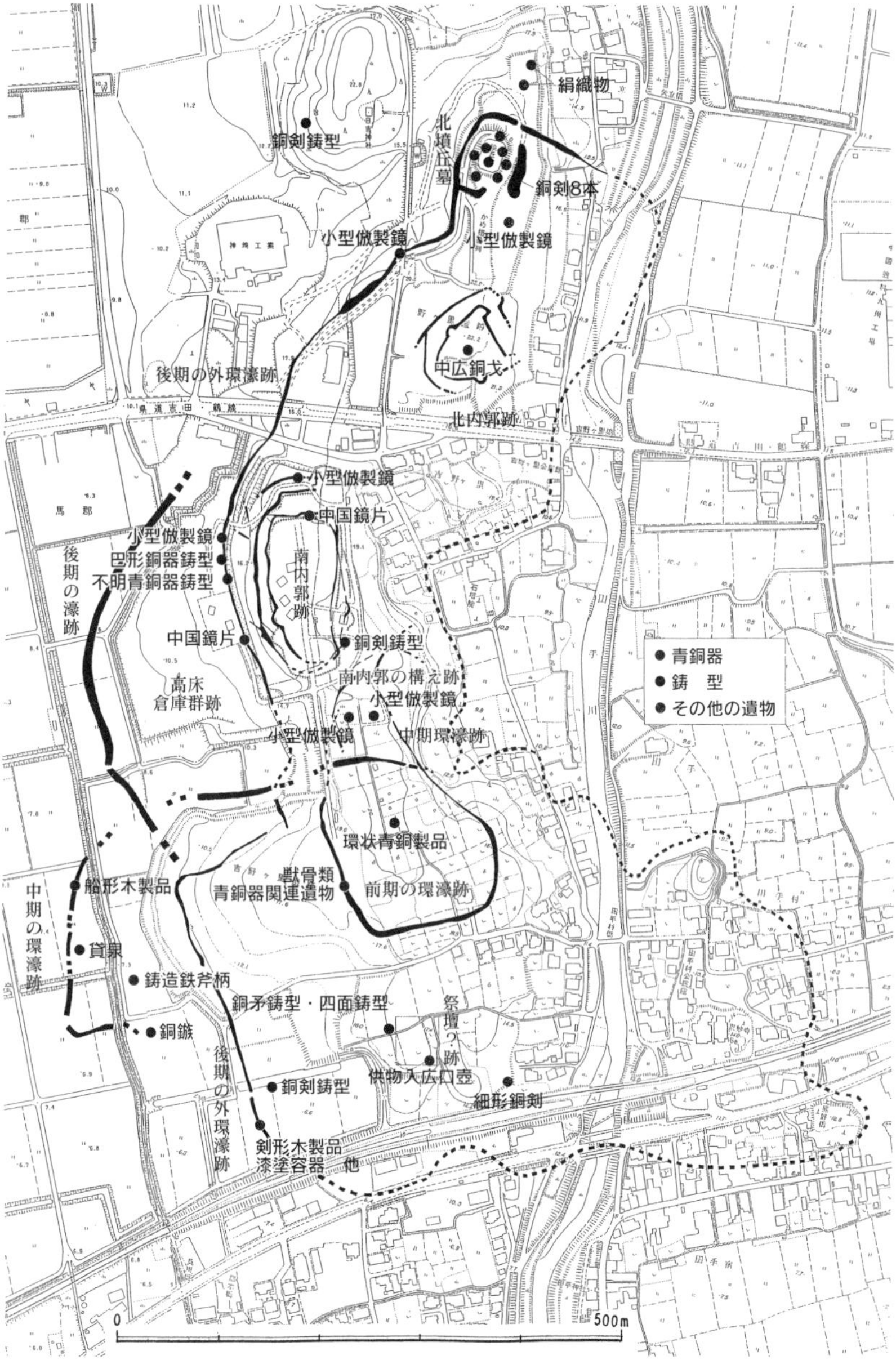

図 56　佐賀県吉野ケ里遺跡

われ、これが都市としての経済や政治的地位を支えていたからである[156]。ちなみに、ヨーロッパ中部に分布するオッピダと呼ばれる囲郭集落について、比較的大きい恒常的居住地で、交換・交易用の生産を行っていたことが強調されている[157]。ラテン語から採ったオッピダ *oppida* は *oppidum* の複数形で、*oppidum* は要塞町邑の意味であるから、都市にせよ町邑にせよそう呼ばれるためには、交換・交易活動の存在を欠かせないことがここからもわかる。したがって、ユーラシア西方との互換性を求めるのであれば、条件三は重く受けとめた方がよい。弥生時代の環濠集落のなかに、この条件に適い、しかも四以下の条件をもかなり満たす例がはたしてあるのであろうか。

さて、弥生時代の環濠集落の外貌には、吉野ケ里遺跡例のような地形に沿った不整形もあれば、奈良県磯城郡田原本町唐古遺跡例や愛知県清洲市朝日遺跡例のような楕円に近いものもある[158]。外郭を幾何学的に整えようとする意図は、いずれからも汲みとれない。外郭を不整形にとどめてギリシア植民都市のように内部は幾何学的に分割したということも想像しにくいので、私案の二類型にあてはめるならば非定型ということになる。内部の面積は長崎県壱岐市芦辺町深江原の辻遺跡の二四ヘクタール、吉野ケ里遺跡の二〇ヘクタール余、唐古遺跡の一五ヘクタールが最大級にあたり、大塚遺跡が二・二ヘクタールで、それ以下の例もあるので、面積の差は甚しい。ところが推定人口を比較すると、吉野ケ里遺跡例で四〇〇人[159]、大塚遺跡例で一〇〇人を数えるという。それぞれに根拠がある推算なので尊重すると、両例の差は人口比で四倍、面積比で一〇倍ということになる。このように、面積の広さが人口を押しあげていない点について、居住地を共有する集団の規模に、管理上の限界があったことを、これは示唆している。先史時代の集団規模の限界域を五〇〇人と推測したB・G・トリッガーの所説ともこの数は近い[160]。

集落の内部にもう少し眼を向けると、大阪府和泉市池上町池上曽根遺跡の場合、掘立柱の大型建物が集落の中心を占め、金属工房が隣接する。これを中枢域とすると、集落域は南に拡がっていたらしい[161]。墓域は大きく外れて、環濠外から見いだされている。これと同じく中期にあたる構成を吉野ケ里遺跡で探ってみると、主として北半は墓葬用、

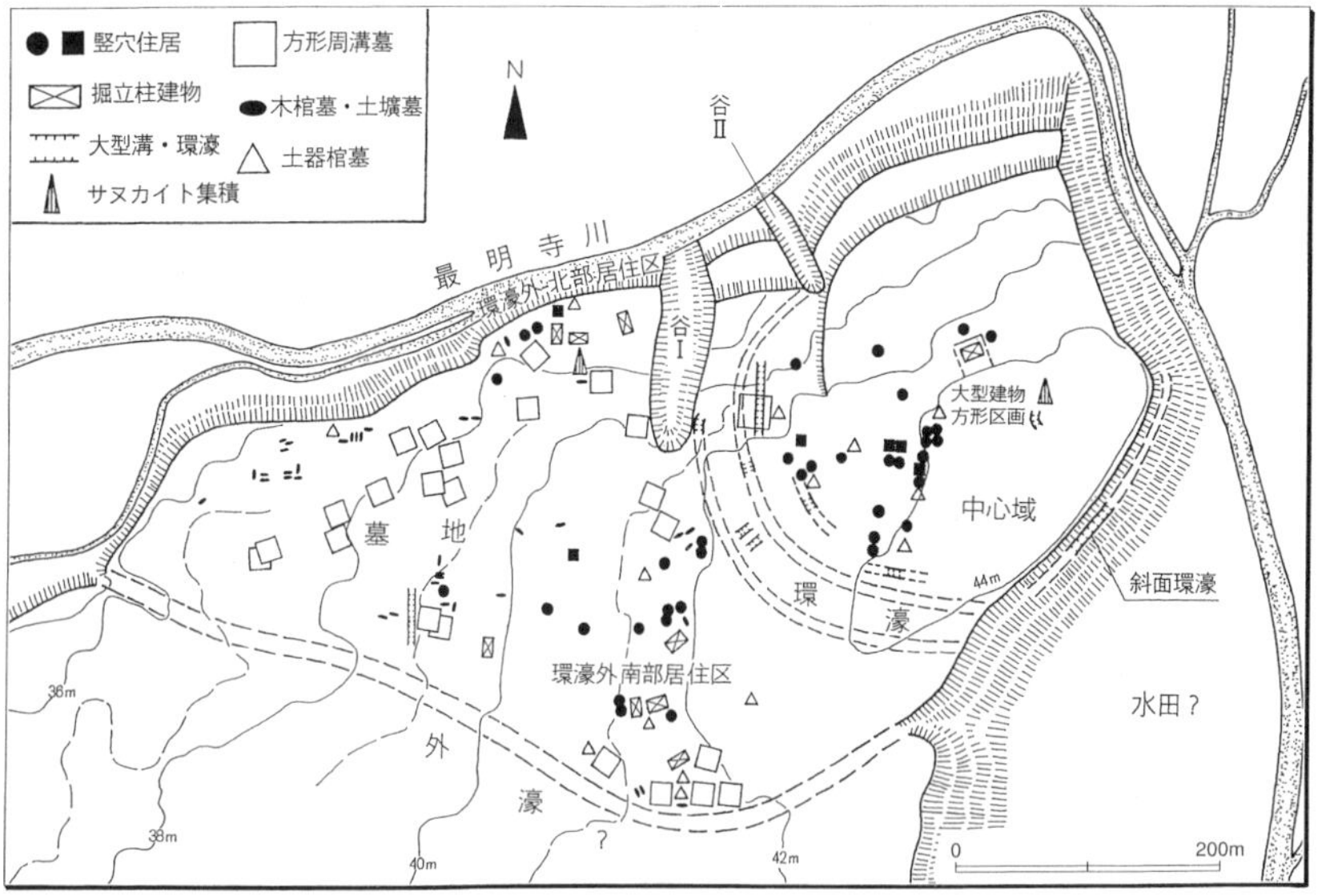

図57　兵庫県川西市加茂遺跡

南半は居住用として濠で区画していた様子が窺える。有勢者を葬った墳墓一基が墓葬域の奥まった高所に位置し、祭壇かという盛土と金属工房とが居住域内の南寄りの一画を占めている。[162] 南に開ける地形を考慮するならば、集落の門戸は南側にあったとみるのが穏当であろう。すなわち、門戸を入ると祭壇と操業する金属工房とが眼に入る、というわけである。この復原に大過がないとすると、居住域から墓葬域を分離する点で、また、金属工房を集落域の枢要施設に近接させる点で、池上曽根遺跡の例と共通していることになり、ただし墓葬の扱いには副葬品の有無で軽重の相違があらわれている。

居住域から墓葬域を排除した例は他にもあり、兵庫県川西市加茂遺跡例[163]では両域が吉野ケ里遺跡例のように隣接し（図57）、朝日遺跡例や大塚遺跡例[164]では別区として分かれている。このような差異はあっても住と葬との分離が心掛けられ、広くこの風が流布していたようである。これは中国の平粮台や二里頭と異なり、エジプトに近い。また、金属工房が当時の高度技術を駆使する場として重視されていたことは、生産の継続の有無に問題はあるにせよ、エジプトのヒエラコンポリスや中国の平粮台の例を想起させる点で注意を引く。唐古遺跡例では、金属工房が門戸の近傍に位置する点で吉野ヶ里遺跡例と配置を同じくし、しかし集落の枢要施設である大型の掘立柱建物とは隔たっている。高度技術を扱う工房を枢要施設の近隣に置いたというためには、したがってもう少し類例の追加をまたなければならない。なお、福岡県春日市須玖遺跡群の場合には、多数の前漢鏡を副葬した「王墓」の近隣に、鋳銅工房が群在している[165]。活発な交換・交易活動を行っていた点では都市度が高いといえるが、葬と工とが隣接するのは異例ではなかろうか。

さて、一部で都市度を高めた環濠集落は布留式併行期の成立と前後して衰滅し、方形に濠がめぐる構造物が現れて次代の中枢施設となる。その規模は、既存例の最大が古墳時代後期の群馬県伊勢崎市豊城町原之城遺跡で三・一ヘクタール、初期の例では福岡市博多区比恵遺跡の推定〇・八ヘクタールにとどまるから、弥生時代の環濠集落とは比較にならない[166]。それならば、居館と呼ばれているこの小規模な施設をとり巻いて住居が群集し、後代の武蔵国府にみるような一種の都市的景観を呈していたのかというと、そうではなかったようである。このような景観であったことが発掘で確認されていない点に加えて、「居館」は存続期間が半世紀に満たないほど短いために、集落を構成する核にはなりえないからである。律令体制の存続のために置いた国府の施設とは、この点で相違する。「居館」が人間や物資や情報を集散させる国府のような結節点であったとすれば、必ずや別の姿をみせていたことであろうし、集落核として不可欠な施設であったならば、建てかえた形跡を色濃くとどめ、長期にわたって存続した形跡を残していなければならないはずである。

そもそも、時代名の変更を研究者に迫るような大変革が発生した場合、主役を演じた次代の継承者が新都を営み、旧都ならば大規模な改造を加え、こうして政体が革まったことを誇示する。ユーラシアの政治舞台ならばこれが常であるから、倭もまた、環濠集落の都市度をいっそう高めて、非定型都市を生んでいても不思議ではないし、環濠集落にかえて方形基調の定型都市を育んでもさしつかえなかったはずである。そうではなく、短命であるがゆえに核にはなりえない「居館」を次代に送りだして、ユーラシア的な意味では都市度を低下させた。ここに倭の特異さがある。[167]鉄器時代の開始が集落の変容と同調した点ではユーラシアの東西に時間の隔たりを超えて呼応し、居館の外貌が方形である点でも通じるところが見いだされるいっぽう、双方の間の差異は小さくないのである。

注

（1）Waldbaum, J. C., *From Bronze to Iron*（*Studies in Mediterranean Archaeology*, vol. LIV, Paul Åströms Förlag, 1978）; Sherratt, S., Commerce, iron and ideology : Metallurgical innovation in 12th–11th century Cyprus, in Karageorphis V.（ed.）, *Cyprus in the 11th Century B. C.*（Leventis, 1994）pp. 59–106.

（2）Snodgrass, A. M., Iron and early metallurgy in the Mediterranean, in Wertime T. A. and J. D. Muhly（eds.）, *The Coming of the Age of Iron*（Yale University Press, 1980）pp. 335–374.

（3）*Ibid.*, p. 337.

（4）Pigott, V. C., The iron age in western Iran, in Wertime and Muhly, *op. cit.*, 417–461. 田中規子「イランの初期鉄文化」（広島大学大学院文学研究科文化財学研究室編『考古論集―河瀬正利先生退官記念論文集―』平成一六年）は、イラン初期鉄器時代の時期区分として、北西イランのハッサンル遺跡の結果に基づくJr.・R・H・ダイソン説に依拠している。同説によれば、鉄器時代Ⅰ（前一二〇〇―前一〇〇〇年）、鉄器時代Ⅱ（前一〇〇〇―前七五〇年）、鉄器時代Ⅲ（前七五〇―前四〇〇年）となる。Dyson, Jr. R. H., Problems of Protohistoric Iran as seen from Hasanlu（*Journal of Near Eastern Studies*, vol. 24, 1965）pp. 193–217.

（5）Sherratt, *op. cit.*, 85.

（6）Muhly, J. D., The bronze age setting, in Wertime and Muhly, *op. cit.*, 50 ; Muhly, J. D., Mining and metalwork in ancient Western Asia, in Sasson J. M. *et al.*（eds.）, *Civilizations of the Ancient Near East III*（Charles Scribner's Sons, 1995） pp. 1501–1521.

（7） Snodgrass, A. M., *The Dark Age of Greece*（Edinburgh University Press, 1971）pp. 237–239.

（8） Waldbaum, *op. cit.*, 66, 72–73.

（9） 津本英利「古代西アジアの鉄製品―銅から鉄へ―」（『西アジア考古学』第五号　平成一六年）が紹介。

（10） Champion, T. *et al., Prehistoric Europe*（Academic Press, 1984）p. 256.

（11） Muhly, *op. cit.*, 30–40.

（12） Liverani, M., The collapse of the Near Eastern regional system at the end of the bronze age : The case of Syria, in Rowlands M. *et al.*（eds.）, *Centre and Periphery in the Ancient World*（Cambridge University Press, 1987）pp. 66–73.

（13） Zaccagnini, C., Patterns of mobility among ancient near eastern craftsmen（*Journal of Near Eastern Studies*, vol. 42 no. 4 ,1983）pp. 245–264.

（14） McClellan, T. L., Twelfth century B. C. Syria : Comments on H. Sader's paper, in Ward W. A. and M. S. Joukowsky（eds.）, *The Crisis Years : The 12th century B. C. from beyond the Danube to the Tigris*（Kendall/Hunt Publishing Company, 1989）pp. 164–173.

（15） Yon, M., The end of the kingdom of Ugarit, in *ibid.*, 111–122.

（16） McClellan, *op. cit.*

（17） Childe, V. G., *What Happened in History*（Penguin Books, 1965）p. 191. 筆者訳。

（18） Parrot, A., *Assur*（Gallimard, 1961）. 朝日新聞社文化企画局東京企画部編「大英博物館『アッシリア大文明展―芸術と帝国』」展図録（平成八年）。

（19） Spencer, A. J., *Excavations at El-Ashmunein III : The town*（British Museum Press, 1993）.

（20） Collis, J., *The European Iron Age*（Routledge, 1997）p. 42.

（21） *Ibid.*, 67.

（22） Dothan, T., The "Sea Peoples" and the Philistines of ancient Palestine, in Sasson J. M. *et al., op. cit., II,* 1267–1279, Fig. 1.

（23）　Lessing, E., *Hallstatt : Bilder aus der Frühzeit Europas*（Jugend und Volk, 1980）Bild 3.
（24）　巽善信「紀元前七世紀における西アジアの馬面」（『オリエント』第三八巻第二号　平成七年）。ニネヴェの南西宮殿第三三室に、アッシュルバニパル王（前六六八―約前六二七年）の率いるアッシリア軍がエラムと戦う場面が、精細に刻まれている。騎兵を擁するアッシリア軍がエラムの戦車を敗かしている点で、車騎の交替を見てとることができる。
（25）　Collis, *op. cit.*, 42.
（26）　Champion *et al. op. cit.*, Fig. 8. 19.
（27）　Kristiansen, K., Centre and periphery in Bronze Age Scandinavia, in Rowlands *et al., op. cit.*, 77-85.
（28）　Mazar, A., The fortification of cities in the ancient Near East, in Sasson *et al., op. cit., III*, 1523-1537.
（29）　フェニキア人ならびにギリシア人の植民活動に関する比較的新しい考古学上の業績で、管見に触れたのは以下の例である。Schreiber, N., *The Cypro-Phoenician Pottery of the Iron Age*（Brill, 2003）; Osborne, R. and B. Cunliffe, *Mediterranean Urbanization 800-600 BC*（Oxford University Press, 2005）; Hodos, T., *Local Responses to Colonization in the Iron Age Mediterranean*（Routledge, 2006）. N・シュライバーは Black on Red Pottery の東地中海域における分布をとりあげ、フェニキアとキプロスとの関係を論じる。T・ホドスは植民活動をギリシア側から一方的にとらえる視点を排して、各地域の在地の情況を考古学資料で記述している。これらの著作がエジプトを外しているのに対して、Leahy, A., Egypt as a bronzeworking centre（1000-539BC）, in Curtis, J.（ed.）, *Bronze-working Centres of Western Asia c. 1000-539 B. C.*（Kegan Paul International, 1988）pp. 297-310 ; Aufrère, S., Un prolongement méditerranéen du mythe de la lointaine à l'époque tardive, in Grimal, N. et B. Menu（eds）, *Le commerce en Égypte ancienne*（Institut Français d'Archéologie Orientale, 1998）は、エジプト側から記述している。
（30）　川西宏幸『古墳時代の比較考古学―日本考古学の未来像を求めて―』（平成一一年）。西アジアの都市の例については、Lloyd, S. and H. W. Müller, *Ancient Architecture*（Electa, 1980）. P・ランブル（北原理雄訳）『古代オリエント都市』（一九六八年　昭和五八年）など参照。
（31）　Kostof, S., *The City Shaped : Urban patterns and meanings through history*（Little, Brown & Company, 1991）.

（32）　Algaze, G., *The Uruk World System : The dynamics of expansion of early Mesopotamian civilization*（The University of Chicago Press, 1993）Fig. 5.

（33）　この点についてはすでに指摘があることを、M・S・B・ダメルジ（高世富夫・岡田保良編訳）『メソポタミア建築序説―門と扉の建築術―』（一九七三年　昭和六二年）で知った。

（34）　Wilson, J. A., Egypt through the New Kingdom : Civilization without cities, in Kraeling C. H. and R. McC. Adams（eds.）, *City Invincible : A symposium on urbanization and cultural development in the Ancient Near East*（University of Chicago Press, 1960）pp. 124-136. なお、「都市なき文明」説は、M・ウェーバー（上原専禄・増田四郎訳）『古代社会経済史―古代農業事情―』（一九〇九年　昭和三四年）にある。

（35）　Kemp, B. J., *Ancient Egypt : Anatomy of civilization*（Routledge, 1989）Fig. 9.

（36）　高宮いづみ『エジプト文明の誕生』（世界の考古学14　平成一五年）。

（37）　エレファンティネについては、Seidlmayer, S. J., Town and state in the early Old Kingdom : A view from Elephantine, in Spencer J.（ed.）, *Aspect of Early Egypt*（British Museum Press, 1996）pp. 108-127 を、エドゥフについては、Bietak, M., Urban archaeology and the "town problem" in ancient Egypt, in Weeks K.（ed.）, *Egyptology and the Social Sciences*（The American University in Cairo Press, 1979）pp. 97-144. を参照した。

（38）　Uphill, E. P., *Egyptian Towns and Cities*（Shire Egyptology 1988）Fig. 12 ; Kemp, *op. cit.* ケンプのこの著作のなかで、直交する街路をそなえた定型都市の例があがっている。

（39）　Buchholz, H., Der Metallhandel des Zweiten Jahrtausends in Mittelmeerraum, in Heltzer M. and E. Lipiński（eds.）, *Society and Economy in the Eastern Mediterranean*（*c. 1500-1000 B. C.*）,（Uitgeverij Peeters, 1988）p. 201.

（40）　浜田耕作『通論考古学』（昭和二二年）第一四図。

（41）　注30に同じ。

（42）　注30。Kenyon, K. M., *Archaeology in the Holy Land*（Ernest Benn Limited, 1960）.

（43）　江上波夫編『世界考古学大系』第一一巻　西アジアII（昭和三七年）挿図三九五・三九六。ちなみに、中央アジアの青銅器時代に、内郭が円形、外郭が方形を呈する都市の例があるという。Kohl, P. L., Central Asia and Caucasus in the Bronze Age, in Sasson *et al., op. cit., II*, 1051-1065.

（44）Hodos, *op. cit.*, 201.

（45）Snodgrass, A. M., *Archaic Greece*（Dent. 1980）.

（46）Champion *et al., op. cit.*, 246.

（47）角田文衛編『世界考古学大系』第一四巻　ヨーロッパ・アフリカⅢ（昭和三五年）。藤岡謙二郎ほか編『講座考古地理学』第二巻　古代都市（昭和五八年）。

（48）Moscati, S. and P. Amiet, *Les Phéniciens*（Le Chemin vert, 1988）.

（49）Sherratt, S. and A. Sherratt, The growth of the Mediterranean economy in the early first millennium BC（*World Archaeology*, vol. 24 no. 3, Routledge, 1993）pp. 361-378.

（50）Kawanishi, H. and S. Tsujimura（eds.）, *Akoris 1981-1992*（Koyo Shobo, 1995）.

（51）Wenke, R. J., *Archaeological Investigations at El-Hibeh 1980 : Preliminary Report*（Undena Publications, 1984）.

（52）Aston, D. A., *Elephantine XIX : Pottery from the late New Kingdom to the early Ptolemaic Period*（Verlag Philipp von Zabern, 1999）. フェニキア人による交易活動の拡がりを示す遺物として、独得の形態をそなえたアンフォラがあげられる。フェニキア型と呼ばれているこのアンフォラは、ヌビアからも少なからず出土しており、その活動がアフリカ内部に及んでいた可能性を推測させる。ワインやオリーブ油を地中海域から搬入し、金や象牙や香木などを搬出していたのかもしれない。Heidorn, L. A., Historical implications of the pottery from the earliest tombs at El Kurru（*Journal of the American Research Center in Egypt*, vol. XXXI, 1994）pp. 115-131 など。

（53）Curtis, J. *op. cit.*; Moscati, S. and P. Amiet, *op. cit.*

（54）Taylor, J., The Third Intermediate Period（1069-664 BC）, in Shaw I.（ed.）, *The Oxford History of Ancient Egypt*（Oxford University Press, 2000）pp. 324-363.

（55）Kawanishi, H. and S. Tsujimura（eds.）, *Preliminary Report Akoris 2002-2005*（University of Tsukuba, 2003-2006）.

（56）周昕『中国農具発達史』（山東科学技術出版社　二〇〇五年）。詹開遜・劉林「談新干商墓出土的青銅農具」（『文物』一九九三—七　一九九三年）でも殷周代の青銅農具を集成。
（57）林巳奈夫『中国文明の誕生』（平成七年）。
（58）河南省文物研究所「鄭州商代二里岡期鋳銅基址」（『考古学集刊』第六集　一九八九）。
（59）中国社会科学院考古研究所編『殷墟発掘報告一九五八—一九六一』（文物出版社　一九八七年）。
（60）洛陽博物館「洛陽北窯村西周遺址一九七四年度発掘簡報」（『文物』一九八一—七　一九八一年）。
（61）河南省文物研究所・周口地区文化局文物科「河南淮陽平粮台龍山文化城址試掘簡報」（『文物』一九八三—三　一九八三年）。
（62）中国社会科学院考古研究所河南第二工作隊「河南偃師商城東北隅発掘簡報」（『考古』一九九八—六　一九九八年）、同上「河南偃師商城小城発掘簡報」（『考古』一九九九—二　一九九九年）。
（63）中国科学院考古研究所編『灃西発掘報告』（科学出版社　一九六三年）。徐錫台「早周文化的特点及其淵源的探索」（『文物』一九七九—一〇　一九七九年）
（64）佐野元「中国春秋戦国時代の農具鉄器化の諸問題」（広島大学文学部考古学研究室編『考古学論集—潮見浩先生退官記念論文集—』平成五年）。
（65）佐藤武敏『中国古代工業史の研究』（昭和三七年）。
（66）河南省文物考古研究所・三門峡史文物工作隊『三門峡虢国墓』（文物出版社　一九九九年）。
（67）韓汝玢「中国早期鉄器（公元前五世紀以前）的金相学研究」（『文物』一九九八—二　一九九八年）。
（68）白雲翔『先秦両漢鉄器的考古学研究』（科学出版社　二〇〇五年）。
（69）中国歴史博物館考古調査組ほか「河南登封陽城遺址的調査与鋳鉄遺址的試掘」（『文物』一九七七—一二　一九七七年）。河南省文物研究所・中国歴史博物館考古部『登封王城岡与陽城』（文物出版社　一九九二年）。
（70）河南省博物館新鄭工作站・新鄭県文化館「河南新鄭鄭韓故城的鑽探和試掘」（『文物資料叢刊』三　一九八〇年）。
（71）河北省文物研究所編『燕下都』（文物出版社　一九九六年）。

(72) B・G・トリッガー（川西宏幸訳）『初期文明の比較考古学』（一九九三年　平成一三年）。
(73) 貝塚茂樹「中国古代都市国家の性格」（水野清一編『世界考古学大系』第六巻　東アジアⅡ　昭和三三年）。
(74) 宮崎市定「中国古代史概論」（『ハーバード・燕京・同志社東方文化講座』八　昭和三〇年）、『宮崎市定全集』第三巻（平成三年）に載録。
(75) Trigger, B. G., *Understanding Early Civilizations* (Cambridge University Press, 2003) pp. 92-119.
(76) Lewiss, M. E., *Sanctioned Violence in Early China* (Sate University of New York Press, 1990).
(77) 中国社会科学院考古研究所編『安陽殷墟郭家庄商代墓葬—一九八二〜一九九二考古発掘報告—』（中国大百科全書出版社　一九九八年）。鉞三、刀二、戈一一九、矛九七、鏃九〇六を数える。刀は全長三〇センチ余で、武器かどうか疑われる。
(78) 中国社会科学院考古研究所編『殷墟婦好墓』（文物出版社　一九八〇年）。
(79) 注57に同じ。
(80) 楊泓「中国古代的甲冑　上篇（殷商—三国）」（『考古学報』一九七六—一　一九七六年）。
(81) 楊泓「戦車与車戦—中国古代軍事装備札記之一—」（『文物』一九七七—五　一九七七年）。
(82) 劉旭『中国古代兵器図冊』（書目文献出版社　一九八六年）。
(83) 湖北省文物考古研究所『江陵望山沙冢楚墓』（文物出版社　一九九六年）。
(84) 成東・鐘少異『中国古代兵器図集』（解放軍出版社　一九九〇年）。
(85) 湖北省文物考古研究所編『江陵九店東周墓』（科学出版社　一九九五年）。
(86) 楊泓「騎兵和甲騎具装—中国古代軍事装備札記之二—」（『文物』一九七七—一〇　一九七七年）。
(87) 王学理『秦俑専題研究』（三秦出版社　一九九四年）。
(88) 陝西省文管会ほか「咸陽楊家湾漢墓発掘簡報」、展力・周世曲「試談楊家湾漢墓騎兵俑—対西漢前期騎兵問題的探討—」。注86の楊泓論文とともに、『文物』一九七七—一〇に掲載。
(89) 注69河南省文物研究所・中国歴史博物館考古部（一九九二年）に同じ。
(90) 注87に同じ。

(91) 注87に同じ。
(92) 中国社会科学院考古研究所・河北省文物管理処編『満城漢墓発掘報告』(文物出版社 一九八〇年)。刀剣については、長短の差を設けずにそれぞれ一括りにした。
(93) 楊泓『中国古兵器論叢』増訂本 (文物出版社 一九八〇年)。
(94) 注82に同じ。
(95) 南京博物院・山東省文物管理処『沂南画像石墓発掘報告』(文化部文物管理局 一九五六年)。
(96) 本項で既述した西山以下の諸遺跡の内容については、馬世之『中国史前古城』(湖北教育出版社 二〇〇二年) に拠った。
(97) 注61に同じ。
(98) 許宏 (久慈大介訳)「二里頭遺跡における考古学的新収穫とその初歩的研究—集落形態を中心として—」(『中国考古学』第四号 平成一六年)。
(99) 杜金鵬・王学栄編『偃師商城遺址研究』(科学出版社 二〇〇四年)。本書刊行後の成果として、張雪蓮ほか「鄭州商城和偃師商城的碳十四年代分析」(『中原文物』二〇〇五—一 二〇〇五年)、李徳方「偃師商城之宮城即桐宮説」(『考古与文物』二〇〇六—一 二〇〇六年)、中国社会科学院考古研究所河南第二工作隊「河南偃師商城宮城第八号宮殿建築基址的発掘」(『考古』二〇〇六—六 二〇〇六年)、同上「河南偃師商城宮城池苑遺址」(同上)、同上「河南偃師商城Ⅳ区一九九九年発掘簡報」(同上)、杜金鵬「偃師商城第八号宮殿建築基址初歩研究」(同上) が管見にのぼる。
(100) 河南省文物考古研究所編『鄭州商城—一九五三〜一九八五年考古発掘報告—』(文物出版社 二〇〇一年)。二〇〇〇年代の報告として、河南省文物考古研究所「河南鄭州商城宮殿区夯土牆一九九八年的発掘」(『考古』二〇〇〇—二 二〇〇〇年)、河南省文物考古研究所「鄭州商城北大街商代宮殿遺址的発掘与研究」(『文物』二〇〇二—三 二〇〇二年)、袁広闊「鄭州商城始建年代研究」(『中原文物』二〇〇三—五 二〇〇三年)、趙芝荃「評述鄭州商城与偃師商城幾個有争議的問題」(『考古』二〇〇三—九 二〇〇三年) があげられる。
(101) 中国社会科学院考古研究所安陽工作隊「河南安陽市洹北商城的勘察与試掘」(『考古』二〇〇三—五 二〇〇三年)。同上「一九九八年〜一九九九年安陽洹北商城花園庄東地発掘報告」(『考古学集刊』第一五集 二〇〇四年)。杜金鵬「洹北商城一号宮殿基址初歩研究」(『文物』二〇〇四―五　二〇〇四年)。
(102) 河南省文物研究所「鄭州小双橋遺址的調査与試掘」(同上編『鄭州商城考古新発現与研究　一九八五―一九九二』中州古籍出版社　一九九三年)。
(103) 列挙中であげた城址例の内容については、葉驍軍編『中国都城歴史図録』第一集(蘭州大学出版社　一九八六年)、佐原康夫「春秋戦国時代の城郭について」(『古史春秋』第三号　昭和六一年)に拠った。
(104) 陝西省考古研究所編『秦都咸陽考古報告』(科学出版社　二〇〇四年)。
(105) 中国社会科学院考古研究所編『漢長安城未央宮―一九八〇〜一九八九年考古発掘報告―』(中国大百科全書出版社　一九九六年)。同上『西漢礼制建築遺址』(文物出版社　二〇〇三年)。同上『漢長安城武庫』(文物出版社　二〇〇五年)。中国社会科学院考古研究所漢長安城工作隊・西安市漢長安城遺址保管所編『漢長安城遺址研究』(科学出版社　二〇〇六年)。中国社会科学院考古研究所・日本奈良国立文化財研究所編『漢長安城桂宮―一九九六―二〇〇一年考古発掘報告』(文物出版社　二〇〇七年)。
(106) 李小波・陳喜波「漢長安城〝斗城説〟的再思考」(『考古与文物』二〇〇一―四　二〇〇一年)。
(107) 山田勝芳「秦漢代手工業の展開―秦漢代工官の変遷から考える―」(『東洋史研究』第五六巻第四号　平成一〇年)。
(108) 杉山伸二「景帝中五年王国改革と国制再編」(『古代文化』第五六巻第一〇号　平成一六年)参照。
(109) 春成秀爾「炭素14年代と鉄器」(春成秀爾・今村峯雄編『弥生時代の実年代』平成一六年)。
(110) 長嶺正秀・末永弥義編『下稗田遺跡』(行橋市文化財調査報告書　第一七集　昭和六〇年)
(111) 伊東照雄・水島稔夫編『綾羅木郷遺跡発掘調査報告』第一集(下関市教育委員会　昭和五六年)。
(112) 藤田等・川越哲志「弥生時代鉄器出土地地名表」(たたら研究会編『日本製鉄史論』昭和四五年)。
(113) 扇谷遺跡発掘調査団編『扇谷遺跡発掘調査報告書』(京都府峰山町文化財調査報告　第二集　昭和五〇年)。田中光浩「鉄・ガラス・玉についての一考察―弥生時代前・中期の竹野川流域―」(両丹考古学研究会編『浪江庸二・林和廣先生追悼　太邇波考古学論集』平成九年)。
(114) 川越哲志『弥生時代の鉄器文化』(平成五年)。本書には、倭の初期鉄器の出土例が集成されている。

（115）橋口達也「弥生時代の戦い—武器の折損、研ぎ直し—」（『九州歴史資料館研究論集』一七　平成四年）。同上『弥生文化論—稲作の開始と首長権の展開—』（平成一一年）に載録。
（116）酒井仁夫編『今川遺跡』（津屋崎町文化財調査報告書　第四集　昭和五六年）。
（117）田中謙「弥生時代鉄製工具論の可能性」（鉄器文化研究会編『鉄器文化の多角的探究』平成一六年）。
（118）松井和幸『日本古代の鉄文化』（平成一三年）。
（119）高橋徹ほか「大分県の弥生時代」（大分県総務部総務課編『大分県史』先史篇Ⅱ　平成元年）。
（120）埋蔵文化財研究会関西世話人会編『第三一回埋蔵文化財研究集会　弥生時代の石器—その始まりと終わり—』（平成四年）。
（121）佐々木稔「三世紀代の鋼精錬遺構の金属学的考察」（『古文化談叢』第四七集　平成一三年）。
（122）遠藤仁「鉄器時代の石器」（『西アジア考古学』第七号　平成一八年）。
（123）Kardulias, P. N., Flaked stone and the role of the palaces in the Mycenaean world system, in Galaty M. L. and W. A. Parkinson（eds.）, *Rethinking Mycenaean Palaces: New interpretations of an old idea*（The Cotsen Institute of Archaeology, UCLA, 1999）pp. 61-71 ; Parkinson, W. A., Chipping away at a Mycenaean economy, *ibid.*, 73-85.
（124）注114に同じ。
（125）芋本隆裕編『鬼虎川の木質遺物—第七次発掘調査報告書　第四冊—』（東大阪市文化財協会　昭和六二年）。
（126）下條信行「武器形石製品の性格」（『平安博物館研究紀要』第七輯　昭和五七年）。
（127）豆谷和之「清水風遺跡第二次調査」（『田原本町埋蔵文化財調査年報』一九七六年度　平成九年）。藤田三郎「唐古・鍵遺跡出土『楯をもつ人物』の絵画土器」（『みずほ』第二九号　平成一一年）参照。
（128）注114に同じ。
（129）注114に同じ。
（130）橋口達也「弥生時代の戦い」（『考古学研究』第四二巻第一号　平成七年）によれば、剣や戈の切先出土例が中期中葉で減少を始めることについて、共同体内での集落間衝突から共同体間の抗争へ移ったことに原因を求める。なお、切先出土例のなかに副葬例があることを積極的に認めようとする論考がみられる。福島日出海「石製及び青銅製武器の切先副葬について」

『九州考古学』第七三号　平成一〇年）。

(131) 坂田邦洋『対馬の考古学』（昭和五一年）。

(132) 間壁忠彦ほか「王墓山遺跡群」（『倉敷考古館研究集報』第一〇号　昭和四九年）。

(133) 楠正勝編『金沢市西念・南新保遺跡Ⅱ』（金沢市文化財紀要　七七　平成元年）。

(134) 瀬戸谷晧編『駄坂・舟隠遺跡群』（豊岡市文化財調査報告書・豊岡市立郷土資料館報告書　第二二集　平成元年）。

(135) この問題について、豊島直博「ヤリの出現」（『古代武器研究』四　平成一五年）が形態の分類と編年を行った結果によっても、後期終末を上限とすることが説かれている。

(136) 津本英利「西アジアにおける長剣の系譜」（『岡山市立オリエント美術館研究紀要』第一九巻　平成一四年）が剣の長短別の呼称に触れ、A・M・スノドグラス説に準拠して、四五センチ以上を長剣とする。倭の剣についても、呼称上の目安のひとつになるであろう。

(137) 豊島直博「弥生時代の鹿角装鉄剣」（『東国史論』第一八号　平成一五年）。

(138) 橿原考古学研究所附属博物館編『大和出土の国宝・重要文化財』（昭和五八年）。

(139) 梅原末治『椿井大塚山古墳』（昭和三九年）。

(140) 近藤義郎編『権現山五一号墳―兵庫県揖保郡御津町―』（『権現山五一号墳』刊行会　平成三年）。

(141) 木下修編『神蔵古墳―福岡県甘木市大字小隈所在古墳の調査―』（甘木市文化財調査報告　第三集　昭和五三年）。

(142) 奈良県立橿原考古学研究所編『ホケノ山古墳調査概報』（平成一三年）。

(143) この頃の刀剣類の製作地と伝播経路とについては、説が分かれるようである。野島永「弥生時代後期から古墳時代初頭における鉄製武器をめぐって」（『古代武器研究』四　平成一五年）、注137など。

(144) 申敬澈・金宰祐（大阪朝鮮考古学研究会訳）『金海大成洞古墳群』Ⅱ（慶星大学校博物館研究叢書　第七輯　二〇〇〇年　平成一四年）。次の注で掲げた高久健二の論考によれば、大成洞二九号墓は三世紀後葉にあたるという。そうすると、定角式の成立年代については、倭の方が古く遡ることさえ考えられる。しかし、倭ではふさわしい祖型を求めるのが難しく、これに対して半島では、骨鏃にせよ楽浪系鏃にせよ、稜の鋭さと身の厚さをそなえた祖型が定角式については見いだされる。方頭式については、半島に例が乏しい。弥生時代鉄鏃の少数型式に祖型を求めるとしても、厚さを加えて稜をきわだたせた点に彼地からの影響をみとめておきたい。鄭仁盛「楽浪土城の青銅鏃」（『東京大学考古学研究室研究紀要』第一七号　平成一四年）。

（145）高久健二「嶺南地域の武器組成―紀元前二世紀後葉～紀元後四世紀を中心に―」（『古代武器研究』四　平成一五年）。

（146）『三国史記』新羅本紀が三世紀中葉ないし後葉に倭の侵寇がたび重なったことを伝えているのは、この拡充と関連するのかもしれない。

（147）李在賢ほか『蔚山下垈遺跡―古墳Ⅰ―』（釜山大学校博物館研究叢書　第二〇集　一九九七年）。

（148）川西宏幸「儀仗の矢鏃―古墳時代開始論として―」（『考古学雑誌』第七六巻第二号　平成二年）。

（149）注34に同じ。

（150）Bietak, *op. cit.* 注37。

（151）Childe, V. G., The urban revolution（*The Town Planning Review*, vol. 21. no. 1, 1950）pp. 3-17.

（152）武井則道編『大塚遺跡―弥生時代環濠集落址の発掘調査報告Ⅱ　遺物編―』（港北ニュータウン地内埋蔵文化財調査報告XV　横浜市ふるさと歴史財団　平成六年）。なお、大塚遺跡で求められた推定人口は、竪穴住居一軒当たり五人を算出の基礎にしている。九州における弥生・古墳時代の竪穴住居址床面に残る足跡の研究によれば、一軒当たり七人であるという。この結果に基づくと、人口密度は一・四倍になるが、いずれにせよ、二〇〇〇人という基準の人口には及ばない。坂田邦洋『足の人類学／足跡の考古学―弥生・古墳時代の家族―』（平成一九年）。

（153）佐賀県立博物館「弥生都市はあったか―拠点環濠集落の実像―」展図録（平成一三年）。

（154）ビータクが条件一に掲げた人口密度は、原文では一平方キロ当たり五〇〇人となっているので、一ヘクタール当たりに換算して本稿で五人としておいた。一単婚家族数を出ないこの値は、誤植かと疑われるほど小さい。

（155）Adams, R. McC., *Heartland of Cities: Surveys of ancient settlement and land use on the central floodplain of the Euphrates*（University of Chicago press, 1981）. B・G・トリッガーはこの数値を支持している（注72に同じ）。

（156）Van De Mieroop, M., *The Ancient Mesopotamian City*（Clarendon Press, 1997）.

（157）Champion, *et al., op. cit.*, 309-311; Collis, *op. cit.*, 149-157. 注10・20。カエサルの『ガリア戦記』にオッピダの様子が記

されている。

(158) 第三七回埋蔵文化財研究集会実行委員会編『ムラと地域社会の変貌―弥生から古墳へ―』(平成七年) 参照。

(159) 注153に同じ。執筆者の蒲原宏行によれば、「……三二haを越える吉野ケ里遺跡の場合でも一時期に竪穴住居が分布する範囲は七～八haほどであり、人口は乳幼児を除いて三五〇人～四〇〇人程度と推定され……」という。もういっぽうで、二〇〇〇人説がある。同遺跡の面積を四〇ヘクタールとして、これに一ヘクタール五〇人を掛けるのである。このような方法を濫用するのは避けた方がよい。大阪府立弥生文化博物館「弥生都市は語る」展図録(平成一三年)。大型環濠集落の居住人口がこの単純な推算値よりも大幅に少なかったとすれば、近隣の子・孫村との連携のもとで集落が運営されていたはずである。このような体制はやがて訪れる大型墳墓の造営に継承されていくのであろう。

(160) Trigger, B. G., *Time and Traditions* (Columbia University Press, 1978) pp. 195-196.

(161) 秋山浩三・小林和美「弥生中期における池上曽根遺跡中枢部の空間構造と地形環境」(『大阪文化財研究』第一四号　平成一〇年)。注159大阪府立弥生文化博物館に同じ。

(162) 七田忠昭ほか『吉野ケ里』(佐賀県教育委員会　平成六年)。

(163) 岡野慶隆『加茂遺跡―大型建物をもつ畿内の弥生大集落―』(平成一八年)。

(164) 坂上克弘・坂本彰編『歳勝土遺跡』(港北ニュータウン地域内埋蔵文化財調査報告V　横浜市埋蔵文化財調査委員会　昭和五〇年)。

(165) 丸山康晴ほか『奴国の首都　須玖岡本遺跡―奴国から邪馬台国へ―』(春日市教育委員会　平成六年)。

(166) 大阪府立弥生文化博物館「王の居館を探る」展図録(平成一四年)参照。

(167) 奈良県桜井市纒向遺跡の集落を都市に見たてようとする見解がある。墓葬が集落に隣接し、金属関係の高度技術による生産を集落内で行っていた点で、弥生時代の都市度の高い例の構成を継承し、その極まった姿であると考える。寺沢薫「纒向遺跡と初期大和政権」(『橿原考古学研究所論集』第七　昭和五九年)。

第五章　ヤマトの基層

第一節　霊威と斎忌

問題の所在　古墳時代とは有力者を葬る奥つ城をひときわ壮大に築くことに、社会的承認が得られていた時代である。また、このような葬送の制に重きをおく有力者が主導し、生産や政治や通交などが弥生時代とも飛鳥・奈良時代とも相違する展開をみせた時代であった。それぞれの展開の内容や変遷については、かつて畿内政権論として一連の考察を加え、ワカタケル期の画期論として推考を重ねたことがあるのでそれらに譲り(1)、本章でとりあげる問題は、広域に及ぶ政治秩序の中核を占めて時代を主導した畿内の有力者の思念や心性についてである。すなわち、全長二〇〇メートルに達する倭の大型墳の大半が畿内の半径三〇キロ域に営まれている点に注目して、この異様なほどの集中を実現させた有力者達の思念や心性に測鉛をおろすことが目的である。

それでは畿内の有力者は、生前の勢威を死後もなお残し伝える願いを、奥つ城の巨容に託そうとしたのであろうか。階級的顕示欲を葬送の場で表現することはありえたであろうが、それならば、弥生時代に育まれていた都市性を継承し、ユーラシア東西に例があるように王都の壮大さや磐石さとして、これを実現してもよかったはずである。そうではなくて造都よりも葬送の方に表現の場を求めた点に、畿内有力者の異相があったといえる。

　また、階級的顕示欲だけに駆られていたのであれば、三〇〇年に達するほどの長期にわたって大型墳の造営を続けることは、おそらく難しかったであろう。そこで、タイなどの事例をあげて葬祭の社会的有用性に着目したメトカーフ・ハンティントン流にいえば、王の葬祭を盛大に執行することは、社会の求心力をふたたび強化するとともに、王位の更新によって社会が蘇ったことを広く伝える効用がある。(2) さらに、王の葬祭ともなれば一種の公共事業であるから、その盛大な執行が物資の流通を促し、壮大な墳墓の造営が額に汗してそれに携わる数多くの人びとに農閑期の生活の糧を提供する、という情況もありえたであろう。したがって古墳時代についても、巨墳の造営や葬祭の盛大な執行に、このような社会的有用性が付随していたことは、検討されてよい。

　しかしそうではあっても、階級的顕示欲に駆られ、社会的有用性に導かれて大型墳の営造を実行に移した、というのは単純に過ぎる。造都よりも造墓の方に向かい、墳墓の巨容に価値を見いだした畿内有力者の心性が、民衆的心性と通底していなければ、営造をかくも長く継続しえなかったにちがいない。これは、古代エジプトで一千年近くに及んだピラミッド営造の例が、よく示しているところである。

　なお、本章の内容の多くは、「畿内の古墳文化」と題して拙著『古墳時代の比較考古学』（平成一一年）のなかで開陳してある。その不備を補訂し、新たな知見を盛り、体裁をあらためた。旧稿をあわせ参照願えれば幸いである。

造墓の企て　古墳時代前期の埋葬施設の代表格といえば、長大な竪穴式石室であり、粘土槨である。そうして、これらの入念に造られた例ほど、防水や排水のために周到な工夫を施してあることは、よく知られているところである。竪穴式石室を例にしていうと、床面に粘土を盛りあげるなどして壇を築いてここに割竹形の木棺を据え、天井石の上面を良質の粘土で厚く覆う（図58）。また、板石積みの側壁の裏に小石などを満たし、床面に傾斜をつけて外部に水を導く排水路を設ける。したがって、土中を浸透して下りてくる水は天井石を覆った粘土が防ぎ、斜めや横から滲みだしてきた水は壁の裏込め石のあいだを滴りおち、それでも室内に侵入する水があれば、床面の傾斜を利して排水路がすみやかに外に出す。しかも木棺は、床面よりも高いから、水には触れようがないのである。

　このような複雑な構造が完整するまでには、畿内では奈良県天理市中山町大塚古墳(3)、畿外ではたとえば徳島県鳴門市大麻町西山谷二号墳(4)にみるような、排水施設や壇や天井被覆を欠く未完の段階を閲したようである。そうして、完整に至った軌跡を概観するならば、封土が水を含み圧力で壁が崩れる事故や、床が浸水しついには木棺が腐朽することになる事態を、営造者としては惧れていたことがわかる。もとより低湿とはいえない場所に石室を営むのであるから、防水と排水とを心掛けたこれらの工夫は過剰なように思われるかもしれない。しかしそれゆえにかえって、雨が多い風土を熟知した営造者の、葬送に込めた思念の強さと深さとが察せられる。その思念とはとりもなおさず遺骸を守って安寧に保っておくことである。このことが、石室の営造に参画した人びとの責務であり、同時に亡き人を手放して漆黒の空間に送りいれようとする者の強い願望でもあったであろう。石室を念頭において述べたが、粘土槨の場合にも作りの丁寧な例は、槨の外周を礫で囲んで暗渠を設けている。これもまた防水や排水を意図した処置である。

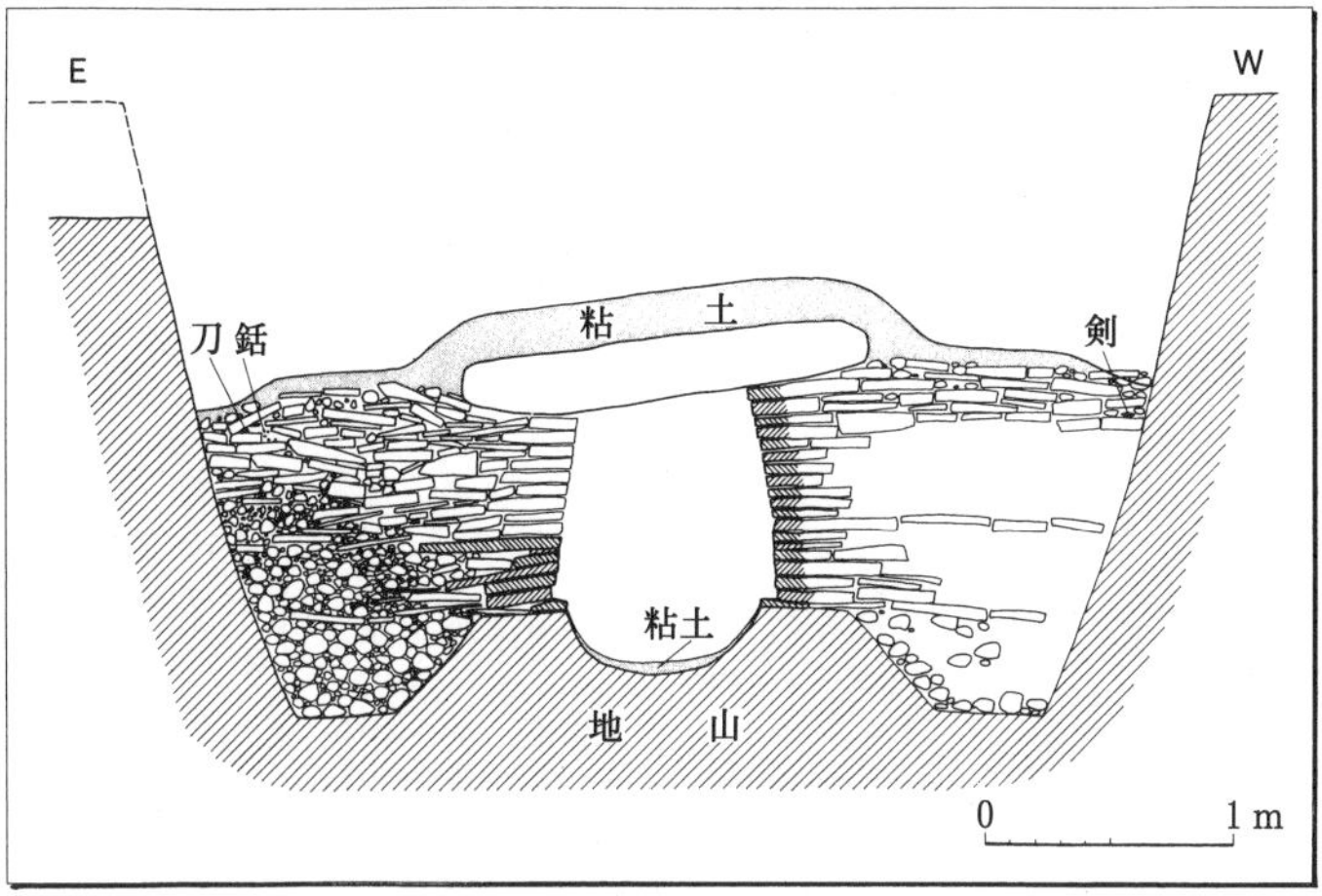

図 58　大阪府茨木市紫金山古墳の竪穴式石室の復原断面

　そもそも遺骸の安寧や保全を願うという思念は、文明の先進地ならずとも出会う葬送観である。よく知られたしかも端的な例をあげるならば、古代エジプトで流行した遺骸のミイラ化がそれにあたる。ヘロドトスが書きのこしているもっとも丁寧な方法によると、脳や内臓を掻きだして遺骸の内部を洗浄したのち、ナトロンで七〇日間被い、ふたたび洗浄して包帯で巻いてゴムを塗るという(5)。こうして防腐処理を施し、生けるが如く復原して棺に納めるのである。遺骸を損壊すれば死者の彼岸での生活に重大な支障を生じ、蘇るすべのない第二の死を招く、と信じられていたことによる。

また古代中国では、湖南省長沙市馬王堆一号墓の場合、六重の木棺に遺骸を厳封して地下墓壙の粘土中に埋置し、アルコールや朱で防腐処理を施した形跡まであったという(6)。前漢代の軑《たい》侯利蒼の夫人を葬ったこの墓から、同夫人が昇仙する場面を描いた帛画が出土している。これを図像学的に分析した曽布川寛によれば、死者は神仙の住む崑崙山に昇りそこで安穏な生活を送るという、帛画に描かれたような葬送他界観が、戦国時代ないし前漢代に楚の地を中心に広く普及していたらしい(7)。遺骸に対する保全処理の厳重さは、このような思念に基づいているのであろう。他方、華北の地では、玉に防腐の力があると信じられており、これで遺骸を包みこみ、こうして保全のための工夫を凝らしていたことが、文献史料からも判明している(8)。河北省満城県中山靖王劉勝墓(9)などに例をみるこのような工夫に、実際上の効果があったとは思われないが、ともかく保全をめざした処置として高位者のあいだで流行していた。

造墓の特色　エジプトや中国では、副葬品の選別にあたって、亡き人が彼岸で送る生活を念頭においていた。衣食住に関する品じな、生活臭の強い各種の明器、さまざまな役目を果たすと信じられた俑、さらには食料までが副葬品の構成に加わっていることから、これが察せられる(10)。また、中国であれば銅印や壁銘で、エジプトであれば棺銘などで生前の地位を示し、彼岸でも生前の体面を失わないように望んだことも知られる。殷代に青銅彝器を死者に副えた理由について考察した林巳奈夫によれば、葬られた者が彼岸において行う祭儀に資するためであったというし(11)、エジプトの古王国時代の墓には、祭礼が絶えても支障がないように、各種の労働に携わって被葬者に奉仕する人びとの作業場面を壁に描いてある。中国でもエジプトでも、彼岸での生活を意識したところから、厚葬を出発させたことが、これらの例から知られるのである。

ところが、日本の考古学で古墳と呼んでいる墳墓をみると、前期の例であれば、鏡や碧玉腕飾類などの宝器、玉類のような装身具、刀剣や矢などの武器、さらには農工具類が副葬品の主要部分を構成しており、彼岸での生活を死者に約束する飲食物で満たした土器などの生活臭を帯びた器物は、ここにほとんど含まれていない[12]。しかも、京都府相楽郡山城町椿井大塚山古墳[13]や奈良県天理市柳本町黒塚古墳[14]の三〇面余の中国鏡、奈良県磯城郡川西町島の山古墳[15]の一〇〇点を超す碧玉腕飾類のように、特定の器物が選ばれて大量に納入されている例まであって、生活という面からいえば前期の副葬品の構成は、甚しく均衡を欠いている。これらの点で、死者は彼岸に赴いてそこで生活を送る、という意識を欠いていたと考えざるをえないのである[16]。厚葬の出発時から土器の副葬が盛んであった半島との間にも、この点で隔たりがある。

つぎにとりあげたいのは、奥つ城に葬った死者に向かって祭礼を行う、恒常的な施設や場が見いだされていない点である。一過性の喪屋ならばそれらしい候補が少しは京都府八幡市美濃山ヒル塚古墳などで知られているが[17]、葬送後に恒常的に祭礼を実修した形跡は、施設としてだけにとどまらず野外の祭場としても、残されてはいない。その施設を居館に求める意見があるかもしれないが、既述したように存続期間が短い点でこれは成立しない。これに対して、たとえばエジプトの場合、王墓であるピラミッドには祭礼用の付属神殿を設けてあり、その造営を止めて谷間の岩窟墓に王族を葬る新王国時代に入ると、葬地から離れたところに巨大な葬祭殿を営み、こうして祭礼の灯を絶やそうとしなかった。中国の場合には、墓に祭礼用の建物を設ける初現は二里頭期に遡ることが河南省偃師県二里頭遺跡二号宮殿址によって確かめられ[18]、殷安陽期の婦好墓の直上や隣に営まれた建物について祭礼用の宗廟であることが説かれている[19]。そうして秦漢代に入ると、陵に葬った王のために、私生活用の寝と公式行事用の廟とを設けて、生前と同じように臣下が伺候し、祭礼を欠かさない建前がととのっていたことを、文献史料や発掘結果が伝えているのである[20]。

死者は彼岸で生活を送ると信じられたエジプトや中国において、それに必要な品じなを墓中に納め、祭礼時にも供え、有位者ならば彼岸でも体面を保とうとしたことはよく理解できる。これらの地域と対照させると、祭礼を行う恒常的な施設や場が古墳という名の墳墓に伴っていなかったとしても、けっして不思議ではない。副葬品の生活感の欠如が示しているように、彼岸で生活を送るという他界観が育まれておらず、したがって恒常的に祭礼を行う風習もまた生まれようがなかった、というわけである。

最後に、壮大な墳丘を築き、しかもその最高所に死者を葬った点を問題にしたい。このような葬法は、エジプトのピラミッドでは内部の地下や地表の高さに、中国では必ず地下に墓室を設けてある点で、同じ大型墳であっても一線を画している。大型墳といえば前一千年紀の北西ユーラシア方面にも、ときに直径一〇〇メートルに達する大型円墳が知られているが、(21)これらの例もまた墓室は墳丘内の地下ないし地表に位置している。しいて近い例を求めるとすれば、墳丘の規模は劣るが、高所に横穴式石室を設けた吉林省集安県の太王陵や将軍塚などの高句麗の墳墓の一部があげられ、(22)半島南半の墳墓には例が見あたらない。

このほとんど例のない異色の葬法は、高所に葬ることをめざしたというだけにとどまらない。もしそれが第一義の目的であったならば、人力を費して墳丘を壮大にする必要はなく、目だつ丘陵の頂部を利用すれば足りたからである。そうではなくて、葺石で覆うところから始まり、やがて埴輪を囲繞させて表飾を加えていった推移から察すると、墳丘は、高所に遺骸を据えるための基壇であり、据えたことを演出する場であり、それを外界に向けて伝える発信体であった、と考えるのがふさわしいのではなかろうか。

以上、畿内で呱々の声をあげた古墳と呼ばれる墳墓の特色として、第一は、副葬品に生活臭が乏しい点で、彼岸において生活を営むという他界観が欠如していたらしいこと、第二は、亡き人の供養をする恒常的な施設や場を設けていなかったようであり、これは他界観の欠如と照応すること、第三は、隆然とした墳丘を営んで頂部に遺骸を埋置し、その存在をきわだたせる演出を施してあることである。古墳の出現について中国の風習や思想に影響されたことを強調する向きがあるが、筆者としては、彼地との間に大きな隔たりが横たわっている現状に眼を逸らさず、ここから問題を出発させたい。

銅器の霊威　さて、鐸、剣、戈、矛から主として構成される青銅器が、弥生時代の前期末に半島系の人びとによってもたらされ、ほどなく製作も始められた(23)。この頃まで金属製の物体に在来の弥生人はほとんど接した経験がなかったであろうから、自然にはない銅鐸の音色や、白銅質の武器類に漲る独特の鋭利さは、おそらく驚愕をもって迎えられたにちがいない。ところが、伝来の当初こそ、鐸は鳴音の祭器として、剣、戈、矛は武器として、それぞれの機能が生かされていたけれども、後期の成立をまたずに本来の機能がかえりみられなくなる。そうして東方では鐸が、西方では矛がそれぞれ大型化の方向を辿り、後期後半にはともに頂点に達したことを、幾多の青銅器研究の成果が教えてくれる(24)（図59）。もっとも、鳴音の機能を失ったはずの近畿・三遠式鐸のなかで、高知県南国市田村鐸や愛知県豊川市千両町鐸がなおその機能をとどめていたらしく、また、小銅鐸には吊って鳴らした痕を残した例が少なくないというから(25)、後期に入って鐸の音色がまったく絶えたということではなかったようである。これもまた青銅器研究のなかで指摘されている点である。

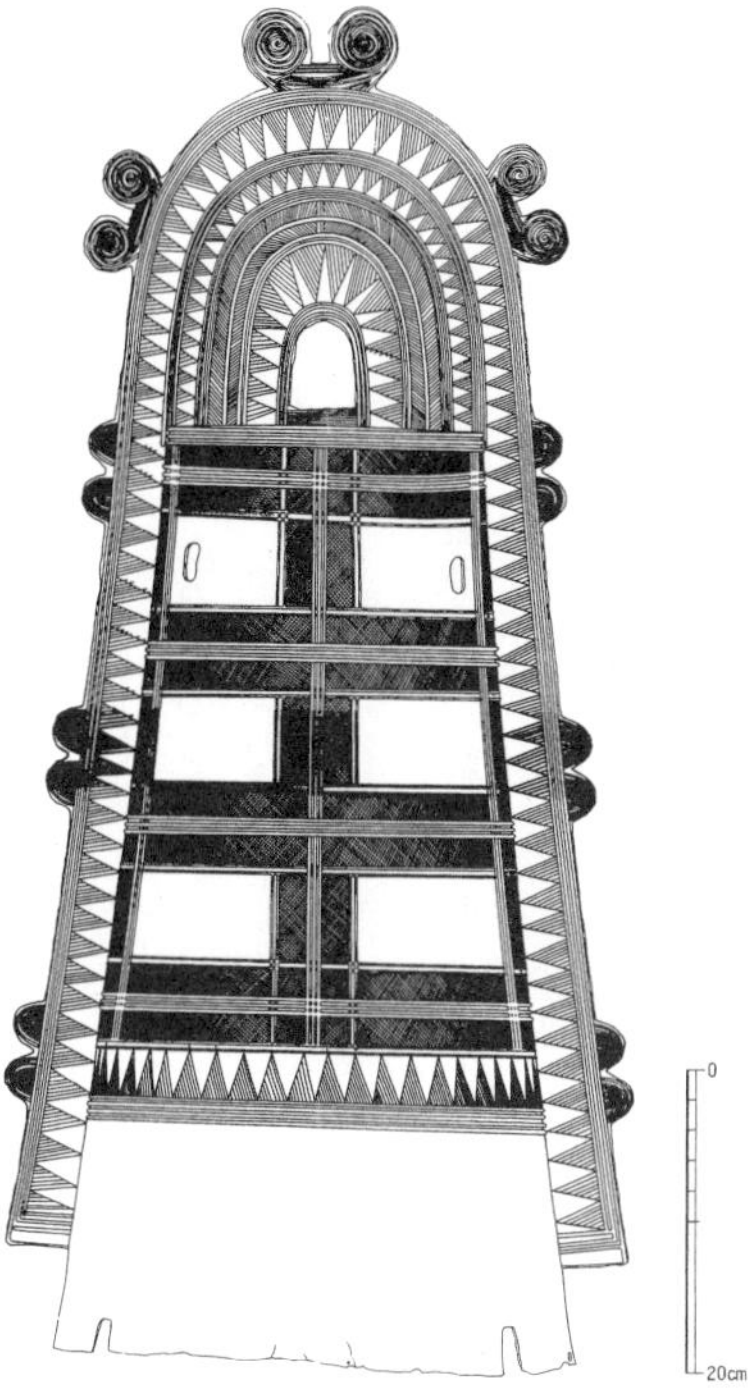

図59　大阪府羽曳野市西浦銅鐸：近畿式

　さて、鐸が本来の機能を失うと、その金属質の音色を継ぐ器物は、弥生時代のなかには見あたらない。楽器として琴や塤《けん》などがあげられるけれども、もとより音色や用途が鐸とは異なる。また武器類についてはすでに述べたように、剣は鉄製品に後継を得て機能を高進させる方向に向かい、戈と矛とは機能上の継承品が現れなかった。石戈の消失をも考慮に入れて、戦い方の変化が青銅製武器の儀器化を促したと先に説いたが、この説明だけでは充分とはいえない。矛もまた本来の機能を喪失して、鐸とならんで大型化の動きをみせるからである。この原因をめぐる既存の諸説を岩永省三が大別して論評を添えているので、それを紹介すると、銅鐸・武器形祭器がともに、見るためのものに変化したので大きくなった（A説）、祭儀の変質が祭具の機能的変貌をもたらした（B説）、他の器物の存在が影響を与えた（C説）で、C説は影響を与えた器物によって鉄器説、銅鐸説、武器形木製品説に分かれるという[26]。各説に論評を加えたうえで岩永はC説を採って武器形木製品説に落ちつくが、この意見を尊重したとしても、本来の機能を喪失させた理由に辿りつくことができない。

鐸であれ矛であれ、後継を準備せずに本来の機能を絶つことは、その必要がなくなったからであると現代人の眼には映る。しかし、はたしてそうであろうか。岩永がとりあげなかった小林行雄の説を、少し長くなるが誤解を避けるために引用してみよう[27]。

それでは何故利器の形が聖器として撰ばれたのであろうか。土に即して生きる農耕民の生活は、土を守ることにおいて常に守勢的であり非攻撃的である。その武備は守るに足るを以って足れりとする。われら備えあり、護りありとする信頼は、武器を常に役立たしめている人々にもまして、武器に対する尊崇の念をいや増さしむるものである。ここに用いざる武器に対する信仰が露わな形態をとって生長し、用うべくもない銅利器の聖化が導かれたのであろう。一方、中国においても儀礼の器たる域に達していた銅鐸が、わが国で神を迎え神を讃える場に必要なものとされたことは不思議なことではない。祭りの器と祭らるるものとの渾然たる一致は、祭りのうちに祭らるるものを見出す古代の宗教形態においては極めて普通のことであった。

弥生時代に関する情報が現在よりも格段に少なかった時に提出されたこの説は、分析結果を踏まえた帰納法的な外在的アプローチでもなく、特定の主義や思想で事実を塗りこめるイズム優先のアプローチでもない。考古学上の事実に基づき民俗学的事例を傍らにおいて弥生人の心性に自己を添わせる、内在的アプローチを行っている点に特色があると思う。そこで、倭人の心性に測鉛をおろそうとする本章の目的にふさわしいこのアプローチを汲んで、大型化の原因を次のように説明しておきたい。

すなわち、鐸が音を発し、鋭利な武器が殺傷に威力を揮うのは、物理的な作用によるのではなく、内在する霊質の力つまり霊威というものの働きによる、と弥生人は信じていた。したがって、霊威の働きを大いに期待しなければならない争乱や災害や飢饉などの事態が度重なり、後期初頭の危機を体験した弥生人は、音を大きく荘重に響かせるために工夫を凝らすのでも、武器としての殺傷力を増すために改良を行うのでもなく、内在する霊威をいっそう高めようとはかった。このためには、本来の機能を殺《そ》ぐこともいとわなかった。つまり大型化とは、霊威をよりいっそう強力に発動させて大難を排除するための辟邪の手だてであった、というわけである(28)。

素材を彼地に仰がざるをえない状況のなかでは、青銅器に工夫を凝らし改良を行うことは、とうてい望めなかったであろうが、素材や技術の限界よりもむしろ青銅器に対する弥生人の認識のなかにこそ、大型化の原因はあった。このように考えれば、はるかな南島の海からもたらされた貝の腕輪を辟邪の具として尊重したことと通じる。すなわち、海を隔てた地に連なるがゆえに、他と区別して重んじる思念があり、この思念が青銅器を聖器として選ばしめたということである。また、溶けて高熱を発する液体が、かたちを与えられて鋳型のなかから現れでる製作時の光景も、原理を理解した我われが想像する以上に、感動や驚愕をもたらしたにちがいない。

図像の系譜　古代人の心性について語ってきた国文学方面の研究によれば、人間はもとより器物や動植物、さらには山岳や河川にも、霊質が宿っていると信じていたらしい(29)。そうして、文献史料から察せられる時代よりも古く遡れば、このようなアニミズム的霊威観が、さらに豊かに人びとの心を満たしていたことは、土器や銅鐸などに表現された動物像からも察することができる。ところが、擬人・擬獣化した神像や人間の姿を構造物や器物のうえに盛んに描いた古代のエジプトや中国と較べるならば、倭の場合、像を具象的に表出した形跡が甚しく乏しい。もし形跡を求めるとすれば、古代という時代の範疇から外れる縄文時代に遡ればともかく、弥生時代には、土器や銅鐸などの絵画として、また木偶や土面の造形としてその例をみるにとどまる。とりわけ畿内においては、弥生時代後期に入ると、人物・動物像の表現が著しく衰微する。[30] また流水文などの幾何学文の一部も、鐸身から消え土器面からほとんど失われるが、それでも格子状の幾何学文が大型化した鐸身を繁縟に飾っている。人物像や櫛描文をとどめる他地域との相違として、この点が特筆される。

しかし、流水文などの幾何学文で飾り、エジプトや中国には遠く及ばないにせよ人物・動物文を描き、やがて直弧文を創出するに至った図文の推移を想起し、さらに、記紀神話が神がみに満ちていることを思いあわせるならば、倭人の想像力が神がみを生むことさえできないほど貧しかったということではない。死後というものは人間にとって、不可視の世界である。それゆえに、現世への絶ちきれない惜別の情とともに死に対する畏怖が高まると、彼岸に神がみを想像してその姿を描きだし、死後の約束された安寧をせめてもわが眼で確かめようとしたことは、エジプトのオシリス神話や中国の昇仙譚の図が示しているところである。また死後の世界だけにとどまらず、この世ならざる他界に各種の神を創出し、像として描いてその権能の高からんことを望んだことは、エジプトでは神殿を満たす神がみの像によって、中国では鏡などの図像によって知ることができる。したがって、倭人が神がみの姿を像として描くことに消極的であり、とりわけ後期の畿内でこの傾向が著しくなったことについて、既述したように死後の世界を構想する他界観に乏しかったこと、[31] さらには、神がみを具象的姿として認識してはいなかったこと、このような思念がいっそう高進したことがあげられなければならない。

倭人の側から言いかえるならば、このような意味での他界観や神像観の欠如を塡めていたのは、たとえ原始性に彩られていたにせよ、幾何学文を好み果ては直弧文を育むに至った心性の存在であり、畿内についてはその強化であったにちがいない。そうして、幾何学的操作の巧緻さと神像表現の拙劣さとが、中国鏡に範をとった古墳時代の仿製鏡の背面で併存する不均衡な姿は(32)、遡れば、前者は後期銅鐸の製作法と文様表現とに連なり、後者は像表現の忌避と結ばれる点で、この心性の伝統が時代を超えて存続したことを示している。要するに、ここでもまた、鐸や矛をとりあげて説いた弥生人の霊威観に逢着することになるのである。

畏怖と整序　集落形成の激しい盛衰、人間や物資の移動の活発化、争乱の広域化などからみて、弥生時代後期は社会的緊張の高まった時期であった。鐸と矛との大型化はこのような不安定な状況のなかで、青銅器に内在すると信じていた霊威に人びとがいっそう強い期待を寄せたことを暗示している。もとより叶うはずのない期待であった。裏切られる事態が重なると、霊威への信頼と不信とのあいだで心が揺れ動いたといえば物語めくが、ともかく、弥生時代後期後半のなかで信頼がもう限界に達していたらしいことは、畿内における大型銅鐸の出土数の少なさが暗示している。

そうして青銅器の霊威に対する不信が高まり、次第に不安が募る情況のなかで、力能ある有為の人物に希望を託して不安を鎮めようとしたとしても、それは当然の成行きであろう。岐阜市瑞龍寺山山頂墓(33)のような副葬品をそなえた大型の墳墓が後期後半から出現する背景として、このような趨勢のなかで衆望を担い威信を高めた人物の登場したことが、大型化した鐸や矛を遅くまで共同体で保有していた地域については想像される。

ところが、人びとが信頼を篤くした対象は、争乱のなかで武技に長じた強者であれ、鉄器を入手する方途に通じ、それを駆使して農地の拡大へと押しだした統率者であれ、神意を受けることができた巫覡であれ、身にそなわった才という意味での力や技ではなかった。それは力能や技能を発揮せしめるところの、有為者に内在すると信じていた霊威の強さであったのである。

有為者の霊威にかねてより人びとが寄せてきた信頼に、こうしてその度が加わり、青銅器の霊威に対するそれを凌ぐまでになった。[34] しかし、いかに有為の人物であっても、生物的な意味での死を免れることはできない。したがって、信頼が有為者に集まるにつれて、その人物の死が現世のノモス世界にもたらす混乱は、卑弥呼の死後に男王が立っても「国中不服」という状態に陥ったことを伝える魏志倭人伝の記載から察せられるように、ますます深刻さを増したにちがいない。それとともに、有為者に内在していた霊威の扱いが、葬祭の執行にあたって、重くのしかかる問題になっていったことであろう。生前に信望を集めた有為者であるほど、強いその霊威の扱いを誤れば、ノモス世界を危険に陥れるからである。

死がもたらす危険をこうしていやおうなく実感し、死という不可視のカオス世界にいよいよ畏怖の念を懐くようになった人びとは、死のカオス世界をノモス世界から分離して、双方の境界を整序し、カオス世界を此岸に定位することによって、問題を解決しようとはかった。岡田重精の論考に導かれて、彼此を分離し整序する斎忌観というものが、このようにして発生したと説明しておく。[35] つまり、有為者の霊威に向けた信頼と、その死に対する怖れとが表裏の関係をもって高揚し、これが斎忌観を育んだというわけである。

造墓の思念　ここに至れば、古墳という墓制に前述のような異色の個性を発現せしめた心性上の系譜が、おぼろげながら見えてくる。すなわち、三角縁神獣鏡のような、中国鏡としては大型の部類に属する鏡をことのほか好み、またそれをはるかに凌ぐ大きさの仿製品を作りだしたことは、[36] 海の彼方に連なる器物を聖器として扱い、大型化に霊威の高進を期待した弥生人の青銅器に示した心性と通底している。しかも三角縁神獣鏡には、魏からの下賜品であるという外交上の特別の意味が加わっていたから、威信財として重んじ宝器として貴んだであろうが、これとともに、青銅器の大型化をはかった倭人の心性によく適ってもいたわけである。魏志倭人伝が記す「汝好物」のなかに大量の鏡が含まれている理由は、ここにあったとみられる。鏡に霊威の働きをみる心性はまた、大鏡への指向を育むとともに、副葬にあたって数の多さを頼み、こうして霊威の働きを強化する風を生んだ。鏡面を壁に向けて棺の外囲に並べたてていた京都府椿井大塚山古墳の例は寄りくる邪を排除し、鏡面を棺に沿わせていた奈良県黒塚古墳の例は棺を厳封し、ともにこれらの行為は遺骸を安寧に保とうとする配慮から出たことが想像される（図60）。

寸法の大きさや数の多さに霊威の高進を信じ託する心性は、三角縁神獣鏡とならんで前期の副葬品を代表する碧玉腕飾類にもこれを窺うことができる。すなわち、変形を重ねつつ鍬形石や車輪石が大型化の方向を辿り、大量に副葬する風がめだつようになる。碧玉腕飾類が前期後半にみせたこの変化は、殺傷や鳴音にふさわしい本来の形態から離脱して矛と鐸とを大型化した指向に通じ、大型品を好み数の多さを頼む鏡ですでに実現されていた指向を継承している。南海産貝輪が辟邪の具であったとする見解にたって考えれば、その模作から出発した碧玉腕飾類がこのような変化をみせたことは、まさに倭人の心性上の系譜に沿っていることになる。

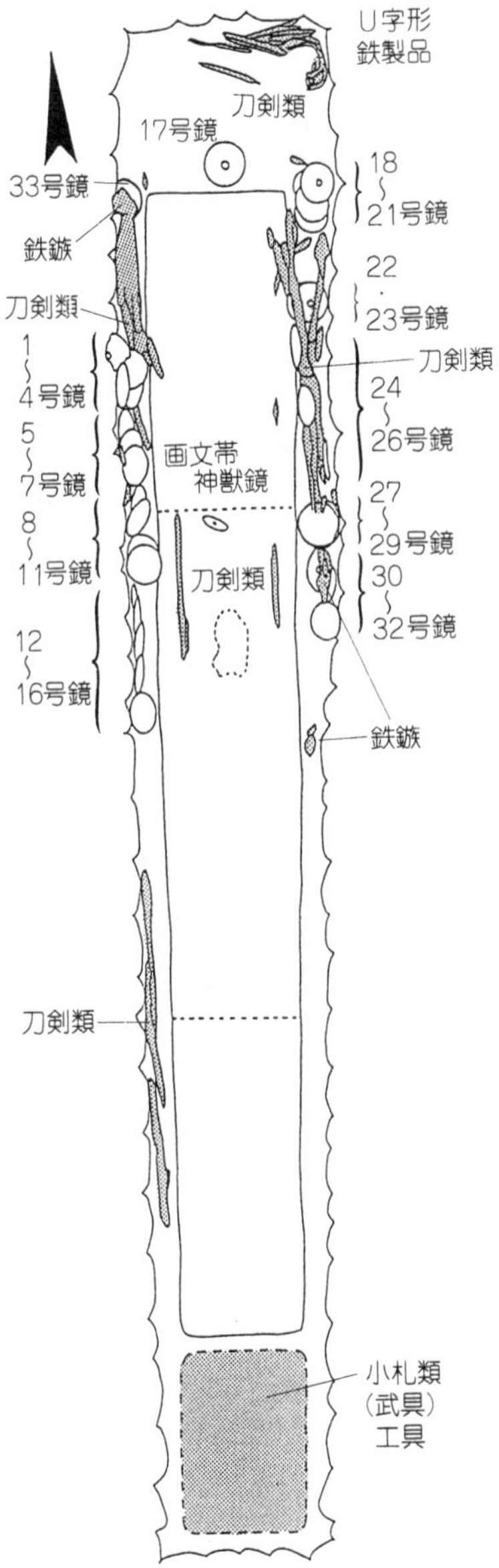

図60　奈良県天理市黒塚古墳竪穴式石室の副葬品出土状態

なお、副葬品の納入にあたって、霊威の発動を期待していた器物は、武器としての機能以上に輝きや鋭さを強調した矢鏃類もそのひとつであるし、刀剣類も加えることができそうである。また朱やベニガラも、これらを塗布し、土器に容れて副葬することは、辟邪という点で器物類と目的を同じくしている。(37) 弥生時代の水銀朱について、ことごとくではないにせよ大陸からの伝来が説かれているが、(38) その用途を学び継承することはなかったといえる。

要するに、水に向かって防水や排水の周到な工夫を埋葬施設に凝らして浸入を避けようとしたように、邪に対しては、霊威の籠る器物を遺骸に副えて忍び入るのを絶ち、棺を封じて遺骸の安寧と保全とにつとめたということである。

ところが、死者が他界へ赴きそこでふさわしい生活を送ることを願って、古代のエジプトや中国の場合には葬祭を行って遺骸の保寧につとめたの対し、倭の場合はこのような他界観を欠き、しかも遺骸の安寧をあくまで守ろうとする強い思念に満ちていた。つまり、遺骸の安寧を守護する目的が古代のエジプトや中国とはちがっており、遺骸を厳重に封じて関与を絶つところに、そもそもの目的があったとみられる。死という危険なカオス世界を現世のノモス世界から分離して、双方の境界を整序しようとする斎忌観が、弥生時代後期に育まれつつあったことを先に述べたが、埋葬施設の厳封された神聖世界に、斎忌観が盛大なかたちで実現した姿をみることができるわけである。

それでは、古代中国の墳墓のように地表下深く遺骸を埋置する、関与を絶つうえではより確実な葬法を、なぜ採用しなかったのであろうか。古墳という構造物を現代の我われからみると、遺骸を厳封した心性と、墳丘を壮大に築きあげて加飾し遺骸を最高所に納めた心性とは、赴くベクトルが対極を指しているように思われるのである。一方が厳封しておきたいという閉鎖的思念であるとするならば、他方は外に向かって展開していく開放的思念である、ということもできるし、一方を内向的、他方を外向的とそれぞれ表現してもよい。いずれにせよ我われには対極を指しているように思われる二つの思念が、即融してひとつの世界を形成しているところに、古墳が占めている独特の位相がある。

そこでこの位相についてもう少し推考を重ねると、大規模な墳墓や神殿のような夥しい労力を費した記念物は、氏族的諸関係が律している社会ほど、造営の理念が民衆的心性に深く根を張っている。ピラミッドの造営が、天空へ昇ろうとするファラオが踏みしめる階段として設けられたにせよ、天界へファラオを導く太陽神ラーの光を表したにせよ、世界が創造された最初の日にそこに太陽が昇ったとされるベンベンという丘を模したにせよ、民衆的心性に根ざした神話世界を纏っていなければ、すでに触れたように千年近くもの長期にわたって継続することはありえなかったであろう。これに対して、数十万人が携わり、罪人を筆頭にして官人や民間手工業者が全国から動員されたことを『史記』や『漢書』が伝える始皇帝陵の造営は、官主導が露骨であり、民衆的心性から遊離した彼の個人的希求を実現したものである。(39)墳丘の規模だけでも一辺五〇〇メートルをはかるこのような巨墓の造営が、その後に継承されなかったことは、したがって頷ける。

その意味で、墳丘を壮大化して加飾し、最高所に遺骸を納めるという独特の葬法が、弥生時代の墳丘墓の伝統上にあってその盛大化したかたちであるとしても、営造に携わり、奥つ城を仰ぎみる人びとの心性に適っていたことは、存続期間の長さと流行ぶりから察することができる。山岳であれ天空であれ、亡き人の霊魂が高所に赴き、また高所から降りきたると考えていたとすれば、この葬法はふさわしいであろうし、厳封した埋葬の場を高く掲げ、現世のノモス世界を脅かす危険がこうして分離され定位されたことを仰ぎみる者に伝え、彼らもまたそれを視認するという交流が、この葬法ならば可能であった。

そうして、生前に威信が広大に及び、したがって霊威がことに強力であると認められた人物を葬るさいには、霊魂が鎮もりいます奥つ城はふさわしい規模でなければならなかった。そうでなければ、現世に災厄が訪れ危険が迫ると考えられていたからであり、壮大に営むことで現世が静穏に導かれると信じていたからである。つまり、霊威観と斎忌観との発動として、壮大な墳丘やその加飾は実現をみたのである。なお、現世が静穏に導かれると信じたこの共同幻想は、祖先信仰の範疇には入らない。古代には祖先信仰がなかったという津田左右吉の説は脇におくとしても[40]、追善し顕彰するべき個人の存在が意識されていない点で、しいていえば日本民俗学で説く祖霊信仰に近い[41]。

以上要するに、矛と鐸との大型化を極限まで進めた霊威観を母とし、死というカオス世界に対する強い斎忌観を父として、古墳という構造物が生まれたのである。その地がなぜ畿内であったのか。大和の有力者が広域の政治秩序の中核を占めるまでに勢威を高めたことによるのか。中国風の思想や葬法に染まったせいであるのか。鏡や刀剣などの財物を彼地から大量に入手したことに原因が求められるのか。各地の葬制が習合するのにふさわしい地であったのか。畿内とりわけ大和の存在をきわだたせた原因の穿鑿は本稿の主旨から外れるので措いて、筆者としてはこの構造物が上記の心性のもとで畿内で誕生したことを重視し、ここから論を出発させたい。

短命の館　環濠集落はそのほとんどが古墳時代の開始までにあるいは開始と前後して、その姿を没してしまう。環濠の付設がひたすら争乱にそなえた防禦であれ、中国やローマの伝承が語っているように宗教上の意味を込めた結界であれ[42]、本来の意義は失われ、環濠で画された小宇宙もまたその跡を絶つのである。そこで、この廃絶の理由について、弥生時代には都市民と呼びうる地位や財力や意識をそなえた構成員が成長していなかった点を強調するならば、それは、ギリシア・ローマやメソポタミアの古代都市を思いえがいた弁であり、したがって、誤りではないが比較の対象が偏っている。都市の条件として自律した民衆の存在が不可欠でなかったことは、エジプトや中国の場合のような目的的な定型都市の例が示しているところである。

それならば、環濠集落の廃絶とあい前後して現れた「居館」が、都市性を継承して定型都市の核として機能したのかというと、そうではなく、かえって都市度の低下をもたらしたことは、すでに述べた通りである（図61）。中国風の壮大な定型都市は望めないにせよ、広域の政治秩序が生まれて国家形成の巨歩を踏みだした古墳時代の開始時に、これを象徴するような社会装置としての永続的な都市が、なぜ実現しなかったのであろうか。弥生時代に育まれていた都市性がなぜ継承されず、都市核にはなりえない一過性の構造体を生む方向へ転じたのであろうか。

この点については、官僚制や分業の未発達が指摘されるであろうし、都市を成立せしめる技術や理念が成熟していなかったことが、答えのひとつとしてあげられるであろう。このうえにもうひとつ加えたいのは、斎忌観の高進である。すなわち、弥生時代とはちがった政治性を帯びて登場した首長がいますところとして「居館」が機能していたのかどうかはともかく、その存続期間が短くて都市核になりえなかったのは、首長の死が訪れるたびに、そのカオス世界がもたらす危険を回避しようとする斎忌観が働き、これが「居館」を短命にしたせいではなかろうか(43)。このように考えたとき、恒常的な施設を営んで奥つ城に葬った亡き人を供養した形跡が見あたらないことは、カオス世界との接点を絶とうとする点で「居館」の廃棄と通じ、ともに斎忌観に由来するとみることができる。

古代における倭の都市史を俯瞰してみると、存続が半世紀に満たない「居館」の短命さは、飛鳥・奈良時代の宮都に継承されていることがわかる。六九四年の藤原京遷都に始まり、七一〇年の平城京、七四〇年の恭仁京、七四五年の平城京、七八四年の長岡京、七九四年の平安京と遷都が続き、一世紀のあいだで五度に及んでいる。この間の七十

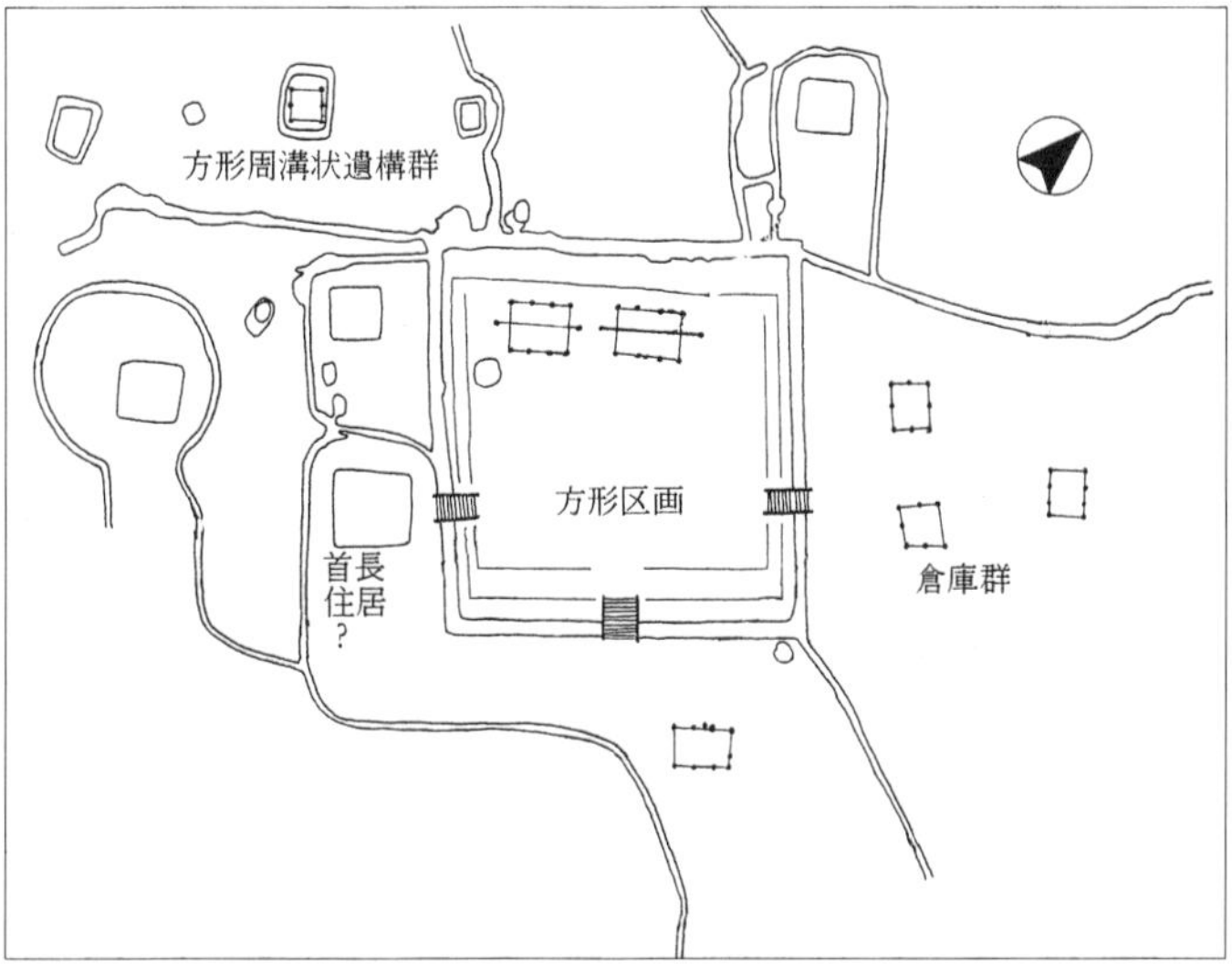

図 61　大阪府羽曳野市尺度遺跡の集落中核復原

年ほどは平城京に都があったといっても、この頻繁な遷都は、安定した核が存在して都市的景観を呈していた武蔵国府の例と対照的である。そうして、古代国家の形成に拍車がかかっていた古墳時代から奈良時代に至る間に、都市核が安定しないという情況は、第四章で述べたように、ユーラシア古代国家の通例からすると、きわめて異様に映るのである。

第二章　畏怖から慰撫へ

墳墓の演出　霊威観と斎忌観とに彩られて出発した壮大な奥つ城に、やがて周濠がそなわるようになる。器財埴輪に衣蓋や盾や靫などが、動物埴輪には水鳥や猪が加わり、墳丘に樹つ形象埴輪はこうして多様さを増した。また、前方後円墳の括れ部に造り出しを付設するようにもなった。前・中期の交に畿内の大型墳がみせたこれらの変化について、それぞれの出現には細かくいうと年代上の差を設けることができるけれども、中期へ移る準備をととのえつつあったという意味では、たがいに連動していたと考えた方がよい。それでは、一連の変化を促した要因は、いったいどこにあったのであろうか。

周濠というと、その起源については、墳丘の盛土を確保するために行った外周の土取りの跡に、次第に整備を加えて完整に導いた、と考えられがちである。墳丘をよりいっそう荘厳にみせ、外に対して隔絶感を与える方向で改変を重ねた、というわけである。それならば多重周濠は、一重よりも労力を要した点で、この改変の極まった姿であることになる。ところが大阪府藤井寺市津堂城山古墳で二重周濠の付設が確認されたことによって(44)、その出現が、多重周濠の初出例とされてきた大阪府羽曳野市誉田応神陵よりも古く遡り、盾形に濠がめぐることさえおぼつかない奈良県天理市渋谷町景行陵のような例と、年代的に近接することになった（図62）。つまり、次第に整備が進むという進化論的な視点では、多重周濠の出現の由来を説明することが難しくなったのである[45]。

この点で、津堂城山古墳の内濠に島状の方形壇を築き、そこに水鳥埴輪を配してあったことは、示唆的である。墳丘を荘厳化し隔絶感を与える目的で周濠の整備を重ねたのであれば、濠中にこのような施設を付けくわえて多重周濠を出発させる必要はなかったはずである。施設の場所や出土埴輪の種類がおのずから示しているように、周濠を水の世界として認識していたことは、奈良県北葛城郡広陵町三吉巣山古墳などの例からも知られる[46]。水鳥が外周の水の世界を象徴しているとみてよければ、大阪府藤井寺市野中宮山古墳に出現期の例をみる猪は、墳丘にふさわしい動物であったにちがいない[47]。樹立される獣の先駆として猪が選ばれたことには意味があり、霊獣として認識されていたらしいことが後述する千葉県木更津市祇園大塚山古墳出土の金銅装眉庇付冑の図柄からも察せられる。新しく加わった衣蓋は聖域の荘厳化をはかり、盾と靫とは寄りくる邪を打ちはらう意味を込めたと思われる点で、これらの加入については、伝統的思念を継承し、それを外に向かって訴えることに眼目があったと想像することが許されるであろう。

図 62　大阪府藤井寺市津堂城山古墳

これらの点を綜合すると、前期後葉における変化の方向が少しみえてくる。すなわちその変化とは、葺石で装い埴輪でさらに荘厳化した隆然たる兆域を水の世界で取りまいた姿が、奥つ城の理想的な外容であると考えられるようになったことである[48]。これは墳丘観の変化を意味する。そこで、内的改変によっては理解できない、この唐突ともいえる変化が惹起した原因を彼地に求めることにし、海の彼方に蓬莱山という仙境を思いえがく中国風の神仙思想が倭に伝来し、これが墳丘を彩った、と説明しておきたい。外囲に水の世界がめぐるような墳墓の形制は、北朝墓の一部に例があるとも聞くが、ユーラシアの墓制のなかでは異数である。

なお、彼地からの伝来というと、この頃に埋葬施設として長持形石棺を採用したことについて、棺形態に慕容鮮卑墓の木棺が影響を与えたことを仮説として示したことがある。(49) すでに説かれている石材加工技術に加えて棺形態にも中国東北部の影響が及んだというわけであるが、その当否は今後の検討に委ねることにして、長持形石棺の出現に関連して注意しておきたいもうひとつは、並葬の出現である。すなわち、奈良県御所市室大墓古墳で長持形石棺を竪穴式石室に納めた埋葬施設二基を、後円部の左右対称位置に配している点である。(50) あらかじめ並葬することを予定したこの葬法もまた、彼地の合葬の風を容れた可能性が考えられる。

加えて、土製供物と呼ばれている小型の模造物を、造り出しや墳頂におくようになるのも同じ頃である。模造の対象として判明しているのは、案などの器財、魚類、鳥類、菱、アケビなどであり、京都府与謝郡与謝野町加悦蛭子山古墳で四足獣が確認されている(51)(図63)。明器や食物を供献する彼地の葬俗の伝来したことが推測される資料である。なお、模造物で足らせる前に実物を供献する風があったという明証は見いだせない。腐朽して痕跡をとどめていないことを考慮に入れたとしても、四足獣の場合には骨が残っていても不思議ではないからである。実物供献の存否についてはしたがって結論を急ぐべきではないし、模造物にせよ四足獣を食物に加えたとみることには問題がある。ともかく、器財や食物を模造物にかえて供献したことが知られる例は少ない。これは並葬の例も同様であるから、これらの彼地の風の受容は、一部にとどまったとみてさしつかえないようである。

器物への思念　長持形石棺を大型古墳の埋葬施設に採用しはじめた頃の副葬品といえば、津堂城山古墳や室大墓古墳の例が示しているように、さらには、年代の併行する中小古墳でしばしばみられるように、鏡や碧玉腕飾類などの

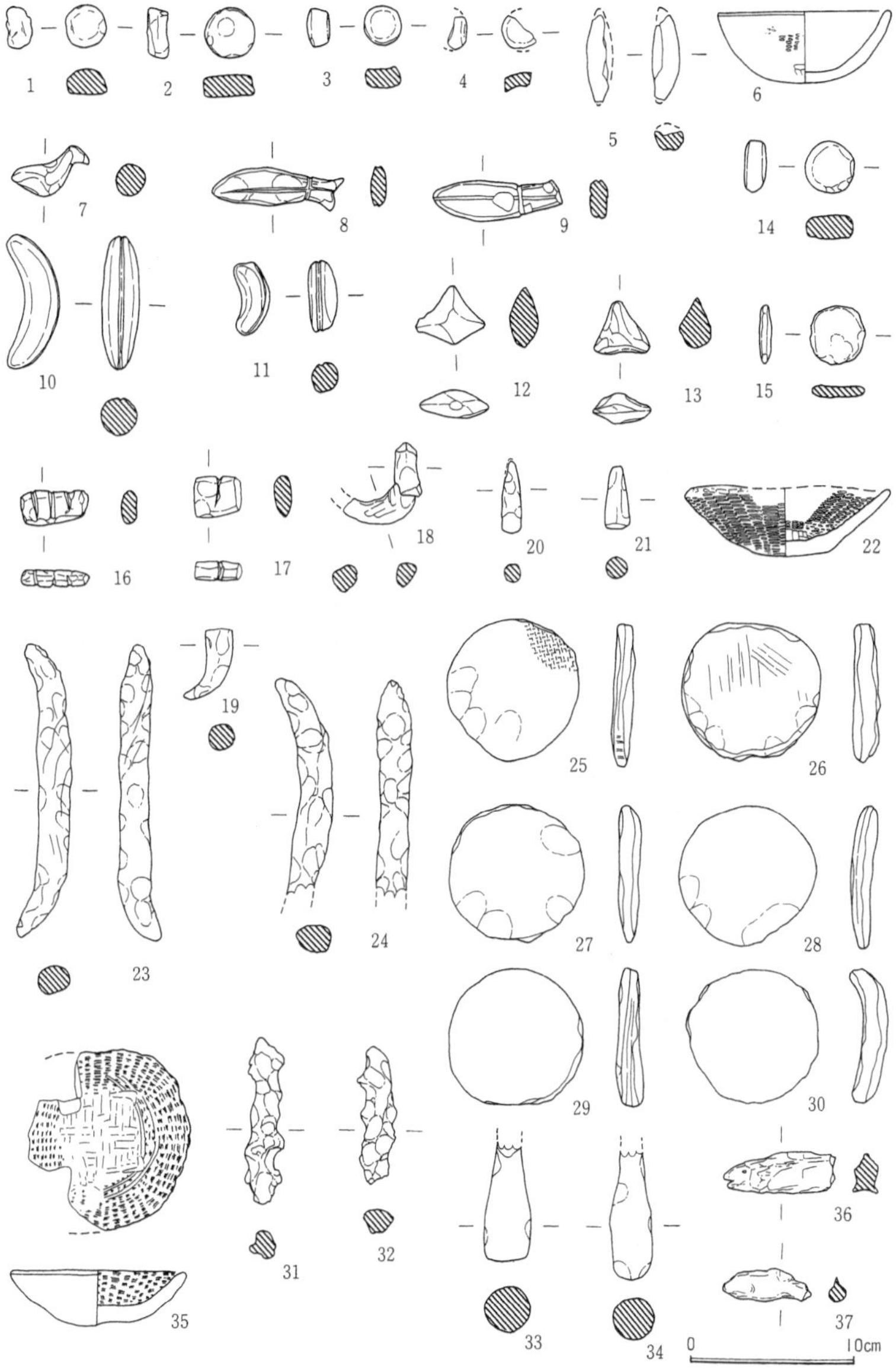

図63　古墳出土の土製品各種
1〜6：岐阜県昼飯大塚古墳　7〜22：兵庫県行者塚古墳
23〜35：兵庫県クワンス塚古墳　36・37：奈良県ウワナベ古墳

前期を代表する器物が、まぎれもなくまだ副葬品の一部を構成していた。また、長持形石棺を納めた竪穴式石室は、室大墓古墳で明らかになっているように、石室を塞いだ天井石の上面を粘土で覆って防水の工夫を凝らしてもいた。霊威ある器物を加え、埋葬施設を厳封して遺骸の保寧をはかったところに表出している葬送観が、長持形石棺の採用時には存続していたことが、これらの例から察せられる。

ところが、この頃には鏡は副葬品の主座を下りはじめており、碧玉腕飾類もまたほどなく脱落し、かわって武器、武具、農工具、滑石仮器類が、品目のうえでも、量の点でも、副葬品の主要な一部を占めるようになる。前・中期の交に跡をとどめるこの交替は、しかし、器物に対する霊威観が萎えた結果ではない。本来の用を果たさない粗造の仮器類を鉄や滑石で大量に作って副葬する行為には、数の多さのみに頼ろうとする形骸化した姿がきわだつにせよ、勾玉を選んでその霊威に期待を寄せ、農工具を副えて葬送に伴う作業が終了したことを明示し、こうして遺骸を封じて現世との繋がりを絶ったところに、霊威観と斎忌観の存続をみることができる(52)。

それならば、霊威があると考えていた鏡や碧玉腕飾類の副葬をなぜ止めたのであろうか。前・中期の交というと、大陸では鏡の流行期が過ぎていたことに加え、輸入に困難が伴った形跡が残っているので(53)、大量の輸入を実現することは不可能であり、一部を鋳潰して仿製品の製作に着手することにも不自由があった。滑石製品で代替することは容易であったにちがいないが、鏡に起源する円板は、遺骸に副えるよりも、主に自然神の災厄を避ける祭具として、その霊威を生かそうとしたようである。

鏡については、副葬の衰退をこのように説明することができるのに対し、碧玉腕飾類の場合、素材の調達にも製作にも支障はなかったはずであるから、副葬を継続することは充分に可能であった。そこで、その衰滅を次のように説明しておきたい。すなわち、碧玉腕飾類に懐いてきた霊威は、人びとの心性に根ざした共同体色を帯びていた。これはそもそもの祖型が弥生時代の貝輪であった点から察せられる。墳丘観の変化としてすでに述べたように、いっそうの荘厳化をはかり、彼地の思想で演出し、こうして自らの奥つ城の外容を民衆的心性の世界から離脱させようとしていた有力者にとって、碧玉腕飾類の副葬は停止すべき旧習であったのではなかろうか。

この当時、半島への侵寇を主導し南朝との通交を開始し、軍事や政治によって立つ旗幟を畿内の有力者が鮮明にしつつあったことを考えると、自らの葬られる奥つ城の体裁にも改変を加えたのは、当然の成行きであったといえる。しかしそうではあっても、造墓にあたって、階級的顕示欲をあらわにして、威容を誇ることをめざしていたのであれば、中期に入って墳丘の壮大化が加速し、大型墳の築造数が増加することはありえそうにない。器物の大量副葬によって推測したように、形骸化したにせよ伝統的心性がなお機能していたことが、壮大化を促す原因になったと思われる。

霊威観であれ斎忌観であれ、これを葬送の場で具現させることは、亡き人の霊威を畏怖しそれゆえに安寧に定位させようとはかる点で、被葬者の希望ではなく、まさに現世に残った者の強い思念による。エジプトや中国であれば、送る側も送られる側も彼岸において安寧であれかしと、ともに願ったのであろうが、これとは異なる現世重視の思念が古墳という墳墓の葬送観を貫いていたのである。しかし、中期に至って極まった墳丘の壮大化は、かりにメトカーフ・ハンティントン流の公益性を保持していたにせよ、また民衆的心性と同調する部分はあったにせよ、社会的負担という意味ではもう限界に達していたし、有力者の側にもそれを実現できない事態が生じてきた。中国で南朝と北朝との力関係が逆転して北朝が優位に立ち、これに連動して高句麗がふたたび南下を始めたことによって、社会的諸力を軍事方面に向けなければならなくなったからである(54)。

神仙の図柄　図64として掲げたのは、営造が古墳時代中期中葉のＯＮ四六型式期にあたるという千葉県祇園大塚山古墳出土の、金銅装眉庇付冑である(55)。出土地は関東であるが、半島からの渡来系の工人が倭で製作にあたった製品であることが、眉庇付という彼地と異なる甲形式に、金銅や鋲留という新技術を採用している点から察せられる。製作

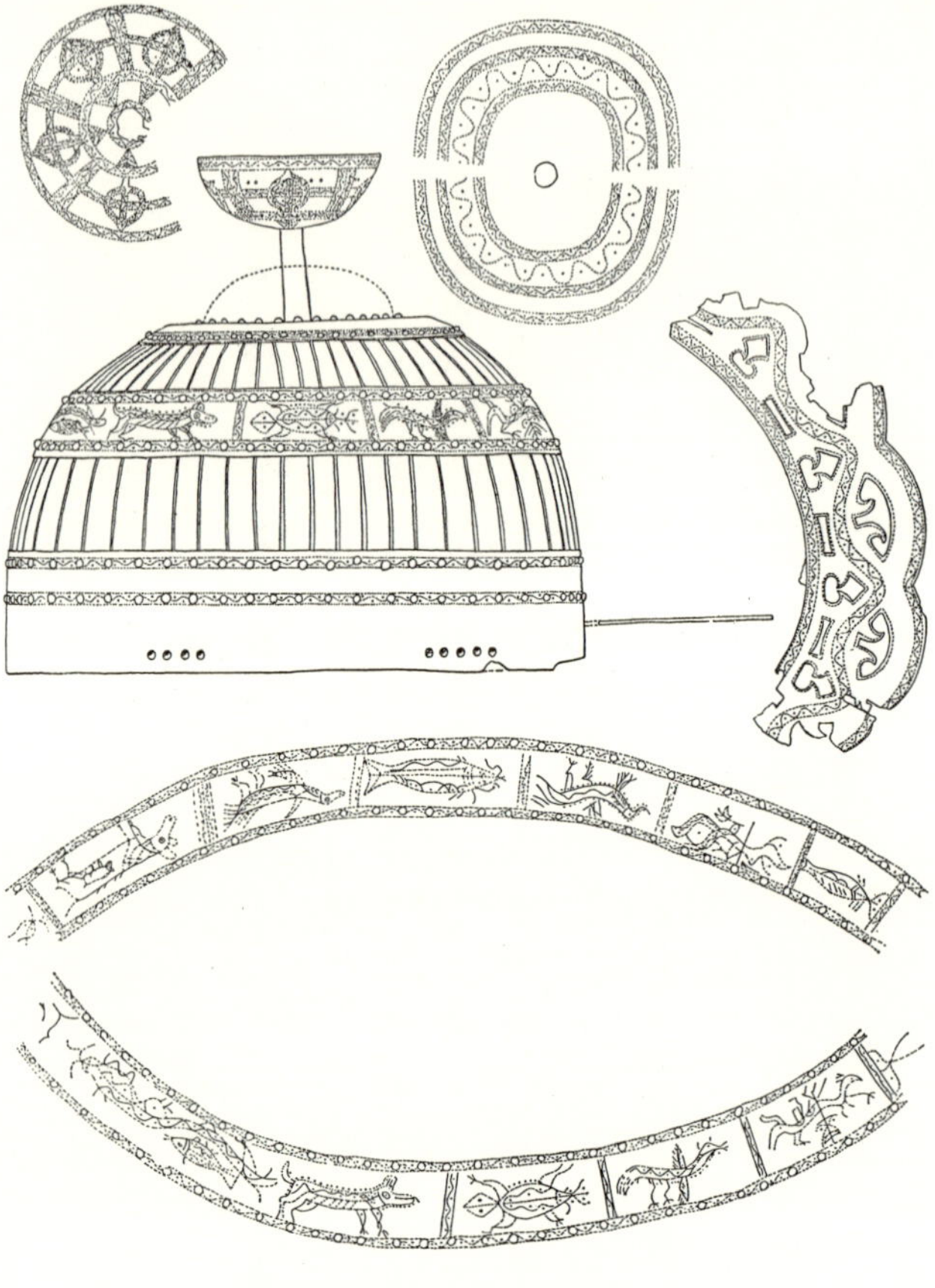

図 64　千葉県木更津市祇園大塚山古墳出土眉庇付冑

地としては、当時の軍事活動の中核を占めた政権が存在した畿内とみるのが穏当であると思う。

製品の外表に図文を描出した蹴彫りの技術もまた、外来系である。図文の構成を順に辿っていくと、半球を上に向けた受け鉢は四重の帯で同心円状に分割して最内周に三角文を配し、外の二周を放射状に直線帯で区画して間隙を花文で飾っている。各花文は三角文の延長に位置しており、両文様を関連づけて描いたことが推測される。欠失した伏せ鉢の外囲は三重の帯で内外に区画し、そのさい最内周の幅を少し広くとって波状列点文を施してある。側面にめぐらせた帯金は、鋲の並ぶ上下端に縁取りの文様を配して内部を縦に区切り、方形の各区画を動物文で充たしている。動物として、鳥、獣、魚、亀または鼈《すっぽん》が識別できる。鉢金の裾や眉庇部にも帯状の図文がある。

このようにして辿った図文の描出ぶりは獣文の例でわかるように拙劣であり、精緻とはいいがたいのであるが、受け鉢から帯金に至る間の図文の種類と配置とに注目するならば、工人が心の赴くままに描いた戯画ではないことが知られる。朝鮮半島黄海道南浦市江西区徳興里墓前室の天井部を飾る壁画図文の構成と通じるところがあるからである(56)

図 65　平安南道南浦市徳興里墓前室の東壁と天井の壁画

（図65）。この高句麗墓が四〇八年に完工したことを墓誌銘が語っており、祇園大塚山古墳の営造年代によって導かれる眉庇付冑の推定製作年代もあまり隔たってはいないので、図文構成上の共通性は年代の面からも傍証が得られる。

すなわち、受け鉢の放射状文や同心円文、三角文や花文は器物本体の黄金の輝きとともに、中心から発する光輝を表している。徳興里墓でいえば、前室頂部の藻井の中心に描いた八角文とこれをめぐる花文や鋸歯文が光輝にあたる。林巳奈夫の説を借りると、(57) 八角文は、方格規矩四神鏡の鈕座の八葉形が示しているように天界の光輝であり、当時の極北を占めた小熊座のβ星を表している。そうして、天界の中心を占め太陽の運行を司るこの小熊座β星は、不祥を却けて陰陽をととのえる四方の天神の上位にあり、四時の運行の枢要に位置する太一の神つまり天帝の象徴として、その下にある世界（居室や墓室）に生産的な影響力を及ぼすと考えられていたという。

また帯金の動物文については、徳興里墓の例でいうと、天井の上半に描いた動物文にあたる。その主だった動物には榜題がついており、「辟毒の象」のように邪を払う瑞獣であることが名称から知られる。つまり、藻井の文様とあいまって、辟邪、瑞祥の世界を表現しているのである。したがって、帯金の動物について、それぞれ鳥を天界の、獣を地上界の、魚や亀または鼈を地下界の象徴に見たてて分離するよりも、瑞獣として一括りにするべきではないかと思う。その方が、受け鉢に光輝を表現したこととも、猪らしい動物の腹に孕んだ仔を添えたこととも呼応するからである。邪を避けて祥瑞をもたらす神仙世界の図柄は、死後の登仙を願った被葬者を安置する墓室の画題としても、戦いに携える武具の図文としても、まことにふさわしいものであったというわけである。

もっとも、祇園大塚山古墳の眉庇付冑の図文に込められたこの含意を、古墳時代中期中葉すなわち五世紀中葉の倭人が、はたして理解していたのかどうか、この点に疑問があるかもしれない。しかし、中国風の神仙思想で奥つ城を装うために動物を配する風がすでに始まっていたことを想起し、熊本県玉名郡和水町江田船山古墳出土刀に例をみるように、(58) 効用を高からしめる目的で器物に動物文を配する風が現れたことを勘案するならば、眉庇付冑のこの図文と含意とは、中期において孤立してはいないのである。

ところで、祇園大塚山古墳が営造されたＯＮ四六型式期は、畿内における思念上の転機にあたっている。拙著『同型鏡とワカタケル』（平成一六年）でその内容を詳述したので、ここでは概略を記しておくと、滑石製や鉄製の仮器類を多量に副葬する旧習が衰滅し、奥つ城の壮大化が止み、これらを支えてきた葬送観が墳墓の場から後退した。斎忌観がこうして弛緩するのと前後して、武具や馬具のような生前の活動に連なる器物を副葬して亡き人を顕彰する風が盛んになる。あくまで此岸を守ることの方を優先させてきた葬送側の思念が翳りをみせ、被葬者の生前を積極的に認めようとする配慮が働きだしたのである。また、近づくことを避けてきた古い奥つ城に強い関心を懐き、人物を造形して祭儀の場面を奥つ城の一部に残しておくことを企て、自らの事蹟や出自を刀剣のような金属に鏤刻して記録にとどめようとする動きが始まった。現在を記録し、自らの過去を尋ねる歴史意識が育まれたことを、このようにして知ることができる。

横穴式石室葬の定着　奈良県橿原市見瀬町丸山古墳の例が伝えているように[59]、後期後半にはすでに、長持形石棺を廃して横穴式石室を採用し、周濠の付設や埴輪の樹立も停止しており、この頃の畿内の大型墳は中期の例とはかなり違ったさまをのぞかせている。畿内の大型墳が後期に入ってこのような姿貌をみせるまでに辿った変化の道筋については、まだよくわかっていないが、大阪府高槻市郡家新町今城塚古墳[60]などの、私案Ｖ期の埴輪をそなえた周濠付きの大型墳で、横穴式石室を内蔵する例が報告され、中小の前方後円墳のなかに同期の埴輪をそなえた横穴式石室墳が少なくない。この事実は、後期前半の大型墳の、いまなお大半の例で明かされていない埋葬施設の実態を推測する手がかりになるであろう。

そこで、畿内の有力者が後期前半には横穴式石室葬の採用に踏みきったとみてよければ、大陸や半島の制に倣ったことが考えられるが、中期における葬送観の変化がなければ、この採用はさらに遅れ滞ったにちがいない。いずれにせよ採用が後に与えた影響は多大であった。すなわち、前期ならば厳封した竪穴式石室や粘土槨を、中期には外来系と推測した長持形石棺を、それぞれ墳丘の最高所に埋設して高く掲げていたのに対し、横穴式石室の採用によって埋葬の場を墳丘の低位へ移し、墳頂の機能を喪失せしめたのである。墳丘の機能と意義とがこうして横穴式石室の内部に集約されたことによって、墳丘はさし仰ぐ対象から外れ、観望者と墳丘との間で保たれてきた思念上の交流は疎遠になっていったにちがいない。

したがって、墳丘の外表に埴輪を樹てならべて荘厳化した兆域の外囲に水の世界を配する演出が、今城塚古墳にそのさまを窺いみることができるにせよ衰退に向かったことは、横穴式石室葬の採用によって演出の意義が失われたからであると考えれば頷ける。また、埴輪が墳丘の外表から消えさってもなお、横穴式石室の内部や入口付近に埴輪をおいた奈良県生駒郡平群町西宮烏土塚古墳のような例が[61]、将来もし大型墳で見いだされたとしても、墳丘の機能と意義とが横穴式石室の内部に集約されたのであるから、樹立場所のこの変更も奇異なことではない。

さて、横穴式石室の内部世界は、現在眼にするような、石の肌をあらわにした寂寞とした空間ではなかった。華やかとはいえないまでも死の世界を演出しようとしていたことが、断片的な例から想像される。奈良県北葛城郡広陵町牧野古墳などで壁の石積みのあいだに粘土を塡めて面をととのえた形跡がみられ[62]、奈良県生駒郡斑鳩町藤ノ木古墳で壁に金具を挿して何かを吊りさげたらしい証拠が得られているからである[63]。

しかし演出とはいっても、天極を中心にした仙界のさまを天井に描き、亡き人が他界で安居する姿を壁に表した、徳興里墓にみられたような中国風の神仙観に彩られた体裁ではなかった可能性がある。また、地獄の冥府から亡き人の魂が救済されることを希求する、小南一郎が復原してみせたような魏晋南北朝期に始まる道教の一流に基づく葬送観の実現でもなかったであろう[64]。この演出について増田精一がユーラシア的視野から再生儀礼の存在を復原し[65]、村田文夫が辟邪の効用を期待していたと説いている[66]。中国では死者再生の祭具であったという火熨斗が[67]、百済系横穴式石室を設けた大阪府柏原市高井田古墳など外来色の強い墳墓から出土しているので(68)、増田のいう再生儀礼には傍証がある。また、東北や九州の装飾墳墓で壁を飾る三角文を援用して説いた村田の辟邪説は、この文様で武具類を飾ってきた過去があることを想起するならば説得力がある(69)。再生と辟邪とはあい対立する思念ではないので、習合することもありえたであろうが、筆者としては畿内の有力者が横穴式石室葬に懐いた思念を別の方向から復原してみたい。

壷中の他界　畿内で後期すなわち六世紀代の大型墳の内容がほとんど判明していないので、考察の手がかりを中小型墳に求めるならば、それらの古墳に副葬された、人物や動物の小像を付けあるいは小壷を肩などに配した脚付壷、動物などで上端を飾った器台が注意をひく（図66）。横穴式石室と時をほぼ同じくして流行の色をみせたこれらの装飾須恵器について、すでに精細な分類が試みられており、小像の姿態や構成をとりあげた論考も少なくないが(70)、先学の諸業績のなかで見のがされている点がある。それは、墳丘の埴輪が奥つ城という本体を演出する一種の装置であったように、装飾須恵器に配した小像や小壷は、本体の機能や意味を表出し強調するための付属物であるという認識である。

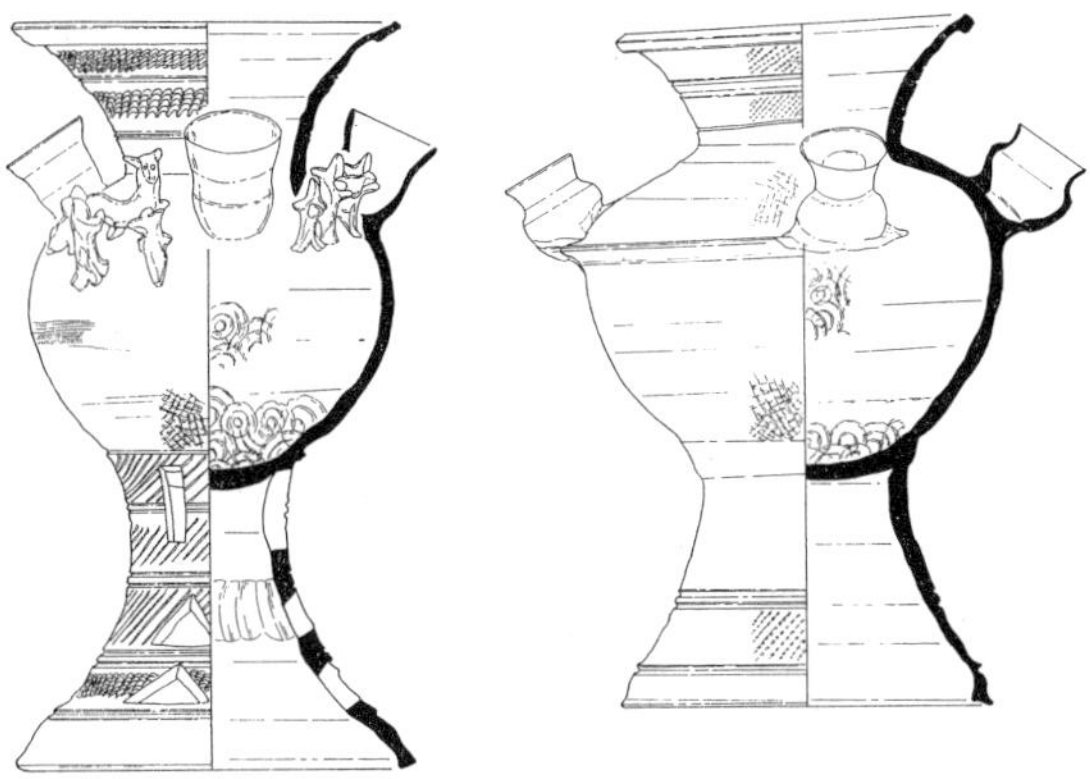

図 66　兵庫県たつの市西宮山古墳出土装飾須恵器

装飾須恵器を数の多さの点で代表している脚付壷の本体が壷にあることはいうまでもないし、装飾器台もまた壷を載せるための台であるから壷を本体としている。つまり、壷に主体をおいて、それを支え掲げているところに、造形上の意図が存するのである。壷というと、『後漢書』方術伝の費長房譚などにみるように、壷中に神仙境があるという壷中天の思想が、中国の主として南方で古くから流布しており、東海中に神仙境を求める蓬萊山信仰と重なりあっていたらしい。東海中の五山に擬えて五壺を連ね動物像を配した五連缶と呼んでいる漢代の器物によって、これが推測されている。そうして、神仙境をかたどった墓中のこの五連缶には死者の魂が宿ると考えられており、このような霊魂観が呉代に継承されて神亭壺や魂瓶と称している副葬用陶磁を生んだことも、詳説されているところである。また中国の北方についても、辟邪の文言を朱筆した壺の副葬例が漢代にあり、これらをとりあげて壺によって他界に至る霊魂観の存在したことが説かれている。壺の内部を仙境視する思想は、中国でこうして展開していたことが小南一郎の論攷から知られる。(71)

この思想は朝鮮半島南半には流伝していた形跡が、陶質土器のなかに残っている。慶尚北道慶州市皇南洞味鄒王陵地区鶏林路一六地区三〇号墓などで出土している人物や動物を配した長頸壺、慶尚南道釜山市福泉洞三一・三二号墓主槨出土の器台に動物を配して壺を載せた例などは、半島風の変容はあるにせよ、壺中天を造形した好例である。(72)しかも五世紀に遡る例が半島に少なくないことは、その思想を倭に伝えた故地を示唆する点で、注意されるのである。

もっとも倭には、土師器の壺を葬祭の場に供し、あるいは奈良県桜井市外山茶臼山古墳例のように壺をめぐらせて場を区画していた過去がある。(73)装飾須恵器が流行する後期には、このような風はすでに衰滅し朝顔形埴輪に形骸化した残影をとどめるにすぎなかったけれども、伝承のかたちで記憶されて壺中天という思想を受けいれる素地になったことは、考えられるところである。また、中期に登場し祭祀の場で後期に存続していた子持勾玉も、素地を考えさせる遺物である。(74)本体を大きくして同形の付属物を副えた造形には、内在する霊威が強大になって増殖し、発現力が並なみでないことを示す意図があったと思われる。聖器類の大型指向と大量副葬、仮器類の大量副葬をとりあげて指摘した霊威観の伝統が、本体の大型化を促し、増殖を表す付属物を副える発想を生んだとみてよければ、子持勾玉という器物の出現は過去からの延長上に位置し、したがってまた、本体の壺に小壺を付ける着想の淵源もここにあることになる。

水の世界の彼方に隆然たる神聖世界を仰ぐ水平的他界観を奥つ城で実現し、天極を直上に戴く垂直的他界観を器物に表現した中期における外来思想の受容と定着とが、壷中天思想の流布を扶けもしたであろう。壷という仙界に群像を配した行為も、奥つ城への群像の樹立とならんで中国風の仙界観から想を得た可能性のあることが、博山炉の風景などから推察される。しかし同時に、霊威観の伝統が、半島例と相違する造形を生み、ひいては倭の各地で装飾須恵器を個性あらしめた、ということになるであろう。[75] 壷中天の思想はたしかに中国に発し、半島を経て倭に伝わった外来系であるとともに、それを受容し個性化させる素地が準備されていたことにも注意を促しておきたい。

畏怖から慰撫へ　壷中の他界とは、壷の形態が示しているように、狭隘な通路によって現世と結ばれた異境であり、この点で、羨道を通って玄室に達する横穴式石室と他界に至る構図を同じくしている。このことは後期の人びとが懐いていた他界観を復原するうえで、示唆的である。すなわち、竪穴式石室や粘土槨を高所に厳封した前期、長持形石棺を水の彼方の墳壁の頂部に埋置した中期が、ともに開放された他界を構想したのに対して、現世とのあいだに一筋の脈絡を設けた閉ざされた空間に、他界を表現しているからである。

したがって、埋葬の場であり、霊魂が籠り霊威が凝るところであった墳丘の機能や意義を、横穴式石室の内部に集約しようとしたとき、実行に移す人びとにとっては、霊魂の行方が問題になったはずである。前期で厳封を目ざしたほどの深い畏怖は中期の変化によってもう過去のものになっていたであろうが、それでも扱いを誤れば現世に影響が及ぶと考えていたらしいことは、イザナギの黄泉国訪問神話にも垣間みることができるし、横穴式石室の羨道や前庭部に残された祭祀の様子からも窺い知ることができる。[76] この意識がことに畿内において強く働いたことは、埋葬後に行った羨道の閉塞が後述する九州の例とちがって厳重である事実が暗示しているところである。

その意味で、脚付装飾壷を玄室の片隅に副えて亡き人の霊魂が壷中に宿ることを期待しようとしたのは、その行方に対して確信がもてなかった横穴式石室葬流行開始時の不安を示唆している。そうして、坏や高坏などの須恵器の容れ物を、できることならば数多く納入して、他界で使う飲食物を豊富に用意したことを体裁上にせよ示したのもまた、たとえそれが半島から学んだ葬送観であり葬俗であったとしても、霊魂の行方に不安を懐き現世への入来を絶とうとしたからであろう。(77) つまり、霊魂の宿るところを設け、他界での飲食物を準備して、慰撫につとめたわけである。周濠の付設で始まった前期後葉からの葬送観の変容が、中期中葉の転換を経、ここに至っていちおうの完整をみたといえるであろうし、また、この変容の軌跡から他界観の成長を汲みとることもできる。そこで、畏怖から慰撫へという表現でこの変化を約言しておこう。

第三節　思念の継承

飛鳥時代の葬送観　共同体的遺制を奥つ城から払拭する方向に動いてきた畿内の有力者は、これをさらに推しすすめて百済などに墓制の範を求め、道教思想に導かれ、よりいっそう彼地の風に倣おうとしたことを、飛鳥時代の墳墓が伝えている。伝統的な前方後円形を廃して方形や八角形を墳形に採用したことについて、これは道教思想に則り、宇宙＝地を象ったらしいことがすでに説かれている。(78) 律令体制の完整をめざしていた有力者達が、死後に宇宙＝地の中心を占めて霊魂がすみやかに天界へ赴くことを願い、奈良県高市郡飛鳥村にあるキトラ墓(79)や高松塚(80)にみるように天井に天界を描き周壁に四神を配して墓室を演出したことは、彼らが倣おうとした唐風の皇帝観からみて頷けるのである。

ところで、四神というと、高句麗の墳墓壁画の画題が五世紀末を境にして大きく変わり、六世紀に入ると伝統的な仙境図を捨てて四神を盛んに描くようになったことが知られている（図67）。この変化を惹起した高句麗側の事情はまだよくわかっていないようであるが、五世紀末というのは、漢化政策を推しすすめていた北魏の孝文帝（四七一―四九九）が北の平城から黄河流域の洛陽へ王都を遷した時期にあたっている。東周や後漢の王都があった洛陽は漢民族にとって故地に相当するところであり、荒れはてていた後漢のこの廃都を内城として整備するとともに、東西九・二キロ、南北六・七キロの外城を設けて、ほぼ東西対称の方形街路網で内部を区画した。王都を南へ遷して、前漢の長安を凌ぐ巨都の造営を洛陽の地でもくろんだことは、孝文帝にとって、南朝との対決という政治的軍事的理由だけでなく、胡漢同視の中国的普遍国家への転身を意味していたという[81]。あるいは、朝政の方式を変えて朝堂の直接的な皇帝支配を企て、皇帝一元化をめざしたとも説かれている[82]。

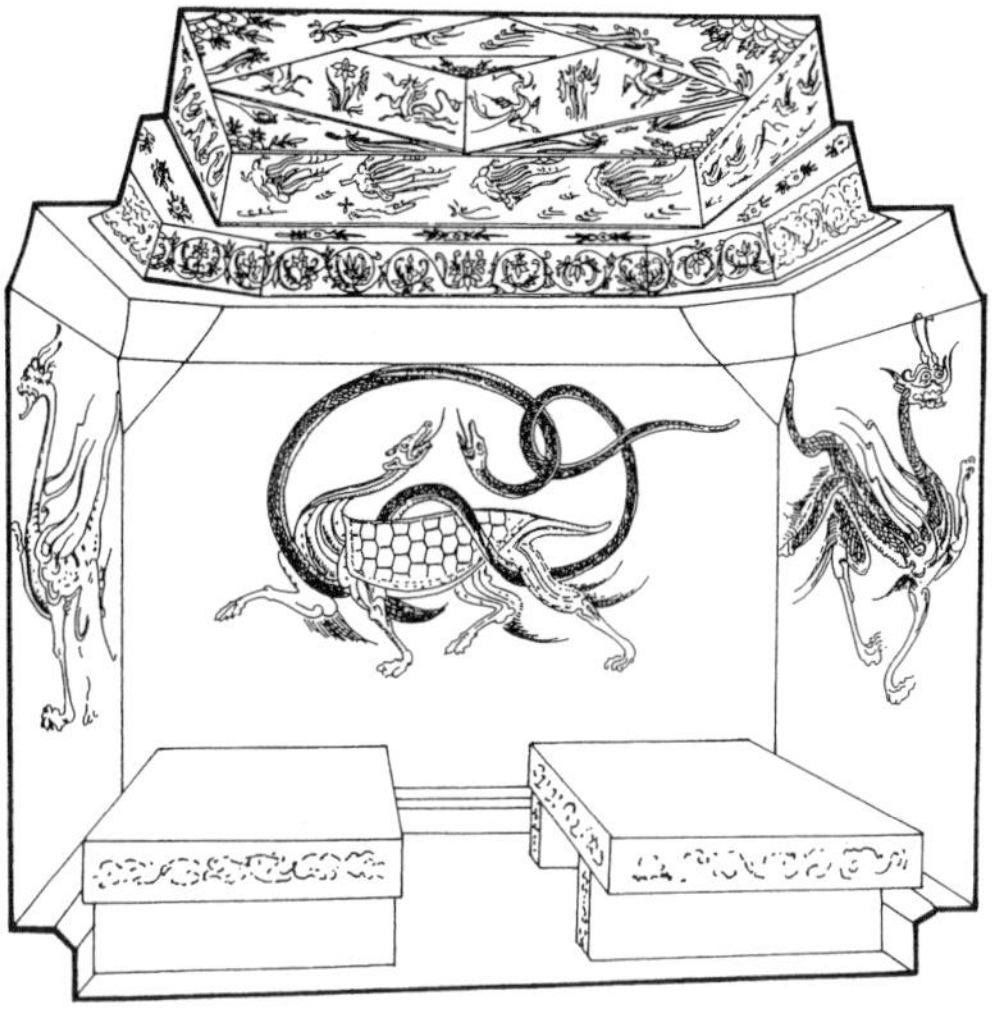

図 67　平安南道南浦市江西大墓の四神図

したがって、このような皇帝観や国家観を洛陽の幾何学的姿貌が具現しているとみてよければ、皇帝による一元的支配を正統化して権威あらしめるために、四神思想のような宇宙的思惟を造都の理念として重視したのではないか[83]。高句麗はこの頃頻繁に北魏に朝貢を重ねていたので、高句麗墳墓壁画の画題を四神が占めるようになったのは、このような中国側の事情とともに、高句麗側の方にもそれをすみやかに受容する準備がととのっていたせいではなかろうか。四神思想はほどなく百済に伝わったことが、韓国忠清南道宋山里六号墓の四神図によって察せられる[84]。石室の形態は南朝風であっても、北朝に端を発する思想の図柄で墓室を飾ったというわけである。

話を戻すと、飛鳥時代の畿内の有力者の墳墓は、高松塚のように入口は南面する傾向があるので、たとえ四神や星宿で内部を飾っていなくても、墓室を天地の中心の直下に据えようとする配慮が働いていたようである。もっとも、横穴式石室が南に開口する傾向は、奈良県葛城市寺口忍海古墳群(85)など古墳時代後期後半に遡って合致する実例が数多い。六世紀前葉には四神思想がすでに百済に伝わっており、その図柄が仏教的要素とならんで王族の墳墓を飾るほどに流布していたらしいことを考えると、あるいは、百済が五経博士段楊爾を倭に派遣したという継体紀七年六月の記事から推断すると、畿内の横穴式石室の営造理念のなかに四神思想が入っていることはありえる。しかしそうではあっても、四神や星宿が墓室を飾った頃は、律令体制の整備に拍車がかかり、東魏や北斉の王都である鄴城に範をとって地割りをしたという藤原京が体裁を整えつつあり(86)、銭貨にまで星宿が登場して、畿内有力者の思念がよりいっそう宇宙的思惟体系に傾斜していった時代であった。仏教の流布とならんでこの点に、四神思想が伝来して造墓に反映していた形跡を残す古墳時代後期後半との差異を見いだしておきたい(87)。

飛鳥時代の畿内有力者の墳墓には、占地に風水説をとりいれた例があることを、河上邦彦が検証している(88)。中国の風水説によれば、穴とは、龍脈のなかでとくに精気が集中して陰陽が調和している地点であり、ここに居宅や墳墓をおけば、龍脈の精気を永久に享受できるところであり、砂とは穴の周囲の地勢を指す。そうして、四神のそれぞれの住地を地勢に擬えるのも、この砂に関連しているという(89)。墳形、墓室の装飾や方位に加えて、河上の検証通りならば占地もまた、彼地の思惟体系によったことになるわけである。これは、宮都の造営を企てた天武が、畿内に適地を求めるさいに陰陽師を入れたことから推測される点でもある。

さらに加えるならば、石棺式石室のような狭い単葬用の石室があらわれて追葬可能な空間を擁する大型の横穴式石室の営造が衰滅し、納入する副葬品は工芸の粋を集めた優品ではあっても種類や数量が激減する変化もまた、彼地の思惟体系で墳墓を濃く彩るようになったことに由来する可能性がある。すなわち、霊魂の赴くところを彼地の思惟体系のなかに定めおくことにさしたる抵抗がなくなったので、副葬品の納入によって霊魂を慰撫して現世から分離しようとする、横穴式石室葬に伴っていた思念を絶つことが可能になったのである。霊魂の赴くところを彼地の思惟体系のなかに定めおくという点では、火葬の受容もまたそうであったにちがいない。

飛鳥・奈良時代の思念　霊威観と斎忌観とに彩られた共同幻想世界から出発し、外来の思惟体系を纏うことでそこから離脱する方向に動き、ついには体系のなかに霊魂の行方を定めおくところまで、畿内有力者の思念が至ったことを述べた。しかしそうであるからといって、彼らの心性が共同幻想から遠ざかり、他方、あとに残された幻想世界は、民衆的エートスとして俗信の類に堕していった、という二極分解の構図をもし思いえがいたとしたら、その構図は単純に過ぎるようである。

山陵祭祀に関する文献史学方面の所説によれば、七・八世紀に死せる天皇に対して臣下らが捧げた誄《しのびごと》は、死者の霊に向かって服属のような政治的誓約を行ったところに、ひとつの特色があるという(90)。また当時、山陵は祖霊のいますところとしてその霊威が現世に重大な影響をもたらすと考えられており、したがって山陵への祭祀の実修は、王権や皇位に直接関係する非常の場合に限られていた。すなわち、故人を顕彰する目的で誄《るい》を奉上し、埋葬後もなお先帝に生けるが如く仕えて霊魂を慰藉した中国流とは大いに異なり、霊魂が荒ぶるのを極力避けようとする思念が強く働いていたことを、誄《しのびごと》の内容や山陵観によって窺いしることができるというのである(91)。また他方、殯宮で儀礼のひとつとして作りうたったという『万葉集』の挽歌は、自然や動物に霊威の内在をみる呪物信仰色がとりわけ濃いことを、土橋寛が説いている(92)。葬送のさいに亡き人を哀傷して歌を献じる風は、土橋によれば彼地から伝来したらしいが、歌の内容は伝統的霊威観に根をおろしているわけである。

その意味で、飛鳥時代の仏教に固有の祖霊崇拝が強く反映していることを早くに指摘した高取正男の説や(93)、飛鳥時代に伝来し爾来流布した薬師呪術が在来の現世利益的霊魂観に彩られていることをインドや中国と比較して述べた小林信彦の論は傾聴すべき点が少なくない(94)。また、鎮魂の「鎮」を辟邪と解して折口信夫説に立ちむかった岩田勝の論考(95)、「日本人」の思惟方法の特徴のひとつに、……古代日本人が死を恐れていたことは明らかに示されてはいない。死んでから先にどうなるかということについては少しも考えていないようである。

と述べて現世主義をあげた中村元の指摘は(96)、本章の内容に触れるところが多い。加えて、中国で育まれた壺中天という仙境観が、既述のように古墳時代後期に伝統的な霊威観と習合して、かなり広汎に人びとの心をとらえていたことにもあらためて注意を払ってほしい。

もとより、外来の思惟体系を容れていった畿内有力者の思念上の軌跡をなぞっていくと、共同幻想世界のなかで呱々の声をあげた広域な政治秩序が、彼地との接触を通じて体制の整備を重ね、官司制的中央集権体制を掲げる律令国家として完整に至った道程がみえてくる。民衆から離脱し、外来の思惟体系をかりてみずからの存在を正統化し、つねに国家形成上の能動者であろうとした畿内有力者の政治的相貌が、浮かびあがってくるわけである。しかしそれが彼らの一面でしかなかったことは、すでに述べた通りである。彼らは、外来の思惟体系を容れつつ、しかもなお心底に霊威観と斎忌観とをとどめ、しばしばこの心性上の伝統で外来の思惟体系を染めあげさえしたことは、高取や小林や中村の高説とならんで、考古学の方面からも指摘しうるのである。

心性の系譜　『日本書紀』朱鳥元年（六八六）六月条に、天武の病気の原因について草薙剣が祟ったと述べ、『続日本紀』宝亀一一年（七八〇）一〇月癸巳条に、兵器庫におさめた箭が動いて庫が鳴動し、これが翌年にもあったことを記している。また、『日本後紀』延暦二四年（八〇五）二月庚戌条が、桓武の病臥した原因に触れ、石上にあった武器を平安京に移したことによると示唆している。

このような常ならぬ異変をとりあげた記載は陵墓についてもあり、大宝二年（七〇二）八月癸卯に倭建命墓が震ったことを『続日本紀』が、承和一〇年（八四三）四月己未朔に楯列陵が鳴ったことを『続日本後紀』がそれぞれ伝えている。また、『続日本後紀』承和七年（八四〇）五月辛巳条によれば、淳和は死にのぞんで、「人歿精魂皈レ天。而空存二冢墓一。鬼物憑焉。終及為レ祟。長貽二後累一。」として、散骨することを顧命していることは、当時の墳墓観を知らしめる。祟りというと、山陵の祟ることが、桓武の柏原陵の例のように、しばしば八・九世紀の文献に記されているのである。[97] なお、築造がはるかに遡る古墳で祭事を実修した形跡は、古墳時代の中期後半からみられるようになるが、奈良時代以降も祭事を行う場所として認識されていたらしいことが、土馬の出土によって推察される。[98] 文献にもあるように降雨を祈ったのであろう。

祟りはまた早良親王や橘逸勢などのように怨みをもって死に至った高位者の霊が、現世に災厄をもたらすかたちで、文献にあらわれる。早良親王には崇道という天皇号を、橘逸勢には官位をそれぞれ追贈して、霊を慰めたというが、祟りをもたらす怨霊がやがて疫神と結合して「御霊」となり、これに対する慰撫は平安京の祭儀として後世に継続したことが、異見を孕みながら多くの研究者によって論述されている。[99] ちなみに、九条兼実（一一四九―一二〇七）が著した日記『玉葉』のなかに、面貌を写実的に描かれることを恐怖した一節がある。顔を写実的に描かれると「たましひ」が身体から引きはなされるという意識が平安貴族達のあいだにあったことを、この一節をとりあげて山本健吉が説いている。[100] 式子内親王（一一五三？―一二〇一）の詠んだ「玉の緒よ絶えなば絶えね……」という歌と考えあわせるならば、人間には霊魂が宿り、それが引きはなされることはすなわち死であると、認識していたことがわかる。

さて、平安貴族の心中に濃い影をおとしていたもうひとつは、穢れである。延長五年（九二七）に撰進された『延喜式』が記す触穢を項目ごとにまとめ、忌みの日数を副えて列挙すると、

死（死穢三〇日、改葬穢三〇日）
産（産穢七日、傷胎穢四カ月以上三〇日、三カ月以下七日、妊者穢、月事穢）
火（失火穢七日）
食（喫宍穢三日）

畜（六畜死穢五日、六畜産穢三日）

のようになる。さらに、弔問、病気見舞い、葬送法要も穢に加えられており、当日の参内を禁じたこれらは、死に関する穢の項目に入れてよかろう。なお、傷胎とは流産を指す。以上、『延喜式』があげた穢れの内容を通覧すると、穢れとは一過性で個人を対象としており、現世の生活のなかで遭遇する特定の事件や事柄に関する負の認定であることがわかる。

時代を遡れば魏志倭人伝のなかに、

始死停喪十余日。当時不食肉。喪主哭泣。他人就歌舞飲酒。已葬挙家詣水中澡浴。以如練沐。

とある。すなわち、死から埋葬までの十余日の喪の間は、肉食を絶ち、喪主は泣きさけび、葬儀に加わった他の者達は歌舞飲食をし、そうして埋葬後は親族一同が水に入って身をすすぎ清めるというのである。穢れにちなんで問題になる部分はまず、喪葬と肉食とがあいいれないとしている点である。古墳から出土している動物遺体のなかに貝殻や魚骨はあっても、獣骨は見いだしえないこと、「土製供物」のなかにも食用として供したことを思わせる畜獣の例が含まれていないことからすると、古墳時代の喪葬においても肉食は憚られていたことが察せられる。また、『延喜式』巻三二大膳上が記す祭料をみると、動物は海産物に限られているので、平安時代に神祇を祭る食物として畜獣を外していたことは明らかである。ただし釋奠祭料のみにはこれが許されていた。山川の神に犠牲を供える巡狩にちなんだ中国流の祭儀が釋奠祭であるから、これは当然といえる。

なお、「当時不食肉」という表現は、裏をかえせば、日常では肉食が避けられていなかったことを暗示している。これは古墳時代の集落址における出土獣骨によっても、雄略紀二年一〇月条の宍人部設置譚からも推知することができる。さらに、奈良時代に肉食を行っていた記録があり[101]、平安時代の貴族は毛皮を身につけていたらしい[102]。ただし平安時代後期に入ると、肉食を控える傾向が貴族の間で顕著になったという[103]。

埋葬後に水に入って身をすすぎ清める点を次に問題にすると、この行為をもし水による浄化と理解するならば、死穢観が三世紀には育まれていたことになる。つまり、平安時代に至るまで死を穢れとみる思念が継承されていたというわけである。他方、水はまた、全身を浸して濯ぎ振りうごかすと霊魂や生命の活力を呼びさますことが説かれている。近親の死で哭泣し衰弱した状態を、こうして回復させる若水とみるのである。[104]この場合には、平安時代に至る間に死穢観が醸成されたことになる。いずれの見解にも理はあろうが、筆者としては後者の方を採りたい。参列者は歌舞飲食の盛宴で死の暗黒に抗し、近親者は亡き人を哭泣をもって追慕して霊魂が荒ぶるのを抑え、沐浴してみずからの衰弱した生命を常態に復させる、という葬祭が斎忌の情景にふさわしいと考えるからであり、[105]加えて、穢れという思念は特定地位者の神聖化と政治体制の中央集権化との進捗に伴って枢要を占める人びとの間で肥大したとみられ、聖穢の一如はユーラシア歴史世界で広く例が知られていることによる。[106]その意味で、斎忌よりも穢れが後出であるとした大山喬平の所見は妥当性があると思う。[107]

ひるがえって、『延喜式』で穢れとされている事項を再び通覧すると、いずれも異界との境界に位置することがみてとれる。死はまさしくそうであり、産は死の対極にあるようにみえて死と同じく異界と接していることは、岡田重精が説いた通りである。[108]そうして火もまた、忌火と穢火とを截然と分離していたように、小林行雄「黄泉戸喫」から察せられるように、扱いを誤れば現世に大厄をもたらす点で、異界に近い危険な存在であった。[109]また、遺骸へ赤色顔料を塗布した辟邪の葬俗が弥生・古墳時代にあったことを考えあわせるならば、産と火とは赤という色調を伴う点でも特別視される条件にかなっていたと思われる。それではなぜ、肉食が穢れとされたのであろうか。この点について、山中は人間世界と区別された異界であり、里を訪れる野獣には異界の霊力が宿っており、六畜もまたこれに準ずるとみた千葉徳爾の見解を受けいれたい。[110]すなわち、畜獣は異界との境に位置する点で死や産や火と同じ位相を占めており、したがって肉食は、同じく境界行為である葬や祭から排除されたということである。

平安時代後期から甚しくなるという肉食を穢れ視する風の中心が畿内にあったことは、宮都が営まれた地であるという経緯を考えれば当然のことといえる。また、同じ頃から畿内で流布しはじめる土師皿を一括りにして廃棄する習俗は[111]、異界と関わった祭儀の場の容器であるからこのような処置がとられたとみれば、この頃に御霊信仰が平安京内で盛んになったこととも、霊威観、斎忌観の高揚という点で軌道を同じくすることになる（図68）。そうしてさらに後代に至れば、被差別部落を成立に導き存続せしめた心性上の要因でもあったらしいことが、部落の分布状況から推測される[112]。

以上要するに、器物であれ人間であれ墳墓や畜獣であれそこに霊威が内在しているとみる霊威観、喪葬であれ祟りや穢れであれ異界と接したさいに発動しその危険を特定して定位させる斎忌観は、古墳の造営が止んでもなお、相貌を変えつつも底流として、畿内有力者の心性を貫いていたことが、こうして知られるのである。

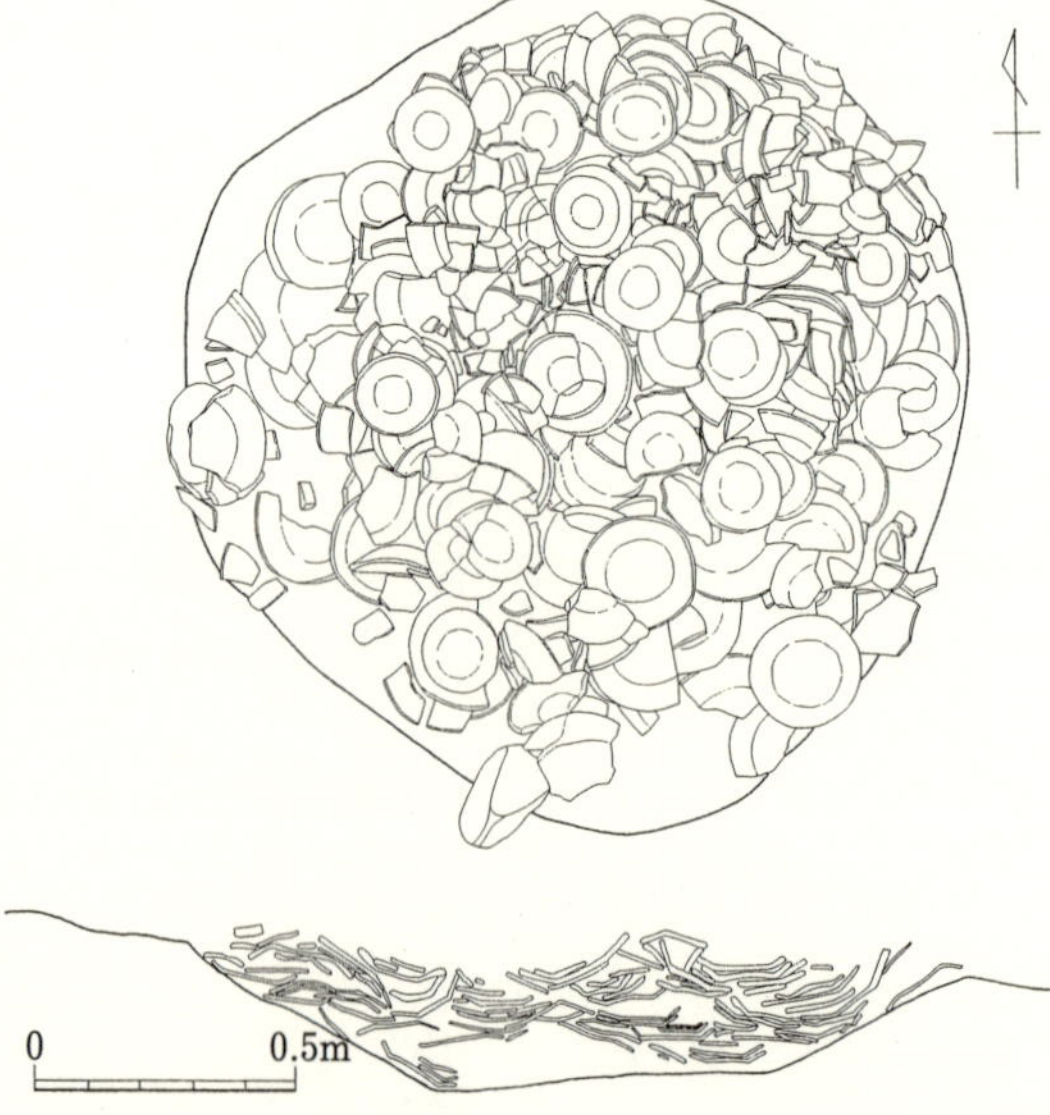

図68　平安京左京八条三坊二町G3P1の土師皿出土状態

注

（1）川西宏幸『古墳時代政治史序説』（昭和六三年）、同上『同型鏡とワカタケル―古墳時代国家像の再構築―』（平成一六年）。

（2）P・メトカーフ、W・R・ハンティントン（池上良正・池上冨美子訳）『死の儀礼―葬送習俗の人類学的研究―』（第二版

一九九一年　平成八年）。E・デュルケム（古野清人訳）『宗教生活の原初形態』（一九一二年　昭和五〇年）の第三編第五章もあわせ参照。

（3）河上邦彦ほか編『中山大塚古墳』（奈良県立橿原考古学研究所調査報告　第八二冊　平成八年）。

（4）菅原康夫・原芳伸編『阿讃山脈東南縁の古墳群―四国横断自動車道建設に伴う埋蔵文化財調査概報―』（徳島県埋蔵文化財センター調査概報　第三集　平成一三年）。

（5）ヘロドトス（松平千秋訳）『歴史』巻二（昭和四六年）。

（6）湖南省博物館・中国科学院考古研究所編『長沙馬王堆一号漢墓』（文物出版社　一九七三年）。

（7）曽布川寛「崑崙山と昇仙図」（『東方学報』第五一冊　昭和五四年）、同上『崑崙山への昇仙―古代中国人が描いた死後の世界―』（中公新書六三五　昭和五六年）。なお、小南一郎「漢代の祖霊観念」（『東方学報』第六六冊　平成六年）によれば、死者の肉体と霊魂とを密接なものと考えて遺骸を大切にする祖霊観念が、漢代に広く定着したという。

（8）李零『中国方術考』（東方出版社　二〇〇〇年）。

（9）中国社会科学院考古研究所・河北省文物管理処編『満城漢墓発掘報告』（文物出版社　一九八〇年）。

（10）現代中国では、冷蔵庫などの電気製品や車を紙に描いて、死者に添えているというから、古代の葬俗が現代にまで伝わっていることが知られる。

（11）林巳奈夫『中国文明の誕生』（平成七年）。

（12）しいてあげるとすれば、碧玉椅子形品や合子がある。

（13）梅原末治『椿井大塚山古墳』（昭和三九年）。

（14）奈良県立橿原考古学研究所編『黒塚古墳調査概報』（平成一一年）。

（15）奈良県立橿原考古学研究所編『島の山古墳調査概報』（平成九年）。

（16）前期の古墳における竪穴式石室の営造や副葬品の内容に、被葬者の死後の生活というものがまったく意識されておらず、したがって死後の生活に関する思念が充分に発達していなかったことは、佐野大和「黄泉国以前」（『国学院雑誌』第五六巻第二号　昭和三〇年）がすでに指摘している。

(17) 桝井豊成編『ヒル塚古墳発掘調査概報』(八幡市教育委員会 平成二年)。

(18) 杜金鵬「二里頭遺址宮殿建築基址初歩研究」(『考古学集刊』第一六集 二〇〇六年)。

(19) 注11に同じ。

(20) 楊寛(西嶋定生監訳、尾形勇・太田有子訳)『中国皇帝陵の起源と変遷』(一九八一年 昭和五六年)。劉慶柱・李毓芳(来村多加史訳)『前漢皇帝陵の研究』(一九八七年 平成三年)。

(21) 北西ユーラシアの大型墓については、以下の文献がある。林俊雄「北方ユーラシアの大型円墳」(郵政考古学会編『平井尚志先生古稀記念考古学論攷』第Ⅱ集 平成四年)。藤川繁彦編『中央ユーラシアの考古学』(世界の考古学6 平成一一年)。ヨーロッパの初期鉄器時代に属するハルシュタット文化の域内にも、直径一〇〇メートル級の円墳が存在している。Lessing, E., *Hallstatt: Bilder aus der Frühzeit Europas* (Jugend und Volk, 1980).

(22) 吉林省文物考古研究所・集安市博物館編『集安高句麗王陵―一九九〇～二〇〇三年集安高句麗王陵調査報告―』(文物出版社 二〇〇四年)。

(23) 片岡宏二『弥生時代渡来人と土器・青銅器』(平成一一年)。後藤直「弥生時代の青銅器生産地―九州―」(『東京大学考古学研究室研究紀要』第一七号 平成一四年)、同上『朝鮮半島初期農耕社会の研究』(平成一八年)。

(24) 岩永省三『金属器登場』(歴史発掘 第七巻 平成九年)。

(25) 大阪府立弥生文化博物館「卑弥呼の音楽会」展図録(平成一二年)。

(26) 注24に同じ。

(27) 小林行雄『日本考古学概説』(昭和二六年)。

(28) 大阪府立弥生文化博物館「神々の源流」展図録(平成一二年)で、銅鐸=農耕祭具説にかわって辟邪具説が唱えられている。銅鐸と銅利器との機能の喪失が期を同じくした要因が問題として残っている。銅器に対する同じ思念を九州北半から近畿に至る広域で共有していたところへ、共通する刺激が加わり、これが申しあわせたような機能の一斉喪失を生んだと考えておきたい。これは田中琢『倭人争乱』(日本の歴史 第二巻 平成三年)に近い。川西宏幸「倭人の心性」(『心茶』第四三号 平成九年)参照。

（29）土橋寛『古代歌謡と儀礼の世界』（昭和四〇年）。

（30）弥生時代後期の人物表現として管見にのぼるのは、大阪府の柏原市平野遺跡例と富田林市彼方遺跡例とである。他にも例が見いだされるとしても、中期後半に較べると格段に例が乏しくなることは、木偶の消失によっても裏づけられる。北野重「平野遺跡出土の絵画土器」（『みずほ』第一六号　平成七年）。大阪府立弥生文化博物館「弥生画帖」展図録（平成一八年）。縄文時代において汎西日本的に顔の表現が忌避されたことを、伊藤正人「顔の輪廻―土偶と土面の西東―」（『古代学研究』第一六八号　平成一七年）が説示している。

（31）弥生時代の木偶を祖先神の造形とみる意見が一般的である。分布が近江に集中している点、後期に衰滅する点で、再考の余地があると思う。もし祖先神ということなら、これらの点について説明がほしいところである。

（32）川西宏幸「仿製鏡再考」（『古文化談叢』第二四集　平成三年）、同上『古墳時代の比較考古学』（平成一一年）に補訂載録。

（33）赤塚次郎「瑞龍寺山山頂墳と山中様式」（『弥生文化博物館研究報告』第一集　平成四年）。

（34）青銅器の廃絶時期が一様でなかったことを、川西宏幸「銅鐸の埋納と鏡の伝世」（『考古学雑誌』第六一巻第二号　昭和五〇年）や寺沢薫「銅鐸埋納論」（『古代文化』第四四巻第五・第六号　平成四年）が説いているが、早くに廃絶する山陰と瀬戸内とでは、これとあい前後していわゆる墳丘墓の流行が始まる。信頼を寄せる対象が青銅器から有為者へと移るのが、両地域においてことに早かった、とこれを説明しておく。青銅器をめぐる祭祀や儀礼に名称をつけることが必要ではあるとしても、それを生みだした思念や心性に焦点をあてようとする筆者の姿勢とは一線を画している。その意味で、銅剣《ママ》、銅鐸を地的宗儀の聖器、銅鏡を天的宗儀の神器とする三品彰英説を検討することなく継承した考古学者の態度は、理解に苦しむ。三品彰英「天ノ岩戸がくれの物語」（同上『建国神話の諸問題』三品彰英論文集　第二巻　昭和四六年）。

（35）岡田重精『斎忌の世界―その機能と変容―』（平成元年）。邪なるものを駆逐するという意味の辟邪の思念は、古代中国にもあり、倭の弥生時代にもあったにちがいない。注28で紹介した銅鐸＝辟邪具説に加え、中・後期の弥生土器に描かれた「戈と盾をもつ人」の画像から辟邪の儀礼の存在を導いた小林青樹の所説もまた、弥生時代における辟邪の思念を証示している。しかし、斎忌とは古代中国にも通有する辟邪ではなく、倭に特有である。小林青樹「『戈と盾をもつ人』の弥生絵画」（『祭祀考古学』第五号　平成一八年）。

（36）倭に伝来して九州北半で主として弥生時代中期に副葬された前漢代の四乳葉文鏡や内行花文精白鏡が、同種鏡としては大型の優品であることを、高倉洋彰が指摘している。福岡県前原市平原墓から出土した仿製内行花文鏡の大型品の存在をも勘案するならば、大型鏡を好む指向と副葬品に加える葬俗は、九州北半においては弥生時代中期に実現されていたことが知られる。銅矛の大型化をはかった思念と通じる点である。高倉洋彰・車崎正彦「弥生・古墳時代の鏡」（『季刊考古学』第四三号　平成五年）。

（37）嶋田暁「古墳に遺存する朱について」（末永先生古稀記念会編『古代学論叢』昭和四二年）ならびに同上「日本上代の葬制と墓制―殯（もがり）と木棺に関連して―」（大阪歴史学会編『古代国家の形成と展開』昭和五一年）が、前期の古墳において遺骸の保全がはかられたことを主張している。朱の塗布に保全の効果が期待されるという点を根拠にした主張であるが、久保哲三「古代前期における二重葬制について」（『史観』第七五冊　昭和四二年）が、塗朱は遺骸が骨化したのちに行った可能性を考えており、さらに千葉県市原市姉崎山王山古墳の発掘結果における人骨や朱の化学分析で、その可能性が立証されることになった（上総山王山古墳発掘調査団編『上総山王山古墳発掘調査報告書』昭和五五年）。なお、島田は遺骸をミイラとして保存したことを、これに対して久保は遺骸の骨化をまって洗骨したことを、それぞれ推測しているのであるが、本稿の場合は埋葬時の状態までは問うていない。

（38）南武志ほか「中国貴州省と湖南省辰砂鉱石のイオウ同位体比測定」（『考古学と自然科学』第四六号　平成一六年）。南武志「出雲市西谷墳丘墓出土赤色顔料の分析」（坂本豊治編『西谷墳墓群―平成一四年～一六年度発掘調査報告書―』（出雲市教育委員会　平成一八年）。

（39）袁仲一『秦始皇陵兵馬俑研究』（文物出版社　一九九〇年）。なお、秦漢帝国による民衆組織の統合が軍事的、強権的ではなかったことを、小南一郎が指摘している。このような面がたしかにあったのであろうが、文献が伝える始皇帝陵の造墓の様子は、強権的である。小南一郎「石鼓文製作の時代背景」（『東洋史研究』第五六巻第一号　平成九年）。

（40）津田左右吉『日本古典の研究』（改訂版　昭和四七年）。

（41）祖霊・祖先信仰については民俗学の方面で研究上の蓄積が多いようであるが、本稿では堀一郎『我が国民間信仰史の研究』㈡宗教史編（昭和二八年）の以下の叙述を引用すれば、古墳という墓制を出現せしめた心性上の背景として、岡田重精の説く斎忌との接点が得られるとともに、祖霊信仰との関係が見いだされるであろう（旧漢字と旧仮名を新字に変更）。

鎮送呪術とは……、精霊、特に人間の死霊が、生者の生活に脅威を与えようとするのを阻止するために、これを鎮遏し、送還する呪術の謂いである。我が国に於ける民間信仰は、……一般に現世利益的と呼ばれる要素と共に、この鎮送呪術的要素は最も根源的なもの（死者霊に関する—筆者注）の一つと言い得るのである。……民間信仰の中核をなすといわれる祖先崇拝の観念形成は、恐らくはかかる古代人の関心と信仰から導かれて来たものであり、……（三九七—三九八頁）

(42)　F・ド・クーランジュ（田辺貞之助訳）『古代都市』（一八六四年　昭和一九年）。貝塚茂樹『中国の古代国家』（昭和五九年）。

(43)　見須俊介「古墳時代の『豪族居館』研究上における問題点と平面類型」（『橿原考古学研究所紀要　考古学論攷』第二〇冊　平成八年）に、「居館」の存続期間が手ぎわよくまとめられているので、それを参照すると、ほとんどの例が長くても五〇年ほどにとどまっている。世代数に直せば、一—二世代というところであろう。これに対して、奈良県唐古遺跡のような弥生時代の中核的な環濠集落の場合、継続年数は優に一世紀を超え数百年に達している。なお、福岡市博多区博多駅南比恵遺跡や大阪府羽曳野市尺度遺跡で、方形環濠を掘りなおした形跡が確認されている。これらはいくぶん長期にわたって存続した例といえるであろう（図61参照）。第三七回埋蔵文化財研究集会実行委員会編『ムラと地域社会の変貌—弥生から古墳へ—』（平成七年）、三宮昌弘・河端智編『尺度遺跡Ⅰ—南阪奈道路建設に伴う調査—』（大阪府文化財調査研究センター　平成一一年）参照。

(44)　藤井寺市史編さん委員会編『藤井寺市史』第三巻　史料編一（昭和六一年）。

(45)　周濠の整備が段階的に進んだという前提で畿内の大型古墳編年を試みた白石太一郎説に対して、論評を加えたことがある。あわせ参照願いたい。川西宏幸「河内への道—序にかえて—」（『古代文化』第四四巻第九号　平成四年）。

(46)　井上義光『巣山古墳調査概報』（奈良県広陵町教育委員会編　平成一七年）。一瀬和夫「造出しと周濠内の島—前方後円墳の付加的要素—」（『季刊考古学』第九〇号　平成一七年）では、舟埴輪の樹立例を加えて、水の世界の演出をとりあげている。

(47)　注44に同じ。

(48)　茂木雅博『天皇陵の研究』（平成二年）によれば、奈良県下の大型前方後円墳の湛水濠は、築造当初から存在したものではないという。墳丘の外囲を一面にめぐる周濠についても、そのことごとくが当初から実際に水を湛えていたのかどうか、この点を検証する必要があるが、たとえ一部にせよ、湛水していたとみてさしつかえない例があることもまた事実である。あるいは、営造者が予期したほどには湛水せずに、それでもなお理念上は水の世界であると考えていたらしいことを、水鳥埴輪の樹立などが示している。

(49) 注32川西(平成一一年)に同じ。
(50) 秋山日出雄ほか『室大墓』(奈良県史跡名勝天然記念物調査報告　第一八冊　昭和三四年)。
(51) 梅原末治「桑飼村蛭子山、作り山両古墳の調査」(『京都府史蹟名勝天然紀念物調査報告』第一二・第一四冊　昭和六・八年)。佐藤晃一編『国指定史跡蛭子山古墳』(加悦町文化財調査概要四　昭和六〇年)。加古川市教育委員会編『行者塚古墳発掘調査概報』(加古川市文化財調査報告書一五　平成九年)。西田健彦「古墳出土の土製供物について」(梅澤重昭先生退官記念論文集編『考古聚英』平成一三年)。
(52) 白石太一郎「神まつりと古墳の祭祀―古墳出土の石製模造品を中心として―」(『国立歴史民俗博物館研究報告』第七集本篇　昭和六〇年)が滑石仮器類副葬の意義について論じ、農耕祭祀の司祭としての被葬者が死後においてもよくその職能を果たすべく、農工具を石でつくって来世までそれを保持したと述べ、また鉄製農工具の副葬には本来そのような意義が付託されていたという。このような意義を農工具の副葬に限って認めているのかどうか、論文の記述ではわからないが、もし農工具の副葬に限るということであれば、被葬者を農耕祭祀の司祭とした点がまず立証されなければならないはずである。白石の論述はこの立証に不安を残す点で、説得力を欠いている。
(53) 注1川西(平成一六年)に同じ。
(54) 注1川西(平成一六年)に同じ。
(55) 村井嵓雄「千葉県木更津市大塚山古墳出土遺物の研究」(『MUSEUM』第一八九号　昭和四一年)。
(56) 朱栄憲ほか(高寛敏訳)『徳興里高句麗壁画古墳』(一九八五年　昭和六一年)。
(57) 林巳奈夫「中国古代における蓮の花の象徴」(『東方学報』第五九冊　昭和六二年)、同上『漢代の神神』(平成元年)に載録。中村清兄「高句麗時代の古墳について―その星象壁画の考察を中心として―」(『考古学論叢』第四輯　昭和一二年)もあわせ参照。

(58) 東京国立博物館編『江田船山古墳出土国宝銀象嵌銘大刀』(平成五年)。なお、象嵌された鳥は、鵜である。大阪府茨木市太田継体陵から鵜埴輪が出土しており、埴輪編年のⅣ期にあたるこの例が最古であるから、ON四六型式期の頃に鵜に関する祭儀が出現したとみられる。この種の祭儀は中国では知られていないようである。

(59) 末永雅雄『古墳の航空大観』(昭和四九年)。福尾正彦「畝傍陵墓参考地石室内現況調査報告」(『書陵部紀要』第四五号　平成六年)。

(60) 高槻市立しろあと歴史館「発掘された埴輪群と今城塚古墳」展図録(平成一六年)。

(61) 伊達宗泰・岡幸二郎編『烏土塚古墳』(奈良県史跡名勝天然記念物調査報告　第二七冊　昭和四七年)。伊達宗泰「勢野茶臼山古墳—生駒郡三郷村—」(『奈良県史跡名勝天然記念物調査報告』第二三冊　昭和四一年)など。

(62) 河上邦彦編『史跡牧野古墳』(広陵町文化財調査報告　第一冊　昭和六二年)。注59福尾。

(63) 奈良県立橿原考古学研究所編『斑鳩藤ノ木古墳第一次調査報告書』(平成二年)。

(64) 小南一郎「道教信仰と死者の救済」(『東洋学術研究』第二七巻別冊　昭和六三年)。

(65) 増田精一『オリエント古代文明の源流』(人類史叢書六　昭和六一年)。

(66) 村田文夫「横穴式石室・横穴墓内を垂下する布帛—壁面に打ち込まれた吊金具と連続三角文からの推理—」(菅原文也先生還暦記念論集刊行会編『みちのく発掘』平成七年)。

(67) 石川三佐男「出土資料から見た『楚辞』九歌の成立時期について」(『中国出土資料研究』創刊号　平成九年)。

(68) 安村俊史・桑野一幸編『高井田山古墳』(柏原市文化財概報一九九五—Ⅱ　平成八年)。森浩一ほか『新沢千塚一二六号墳』(奈良県教育委員会　昭和五二年)。

(69) 盾、靫、三角板短甲があげられる。阪口英毅「長方板革綴短甲と三角板革綴短甲—変遷とその特質—」(『史林』第八一巻第五号　平成一〇年)参照。

(70) 山田邦和「装飾付須恵器の分類と編年—装飾付須恵器の基礎的研究—」(『古代文化』第四一巻第八・第九号　平成元年)、同上「装飾付須恵器総覧—装飾付須恵器の基礎的研究—」(『古代学研究所研究紀要』第二輯　平成四年)、同上『須恵器生産の研究』(平成一〇年)。柴垣勇夫「装飾須恵器の特徴とその分布」(愛知県陶磁資料館「装飾須恵器展」図録　平成七年)、同上

「装飾付須恵器の系譜と地域性について」(楢崎彰一先生古希記念論文集刊行会編『楢崎彰一先生古希記念論文集』平成一〇年)。以上あげた分類や分布に関する基礎的研究に加え、間壁葭子「装飾須恵器の小像群―製作の意図と背景―」(『倉敷考古館研究集報』第二〇号　昭和六三年)は、小像群の姿態を分類し、「犠牲」の供献と「競合と融和」とが、モチーフの基本であったと結論づけている。

(71) 小南一郎「壷形の宇宙」(『東方学報』第六一冊　平成元年)、同上「神亭壷と東呉の文化」(『東方学報』第六五冊　平成五年)、同上「漢代の祖霊観念」(『東方学報』第六六冊　平成六年)。そのほか、菊池大「五連罐・神亭壷の人物装飾と後漢・三国・西晋時期における江南地方の祭祀」(『中国考古学』第五号　平成一七年)参照。

(72) 金元龍監修『韓国の考古学』(平成元年)。東京国立博物館編「伽耶文化展」図録(平成四年)。そのほか、東京国立博物館「韓国古代文化展―新羅千年の美―」図録(昭和五八年)、国立慶州博物館編『菊隠李養璿蒐集文化財』(一九八七年)、東潮「古代朝鮮の祭祀遺物に関する一考察―異形土器をめぐって―」(『国立歴史民俗博物館研究報告』第七集　昭和六〇年)など参照。

(73) 上田宏範・中村春寿「桜井茶臼山古墳」(『奈良県史跡名勝天然記念物調査報告』第一九冊　昭和三六年)。野々口陽子「いわゆる畿内系二重口縁壷の展開」(『京都府埋蔵文化財論集』第三集　平成八年)。古屋紀之「墳墓における土器配置の系譜と意義―東日本の古墳時代の開始―」(『駿台史学』第一〇四号　平成一〇年)。

(74) 佐々木幹夫「子持勾玉私考」(滝口宏編『古代探叢』Ⅱ　昭和六〇年)。杉山林継編『子持勾玉資料集成』(国学院大学日本文化研究所　平成一四年)。

(75) たとえば出雲と伯耆において壷を墳墓に添えて埋葬に使い、こうして他界との境界に供していた過去が、同地で個性ある子持壷の装飾須恵器を誕生せしめたと思われる。池淵俊一「出雲型子持壷の変遷とその背景」(広島大学大学院文学研究科文化財学研究室編『考古論集―河瀬正利先生退官記念論文集―』(平成一六年)。

(76) 小林行雄「黄泉戸喫」(『考古学集刊』第二冊　昭和二四年)、補訂を加えて同上『古墳文化論考』(昭和五一年)に載録。白石太一郎「ことどわたし考―横穴式石室の埋葬儀礼をめぐって―」(『橿原考古学研究所論集―創立三十五周年記念―』昭和五〇年)。

(77) 埋葬施設に土器類を納入して遺骸に添える風は、中期後半のON四六―TK二〇八型式期における群集墳の形成とともに、隆盛の色をみせはじめる。そうして横穴式石室を内蔵した小円墳の営造が隆盛を極める後期後半に至り、もっぱら須恵器によって構成される副葬土器類は、種類と数量を増加させる。したがって飲食物を副葬する風は、興隆の端初という点では中期後半が、隆盛という点では後期後半がそれぞれ注目される。

（78）網干善教「八角方墳とその意義」（『橿原考古学研究所論集』第五　昭和五四年）、同上『終末期古墳の研究』（平成一五年）に載録。福永光司『道教と日本文化』（昭和五七年）。直宮憲一「八角墳再考」（網干善教先生華甲記念会編『考古学論集』（昭和六三年）。なお、飛鳥の王陵の石室の形制に百済の影響が強いことを、猪熊兼勝「飛鳥時代の天皇陵の研究序説」（奈良国立文化財研究所創立四〇周年記念論文集刊行会編『文化財論叢』Ⅱ　平成七年）が指摘している。

（79）キトラ古墳学術調査団編『キトラ古墳学術調査報告書』（明日香村文化財調査報告書　第三集　平成一一年）。奈良文化財研究所飛鳥藤原宮跡発掘調査部編『キトラ古墳』（平成一七年）。

（80）橿原考古学研究所編『壁画古墳高松塚―調査中間報告―』（昭和四七年）。

（81）谷川道雄『隋唐帝国形成史論』（昭和四六年）。

（82）渡辺信一郎『天空の玉座―中国古代帝国の朝政と儀礼―』（平成八年）。

（83）洛陽の占地が北に邙山をひかえ南に洛水をのぞんでいること、河南省向陽村で発見された五二六年造営の北魏元乂墓の天井に天象図を描いてあったことは、示唆的である。洛陽博物館「河南洛陽北魏元乂墓調査」（『文物』一九七四―一二　一九七四年）。なお、北魏洛陽城がこのような定型的姿貌をとった原因について諸説があり、これを妹尾達彦が要約している。妹尾達彦「アジアの都城―その思想と形態　東アジア―中国」（『重点領域研究「比較の手法によるイスラームの都市性の総合的研究」研究報告編』第八八号　平成二年）。それによると、⑴国家儀礼の変換が、儀礼の舞台としての都市構造の変化をもたらした、⑵星座体系の変化が都城プランに影響を与えた、⑶非漢族の建築家による、非伝統的で斬新な都市設計、⑷遊牧民統治者のための軍事用の宮苑（禁苑）が、宮殿と抱き合わせて北方に造られたため、宮殿は城内北部に位置することになった、という四説があるという。

（84）姜仁求（岡内三真訳）『百済古墳研究』（一九七七年　昭和五九年）。

（85）吉村幾温・千賀久編『寺口忍海古墳群』（新庄町文化財調査報告書　第一冊　昭和六三年）。

(86) 上田早苗「曹魏とその後の鄴」(『橿原考古学研究所論集』第一二　平成六年)。
(87) 廣畑輔雄「日本古代における北辰崇拝について」(『東方宗教』第二五号　昭和四〇年)、佐野賢治編『星の信仰―妙見・虚空蔵―』(平成六年)に載録。この廣畑論文によれば、『古事記』の開闢の神がみの配列は、中国の天文学の知識によっているという。天武の命によって編まれた『古事記』にこのようなかたちで宇宙的思惟が導入されているというのは興味深い。
(88) 河上邦彦「終末期古墳の立地と風水思想」(堅田直先生古希記念論文集刊行会編『堅田直先生古希記念論文集』平成九年)。
(89) 牧尾良海「風水説と中国山水画」(安居香山編『讖緯思想の綜合的研究』(昭和五九年)。
(90) 熊谷公男「古代王権とタマ(霊)―『天皇霊』を中心にして―」(『日本史研究』第三〇八号　昭和六三年)。
(91) 同前。
(92) 注29に同じ。
(93) 高取正男「固有信仰の展開と仏教受容」(『史林』第三七巻第二号　昭和二九年)。
(94) 小林信彦「薬師信仰」(『岩波講座日本文学と仏教』第七巻　霊地　平成七年)。
(95) 岩田勝「鎮魂―折口信夫説批判―」(『DOLMEN』四　平成二年)。
(96) 中村元『東洋人の思惟方法』三　日本人の思惟方法(中村元選集　第三巻　昭和三七年)。旧版(昭和二二年)を改訂。
(97) 秋吉正博「高僧の桓武天皇皇子転生―『日本霊異記』下巻第三十九縁の転生説話―」(根本誠二、S・C・モース編『奈良仏教と在地社会』平成一六年)が、器仗と山陵に関する異事や祟りをとりあげている。平安京遷都前後の貴族層の思念が、霊威観と斎忌観で彩られていたことを、本論文から読みとることができる。
(98) 国立歴史民俗博物館編『共同研究「古代の祭祀と信仰」附篇』(国立歴史民俗博物館研究報告　第七集　昭和六〇年)。
(99) 西山良平「御霊信仰論」(『岩波講座日本通史』第五巻　古代四　平成七年)。
(100) 山本健吉『いのちとかたち』(昭和五六年)。
(101) 関根真隆『奈良朝食生活の研究』(昭和四四年)。
(102) 出口公長『皮革あらかると』(平成一一年)。
(103) 鎌倉時代に成立した『禁秘抄』によると鹿の食穢は三〇日、『拾芥抄』では、猪鹿の食穢は日常で五日、春日社の神事に関しては生肉で五〇日、干肉で九〇日の忌みが必要であることを記す。『延喜式』の規定よりも日数が多くなっている。
(104) 折口信夫「若水の話」(『折口信夫全集』第二巻　古代研究　民俗学篇1　昭和四〇年)。
(105) 注2デュルケム（昭和五〇年）第五章、L・ブルュル（山田吉彦訳）『未開社会の思惟』（一九二八年　昭和一〇年）第八章参照。
(106) 井本英一『穢れと聖性』（平成一四年）。
(107) 大山喬平『日本中世農村史の研究』（昭和五三年）。
(108) 注35に同じ。
(109) 注76小林（昭和二四年）に同じ。堀一郎「萬葉集にあらはれたる葬制と他界観、霊魂観について」（下中彌三郎編『萬葉集大成』第八巻　民俗篇　昭和二八年）参照。
(110) 千葉徳爾『狩猟伝承研究』補遺篇（平成二年）。
(111) 鈴木康之「中世土器の象徴性―『かりそめ』の器としてのかわらけ―」（『日本考古学』第一四号　平成一四年）、同上「土師器系土器―中世土器に与えられた意味―」（『季刊考古学』第八五号　平成一五年）。
(112) 上杉聰『これでわかった！　部落の歴史―私のダイガク講座―』（平成一六年）掲載の、明治四〇年の内務省調査をもとに作成した「細民部落分布地図」参照。これによると、総人口に対して被差別部落人口の占める割合がもっとも高いのは、京都、奈良、兵庫で、次いで高いのは滋賀、三重、和歌山、鳥取、岡山、徳島、愛媛、高知、福岡である。明治時代末に至るまでの変容を考慮するならば細かい検討が必要であろうが、宮都が営まれた京都と奈良が上位を占めている点が注意される。兵庫については、古代の播磨が馬革や鹿革の有数の産地であった点に、示唆されるところがある。前沢和之「古代の皮革」（大阪歴史学会編『古代国家の形成と展開』（昭和五一年）参照。また福岡については大宰府が設置されていたことと関連づけられるかもしれない。これに対して東方では、愛発・不破関以東で密度が激減している点が、古代を反映している部分として注意される。なお、穢れから部落差別へ至る思想上の変化を、安田夕起子『穢れ考―日本における穢れの思想とその展開―』（ICU比較文化叢書五　平成一六年）が、古代、中世、近世にそれぞれ概括的特徴を付与しながら論じている。この方面の研究は少なくないが、示唆されるところの多い好著であると思う。

第六章　アヅマの基層

第一節　葬送の思念

墓制の系譜　骨化させた遺骸をあらためて土器に納めて土坑に埋置する風が、縄文時代で知られている。既存の用語で土器再葬と呼ばれるこの葬俗は、縄文時代のなかで隆替を経て弥生時代に存続し、東海西部から東北南部に至る間で流行したようである。関東に生活の根を張ってきた人びとの心性を導きだすにあたって、設楽博己に代表される先学の成果に導かれつつこの弥生再葬から論述を始めることにしたい(1)。

さて、弥生再葬の発現地は一カ所ではないという。東海西部の愛知県域とならんで東北南部の福島県域でも、縄文時代晩期終末ないし弥生時代前期にこの葬俗が発現した。骨を容れて土坑に埋置する壺の数が前者は単数、後者は複数という差異が、当初から伴っていた（図69）。発現とともに弥生時代前期のなかで二系の拡散が始まり、ともに関東に達した。そうして渡良瀬川―利根川を隔てて、下野・常陸では東北南部系が主流を占め、以南では東海西部系の方が多いという傾向の差異をみせていることが、設楽の示した分布図から読みとれる（図70）。

弥生時代中期に入ると、再葬墓は方形周溝墓と交替をはじめ、まず東海西部、ついで関東へと交替の波が及ぶ。ところがその波は、関東のなかで停滞をみせ、中・後期は分布の密度を濃くしながらなお渡良瀬川―利根川以南にとどまり、北進に転じるのは古墳時代の開始前後をまたなければならなかったことが、先行研究の蓄積からみてとれる(2)。つまり、再葬における二系の境界は、方形周溝墓葬の分布上の北限として、弥生時代のなかでかなりよく維持されていることになる（図71）。

二墓制間の関係については、弥生時代中期に営まれていた埼玉県行田市小敷田《こじきだ》遺跡(3)や千葉県君津市常《とこ》代《しろ》遺跡(4)の墓葬例をとりあげて方形周溝墓に再葬の形跡を求めるなど、新旧の習合あるいは再葬の存続を積極的に主張する見解がある(5)。また、再葬墓がそなえていたという「モニュメント性」を問題にして、環濠集落内に大型方形周溝墓を営んでいた千葉県佐倉市六崎大崎台遺跡(6)などの例がこれにあたることを説き、機能や意義の面でも二墓制間に連続性があった点を強調する意見がある(7)。さらに、この機能や意義は掘立柱大型建物に継承されたともいう(8)。

墓制の移行の仕方について継承や踏襲を重視するこれらの所説は、傾聴すべき点が多いが、同時にまた疑問点も少なくない。再葬が後代に長く広く存続したというなお臆測の域を出ない見解はさておいて(9)、問題にしたいのは以下の点である。すなわち、ときに習合したり「モニュメント性」を継続させた場合があるほど関東の弥生時代の墓制に連続性が強いのであれば、方形周溝墓葬は渡良瀬川―利根川を越えてもうひとつの再葬墓分布域へもすみやかに北上しえたはずである。しかしそうならなかったのは、利根川以南が東海西部に、以北が東北南部にそれぞれ連なる再葬墓の葬制の方を好んだ過去を有し、したがって東海西部起源の方形周溝墓葬は以南にとっては受けいれやすく、以北の

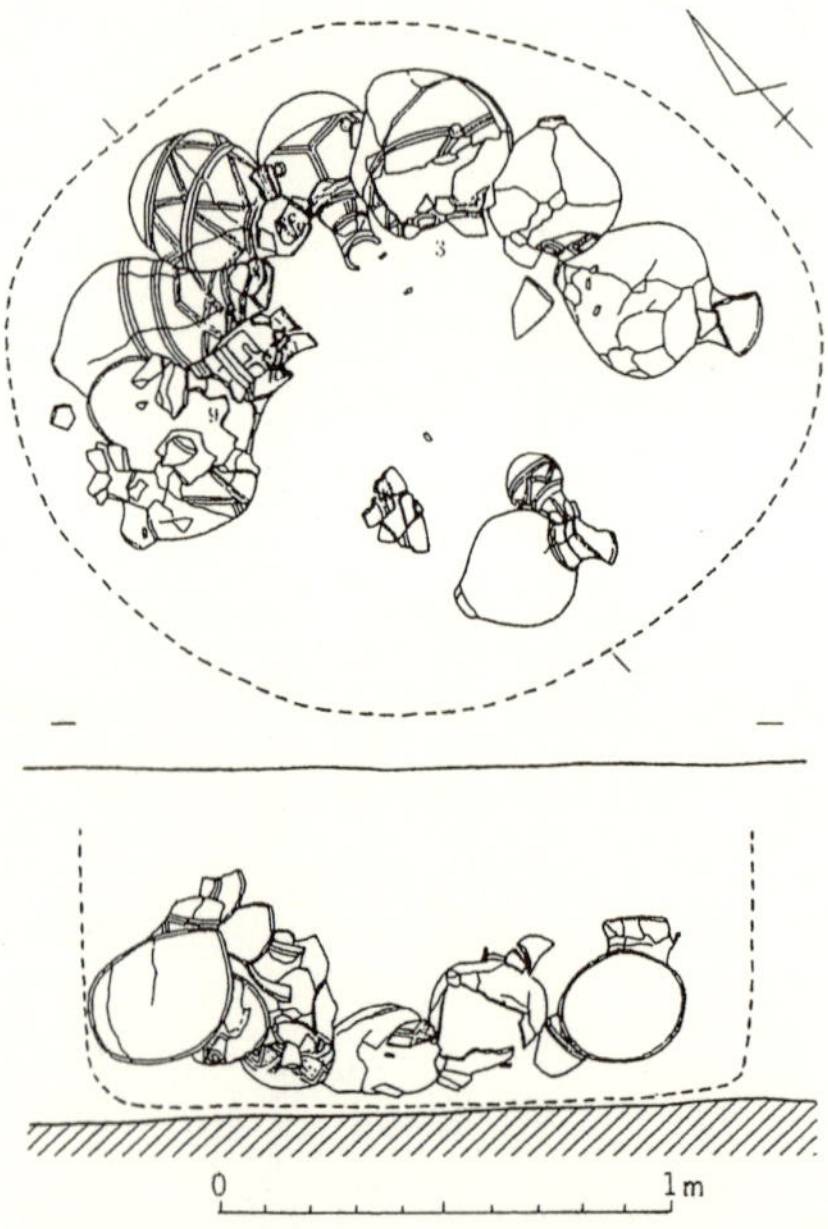

図69 栃木県佐野市出流原遺跡の再葬墓

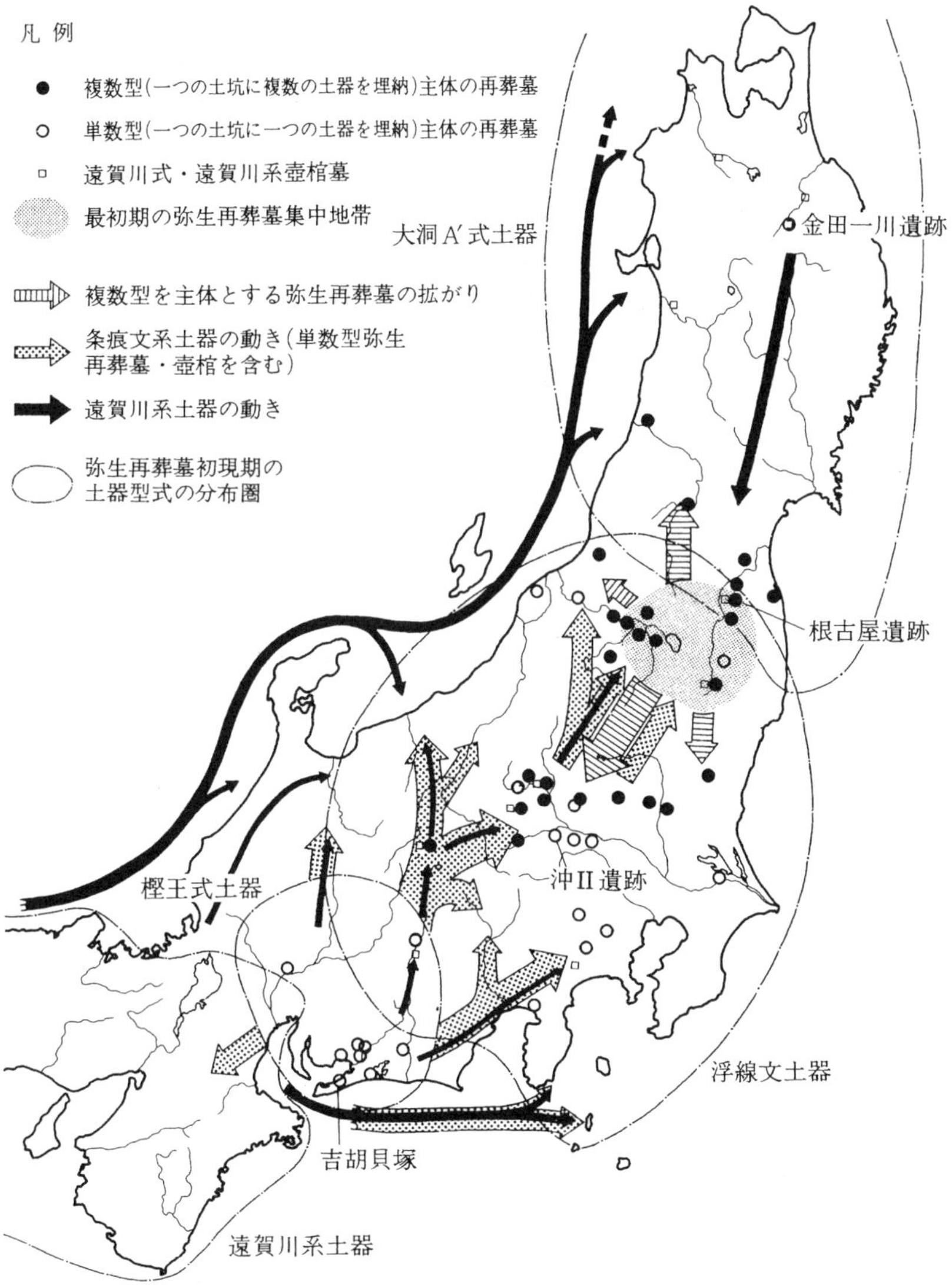

凡 例
複数型(一つの土坑に複数の土器を埋納)主体の再葬墓
単数型(一つの土坑に一つの土器を埋納)主体の再葬墓
遠賀川式・遠賀川系壺棺墓
最初期の弥生再葬墓集中地帯
複数型を主体とする弥生再葬墓の拡がり
条痕文系土器の動き(単数型弥生再葬墓・壺棺を含む)
遠賀川系土器の動き
弥生再葬墓初現期の土器型式の分布圏
大洞A′式土器
金田一川遺跡
根古屋遺跡
樫王式土器
沖II遺跡
浮線文土器
吉胡貝塚
遠賀川系土器

図70　弥生再葬の初期的展開

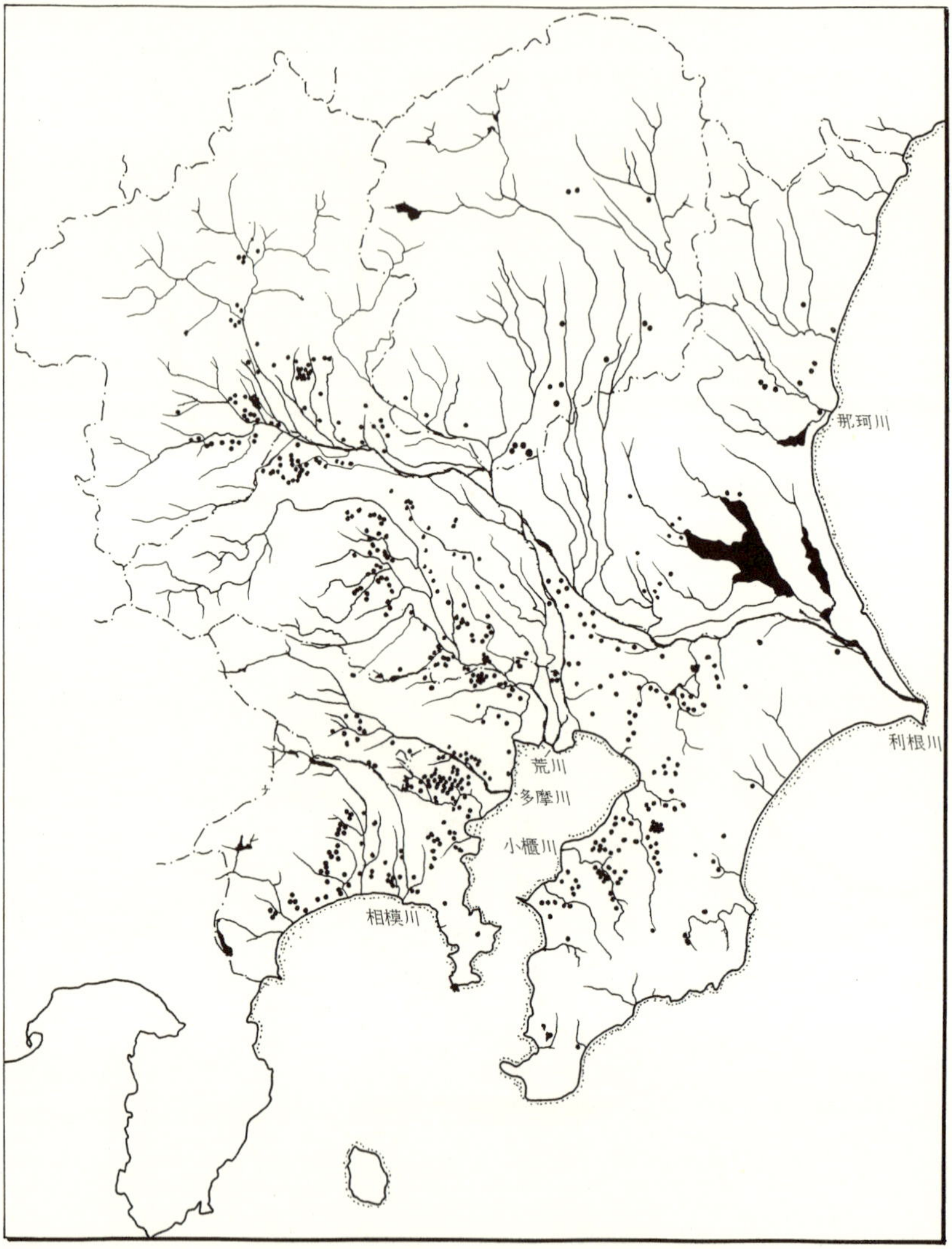

図 71　関東における方形周溝墓の分布

下野・常陸にとっては抵抗があったせいであろう。あるいは、定着度の高い農耕村落を営みえなかった下野・常陸には、方形周溝墓葬を受容する基盤が薄かったことも考えられてよい。(10)「モニュメント性」などの点で両方の墓制が繋がっていたことを認めるとともに、渡良瀬川―利根川をはさんで地域的差異があったことを、関東における弥生時代の墓制上の注目点としてあげたいのである。

そもそも東海西部から東伝した方形周溝墓の形制は、溝中埋葬の流布度に問題があるにせよ方台上は一葬で、台縁の隅は溝を掘り残している点が、特徴として指摘されている。(11)溝が全周して多葬傾向が強い畿内の形制と異なるこの種の方形周溝墓は、三重県域の伊勢にもみられる点でいくぶん西方へ拡がっているようであるが、(12)それでも東海西部系再葬墓と分布域がよく重なっている。そこで、二つの墓制が或る種の脈絡によって結ばれていたことを認めて、東海西部系再葬墓の一坑一葬の風が方形周溝墓上の埋葬を一葬にとどめたとみてよければ、再葬墓で一坑多葬を主流としていた下野・常陸以北の地が方形周溝墓葬を受容するには、墓制の変更にとどまらず、葬送上の思念の改変が求められたことになる。方形周溝墓の北進にはこの点でも限界があったと思う。

他方、方台の隅で溝が途切れる点については、別の説明を必要とする。これもまた再葬墓から説きおこすと、すでに典型例で復原されているように、(13)遺骸をいったん土葬か風葬にして肉が腐朽し去るのを待って骨あげをし、骨を選別して土器に納め、こうして土坑に埋置する。選別を終えた残余の骨は、破砕または焼却して土坑や岩陰などに遺棄する。選別時に歯を取りだし、孔をあけて佩用する場合があり、土器へ納骨するさいに玉などの器物を副える例が少なくない。そうして、東北南部・東海西部の両系統とも、このような葬俗を示しているようである。これに対して、関東の例をとりあげて方形周溝墓の葬送復原を行った福田聖によれば、墓を営んで遺骸を埋葬し、溝が自然堆積によってほぼ埋まるほどの時間を閲したのちに儀礼を実修したことが、埼玉県戸田市上戸田鍛冶谷・新田口遺跡の例から推測されるという。(14)また、溝内土器の出土状況の分析結果によれば、土器を使った祭儀を複数回にわたって行ったらしいことが、神奈川県域の例で立証されてもいる。(15)これらの点からみて、埋葬終了後にも祭儀が絶えなかったと考えてさしつかえなさそうである。

再葬墓の場合に死を迎えてから最終的な埋葬までに複数の段階があり、方形周溝墓の場合には埋葬後に複数回の儀礼があったことになる。つまり、死者あるいは遺骸への関与を問題にするならば、再葬墓は埋葬前、方形周溝墓は埋葬後という相違があったことになり、しかし、葬祭のことごとくを終了して関与を絶つまでに複数の葬送段階を要した点では共通するともいえるわけである。そこで、大崎台遺跡などの環濠集落内に大型方形周溝墓が営まれていた例について、墓の「モニュメント性」だけにとどまらず、生活空間と葬送の場とが近接している点にも注意したい。死という彼界に対する一種の親和的心性を垣間みることができるからであり、この点で、再葬墓や方形周溝墓で死者との関与を絶つまでに複数の葬送段階を要したことと通じるからでもある。したがってまた、方台の隅が途切れる点も、これを彼此両界を結ぶ陸橋とみることによって、同じ心性に発することが知られるのである。なお、この心性の淵源は、再葬墓まではこうして辿りつくことができるので、縄文時代に遡ることになる。

近畿から関東に至る方形周溝墓の分布全域が同じ祭儀を共有していたことを積極的に説く見解があり、(16)関東における再葬の存続を認めて地域色をきわだたせようとする意見がある。(17)この点については今後の検証をまつことにして、もし祭儀に斉一性があったことになるとしても、隅部とりわけ四隅に陸橋を設ける風が東海よりも長く続き、生活空間と葬送の場との近接する例が見いだされ、さらに、玉などの物品を遺骸に副える風が再葬から継承されていることによって、渡良瀬川―利根川以南の関東で流布した方形周溝墓葬を特色づけることができるであろう。つまり、死という彼界に対する親和的心性が、他の分布域の方形周溝墓葬と較べて色濃く表出している点で、区別しうるのである。

さて、方形周溝墓と交替するかたちで次に関東で前方後方形の墓制が選ばれた。この墓制は陸橋付き方形周溝墓の分布域を被い、利根川をまたいで北上して、宮城県域北部に達する。(18)これは年平均気温摂氏一一度、四―一〇月で一七度、梅雨期の降水量一五〇〇ミリの限界域にほぼ相当し、海岸域を占める照葉樹林帯の北限でもあり、かつての土器再葬墓分布域の北端に近い。前方後方形の墳墓は分布が拡大した結果、その主要分布域の東西は、東海西部から東北南部に至るかつての再葬墓分布域とかなりよく重なるのである。そこで、方形周溝墓の分布域を加えて、弥生時代の墓制の変化を単純化して図示すると、

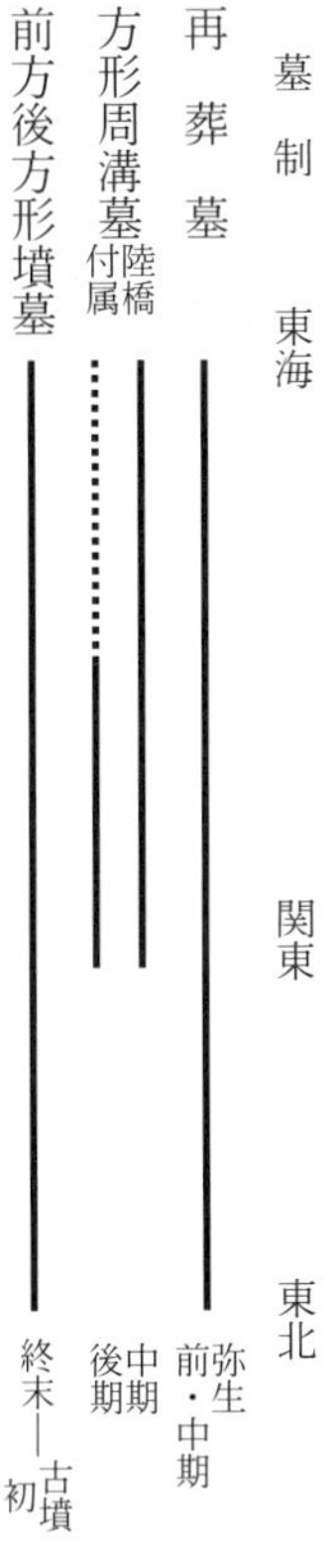

のようになる。このように分布域がかなりよく重なることは、それぞれの地域で生活を営んだ人びとにとって、たとえ他地域から伝来した墓制であっても既存の葬俗や葬送観と脈絡をつけながら受容しえたことを想像させるのである。

それでは関東の渡良瀬川—利根川以南において、方形周溝墓の残影が前方後方形墳墓に垣間みられるのかというと、方台の隅部を陸橋として重視していた方形周溝墓の分布域にとって、円ではなく方を主丘として採用したのは理にかなった成行きである。また、溝の一辺の中央を掘り残して陸橋を設ける形態が現われ、この陸橋が前方部へと発達した推移にも、墓制上の連続性を窺うことができるであろうし、一墳多葬の例が前期においては乏しいことも連続性のひとつに加えられる。さらには、群馬県藤岡市小林堀ノ内遺跡[19]と千葉県佐倉市下志津飯合作遺跡[20]の前方後方形墳墓で壷を中心とする土器群が周溝から出土している点をとりあげて、方形周溝墓との連続性を示唆し、壷という器形に込められた葬祭上の意義が弥生時代から古墳時代へ連続することに注意を喚起した茂木雅博の論考にも留意しておきたい[21]。遺骨の一部を壷に納めて再葬した過去が、また壷への加飾を長くとどめたことの意味が、ここに投影されて

いると考えられるからである。

欠落の意味　古墳時代前期を代表する埋葬施設として長大な竪穴式石室があげられるが、その東方への分布をみると、山梨県甲府市下曽根町銚子塚・丸山塚古墳の例[22]、太平洋岸では静岡市葵区柚木町谷津山一号墳の例[23]をもって東限を画し、関東およびそれ以北に及んでいない。これに対して副葬品で前期を代表する鏡は、三角縁神獣鏡の東限が茨城県水戸市大場町天神山古墳[24]、仿製三角縁神獣鏡の北限が福島県会津若松市一箕町大塚山古墳[25]の各例にあるので、弥生時代における再葬墓分布域内にはとどまり、しかし方形周溝墓分布域を超えている（図72）。ところが数の多寡を問うと、三角縁神獣鏡一二面を数える上野が関東のなかで卓越して他を大きく凌いでいる。また、中国製と倭製との区別をつけず、他鏡種をも加えて一古墳の出土数を俎上にのせると、群馬県の前橋市後閑町天神山古墳[26]と藤岡市三本木古墳[27]とでそれぞれ五面を数えるなど、同じく上野での多さが目立つ。千葉県山武市島戸境一号墳[28]の四面例がある上総、四面かと疑われる一例[29]がみられる下総も注意を引くが、しかし国別の密度の濃さという点で、上野に遠く及ばない。上野の多さがきわだち、武蔵と相模とが外れている点には別の説明を要するにせよ、ともかく渡良瀬川―利根川を北に越えると、一古墳の出土数は最大でも二面にとどまるのである。

ついで碧玉腕飾類をとりあげると、車輪石は福島県郡山市の田村町大安場古墳[30]や大槻町大槻古墳群、石釧は宮城県名取市飯野坂十三塚遺跡[31]の各例を分布上の北限とし、鍬形石は石川県鹿島郡中能登町親王塚古墳[32]と岐阜県可児市広見白山古墳[33]の例を東限としている。すなわち、車輪石と石釧とは下野・常陸以北に達して弥生時代の方形周溝墓分布域を大きく越え、なかでも石釧は再葬墓・前方後方形墳墓分布域の北限近くに至っており、これに対して鍬形石は再葬墓・東海西部系方形周溝墓分布域の西端にとどまり、前方後方形墳墓優越分布域の西端にあたる。しかしこれらの分布状況を数の面からみると、石釧については渡良瀬川―利根川をはさんで以北と以南との間に鮮かな差異がみられ、車輪石の場合には、関東での出土が千葉県木更津市小浜手古塚古墳[34]の一個にとどまり、山梨県下曽根銚子塚古墳で六個の出土が知られている点で、関東とそれより西方との間に一線を設けることができる。この一線は竪穴式石室の東限と一致する。なお、居館の北限は宮城県の栗原市築館伊治城跡(35)と登米市迫町佐沼城跡(36)との両例であり、前方後方形墳墓のそれに近い。したがって、碧玉腕飾類の北限よりも七〇キロほど北上する。

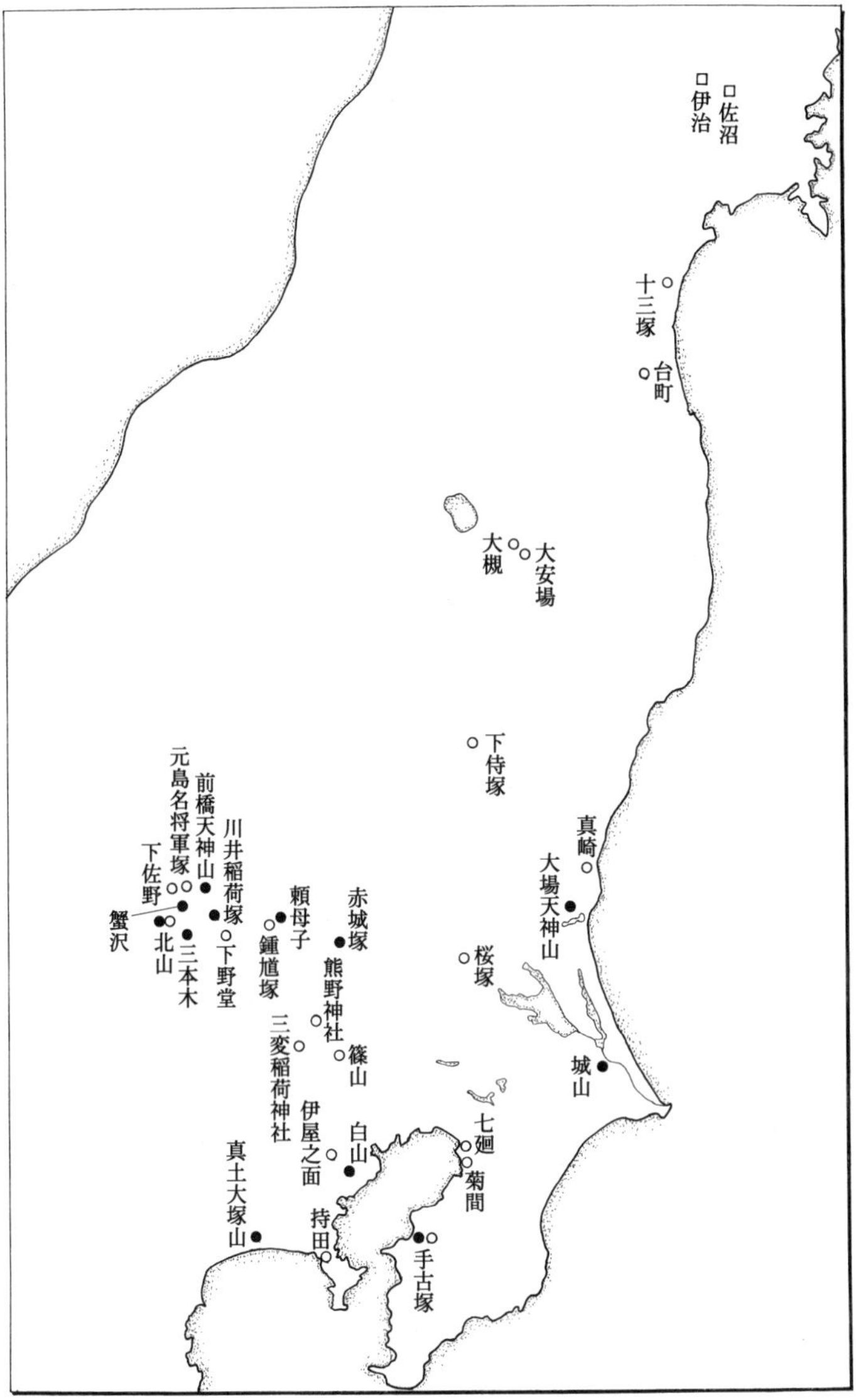

図72 関東、東北における三角縁神獣鏡・碧玉腕飾類出土地の分布
●：三角縁神獣鏡出土地　○：碧玉腕飾類出土地　□：北限の居館

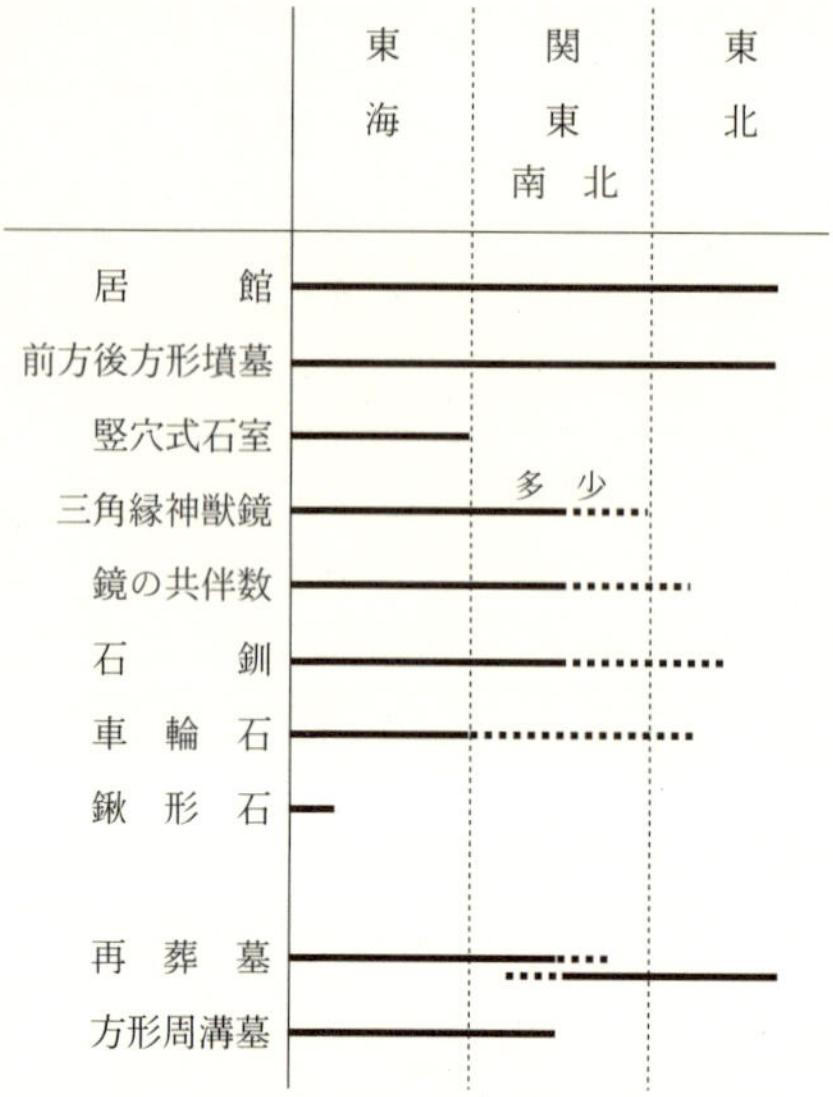

図73 器物・構造物の東方への分布

以上述べた分布の結果を図で示すと、図73として掲げたようになる。ここで逢着するのは、欠落ということの意味である。すなわち、竪穴式石室や鏡や碧玉腕飾類という古墳時代前期を代表する構造物や器物が、畿内から東方へ遠ざかるにつれて欠落していく現象について、遠隔地ほど国家形成への関与の度合が低かったことを示す当然の結果であるとこれを一蹴するのではなく、欠落することの理由があらためて問題になるのである。文化伝播の解明にあたっては、発信側と同等に受容側の事情が考慮されなければならないからであり、これは、ポスト・コロニアリズム考古学の主張をまつまでもなく、横穴式石室の伝播論として小林行雄が説いたところでもある[37]。

そもそも器物や構造物の欠落とは、器物の入手を渇望し構造物の実現を求めても叶わなかったことを意味するのか、そうではなくて、それらに価値があるとは認めていなかったことを物語っているのか、この点に問題の所在が設けられる。その意味で、文化伝播上の欠落をただちに身分や階層の上下におきかえて説明をするのは、各地で生活を営み文化を形づくってきた人びとの蓄積を一蹴するに等しい暴論であると思う。同じ価値観を共有しあるいは一つの身分体系によって貫かれた社会ならばともかく、古墳時代前期の倭がこの種の統一的な社会であったことは立証されていない。このようにいえば、古墳の営造を行ったことがすでに、単一の価値・身分体系に連なったことを示す証左ではないか、という異議があるかもしれない。しかし、古墳の造営がはたして単一の価値・身分体系に連なった表徴であるのかどうか、この点も検証されてはいない。

　そこで欠落の意味をあらためて問うと、畿内で出現期の古墳を彩り、その後も心性上の基調として伏在し続けた霊威観と斎忌観とりわけ後者が、関東においては相対的に微弱であった疑いがある。すなわち、大型品を好み可能ならば数の多さを頼んで霊威のいっそうの発動を期待し、こうして死という異界を現世から分離整序する強い思念が、関東の葬送文化のなかに実現されていたようにはみえないのである。無文字社会において情報を遠隔地へ伝達する手段といえば言語と器物であるから、可搬性を有する鏡や碧玉腕飾類のような器物が関東で欠乏し、しかも、言語を介して仕様を伝達せざるをえない構造物たとえば竪穴式石室が欠落していることは、これらを必要とする種類の葬送文化の情報が、同地で流布していなかったことを物語っている。

　その原因は発信側の畿内にあるのか受容側の関東にあるのか、それとも双方の関係によるのか、いずれともあれ関東の地で生きた人びとの心性が弥生時代の延長上にあったことは、渡良瀬川—利根川を隔てた再葬墓の差異や方形周溝墓の断絶が、鏡や碧玉腕飾類の多寡と分布上の合致を示しているところから察せられる。また竪穴式石室の欠落については、すでに述べたように異界に対する親和的心性を他地域に増して汲みとることができる方形周溝墓葬の弥生時代における流布と、関連づけられるべきであろう。

　さらに、遺骸に副えられるはずの儀仗系の矢鏃が、埼玉県桶川市川田谷西台遺跡(38)や神奈川県逗子市池子遺跡(39)の例にあるように集落址から出土し（図74）、実戦用かと疑われる鋭さをそなえた有逆刺銅鏃が、千葉県柏市片山北作一号墳(40)のように副葬品の一部を構成する例が少なくない点も注意される。鏡についても重圏文鏡のような文様の簡素な類が、千葉県柏市戸張一番割遺跡(41)などの集落址からも、栃木県下野市三王山朝日観音一号墳(42)や宇都宮市茂原町愛宕塚古墳(43)などの墳墓からも出土しており、小型鏡に限られるにせよ集落と墳墓とが同種の鏡を共有している点があげられる。つまり、矢鏃や鏡の出土状況によってもまた、死という異界と現世とを截然とは分離していなかったことが察せられるのである。先に「モニュメント性」が再葬墓から方形周溝墓へ継承されたとする意見を紹介したが、墳墓のこのよう

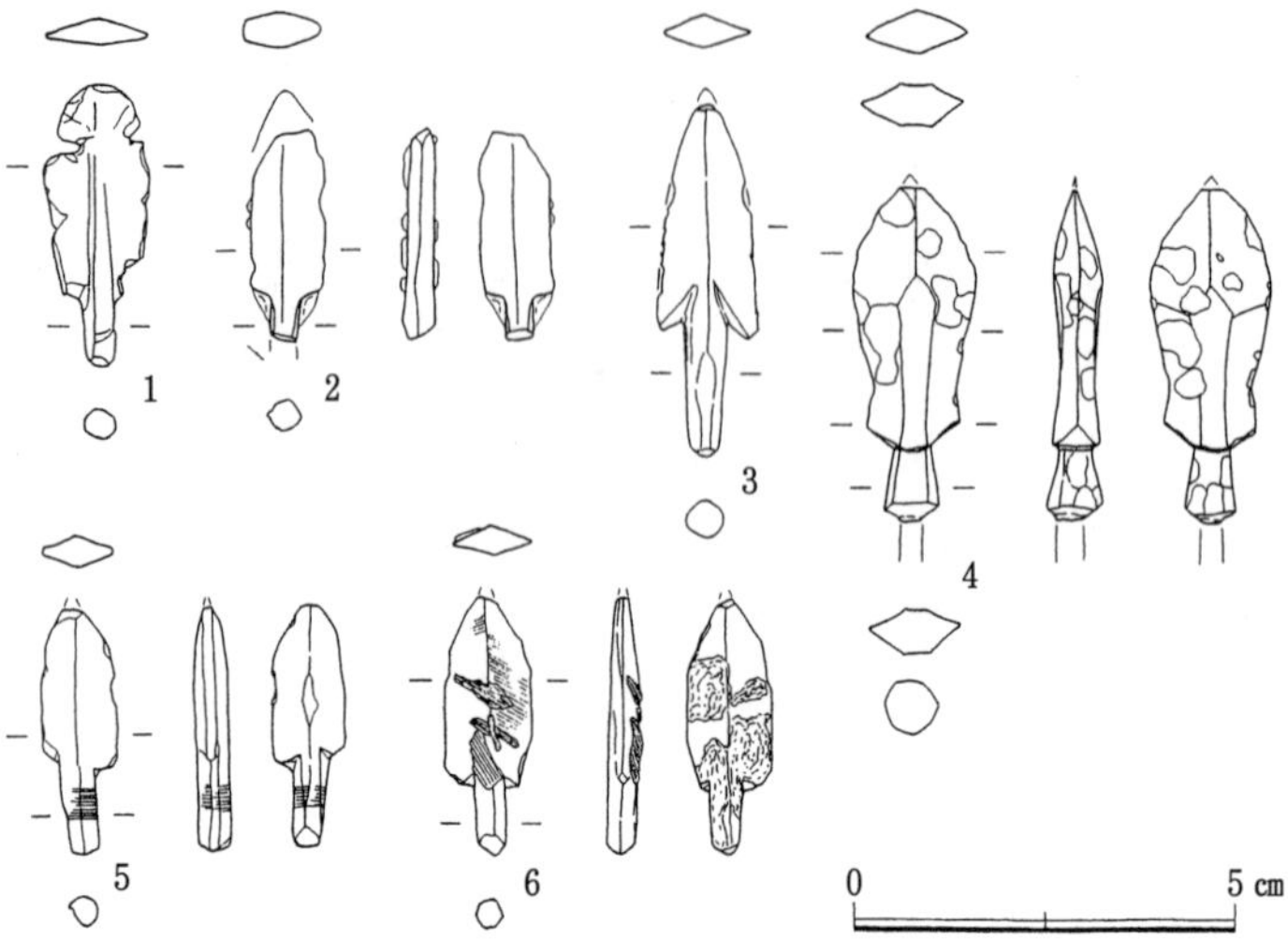

図 74　相模における集落出土銅鏃
1：綾瀬市神崎遺跡　2：伊勢原市三ノ宮・下谷戸遺跡
3：厚木市愛甲宿遺跡　4：逗子市池子遺跡
5：伊勢原市高森・宮ノ越遺跡　6：海老名市本郷遺跡

な性格が弥生時代のなかで、もし継承されていたとするならば、古墳という墓制はそのきわまったかたちであったといえるから、構造物を築造して死者を葬るのに抵抗がなかったことは、分布域の北上ぶりから窺うことができる。こうして古墳という墓制を受容はしたが、その築造に携わり葬送を執りおこなった人びとの心性は、前代からの伝統に彩られていたのである。

斎忌観の微弱さ（1）　古墳時代後期に入るとほどなく、上野の群馬県高崎市本郷町本郷E号墳(44)や安中市簗瀬二子塚古墳(45)などの例を嚆矢として横穴式石室葬が、分布上の濃淡をみせながら関東で流行を始める。ところが、こうして後期後半には関東全域に普及するに至った横穴式石室の出土品を通覧すると、棺を留めるために使った鉄釘の検出例が、上野を除く他地域においてあまりにも数少ないことに気づかされる。下野では栃木県河内郡上三川町多功大塚山古墳(46)、下総では千葉県印旛郡栄町龍角寺浅間山古墳(47)、武蔵では東京都府中市西府町熊野神社古墳(48)が上野外の稀有な例として管見にのぼる。これらはいずれも古墳時代終末期ないし飛鳥・白鳳時代に降る七世紀の例であり、上野における鉄釘出土古墳のなかにも同時期に入る例は少なくない。しかし、年代が新しいという点でこれらの七世紀例を除外したとしても、上野には後期後半の例が残ることが、伊勢崎市波志江町蟹沼東三一号墳[49]などの埴輪を伴う鉄釘出土古墳例の存在によって知られる。精査すれば関東での出土例は数を加えるであろうが、それでも鉄釘の使用が全般に低調であり、乏しい使用例が上野に集中する傾向は変わらないと思う。

もとより、愛媛県松山市北梅本町葉佐池古墳一号石室の出土木棺が釘を使わずに組みあげてあったことから考えると[50]、あるいは木製の釘が使われた可能性まで考慮に入れると、鉄釘の欠落はただちに遺骸が木棺に納められなかったことを意味しない。しかし、成人の遺骸を納めた木棺を運びいれることができないほど入口や羨道の幅が狭い玄室例については、千葉県匝瑳市八日市場鷲ノ山一三号横穴墓出土遺骸で立証されているように布で遺骸を巻くだけにとどめたこと[51]、さらには狭い板に載せたことが想像されてよい。したがって、鉄釘の使用が低調であることによって、棺を使っていなかったか、使っていたとしてもその形態が葉佐池古墳一号石室例のような運搬しがたい類であったことを積極的に認めてさしつかえないとすれば、横穴式石室の群集墳の形成とともに鉄釘留めの木棺が普及した畿内とは、遺骸の厳封度に甚しい差異があったことになる。そうして、異界に対する斎忌観が強い畿内で遺骸を厳封したことは頷けるし、他方、微弱な関東で厳封の風が流布しなかったとしても不思議ではないのである[52]。

なお、数少ない鉄釘使用例が上野に集中することについては、信濃で同例が知られているので東山道経由で伝播した可能性が考えられるし、前期の関東のなかでは鏡を数多く副葬せしめた心性が継承されて、鉄釘による棺の厳封を受けいれる素地として働いたのかもしれない。

さて、斎忌観の微弱さに関連して次にとりあげようと思うのは、奈良時代ないし平安時代前期にあたる八・九世紀の墨書土器である。その研究に基づくと、人面を描いた例が圧倒的に東日本に集中し、それは東海道から陸奥に抜ける太平洋ルート沿いにとりわけ多く、近江から北陸道を経て秋田城に至る日本海ルート沿いがそれに次ぎ、これらの例は、もっぱら壷に描いた都城とちがって杯や皿を多く含むという。また、集落内の住居から出土し、記した内容も

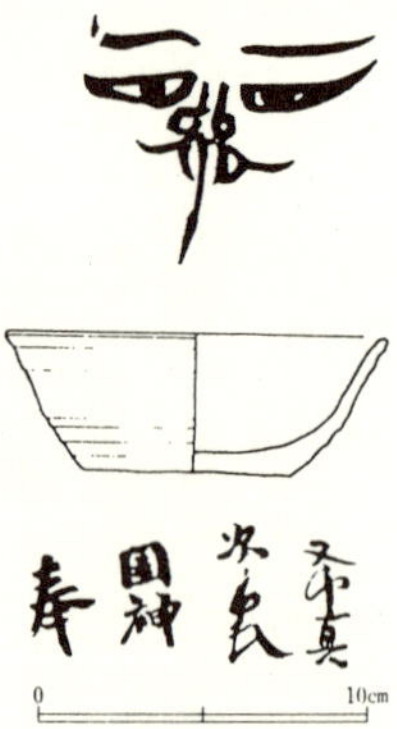

図75　千葉県芝山町庄作遺跡出土人面墨書土器

都城の例と異なる点で、香取の海と呼ばれた旧霞ケ浦の一帯が注目されること、この地の人面墨書土器は、招福除災なかでも延命を願う饗応的色彩が濃く、疫病神除けの祓い祭祀の要素が大きい都城の例とちがうことが、平川南によって説かれている(53)。

平川のこの所説については異論が出ているが(54)、はたして、現世に不幸をもたらす神への接し方として祓えと饗応とを対峙させて、どちらか一方で塗りつぶすことができるのであろうか。外来者が執行した祭祀ならともかく、旧霞ケ浦一帯のように、新興集落に多いとはいっても在来の人びとの間に浸透している場合には(55)、祭祀に託した願いが都城とちがっていてもさしつかえない。旧霞ケ浦一帯の地域色を抽出した平川説をこの点で評価してよければ、強い斎忌観の伝統を継承してきた畿内が辟邪を目的とする祓えの体裁をとったことは自然であるし、微弱な関東の民衆的心性を映した集落祭祀がちがった意味を伴っていたことは大いに考えられる（図75）。

旧霞ケ浦一帯というと、古く遡れば古墳時代中期に南岸で滑石製の石枕が流行し、後期後半以降は横穴式石室よりも筑波山塊産の片岩で構築した棺や槨による地下埋葬が盛んな地域である。また、埋葬施設を墳裾に営む葬制が流行し、前方後円形の墳墓の営造が遅くまで存続するなど、特色ある葬送文化が展開している。さらに人面墨書土器と時を同じくする頃に火葬が流布しており、骨を納めたその容器は箱式石棺葬の意識を継承したかのように、鉢を上に被せあるいは蓋を重ねる点で、他の倒位埋納と区別される(56)。このような独特の葬送形態が発現して形をかえながらも存続した理由はまだよくわかっていないが、葬送と祭祀とがあいともなって地域色を形成することは、畿内の場合が示している通りである。

斎忌観の微弱さ（2）　東京都日野市落川遺跡の出土品のなかに、閃緑岩製で円形ないし楕円形をしたやや扁平な石製品があり、これらは古墳時代中・後期の交を最古として、平安時代後期まで存続することが確認されている。[57] きわめて長期にわたるらしい点とならんで注意を促したいのは、総数一〇〇〇点に達しようかというこれらの用途について革鞣し具と推定されている点である。これはただし、中期後半にあたる同種の遺物が岩手県水沢市佐倉河中半入遺跡で出土しており、黒曜石製の円形掻器とならんで革鞣しとの関係が示唆されているので、[58] 新しい見解ということではない。

それよりも、磨痕石と名付けられたこれらの石に残る使用痕が擦過ではなく押圧によるとする観察結果が興味深い。鞣しの初期の工程で押圧を加えて処理する作業がありうるからである。古墳時代だけにとどまらずその後においても、武具や馬具などに用いるために皮革生産を行っていたことは容易に想像がつく。たとえば、関東の武人埴輪に表現された冑の多くは、金属製品としては例が見あたらない形態をとっており、革であったことを考えさせる点などを勘案するならば、すでに知られている盾や鞍や紐以外にも数多くの革製品の存在したことが推測される。しかし生産の実態については、中半入遺跡の黒曜石製円形掻器によって外皮を除去する作業を行ったことが推察され、大阪市平野区長吉出戸城山遺跡などの馬の頭蓋骨の切開状況や文献史料から奈良・平安時代に脳漿鞣しの存在が立証されているにとどまり、[59] ほとんど詳細が判明していない。その点で、「磨痕石」に関する指摘に注目したいのである。

関東では古墳時代後半代の竪穴住居址から石材の出土が少なくない。これらの石材の用途は一様でなく、石の種類や形にも差異があることは、数多くの出土例が示しているところである。たとえば、細長く不整形であると編物石、扁平な円形で面に叩打痕が残っていると滑石品製作用の鎚、被熱痕があると鍛冶用の鎚または竈の支脚かとそれぞれ推測されているが、それでも用途の決めがたい球形などの例が残る。したがって、これらの不明例の一部にせよ鞣し用具でさしつかえないということになれば、皮革生産は関東でかなり広範に行われていたことになるであろう。[60] この点は将来における研究の進展をまつことにして、古墳時代後半代には関東の一画にせよ集落で皮革生産を行っていたことが知られる点、広範に生産していた可能性がある点を指摘しておこう。

関東の皮革生産といえば、古代牧の存在が見のがせない。信濃や甲斐とならび関東のなかでは主として上野と武蔵に古代牧の例の多かったことを『延喜式』巻四八左右馬寮の条文が伝えており、これを立証するかのように焼印の出土例もまた上野と武蔵とに多いからである。[61] そこで、焼印三点を数えて出土数がもっとも多い埼玉県児玉郡上里町中堀遺跡をとりあげると、[62] 遺物などによって国司の行政事務に関わり、勅旨田の拠点であったと推定されている平安時代前・中期のこの集落址から、多くの馬骨・歯が出土している（図76）。しかも集落の一画には、溝で区画されているとはいえ瓦葺きの寺院が建立されていた。死牛馬の皮を調度などに加工すべきことを述べた『延喜式』左右馬寮の条文から察せられるように、この集落でも馬の血を流して解体処理を行い、皮を加工していたであろうが、その近傍で仏を祀っていたのである。斎忌観が微弱であった心性が平安時代に存続していたひとつの証左を、ここにみることができるであろう。

ちなみに、武器を携えて山内で争乱を起こし秩序を乱す武士に対して、天台座主良源が「不異彼屠児」と記していることが、天禄元年（九七〇）にみえ（『平安遺文』三〇三号）、また、永祚二年（九九〇）の同書尾張国郡司百姓等解では郡内を掠奪する徒に対して「屠膾の類」と記している。「屠児」とは獣畜類を屠殺する人で、「屠膾の類」とは獣畜を殺して肉を裂きとる輩を指す。また良源は、権門の出身ではないが藤原氏の後援を得て焼失した延暦寺を再建した中興の座主である。殺生戒

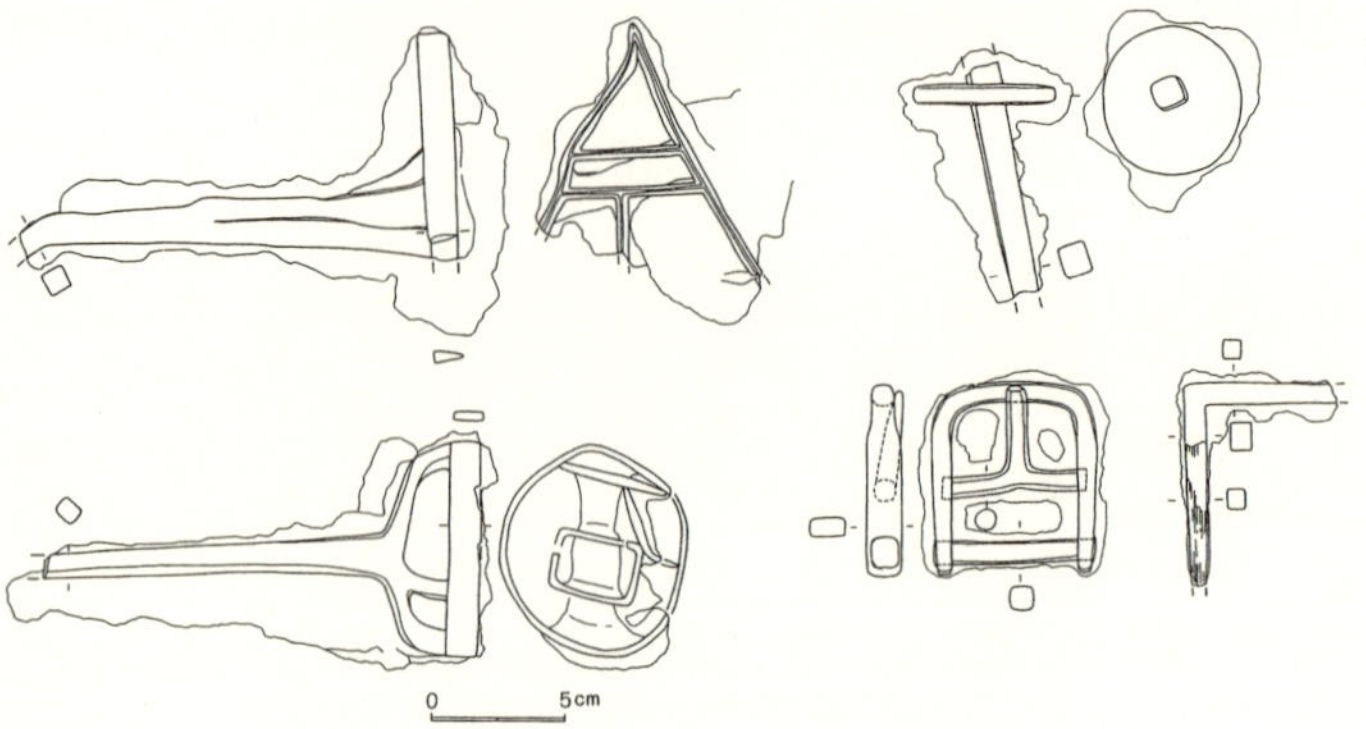

図 76　埼玉県上里町中堀遺跡出土の焼印

を守る良源が「屠児」と述べた心情はもとよりのこと、「屠膾の類」も郡司らの弁であるから、獣畜を殺す輩に対して激しい蔑視の念が当時の朝廷内にあったことをこれらの記事は示唆している。したがってこれは、獣畜を扱い弓矢をとる関東の武士への視線でもあったにちがいない(63)。

先に再葬墓の流行から古墳文化の欠落までを問題にして、死という異界に対する親和的心性が継承されたことを説いたが、畿内では異界の存在として斎忌の対象となる獣畜に対してもまた、関東では隔絶感の乏しかったことがこうして察せられるのである。

第二節　社会的結合

刀剣銘の意味　埼玉県行田市埼玉稲荷山古墳出土鉄剣の銘文を発掘報告書の読みに従って示すと(64)、

辛亥年七月中記　乎獲居臣　上祖名意富比垝　其児多加利足尼　其児名弖已加利獲居　其児名多加披次獲居
其児名多沙鬼獲居　其児名半弖比（表）
其児名加差披余　其児名乎獲居臣　世々為杖刀人首　奉事来至今　獲加多支鹵大王寺　在斯鬼宮時　吾左治天下　令作此百練利刀　記吾奉事根原也（裏）

である。この内容や構成を分析するために、製作時期が近くて同じように長文の銘をそなえた熊本県玉名郡和水町江田船山古墳鉄刀銘を付記すると(65)、

台（治）天下獲□□□鹵大王世　奉事典曹人名旡利弖　八月中　用大鐵釜　并四尺廷刀　八十練　九十振　三寸上好
刊刀　服此刀者　長壽　子孫洋々　得□恩也　不失其所統　作刀者名伊太和　書者張安也

である。

表12　稲荷山剣銘と船山刀銘の内容別字数

稲荷山剣名（字数）		船山刀銘（字数）	
刻銘年	七	治世名	一一
所持者名	四	職　掌	五
出　自	六〇	所持者名	四
経　歴	一二	作刀月	三
治世名	一三	作刀法	二一
職　掌	五	刀の効用	一九
造剣理由	一四	作刀者名	七
		作銘者名	五
総数一一五		総数七五	

両銘のあいだで構成と内容とを比較すると、稲荷山剣銘では、

刻銘年＋所持者名＋出自＋経歴＋治世名＋職掌＋造剣理由

船山刀銘では、

治世年＋職掌＋所持者名＋作刀月＋作刀法＋刀の効用＋作刀者＋作銘者

となり、構成、内容ともに差異の著しいことがみてとれる。すなわち、表12として示したように各内容が占める字数を列挙してみると、稲荷山剣銘で出自を強調していることが、全字数の五二％に達する比率の高さから察せられる。経歴、治世名、職掌、造剣理由もまた剣の所持者の乎獲居臣に関することであるから、この剣に銘を刻ませた目的はまさに所持者が自らを顕示するためであったことが、字数の面からも窺われるのである。船山刀銘が作刀法（二八％）と効用（二五％）とに字数の多くを費し、作刀月、作刀者名、作銘者名を加えて刀本体を主題としている点と対照的である。東アジアの刀剣銘を検討した岸俊男が稲荷山剣銘の特異さを指摘したのは、その意味で説得力がある。[66]

なお、船山刀銘だけにとどまらず、「王賜」で始まる千葉県市原市山田稲荷台一号墳剣や、[67]「癸未年」に続けて鋳鏡の由来と作鏡法とを述べた和歌山県隅田八幡神社蔵鏡に例がある初期の長文銘もまた、[68]中国であれば墓誌に刻まれるべき個人的な内容を含む点で、特異さは拭えない。中国との間に横たわる鏡や刀剣の生産体制上の、さらには心性の相違が、このような隔たりを生んだのかもしれない。

同型鏡の伝世　倭で知られている古墳時代後半代の同型鏡は一七種一〇八面を数え、[69]出土地の古墳や祭祀址の数は判明している限りで七三に達する。これらの出土地のうちで年代が確定し、しかも須恵器編年のＴＫ四三型式期以降

の例を抽出して、出土同型鏡名をそえて列挙すると、
(1)　岡山県倉敷市日畑王墓山古墳（画文帯周列式仏獣鏡Ａ）[70]
(2)　奈良県生駒郡斑鳩町法隆寺藤ノ木古墳（画文帯環状乳神獣鏡Ｃ、半肉刻獣文鏡Ａ）[71]
(3)　福井県三方上中郡若狭町天徳寺丸山塚古墳（画文帯重列式神獣鏡Ｃ）[72]
(4)　群馬県高崎市八幡町観音塚古墳（画文帯環状乳神獣鏡Ｂ）[73]
(5)　　綿貫町観音山古墳（半肉刻獣文鏡Ｂ）[74]
(6)　千葉県木更津市永井鶴巻塚古墳（画文帯周列式仏獣鏡Ａ）[75]
となる。また、これらの例よりも年代がいくぶん古く遡る可能性がある確例として、
(1)　三重県亀山市井田川町茶臼山古墳（画文帯重列式神獣鏡Ｃ）[76]
(2)　愛知県岡崎市丸山町亀山二号墳（画文帯重列式神獣鏡Ｃ）[77]
(3)　長野県飯田市上川路御猿堂古墳（画文帯周列式仏獣鏡Ｂ）[78]
(4)　群馬県伊勢崎市上植木本町恵下古墳（画文帯重列式神獣鏡Ａ）[79]
があげられる。なお、鏡式名については拙著『同型鏡とワカタケル』（平成一六年）をあわせ参照願いたい。

さて、こうして例示してみると、中部ならびに関東において、営造時期の新しい例が目立つ。これを地方別の内訳で示すと、

九州一六（〇）、中部八（一）、近畿二八（二）、中部一〇（三）、関東一二（四）

という結果が導かれる。すなわち、括弧内に数を示した営造時期の新しい例は、それぞれの地域で占める比率が九州、中四国、近畿でいずれも低く、それに較べて中部、関東ではともに高いのである。

同型鏡が倭へ伝来したのは中期中葉であり、後期の成立をまたずに畿内から畿外への分散が概ね終了したとみて大

過ないことは、すでに拙著で論述を重ねたところである。この結果が当を得ているかどうか大方の検証をまたなければならないが、これで支障ないならば、例示した後期後半の一〇古墳一一面の同型鏡については、入手してから奥つ城に納入されるまでに閲した時間が、一世代を優に超えていたことになる。つまり伝世である。

前方後円墳の形態規格　前方後円墳に形態上の規格のあることが説かれている。その有無や実際を関東で問題にした塚田良道の成果によれば、中期に入ると複数の規格が並立して、地域的展開をみせるらしい(80)。たとえば奈良市法華寺町コナベ古墳(81)に倣ったという群馬県太田市内ケ島町天神山古墳(82)の規格は、上野では、時間の隔たりを超えて高崎市域の保渡田町八幡塚古墳(83)、八幡町平塚古墳(84)、綿貫町不動山古墳(85)に踏襲され、さらに時間を跨いで安中市簗瀬二子塚古墳(86)、高崎市綿貫町観音山古墳(87)に至っている。上野西部に例が集中しており、また、嚆矢である内ケ島天神山古墳の中期前半ないし中葉にあたる営造時期から推算すると、一世紀余りはこの規格が継承されたことになる。そうして同古墳の規格は下野でも継承されているようであり、栃木県宇都宮市東谷町笹塚古墳(88)、小山市飯塚摩利支天塚古墳(89)の中期後半ないし後期前半にあたる例からみて、半世紀余りに及んだことが知られる。このような継承例は千葉県域でも確かめられており、大阪府藤井寺市沢田仲津媛陵(90)の規格に倣った富津市二間塚内裏塚古墳(91)の規格は、同古墳群内で下飯野九条塚古墳(92)、古塚古墳(93)と続いて一世紀余り継承されるとともに、古塚古墳の規格は埼玉県行田市埼玉将軍山古墳(94)と同じであるなど、上総以外の地とも共有される例が見いだされるという。さらに常陸においても茨城県石岡市北根本舟塚山古墳(95)を、武蔵では前述した埼玉稲荷山古墳をそれぞれ起点とする形態規格の系譜が辿られており、このような規格の継承は、関東のほぼ全域に及ぶ現象であったことが察せられる。

ところが、常陸に対象を絞った別の研究によると、「前方後円墳出現時における築造規格の特色が継承され、中期を通じ後期まで残存する」という地方型と、「前方後円墳出現後、ほぼ一貫して畿内の大型前方後円墳の規範に則った築造規格を採用し、変遷する」という中央型とが、推移の仕方として分離される。そうして、霞ケ浦東南部と同西岸ならびに筑波山周辺とは地方型で、霞ケ浦北岸ならびに太平洋に注ぐ那珂・久慈両川流域は中央型でそれぞれ推移したと塩谷修は説く(96)。

中央型、地方型と名付けて塩谷が抽出した二様の変遷の仕方について注意される点は、中央型が霞ケ浦北岸であれば北根本舟塚山古墳、那珂川流域であれば常陸太田市島町梵天山古墳(97)のように、大型墳の営造をもって始まり、他方、地方型はいずれも規模に甚しい差がない中小型墳で終始していることである。すなわち、前述した内ケ島天神山古墳などの例を加味するならば、地方型に二者があって大型墳の営造で始まる場合とそうではない場合とに分かれ、他方、大型墳の営造開始に基づくならば、それによって中央型が始まる場合と地方型が展開する場合とがあることになる。

はたしてこのように考えてよいのかどうか、この方面に蓄積を擁する識者からの教示を乞うことにして、規格研究の一連の成果のなかで、いわゆる地方型の展開が関東各地で例示されている点に注目したい。発掘の鍬を入れずに墳丘の規格を議論することについて、その成果を積極的に是認する肯定派、笑殺する否定派、距離をとって見守る慎重派に分かれるにちがいない。あるいは規格研究の目的が当時の営造設計や土木技術の復原にあるのではなく、墳丘実測図に幾何学的操作を施して規格の存在を立証することに終始する例が多いことも、問題としてあげられる。筆者としては、使用尺の復原結果や幾何学的操作の適否に論評を加える自信はないが、営造にある種の規格が必要であったことは大土木工事の常として充分に理解できるし、したがってその規格が後代に継承されても不思議ではないと考える。ただ、規格を継承する風が西方の各地に較べて関東でとりわけ甚しいのかどうか、この点については解決に近づける研究上の蓄積が乏しいことを残念に思う。

以上、埼玉稲荷山古墳剣銘の特異点、同型鏡の伝世、前方後円墳の形態規格の継承をとりあげて、それぞれに論述を進めてきたが、相違するこれら三者がひとつの像を結ぶことは、もうすでに察せられていることと思う。すなわち、埼玉稲荷山古墳剣銘が血脈を強調していた点を想起し、同型鏡の伝世については一族の地位や出自を語りつぐ表章として扱われたと推測した既発表の私見を踏襲し、墳丘形態規格の継承については勢力の自律性と存続ぶりを暗示するとみてよければ、これらの三者が重なりあうところに関東の社会的特質が浮かびあがってくる。そこで、族的結合の強固さという表現を使ってこの特質を言いあらわしたとしても、大きく的を逸することにはならないであろう。

石碑の含意（1）　関東で伝わっている飛鳥・奈良時代の石碑四基のうち、建郡を刻んだ群馬県多野郡吉井町多胡碑は本稿の内容と直接には関係しないので除外し、残る三基の碑文を俎上にのせて論を進めていきたい。

群馬県高崎市山名町山ノ上碑(98)

辛巳歳集月三日記

佐野三家定賜健守命孫黒売刀自此

新川臣児斯多々弥足尼孫大児臣娶生児

長利僧母為記定文也　放光寺僧

この碑は、放光寺僧の長利が母黒売刀自のために立てたもので、母は佐野の屯倉を治定した健守命の子孫に、父の大児臣は新川臣—斯多々弥足尼の系譜にそれぞれ連なると記す。立碑の「辛巳」については六八一年説が有力である。

群馬県高崎市山名町金井沢碑(99)

上野国群馬郡下賛郷高田里

三家子孫　為七世父母　現在父母

現在侍家刀自　他田君目頰刀自　又児加

那刀自　孫物部君午足　次馸刀自　次乙馸

刀自　合六口　又知識所結人三家毛人

次知万呂　鍛師磯部君身麻呂　合三口

如是知識結而天地誓願仕奉

石文

神亀三年丙寅二月二九日

神亀三年は七二六年にあたる。ここに刻まれている人物の血縁関係をめぐっては、尾崎喜左雄、関口裕子などの先学のなかで復原案に相違があり(100)、両者に論評を加えた東野治之の説もまたちがっている(101)。尾崎と関口とが現在父母から曽孫に至る四代の血縁関係として復原したのに対して、四代が存命であるのは非現実的として斥け、三代の系譜と東野はみるのである。これは東野の方に説得力があると思う。ただこの系譜が、関口が提起し東野が賛意を表しているように女系でつながっていたのかどうか、これが関東の豪族の一般的な家族関係を示しているのかどうか、考古学的にはなお検討を要する。抜歯型式をとりあげて縄文時代後・晩期の東日本は父系的傾向があると推断した春成秀爾の所説も注意されるが(102)、女性を初葬者とする古墳の例が男性のそれに較べて乏しい点が問題になるからである(103)。

関口が説くように女系であるのか、埼玉稲荷山古墳剣銘が示しているように男系であるのか、いずれともあれ筆者が注目したいのは血縁によって結ばれる系譜を語っている点であり、これがまた山ノ上碑文とも埼玉稲荷山古墳剣銘とも通じる点である。血縁上の系譜関係といえば、それを冒頭で詳述した『上宮聖徳法王帝説』が想起される。この冒頭の部分は大宝・慶雲以前の七世紀に成立したとされているので(104)、系譜関係を明示することは、関東に限らず広く古代の有力者のなかで重要視されていたことが察せられる。他方、文忌寸禰麻呂、威奈眞人大村、伊福吉部臣徳足比賣など畿内や西日本で発見されている墓誌をみると、官位すなわち天皇との関係の方を強調しているから、起草の目的によって力点のおき方を変えていた可能性がある。山ノ上・金井沢の二碑はいずれも一族に関わることが立碑の目的になっており、したがって血縁上の系譜の方が記されたのは当然であるとみられる。飛鳥・奈良時代の石碑として、他に伊予温泉碑などが知られているが、一族に関わることで碑を建立して系譜まで刻んだ例は、ともかく関東のこれらの二碑にとどまるのである。族的な「モニュメント性」をそなえている点で、これらは次に述べる那須国造碑とあわせ、弥生・古墳時代を通じて継承されてきた心性が立碑を実現させたことを想像させる。

石碑の含意（２）　栃木県大田原市湯津上（旧那須郡湯津上村）発見と伝える那須国造碑が、残るもう一基である。東野治之の読みに従って次に碑文を記す(105)。

永昌元年己丑四月飛鳥浄御原大宮那須国造
追大壹那須直韋提評督被賜歳次庚子年正月
二壬子日辰節殄故意斯麻呂等立碑銘偲云尓
仰惟殯公広氏尊胤国家棟梁一世之中重被貳
照一命之期連見再甦砕骨挑髄豈報前恩是以
曽子之家无有嬌子仲尼之門无有罵者行孝之
子不改其語銘夏尭心澄神照乾六月童子意香
助坤作徒之大合言喩字故無翼長飛无根更固

冒頭の「永昌」は唐の則天武后称制期の年号で、その元年は持統三年（六八九）にあたるという。この年に那須評督に任ぜられた那須直韋提のために遺児がこれを建立したとされ、建立年はしたがって七〇〇年頃とみられている。『栃木県史』通史篇二などが詳しく述べているように(106)、碑が発見された江戸時代以来多くの先人が釈読を試みてもなお意見の一致をみていない。これが碑文の難解さをよく物語っている。そこで、釈読は近年の成果に学ぶことにして、東野の読みくだし文を文意で区切って示すと、

(A)　永昌元年己丑四月、飛鳥浄御原の大宮の那須国造、追大壱那須直韋提、評督を賜る。歳は庚子に次る年、正月二壬子の日、辰節《とき》に殄す。故《かれ》、意期麻呂等、碑銘を立て偲ふと尓《しか》云う。

(B)　仰ぎ惟いみるに、殞公は広氏の尊胤にして、国家の棟梁なり。一世の中に重ねて弐照を被り、一命の期に連ねて再甦せらる。骨を砕き髄を挑ぐとも、豈前恩に報いむや。

(C)　是を以て曽子の家に嬌子有ること無く、仲尼の門に罵る者有ること無し。孝を行うの子は其の語を改めず、夏の堯の心を銘じ、神《こころ》を澄まし乾《ちち》を照らさむ。六月の童子は、意香しくして坤《はは》を助けむ。

(D)　徒を作《な》すこと之れ大にして、言を合わせ字に喩《あき》らかにす。故、翼無くして長く飛び、根無くして更に固からむ。

である。すなわち、(A)立碑の理由　(B)朝廷への忠誠　(C)父母への孝養　(D)立碑の状況と効用という構成をとり、それぞれ(A)は三八字、(B)は三六字、(C)は四二字、(D)は一七字を数える。父母への孝養を記すのに費した字数がもっとも多いが、それでも(A)・(B)との間に大差はない。

さて、この碑文は評制の施行など政治史上でもさまざまな問題を孕んでいるようであるが、筆者がとりあげたいのは、(B)の「殞公広氏尊胤　国家棟梁」であり、(C)の「行孝之子不改其語」であり、(D)の「作徒之大」である。まず「殞公広氏尊胤　国家棟梁」を問うと、これについては鎌田元一が次のように考察している。[107] 鎌田によれば「国家棟梁」の「国家」とは、新野直吉がいうように那須国を指すのではなく、[108] 天皇の統治する当時の統一国家のことであり、重臣を意味する「棟梁」を使った点は、死者への主観的な讃仰、あるいは埼玉稲荷山古墳剣銘に一脈通じるような那須直一族のいくぶんの自負心をここから読みとることができるとする。さらに「広氏尊胤」については、那須直氏が那須地方の大族であるというだけにとどまらず、『先代旧事本紀』巻一〇「国造本紀」にあるように皇統譜にもつながる系譜的主張が含まれているという。死者への主観的讃仰であれ自負の念であれ、さらには系譜の重視であれ、これらは考古学上の資料によって関東で抽出してきた底流の心性に連なっている。

つぎに「行孝之子不改其語」を問うと、これについては儒教思想の「孝」との関係が論じられている。もとよりその通りではあろうが、朝廷への忠誠に優る字数を「孝」に費している点について、「孝」の観念が関東へ浸透したこと

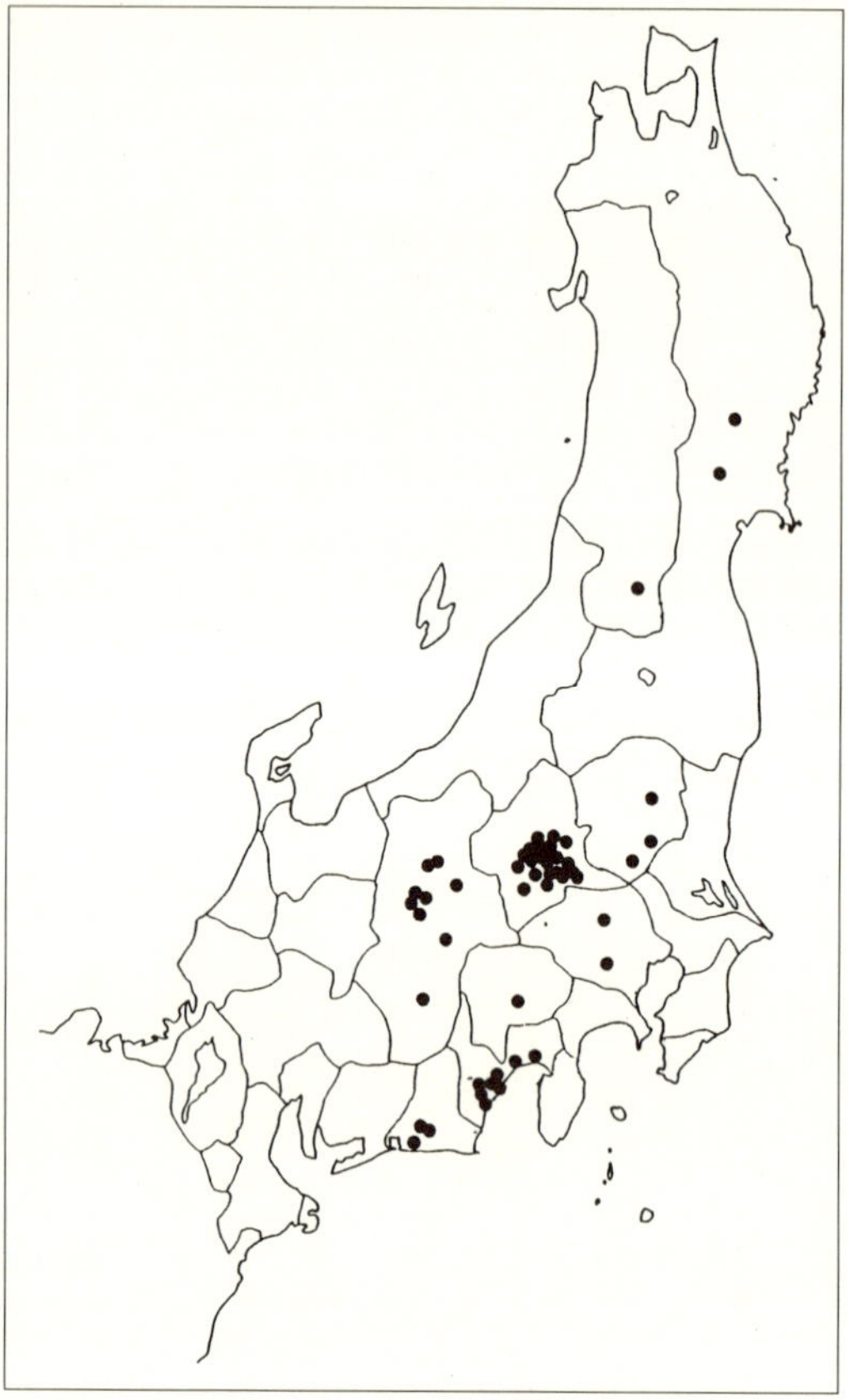

図 77　倭東方における古墳を利用した火葬墓の分布

を示すという評価だけではいささか足りないように思われる。東野の所説では、碑文の撰者は僧侶を含む新羅系渡来人であり、地方教化の役割を担った存在であったという。たしかに、栃木県宇都宮市茂原町西下谷田遺跡などでの新羅系土器の出土によって下野への同系文化の伝来は考古学的に立証される。[109] しかし「孝」の観念を受容し朝廷への忠誠とならんで碑文にかくも多く書きつらねるに至ったことは、山ノ上碑の場合もまた亡き母への同じく孝養が立碑の契機になっていたことをあわせ案ずるならば、受容する基盤がすでに関東で準備されていたことを考えさせる。このようにみてよければ、考古学資料から推測して血脈や族的結合を説いた結果と符合し、その心性上の底流が飛鳥・奈良時代に及んでいたことを暗示する証左としてこの一句は新たな含意を得ることになる。

「作徒之大」をとりあげると、東野によれば「徒」は人の集まり、集団の意味で、立碑に賛同して集まった人びとが多かったことを述べているという。立碑と同じ頃に営まれていた「河内郡衙」らしい官衙が、栃木県宇都宮市茂原町・河内郡上三川町上神主で見いだされている。[110] 政庁の正面に直径二五メートルの円墳が残されており、建物の設計もまたこの古墳を南正面におくことを基準にしていたという。官衙の造営にあたって一〇基に達する小円墳を壊しているから、この古墳を特別視していたことが推知される。[111] 火葬墓を横穴式石室内に営んだ例が上野に多く[112]（図77）、古墳時代の血脈がこうして存続していたらしいことをあわせ考えるならば、政庁を建設し経営する者にとってこの古墳の被葬者は、奥つ城を壊すことがはばかられる人物であったにちがいない。したがって、立碑に集まった人びとについても、これらの例から察せられるような社会的関係で強く結ばれていたことが想像されるのである。

初期東国武士団のエートスを考察した丸山眞男は、「一族・一門といわれる同族団的結合と、主従の恩給的（封建的）結合との、二要素の統一体」であるとこれをみる。[113]「恩給的（封建的）結合」については淵源を考古学に引きつけて検討しなければならないのでさておき、「同族団的結合」については本稿で説いてきた族的結合がまさにこれにあたる。すなわち、奈良時代以降も血脈を重視する心性が継承されて東国武士団の価値観を構成していたことを、丸山のエートス論から汲みとることができるのである。

第三節　葬祭観の異相

異界との交感（1）　古墳時代のことにふたたび帰ると、関東の古墳文化が欠落の段階を経て発揚へ転じるのは中期前葉であり、滑石仮器類の多彩さにまずその表徴がみられる。関東における滑石仮器類の出現は前・中期の交にあり、この頃を代表する茨城県東茨城郡大洗町磯浜町鏡塚古墳の例をみると、[114] 碧玉製であるはずの石釧や、鋤を模したとされる稀有な品目がすでに含まれており、その表徴は出現当初に兆していたことがわかる。それでも当初は、品目や構成が畿内や東海と大きくは隔たらないが、やがて鏡、織機、下駄などの独自の品目が加わり、石枕のような葬具の例まで現われて、個性はいっそう鮮明の度を増したのである[115]（図78）。

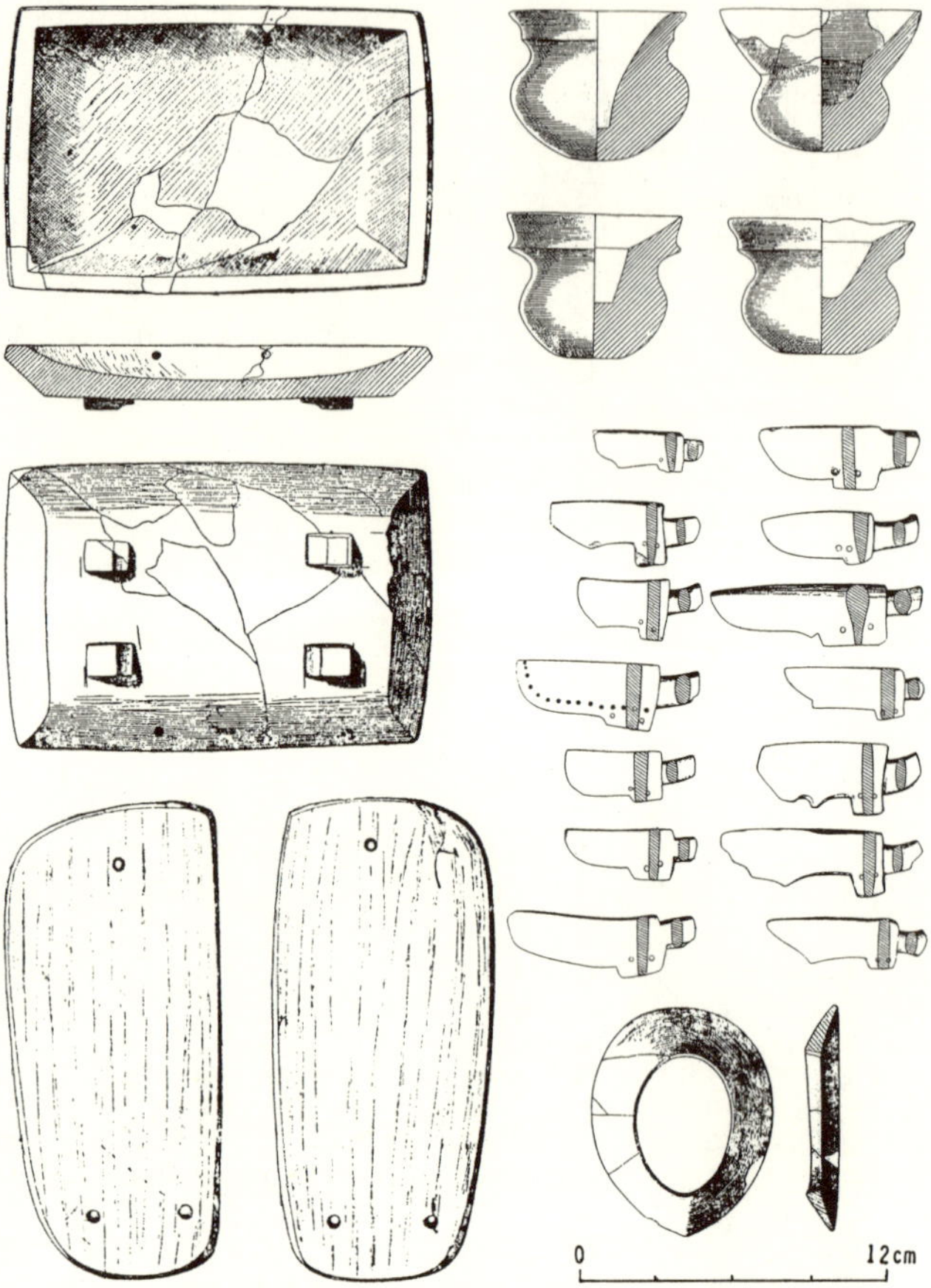

図78　群馬県藤岡市白石稲荷山古墳出土の滑石仮器類

ところが中期中葉に至ると、畿内では滑石仮器類が副葬品の構成から脱落し、上総や下総で品目や数量の減少が甚しくなる。[116] こうしてかっての流行地であった上総や下総が衰退をみせるのに対して、もうひとつの流行地として品目にとりわけ多彩さを示していた上野では、著しい衰退はみとめられず、副葬の風を後期にまでとどめていたことが群馬県安中市簗瀬二子塚古墳の例から察せられる。上野はまた、子持勾玉の出土数が図抜けて多い点でもきわだっている。子持勾玉は中期中葉に出現し、一部にせよ古墳時代終焉後にも残存した仮器であり、上野七〇例、大和四四例、信濃三六例が出土数の上位を占める。[117] 本体を大きくして同形の付属物を加えた子持勾玉の造形について、内在する霊威が強大になって増殖し、発現力が並なみでないことを示す意図があったと推測した[118]が、このような思念を込めた仮器類が上野で流行した点に留意しておきたい。

上野はたしかに、三波川帯が走り関東のなかでは滑石の原材に恵まれた地である。しかし、同地で仮器類が長く存続したのはそれだけが理由ではないであろう。原材に恵まれているという点では、紀伊などの近隣にそれを求めることができた畿内も、東方を画して聳立する若杉山山塊の原材を容易に手にしえた福岡平野一帯も条件を満たしている。しかし上野のような隆盛と存続ぶりからはほど遠い。

そこで祭祀遺跡で出土している滑石仮器類に注目してみると、それぞれの出土品目として、長野県北佐久郡軽井沢町入山峠遺跡では鏡、剣、刀子、有孔円板、勾玉、管玉、小玉などがあり[119]、長野県下伊那郡阿智村神坂峠遺跡では鏡、剣、刀子、鎌、有孔円板、勾玉、管玉、小玉などが知られている[120]。信濃を貫く東山道のそれぞれ東西端に位置する両遺跡の滑石仮器類をみると、有孔円板や勾玉や小玉のような簡略な類だけにとどまらず鏡や刀子においても、上野の古墳から出土している副葬滑石仮器類との間で、品目や形態上の明確な差異を設けることが難しい。東山道は信濃を抜けて上野に至るのであるから、また、信濃が子持勾玉の出土数で第二位にあって上野との近しさが察せられるから、両地の副葬滑石仮器類が区別しがたいのは当然のように思われるかもしれない。しかし上野に焦点をあてて見直すと、同地の副葬滑石仮器類は他地よりも長く副葬が存続した点に加え、野外祭祀用と区分しがたい点においても異彩を帯びている。つまり、滑石仮器類の副葬の衰微とともに葬と祭との分離が進行し、滑石仮器類の使用は野外祭祀の場で命脈を保ったという葬祭分離説に従っていえば[121]、上野では葬と祭との未分離な状況が続いたということになるのである。

上野をきわだたせる遺物として、さらに鈴鏡をあげることができる。出土古墳数を旧国別に比較すると、上野が抜きんでて首位を占めており、さらに信濃、大和が上位に加わっている[122]（図79）。このように子持勾玉と近い分布をみせている点で、武蔵、駿河、相模が上位を占めて大和が外れる鈴釧出土古墳の分布とは大きく隔たり[123]、東海道筋に多い鈴釧に対して鈴鏡は東山道沿いに集中しているのである。鈴鏡と鈴釧はともに鳴音具として中期後半にあい前後して

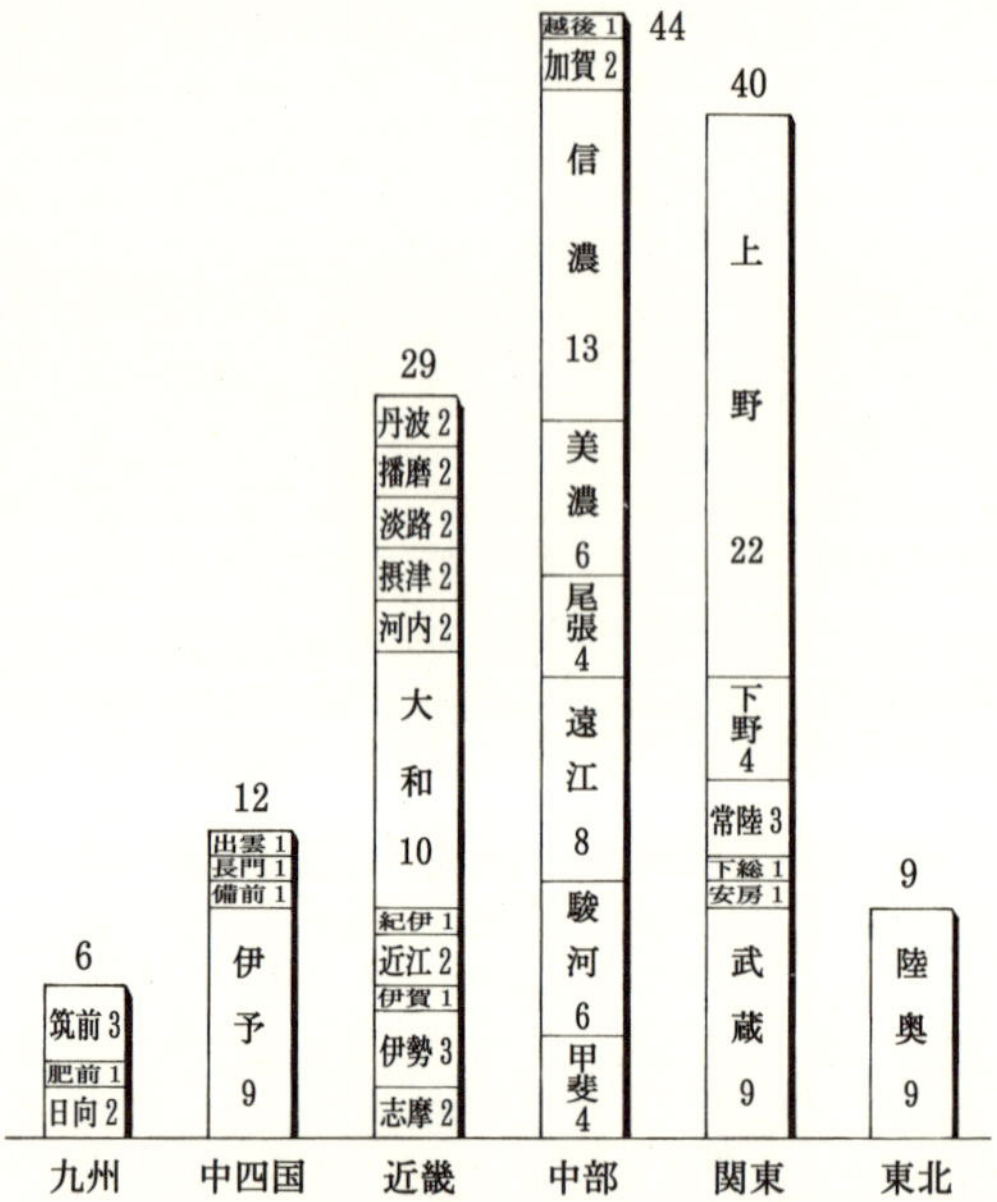

図79　鈴鏡出土古墳の地域別内訳

副葬品に加わったが、分布上の相違によって鈴鏡は鈴釧から区別することができるし、ともに関東に出土古墳が多い点に注目してこの地であいならんで流行した点を強調することも許されるであろう。

鈴鏡に関連して、巫女とされている女子の埴輪をとりあげると、襷や袈裟状衣の着用表現によって区別されるこの一群はまた、両腕を前方に大きく回し、合わせた両手で何かを捧げもつ所作を基本とする。両手の間に実際に土器を表現した例があるので、貴人に液体を捧げる場面を造形したことは疑いない。この形姿は広く流布しており、写実不足による変形品まで含めると、九州から中部までこれでほぼ統一されているといってよい。そうして、装身具の表現が伴う場合、それは頚飾りにほぼ限られており、この点からみてもいわゆる巫女埴輪の服飾は、異様ではあるが華美なわけではない。

ところが関東に入ると、衣服や所作の異なる例が加わり、装身具の種類が多くなり、佩用品が現れる。たとえば、写実的な点で往時の形姿をかなりよく伝えていると思われる群馬県太田市龍舞町塚廻り三号墳の出土品に例をとると、[124] 埦に容れた液体を奉献する点では基本を踏襲しながら、しかし椅坐像であり、耳環、頸飾り、手玉、足玉で身を飾り、頸飾りと足玉は二重にめぐらせる（図80）。幅広い帯をしっかりと腰に巻き、もうひとつの緩やかな帯に鈴鏡や袋状品を装着する。襷をつけ、鋸歯文で飾った綬状飾りを身に帯びる。袈裟状衣を着用しているようにはみえず、それでも装飾は煩わしいほど華美であり、この点で西方の諸例と一線を画している。そもそも女子の椅坐像は関東に限られ、群馬県保渡田八幡塚古墳、(125)邑楽郡大泉町天神山古墳、(126)埼玉県東松山市大谷三千塚古墳群(127)で確例が知られている。残りの良い天神山古墳例ならびに三千塚古墳群例でその服飾をみると、前者は袈裟状衣の着用表現をそなえているが、ともに鈴鏡を佩び装身具の多さが目立つ点で、塚廻り三号墳例と通じる。もうひとつ例をあげると、塚廻り四号墳の出土品は、襷をつけた立像である。(128)刀をとる、他に例の見あたらない形姿であるが、綬状の服飾を帯び、耳、頸、手首に装身具をつけており、華美さの点では三号墳例に劣らない。

他方、襷の表現をそなえた女子埴輪のなかには、塚廻り四号墳出土の坩を片手で掲げた立像のように、あるいは「踊るたすきがけの女子」とされた群馬県伊勢崎市下触町石山例のように、服飾表現が簡素なものもある。(129)さらに、埼玉県鴻巣市生出塚遺跡例(130)や長野県佐久市岩村田北西ノ久保一七号墳例(131)のように、襷の表現がみられず、しかし腰に鈴鏡を佩びたものもまた、服飾表現が簡素な部類に入る。巫女と認定するうえで襷の表現が不可欠であるとみるならば、これらの例は巫女から外れることになるし、鈴鏡の方が巫女の採物としてふさわしいということならば、襷はなくても巫女ということになる。

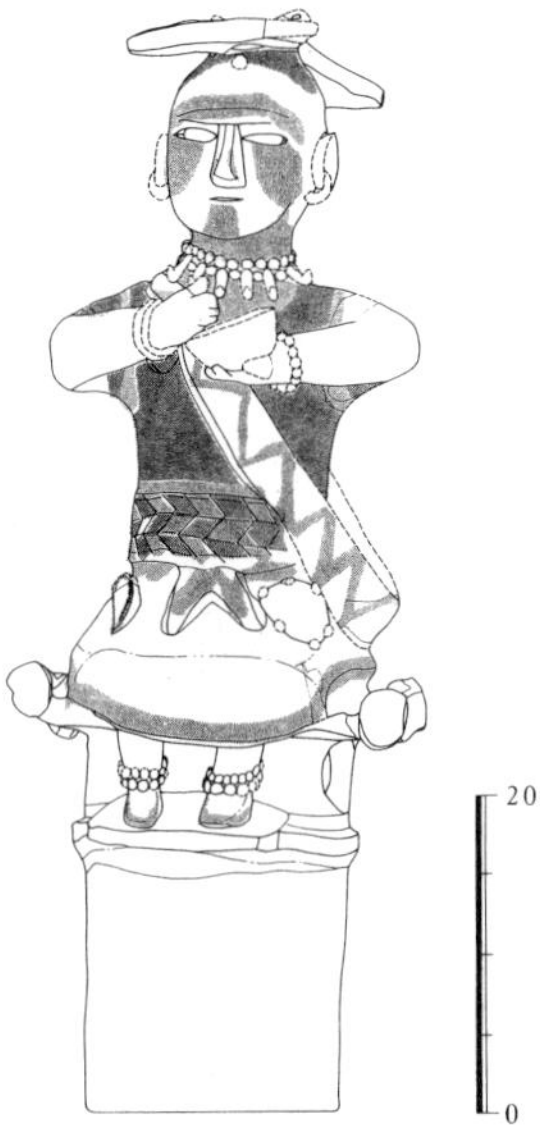

図 80　群馬県太田市塚廻り3号墳出土女子埴輪

いずれともあれ、巫女か高位の女子か、あるいは双方を兼ねた存在か、これを認定するのが第一の目的ではない。ここで確認しておきたいのは、関東のいわゆる巫女埴輪に多様な形姿や服飾がみられること、数多くの装飾を身につけ鈴鏡などを腰に佩びた華美な例が知られることである。すでに例示したところから察せられるように、これはとりわけ上野ないしその近隣に集中しており、画一化された西方の奉献姿と較べるとはるかに活発で存在感に満ちた女性の姿を垣間みせてくれるのである。

異界との交感（2）　以上、滑石仮器類、鈴鏡、いわゆる巫女埴輪を俎上にのせて主に分布を問題にし、古墳時代後期の関東に現れた異相を概括して上野の特色について説いた。滑石仮器類ならびに鈴鏡は葬や祭に用いた器物であり、いわゆる巫女埴輪は葬に連なった女性の姿を映している。したがって、これらの遺品によって関東とりわけ上野の存在がきわだつことは、葬と祭という異界との交感の場においてこれらを個性あらしめる独特の心性が同地に存在したことを暗示している。そうして上野が信濃北部とならんで、人骨や獣骨を焼くという縄文時代に発する風習を古墳時代においてもなお踏襲している点を想起するならば[132]、その心性は古墳時代後期に入ってにわかに発現したということではなくて、葬や祭に異相を与えつつ長く存続したとみるのがふさわしいのではなかろうか。関東における古墳文化の欠落を先にとりあげて斎忌観の微弱さを説いたが、その微弱さすなわち異界に対する親和的心性にふたたび注目するならば、上野における葬祭の未分離はこの心性に由来することが察せられる。また、鈴鏡の流布やいわゆる巫女埴輪の特色についても、この心性が影をおとしている可能性が考えられてよいし、焼人骨や焼獣骨の風を存続せしめた葬送観との関係も、上野に輪郭を与えるうえで問題になるであろう。

しかし、関東とりわけ上野の葬祭観について、このように保守色だけを指摘するとしたら、それは誤解を生みかねない。鏡の出土数が関東のなかでは多いこと、畿内とあまり隔たらない頃に横穴式石室葬を採用したこと、石室内に木棺を納置し釘で留める風が畿内に劣るにせよ流布していた形跡があることはすでに述べたが、墳丘に周濠を付設する風を採用した時期も畿内と近いことが、盾形周溝をそなえた群馬県高崎市倉賀野町浅間山古墳や太田市別所町茶臼山古墳の前・中期の交に遡る上野の例から知られる。水の世界で隆然たる墳丘をとり囲む奥つ城の体裁に、中国風の神仙観からの借用を説いた私見が当たっているとすれば、大型墳を威容あらしめた畿内におけるこの墳墓観の変容は、上野にも時をおかずに伝わっていたことになる。また、横穴式石室が南に開口する点を四神思想と結びつけた所説が外れていないとすれば、これもまた上野ですみやかに受容されたことを同地の開口方向が示唆している。

もとより、中国思想による墳墓観のこれらの変更は上野だけに限られないし、関東のみにもとどまらない。ただ関東の特色をあげることができるとすれば、周濠を付設する風が畿内よりも長く遺存した点であり、このうえにさらに上野の個性をきわだたせるとすれば、埴輪を奥つ城に樹立する慣習が関東一円と比較しても長く命脈を保った点である。つまり、周濠をめぐらせて墳丘を埴輪で加飾する、神仙思想で潤色された葬俗を、群馬県高崎市綿貫町観音山古墳例のように方墳へ転換する直前まで存続させたところに、ふたたび上野の保守色をみることができるのである。そこで、先述の碑文で説いた族的結合の強固さに着目し、その強固さに基づいて奥つ城の「モニュメント性」が維持されたことを、この保守色を生んだ素因としてあげておきたい。

鎌倉時代に書かれた『徒然草』の第一九段に、

晦日の夜はいたう暗きに、……なき人の来る夜とて魂祭るわざは、この比《ごろ》都にはなきを、東《あづま》の方には猶《なほ》することにてありしこそ、あはれなりしか

とある。これを都から遠ざかった地の保守色とのみ理解するのは、おそらく当たっていないであろう。保守か先進かは文化の中心から一方的に判断するのではなく、関東の事情にまずは立脚すべきことが、以上縷述した点から知られるからである。

注

（1）設楽博己「東日本農耕文化の形成と北方文化」（稲田孝司・林謙作編『先史日本を復元する』四　稲作伝来　平成一七年）。

（2）山岸良二編『関東の方形周溝墓』（平成八年）。

（3）吉田稔ほか『小敷田遺跡』（埼玉県埋蔵文化財調査事業団報告書　第九五集　平成三年）。
（4）伊藤伸久ほか『常代遺跡群』（君津郡市考古資料刊行会　平成八年）。
（5）黒沢浩「墓場の変容～再葬墓から方形周溝墓へ～」（宮腰健司ほか編『墓場の考古学』第一三回東海考古学フォーラム実行委員会　平成一八年）。
（6）柿沼修平ほか『大崎台遺跡発掘調査報告』Ⅰ—Ⅳ（佐倉市大崎台B地区遺跡調査会　昭和六〇—六二年　平成九年）。
（7）注5に同じ。
（8）設楽博己「関東地方における弥生農耕集落の形成過程」（『国立歴史民俗博物館研究報告』第一三三集　平成一八年）。
（9）春成秀爾「弥生時代の再葬制」（『国立歴史民俗博物館研究報告』第四九集　平成五年）。
（10）環濠集落の分布もまた方形周溝墓受容圏にとどまる。
（11）注2に同じ。宮腰健司「伊勢湾地方における方形周溝墓に関わる問題」（注5に同じ）。この種の方形周溝墓は前期中葉にあたるという兵庫県尼崎市武庫町東武庫遺跡で確認されている。初現は畿内の方が古いことになる。
（12）注11宮腰に同じ。
（13）注1に同じ。
（14）福田聖「方形周溝墓の死者儀礼」（注2に同じ）、同上「方形周溝墓と儀礼—鍛冶谷・新田口遺跡第一二号方形周溝墓の死者儀礼—」（埼玉県埋蔵文化財調査事業団編『埼玉考古学論集—設立一〇周年記念論文集—』平成三年）。西口正純編『鍛冶谷・新田口遺跡』（埼玉県埋蔵文化財調査事業団報告書　第六二集　昭和六一年）。福田聖「方形周溝墓・周溝の覆土と出土状況—鍛冶谷・新田口遺跡—」（埼玉考古学会編『埼玉の考古学』Ⅱ　埼玉考古　第四一号　平成一八年）。伊藤和彦編『鍛冶谷・新田口遺跡第三次発掘調査概報』（戸田市文化財調査報告ⅩⅤ　昭和五九年）。
（15）立花実「方形周溝墓の常識」（『西相模考古』第九号　平成一二年）、同上「方形周溝墓の埋まり方と祭祀の段階—関東の方形周溝墓研究の再確認—」（『季刊考古学』第九二号　平成一七年）。
（16）福田聖「方形周溝墓における共通性」（『考古学ジャーナル』第五三四号　平成一七年）。
（17）注9に同じ。

(18)　方形周溝墓葬もほぼ近い時期に北上する動きをみせる。
(19)　志村哲ほか『堀ノ内遺跡群』(藤岡市教育委員会　昭和五七年)。
(20)　沼澤豊ほか『佐倉市飯合作遺跡』(千葉県文化財センター　昭和五三年)。
(21)　茂木雅博「関東の『方形周溝墓』の特徴」(注2に同じ)。
(22)　上田三平「銚子塚古墳附丸山塚古墳」(文部省『史蹟調査報告』第五輯　昭和五年)。中道町史編纂委員会編『中道町史』上巻(昭和五〇年)。山梨県編『山梨県史』資料編一・二　原始古代一・二(平成一〇・一一年)。
(23)　後藤守一『静岡県史』第一巻(昭和五年)。静岡県編『静岡県史』資料編二・三　考古二・三(平成二・四年)。
(24)　岸本直文「茨城県水戸市出土の三角縁神獣鏡」(『考古学雑誌』第七八巻第一号　平成四年)。
(25)　伊藤信雄・伊藤玄三『会津大塚山古墳』(会津若松史　別巻一　昭和三九年)。
(26)　群馬県史編さん委員会編『群馬県史』資料編三　原始古代三(昭和五六年)。
(27)　梅澤重昭「群馬県地域における初期古墳の成立(1)・(2)」(『群馬県史研究』第二・第三号　昭和五〇・五一年)。
(28)　平山誠一ほか『島戸境一号墳』(山武町教育委員会　平成六年)。
(29)　千葉県成田市下方丸塚古墳(大塚古墳)出土と伝えられる鏡四面が知られている。東京国立博物館編『東京国立博物館図版目録』古墳遺物篇　関東Ⅲ(昭和六一年)。国立歴史民俗博物館編『国立歴史民俗博物館研究報告』第五六集(平成六年)参照。
(30)　小熊博治ほか『大安場古墳群―第二次発掘調査報告―』(福島県郡山市教育委員会　平成一〇年)。車輪石は外形によって卵形と円形とに分けられる。小林行雄は、それぞれ前者をA、後者をBと呼びわけたうえで、分布域の相違を鍬形石や石釧とともに問題にしている。小林行雄「古墳文化とその伝播」(『帝塚山考古学』No.1　昭和四三年)。大安場古墳出土の車輪石によって、Bの分布域はさらに東方へ拡がったことになる点で、注目される。
(31)　藤澤敦「十三塚遺跡出土の石釧について」(『年報』平成六年度　名取市文化財調査報告書　第三六集)。
(32)　高堀勝喜ほか「鹿島町の考古資料」(鹿島町史編纂専門委員会編『鹿島町史』資料編(続)上巻　昭和五七年)。
(33)　楢崎彰一「古墳時代」(岐阜県編『岐阜県史』通史編　原始　昭和四七年)。

（34）杉山晋作「千葉県木更津市手古塚古墳の調査速報」（『古代』第五六号　昭和四八年）。千葉県史料研究財団編『千葉県の歴史』資料編　考古二　弥生・古墳時代（平成一五年）。
（35）菊池逸夫ほか『伊治城跡―平成三年度発掘調査報告書―』（築館町文化財調査報告書　第五集　平成四年）。
（36）佐久間光平・小村田達也編『佐沼城跡―近世武家屋敷と古代の集落跡―』（迫町文化財調査報告書　第二集　平成七年）。なお、宮城県遠田郡美里町山前遺跡の例も北限に近い。
（37）小林行雄「古墳時代における文化の伝播(上)・(下)」（『史林』第三三巻第三・第四号　昭和二五年）、同上『古墳時代の研究』（昭和三六年）に補訂して載録。ポスト・コロニアリズムの主張を古代ギリシア人による植民活動の研究で貫いた著作として、Hodos, T. H., *Local Responses to Colonization in the Iron Age Mediterranean* (Routledge, 2006) が管見に触れる。
（38）塩野博・増田逸朗『西台遺跡の発掘調査』（桶川町文化財調査報告Ⅳ　昭和四五年）。
（39）山本暉久ほか『池子遺跡群Ⅰ　No.2地点　No.1―B地点―池子米軍家族住宅建設にともなう調査―』（神奈川県立埋蔵文化財センター調査報告二七　平成六年）。
（40）金子浩昌ほか「千葉県東葛飾郡沼南村片山古墳群の調査」（『古代』第三三号　昭和三四年）。
（41）平岡和夫・井上荘之助『戸張一番割遺跡―千葉県柏市戸張一番割遺跡調査報告書―』（柏市教育委員会　昭和六〇年）。
（42）斉藤光利ほか『朝日観音遺跡』（南河内町埋蔵文化財調査報告書　第二集　昭和六二年）。
（43）久保哲三編『下野茂原古墳群』（平成二年）。
（44）大江正行編『本郷的場古墳群』（群馬県埋蔵文化財調査事業団調査報告書　第一〇八集　平成二年）。
（45）原田道雄「関東地方の初期横穴式石室古墳」（『駿台史学』第三〇号　昭和四七年）。注26に同じ。
（46）秋元陽光「上三川町多功大塚山古墳の再検討」（大金宣亮氏追悼論文集刊行会編『古代東国の考古学』平成一七年）。同論文のなかで、「栃木県内においては、六世紀において釘付式木棺の使用が一般的であったとは考えられず、釘の出土、さらにはそこから推定される釘付式木棺の存在は、新しい様相と捉えることができる」と述べられている。釘の存否から木棺葬の有無に言及した先駆的所説として注意される。
（47）山口典子編『印旛郡栄町浅間山古墳発掘調査報告書』（千葉県史編さん資料　平成一四年）。

（48）塚原二郎・紺野英二編『武蔵府中熊野神社古墳調査概報』（平成一七年）。

（49）群馬県古墳時代研究会編『群馬県内の横穴式石室Ⅰ（西毛編）・Ⅱ（東毛編）・Ⅲ（中毛編）・Ⅳ（補遺編）・Ⅴ（補遺編二）』（群馬県古墳時代研究会資料集　第三―第七集　平成一〇―一三・一六年）の掲載資料によって埴輪をそなえた横穴式石室墳で釘出土例をあげると、高崎市群馬町足門お春名、福島諸口三号、箕郷町和田山二号・二四号、北群馬郡吉岡町大久保長久保二号、佐波郡玉村町飯倉大塚越三号、伊勢崎市波志江町蟹沼東一七号・三一号の八古墳が抽出される。なお、千葉県域で市川市国分台法皇塚古墳、香取市小見川町城山一号墳で鉄釘と報告されている製品があるが、疑問があるので除いた。

（50）栗田茂敏編『葉佐池古墳』（松山市文化財調査報告書　第九二集　平成一五年）。

（51）沢田むつ代「藤ノ木古墳の被葬者にみられる遺骸の埋葬方法に関する一私見」（『ＭＵＳＥＵＭ』第五五六号　平成一〇年）。

（52）静岡県域でも釘の普及はかんばしくなかったようであり、浜松市豊町蛭子森古墳例などの少数が知見にのぼるにとどまる。また鎹で留めることも流布していなかったことが、出土数の少なさから察せられる。松井一明・大谷宏治「長福寺出土の遺物について―長福寺および掛川市教育委員会所蔵遺物―」（『静岡県考古学研究』三三　平成一三年）参照。

（53）平川南「人面墨書土器と海上の道」（『シンポジウム古代の祈り―人面墨書土器からみた東国の祭祀―』盤古堂　平成一六年）。

（54）都城の人面墨書土器祭祀について、笹生衛「奈良・平安時代における疫神観の諸相」（二十二社研究会編『平安時代の神社と祭祀』昭和六一年）は祓えとし、巽淳一郎「都城における墨書人面土器祭祀」（『月刊文化財』第三六三号　平成五年）は疫神饗応とみる。また高島英之『古代東国地域史と出土文字資料』（平成一八年）は、関東での出土品とくに坏を神の依代と考える。

（55）藤岡孝司「房総地方の人面墨書土器」（注53に同じ）。

（56）吉澤悟「茨城県における古代火葬墓の地域性―土浦市立博物館保管の骨蔵器の資料紹介および県内事例の集成から―」（『土浦市立博物館紀要』第六号　平成七年）。同上「『国府の海』の骨壷―玉里村出土の骨蔵器の資料紹介および高浜入り周辺の火葬墓の検討―」（『玉里村立史料館報』Vol. 2　平成九年）。

（57）高林均ほか『落川遺跡―都営落川第二アパート建設に伴う発掘調査報告―』Ⅰ―Ⅲ（日野市落川遺跡調査会　平成七―九年）。福田健司ほか『落川・一の宮遺跡』Ⅳ　自然科学編　落川・一の宮（日野3・2・7号線）遺跡調査会　平成一一年）。福田健司ほか『落川・一の宮遺跡』Ⅱ　古代編　落川・一の宮遺跡（日野3・2・7号線）遺跡調査会　平成一三年）。福田健司「落川・一の宮遺跡の集落変遷―東国古代集落の形成と解体過程の一側面」（『古代文化』第五六巻第七号　平成一六年）。
（58）高木晃編『中半入遺跡・蝦夷塚古墳発掘調査報告書―担い手育成基盤整備事業東田地区圃場整備工事関連遺跡発掘調査―』（岩手県文化振興事業団埋蔵文化財調査報告書　第三八〇集　平成一四年）。
（59）赤木克視編『城山（その2）―近畿自動車道天理〜吹田線建設に伴う埋蔵文化財発掘調査概要報告書―』（大阪文化財センター　昭和六一年）。
（60）たとえば群馬県高崎市新保田中村前遺跡などの出土品に類例を見いだすことができる。相京建史・小島敦子編『新保田中村前遺跡Ⅰ―一級河川染谷川河川改修工事に伴う埋蔵文化財発掘調査報告書　第一分冊―』（群馬県埋蔵文化財調査事業団発掘調査報告書　第一〇七集　平成二年）。
（61）田中広明「古代の地域開発と牛馬の管理」（山梨県考古学協会編『牧と考古学―馬をめぐる諸問題―資料集』平成一七年）、同上「古代の地域開発と牛馬の管理」（注14埼玉考古学会編　平成一八年）に同じ。
（62）田中広明・末木啓介編『中堀遺跡―御陣場川堤調節池関係埋蔵文化財発掘調査報告　第四分冊―』（埼玉県埋蔵文化財調査事業団報告書　第一九〇集　平成九年）。
（63）高橋昌明「武士の発生とその性格」（『歴史公論』第八号　昭和五一年）、同上『武士の成立　武士像の創出』（平成一一年）。川尻秋生『古代東国史の基礎的研究』（平成一五年）は、平安時代中期の貴族が関東を治安の著しく悪い、疫病のはびこる地として認識するに至った契機として将門の乱に注目し、この乱に貴族が嫌悪、畏怖を懐いていたと説く。同上「古代東国の牧経営と武力」（注61山梨県考古学協会編　平成一七年）参照。
（64）埼玉県立さきたま資料館編『埼玉稲荷山古墳』（昭和五五年）。辛亥銘鉄剣保存処理小委員会・埼玉県立さきたま資料館編『埼玉稲荷山古墳辛亥銘鉄剣修理報告書』（昭和五七年）。
（65）東京国立博物館編『江田船山古墳出土国宝銀象嵌銘大刀』（平成五年）。同書公刊以後に釈読を試みた業績として、鈴木勉

『ものづくりと日本文化』（平成一六年）があげられる。読みについては寸を等の略字とみる点が異なるだけにとどまるけれども、技術論の立場から随所に新解釈が示されている点で注意される。鈴木勉・福井卓造「江田船山古墳出土大刀銀象嵌銘『三寸』と古墳時代中期の鉄の加工技術」（『橿原考古学研究所紀要　考古学論攷』第二五冊　平成一四年）。

(66) 岸俊男「古代刀剣銘と稲荷山鉄剣銘」（『橿原考古学研究所論集』第六　昭和五九年）。

(67) 田中新史編『王賜銘鉄剣概報―千葉県市原市稲荷台一号墳出土―』（昭和六三年）。

(68) 福山敏男「江田発掘大刀及び隅田八幡神社鏡の製作年代について」（『考古学雑誌』第二四巻第一号　昭和九年）、同上『日本建築史研究』（昭和四三年）に載録。なお、「癸未年」と釈することについて疑問が出ている。笠野毅「隅田八幡宮画像鏡の銘文」（『考古学ジャーナル』第三二八号　平成三年）。

(69) 川西宏幸『同型鏡とワカタケル―古墳時代国家論の再構築―』（平成一六年）公表時の同型鏡は一五種一〇四面であったが、森下章司「古鏡の拓本資料」（『古文化談叢』第五一集　平成一六年）によって二種四面の追加があった。なお、西田守夫「姫路市奥山大塚古墳出土の呉代の仏像夔鳳鏡とその『同范鏡』をめぐって」（『考古学雑誌』第七三巻第一号　昭和六二年）で仏像夔鳳鏡二面が「同范」品とされる。これがもし同型品であることになれば、さらに一種二面が加わる。

(70) 山本雅靖・間壁忠彦「王墓山古墳（赤井西古墳群一号）」（『倉敷考古館研究集報』第一〇号　昭和四九年）。高崎市教育委員会編『観音塚古墳調査報告書』（平成四年）。

(71) 奈良県立橿原考古学研究所編『斑鳩藤ノ木古墳第二・三次調査報告書』（平成七年）。

(72) 福井県編『福井県史』資料編13　考古（昭和六一年）。

(73) 尾崎喜左雄・保坂三郎『上野国八幡観音塚古墳調査報告書』（群馬県埋蔵文化財調査報告書　第一集　昭和三八年）。

(74) 群馬県教育委員会編『上野国綿貫町観音山古墳発掘調査概報』昭和四二年度（昭和四三年）。徳江秀夫編『綿貫観音山古墳』Ⅰ　墳丘・埴輪編、Ⅱ　石室・遺物編（群馬県埋蔵文化財調査事業団発掘調査報告書　第二四二・第二五五集　平成一〇・一一年）。

(75) 注34千葉県史料研究財団編（平成一五年）に同じ。

(76) 小玉道明ほか『井田川茶臼山古墳』（三重県埋蔵文化財調査報告　二六　昭和六三年）。

(77) 新編岡崎市史編集委員会編『新編岡崎市史』史料　考古下一六（平成元年）。
(78) 長野県編『長野県史』全一巻㈢主要遺跡・㈣遺構・遺物（昭和五八・六三年）。
(79) 小野山節・本村豪章「上毛野・伊勢崎市恵下古墳出土のガラス玉と須恵器と馬具」（『ＭＵＳＥＵＭ』第三五七号　昭和五五年）。
(80) 塚田良道「測量図の比較から古墳の系譜を考える」（シンポジウム「前方後円墳の築造企画」発表要旨資料　第四回東北・関東前方後円墳研究会大会　平成一一年）。
(81) 末永雅雄『古墳の航空大観』（昭和四九年）。奈良県立橿原考古学研究所編『大和前方後円墳集成』（平成一三年）。
(82) 梅澤重昭『史跡天神山古墳外堀部発掘調査報告書』（群馬県教育委員会　昭和四五年）。
(83) 若狭徹編『保渡田八幡塚古墳―史跡保渡田古墳群　八幡塚古墳保存整備事業報告書　調査編―』（群馬町埋蔵文化財調査報告第五七集　平成一二年）。
(84) 注26に同じ。
(85) 注26に同じ。
(86) 注45に同じ。
(87) 注74に同じ。
(88) 宇都宮市史編さん委員会編『宇都宮市史』原始・古代編（昭和五四年）。
(89) 鈴木一男編『摩利支天塚古墳―環境整備事業に伴う確認調査報告書―』（小山市文化財調査報告書　第一四集　昭和五八年）。
(90) 注81に同じ。
(91) 注34千葉県史料研究財団編（平成一五年）に同じ。
(92) 小高幸男編『内裏塚古墳群発掘調査報告書』（富津市教育委員会　平成三年）。
(93) 同前。
(94) 岡本健一ほか『将軍山古墳―史跡埼玉古墳群整備事業報告書―』（埼玉県教育委員会　平成九年）。

(95) 茨城県史編さん原始古代史部会編『茨城県史料』考古資料編　古墳時代（昭和四九年）。車崎正彦「常陸舟塚山古墳の埴輪」『古代』第五九・六〇合併号　昭和五一年）。
(96) 木崎悠・茂木雅博編『常陸の前方後円墳』(1)（茨城大学人文学部考古学研究報告　第三冊　平成一二年）。
(97) 茂木雅博・田中裕貴編『常陸の前方後円墳』(2)（茨城大学人文学部考古学研究報告　第八冊　平成一七年）。
(98) 東野治之『日本古代金石文の研究』（平成一六年）の読みに依拠した。
(99) これもまた注98東野の読みに従った。
(100) 尾崎喜左雄『上野三碑の研究』（昭和五五年）。関口裕子「日本古代家族の規定的血縁紐帯について」（井上光貞博士還暦記念会編『古代史論叢』中巻　昭和五三年）。
(101) 注98に同じ。
(102) 春成秀爾「縄文合葬論―縄文後・晩期の出自規定―」（『信濃』第三二巻第四号　昭和五五年）。
(103) 川西宏幸・辻村純代「古墳時代の巫女」（『博古研究』第二号　平成三年）。川西宏幸『古墳時代の比較考古学』（平成一一年）に川西執筆分を補訂載録。
(104) 『国史大辞典』第七巻（昭和六一年）参照。
(105) 注98に同じ。
(106) 栃木県史編さん委員会『栃木県史』通史編二　古代二　昭和五五年）。
(107) 鎌田元一『律令公民制の研究』（平成一三年）。
(108) 新野直吉『日本古代地方制度の研究』（昭和四九年）。
(109) 板橋正幸・田熊清彦『西下谷田遺跡』（栃木県埋蔵文化財調査報告書　第二七三集　平成一五年）。板橋正幸「西下谷田遺跡の一考察」（注46に同じ）。
(110) 秋元陽光・保坂育子『上神主・茂原遺跡』Ⅰ　上三川町教育委員会（平成一一年）。安永真一編『上神主・茂原　茂原向原北原東―北関東自動車道路建設に伴う発掘調査Ⅴ―』（栃木県埋蔵文化財調査報告書　第二五六集　平成一三年）。深谷昇・梁木誠『上神主・茂原官衙遺跡』（上三川町教育委員会・宇都宮市教育委員会　平成一五年）。

（111）　梁木誠「上神主・茂原官衙遺跡の造営企画」（注46に同じ）。
（112）　仲山英樹「古代東国における墳墓の展開とその背景」（栃木県文化振興事業団埋蔵文化財センター『研究紀要』第一号　平成四年）。後期後半の前方後円墳で幅の広い基壇をそなえた例が、下野や上野の一部で知られている。円墳の例もあるようである。中村亨史「栃木県における後期古墳の諸段階」（シンポジウム「後期古墳の諸段階」研究発表資料　第八回東北・関東前方後円墳研究会大会　平成一五年）。葬祭に参列した人びとの場としてこのような基壇が設けられたのかもしれない。もしそうであるとすれば、参列者の多かったことが想像される。
（113）　丸山眞男「武士のエートスとその展開」（『丸山眞男講義録』第五冊　日本政治思想史一九六五　平成一一年）。
（114）　大場磐雄・佐野大和『常陸鏡塚』（国学院大学考古学研究報告　第一冊　昭和三一年）。
（115）　たとえば群馬県高崎市剣崎町天神山古墳で鏡、坩、槽、杵など、藤岡市白石稲荷山古墳で盤、杵、坩、釧、下駄など、前橋市上細井町稲荷山古墳で盤、坩、釧、籐、筬、梭、腰掛などの滑石品目が確認されている。外山和夫「石製模造品を出土した高崎市剣崎天神山古墳をめぐって」（『考古学雑誌』第六二巻第二号　昭和五一年）。後藤守一・相川龍雄『多野郡平井村白石稲荷山古墳』（群馬県史蹟名勝天然紀念物調査報告　第三輯　昭和一一年）。高橋健自『古墳発見石製模造器具の研究』（帝室博物館学報　第一冊　大正八年）。白井久美子「石製立花と石枕の出現―枕造り付け木棺考―」（滝口宏編『古代探叢』Ⅲ　平成三年）、同上『古墳から見た列島東縁世界の形成』（平成一四年）に補訂載録。
（116）　川上真紀子「古墳出土の石製模造品と地域性」（甘粕健先生退官記念論集刊行会編『考古学と遺跡の保護』平成八年）。
（117）　椙山林継編『子持勾玉資料集成』（国学院大学日本文化研究所　平成一四年）。
（118）　この見解は大場磐雄『祭祀遺跡―神道考古学の基礎的研究―』（昭和四五年）の所説に近い。
（119）　椙山林継編『入山峠―長野県北佐久郡軽井沢町入山峠祭祀遺跡発掘調査報告書―』（軽井沢町教育委員会　昭和五八年）。
（120）　大場磐雄・椙山林継編『神坂峠―昭和四十三年度神坂峠祭祀遺跡発掘調査報告書―』（阿智村教育委員会　昭和四四年）。
（121）　小出義治『土師器と祭祀』（平成二年）。葬祭未分化から葬祭分化へという変化を説く論者は少なくないが、井上光貞『日本古代の王権と祭祀』（昭和五九年）には問題がある。井上は福岡県宗像市大島沖の島遺跡での祭祀の変容をとりあげて「……第三期以後、遺物が古墳との共通性を失い、祭祀用のものが比重をもってくるのであるが、これは、きわめて図式的にいえば、第二期と第三期の間で、すなわち六世紀と七世紀の間で葬祭の分化が成立する、と理解することができるのである」と記している。この井上説によると古墳時代を通じて葬祭未分化の状態が続いたことになるが、はたしてそうであろうか。

(122) 川西宏幸『同型鏡とワカタケル』(平成一六年)。
(123) 同前。
(124) 石塚久則編『塚廻り古墳群』(群馬県教育委員会　昭和五五年)。
(125) 注83に同じ。
(126) 群馬県立歴史博物館「群馬のはにわ」展図録(昭和五四年)。
(127) 埼玉県立さきたま資料館「はにわ人の世界」展図録(昭和六三年)。埼玉県立博物館「女性の埴輪—その装いとしぐさ—」展図録(平成一〇年)。
(128) 注124に同じ。
(129) 注126に同じ。
(130) 山崎武編『生出塚遺跡』(鴻巣市遺跡調査会報告書　第二集　昭和五六年)。注127に同じ。
(131) 注78長野県編(昭和六三年)に同じ。
(132) 内山大介「先史時代の葬送と供犠—焼骨出土例の検討から—」(『信濃』第五七巻第九号　平成一七年)。

第七章　ツクシの基層

第一節　乳幼児葬の変転

弥生時代の乳幼児葬　福岡市博多区金隈遺跡第三―第六次調査で、甕棺から出土した弥生時代中期の成人人骨の身長が復原されている。(1)この結果を男女別に平均すると、男一七体で一六二・八センチ、女一七体で一五一・二センチとなる。また、福岡県小郡市横隈狐塚遺跡で弥生時代中・後期の甕棺から出土した成人骨の計測結果によると、平均身長は男で一六二・四センチ、女で一四八・三センチをはかるという。(2)これらのうえに佐賀県唐津市呼子町大友遺跡、(3)神埼郡吉野ケ里町二塚山遺跡群、(4)愛知県清須市清州朝日遺跡(5)などの結果を通観するならば、弥生時代における成人の平均身長は、男が一六〇センチ余り、女が一五〇センチ前後とみられる。そうすると、幼児から小児へ移る五・六歳児の平均身長は、男女とも一一〇センチ前後とみて大過ないことを、現今の統計資料が教えてくれる。

さて、出土数の多さで特筆される金隈遺跡の人骨が、年齢別に合算されている。その結果は以下の通りである（表13）。この内訳をみると、熟年、壮年についで幼児の出土数が多く、それぞれ熟年が三八％、壮年が二九％、幼児が一八％を占めている。乳幼児を合算すると二三％に達するが、しかし骨の遺存度が成人に較べて低いことをあわせ考えるならば、分析に当たった中橋孝博らが指摘しているように実際の死亡率はさらに高かったとみるべきであろう。

表13　金隈遺跡の年齢別人骨数

年齢	男	女	不明	計
乳児（0歳）			六	六
幼児（1～5）			二三	二三
小児（6～11）			五	五
若年（12～19）			二	二
壮年（20～39）	一九	一四	二	三五
熟年（40～59）	一九	二六	一	四六
老年（60～　）	〇	四	〇	四

　そこで、同じく金隈遺跡で検出された弥生時代前・中期の土壙墓に注目すると、長辺一二〇センチ以下が三五基、一二一センチ以上が三三基を数える。短辺の寸法からしていずれも伸展葬であったとみられるので、身長一二〇センチに満たない乳幼児は埋葬の五一％を占めていることになる。この数字は遺存した人骨によって導かれた乳幼児の比率二三％をはるかに超える。この点についてもう少し例を重ねてみると、福岡県行橋市下稗田遺跡で出土した弥生時代前・中期の石棺や石蓋土壙墓や土壙墓は、長辺一二〇センチ以下が五七基、一二一センチ以上が一一五基を数える(6)。そうして、報告書のなかですでに試算されているように、乳幼児用と覚しい甕棺一〇八基を加えると、乳幼児葬は全体の五九％にあたる。金隈遺跡で乳幼児用とみられる小型の甕棺は全甕棺三四八基中の六一％であるから、下稗田遺跡の結果はこれに近いし、土壙墓によって算定した乳幼児の比率五一％とさほど隔たらない。

　また岡山県津山市総社下道山遺跡(7)では、弥生時代後期前半の土壙墓一二三基が寸法によって大小の二群に截然と分離されるらしい。そうして棺の長辺の寸法が判明している八八基のうちで、四五―一一四センチの小型が三六基、一四〇―一八五センチの大型が五二基を数える（図81）。小型棺は幼児用で、大型棺は若年ないし老年用とみてさしつかえなかろう。このうえに乳児用とされる土器棺六基が加わるので、乳幼児葬は全体の四五％に達し、金隈・下稗田両遺跡で導かれた結果と隔たらない。これらの符合ぶりから察すると、新生児の五〇％ほどが乳幼児の段階で死亡していたことになる。山口県下関市吉母吉母浜遺跡出土の中世人骨の一〇七体のうち四一％にあたる四四体が乳幼児であるというから(8)、弥生時代に五〇％に達していたとしても奇異ではない。

　さて、現代とは比較にならないほど頻発した乳幼児の死亡に際して、乳児は土器棺に容れ、幼児には成人と同じ形態の墓を準備し、乳児と幼児との間をこうして分離する方式が倭の西半で流布している。ところが東半に眼を向けると、乳児用と覚しい土器棺が濃密に分布する東限は、太平洋岸では遠江、日本海側では丹後で尽きている。他方、幼児埋葬については、石川県金沢市吉原町七ツ塚遺跡でこれにふさわしい寸法の小型木棺墓が(9)、七尾市田鶴浜町吉田経塚山遺跡のI号丘でも同様の小型土坑墓がそれぞれ確認されているので(10)、分布の東限が乳児土器棺葬を超えることは疑いない。これに対して太平洋側では、静岡県沼津市西椎路目黒身遺跡の二号方形周溝墓の中央を占める土坑墓が長さ一・二八メートルで、幼児葬にふさわしい寸法である点が注意をひくが、乳児土器棺葬の東限を超えるのは、管見によればこの一例にとどまる(11)。

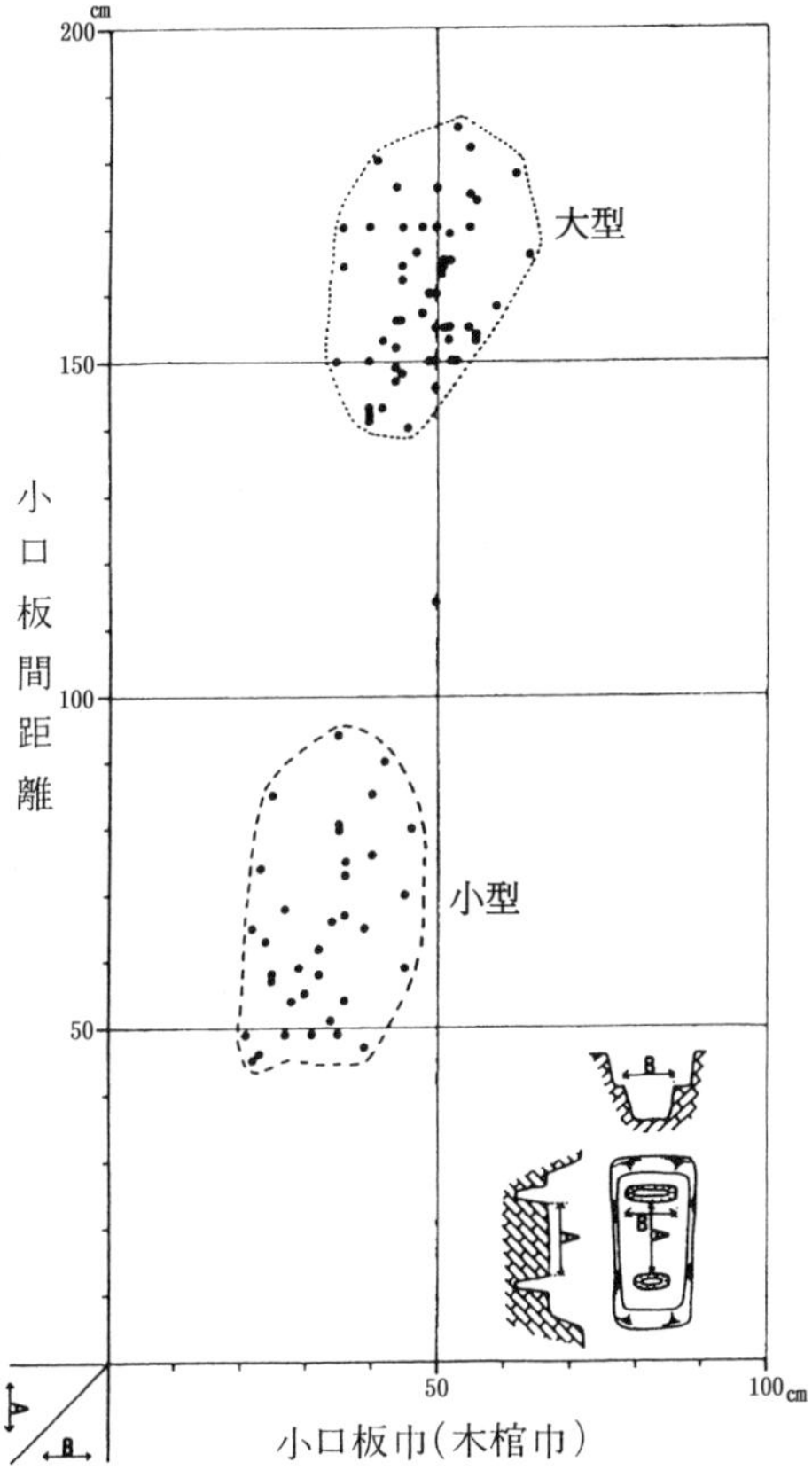

図81　岡山県津山市下道山遺跡出土木棺直葬墓の棺寸法

日本海側にせよ太平洋側にせよ、倭東方の各地で乳幼児の死亡率が極端に低かったことは考えられない。伊丹徹が予見しているように小型土坑が乳幼児墓にあたるのかもしれないし(12)、特別な施設が準備されなかったこともありうるが、いずれにせよ埋葬にあたって、西方の諸例のような丁重さに欠けていたことが想像される。乳幼児骨を壷に納めることがあった再葬墓と対比するならば、方形周溝墓葬の流布とともに関東では、乳幼児の葬送がこのように変化した可能性がある。

古墳時代の乳幼児葬　古墳時代に近づくと、乳幼児葬に変化があらわれる。単純化していうと、成人葬から次第に分離されて、考古学上で明確な痕跡を見いだしえないような粗略な扱いへと移行していくのである。それならば角南聡一郎が隔離型土器棺墓群と呼んだ群集墓へ乳幼児葬がことごとく移ったのかというと[13]、それほど単純ではない。土器棺葬が流行しなかった北陸では、古墳時代の開始と前後して幼児用と覚しい小型木棺が墳墓から脱落をするし[14]、方形周溝墓の営造が退潮を示す弥生時代中期末を境にして土器棺葬がその墓上の一画を占めるようになるという伊勢湾岸では、この葬俗が古墳時代の墳墓に継承されていない[15]。また、同じく中期をもって方形周溝墓の営造が衰退の色をみせる畿内の場合、大阪府東大阪市巨摩・瓜生堂遺跡で成人用棺に葬られた小児が、生まれながらに手厚い扱いを受けた後期の例として強調されているが[16]、しかし古墳時代に入れば、このような小児の扱いは見あたらず、乳幼児葬の痕跡も墳頂ではほとんど知られていない[17]。

後期に至って墳墓の営造にいっそう拍車がかかる点でこれら東方の諸地域と一線を画する吉備でも、下道山遺跡の方形台状墓からは乳幼児葬が外れており、赤磐市山陽便木山遺跡[18]、倉敷市西尾辻山田遺跡[19]、総社市三輪殿山古墳群の順に時間の流れを追うことによって、いっそう進行する除外の傾向を見てとることができる[20]。これは北近畿や北四国も同様であり、たとえば、愛媛県松山市朝日ケ丘朝日谷二号墳の括れ部に、幼児葬にふさわしい規模の土坑が営まれていたことは、正しく幼児を葬っていたとすれば、墳頂から外れた姿を暗示している[21]。

ところが、古墳時代に入ってもなおしばらくは葬送にあたって乳幼児を丁重に扱い、成人と墓域を共用させて墳頂に手厚く葬った地域がみとめられる。そのひとつが山陰であり、もうひとつが九州である。そこで細目をそえて例を示すと、山陰では、

(1)　島根県邑智郡邑南町中野中山B一号墳（前方後方墳　全長二二・三メートル　箱式石棺二[22]）

(2)　鳥取県西伯郡南部町寺内普段寺一号墳（前方後方墳　全長二一・七メートル　土器棺二）[23]
(3)　日野郡日南町霞一七号墳（前方後円墳　全長一九・六メートル　箱式石棺一）[24]
(4)　東伯郡湯梨浜町上橋津馬山四号墳（前方後円墳　全長八八メートル　箱式石棺二　埴輪棺三）[25]

があげられる。これらに加えて四〇基ほどの円墳または方墳の例があり、それらのうちの三〇基は直径や一辺が二〇メートルに満たない小型である。[26]分布は石見、出雲、伯耆、因幡にまたがり、隣接域として美作と但馬が加わる。[27]

他方、九州においては、

(1)　福岡県前原市美咲が丘立石一号墳（前方後円墳　全長三〇メートル　土器棺一）[28]
(2)　福岡市西区今宿鋤崎古墳（前方後円墳　全長六二メートル　石棺一　埴輪棺一）[29]
(3)　福岡市西区羽根戸南G三号墳（前方後円墳　全長一九・六メートル　土器棺一）[30]
(4)　糟屋郡宇美町光正寺古墳（前方後円墳　全長五二メートル　土器棺一）[31]
(5)　宗像市田久瓜ケ坂一号墳（前方後円墳　全長三〇メートル　土器棺一）[32]
(6)　小郡市津古三国の鼻一号墳（前方後円墳　全長六六メートル　粘土床一）[33]
(7)　熊本県玉名市山部田山下古墳（前方後円墳　全長五九メートル　土器棺二）[34]

が管見に触れる。前方後方墳の例は見あたらず、他に主として円墳の例が知られているが、その例数は山陰の四半分ほどである。[35]大幅に少ないが、造出し付き円墳で全長三七メートルをはかる福岡市東区舞松原古墳のような中型墳が含まれていることは、[36]全長五〇―六〇メートル級の前方後円墳四基があげられることとあいならんで、乳幼児葬の風を保持した階層を暗示している。

福岡県小郡市横隈狐塚遺跡や築上郡上毛町穴ケ葉山遺跡[37]の墳墓例が、弥生時代後期に乳幼児葬の存続したことを伝えており、したがって、古墳時代に入ると乳幼児の葬送時の扱いは、たしかに粗略になったことが知られる。しかしそれでもなお、前方後円墳の墳頂の一画を乳幼児に与えた例が少なくないことは、小規模な墳墓を営んで共同体的葬送を実現したと思われる山陰の例とも異なり、古墳の名で呼ばれている奥つ城から乳幼児葬を外した畿内など多くの地域の例ともちがっており、固有の葬俗が九州に存在したことを示唆している。九州の古墳出土の棺用土器のなかに山陰系の形態を示す例が少なくないというが、[38] これは乳幼児を土器に容れる葬俗が彼地から伝わったことまでは意味しないのである。

なお、前掲の山下古墳の土器棺二個からそれぞれ成人骨が出土しており、これらが再葬ないし改葬にあたることは疑いない。土器棺で成人骨が確認されたこれは唯一の例である。土器棺が石棺の傍らに配されたこの古墳のような例を集成した高木正文によれば、石棺へ追葬するさいに先葬者の骨を取り出して土器に納めて改葬した可能性が高いという。[39] しかし、土器棺が木棺直葬に伴う光正寺古墳や舞松原古墳、粘土槨に伴う瓜ケ坂一号墳のように、追葬が難しい点で高木説では説明しがたい例がある。また、横隈狐塚遺跡や福岡県行橋市前田前田山遺跡のように、[40] 乳児骨が実際に土器棺内から出土している例が、弥生時代後期において知られている。これらの点で、改葬が広く流布していたようには思われない。

これに関連して、乳幼児葬が成人葬に接する例を問題にすると、弥生時代以来、該当する例は多い。しかも、乳幼児葬は必ずといってよいほど成人葬よりも後に実行されたことが墓壙の切り合い関係から知られるし、これはすでにしばしば指摘されてもいる。[41] 棺が成人用の大きさで、しかも被葬者が乳児一体にとどまっていた山口県下関市豊浦町中ノ浜遺跡の、弥生時代前・中期というH―四―一号箱式石棺の例について、合葬予定者の死亡順位が逆転したせいであることが推測されている。[42] このような偶然をもし認めたとしても、乳幼児葬の方が後続し、この関係が一般的に成立するためには、成人と幼児とが親―子ではなくて祖父母―孫か、あるいはこれに匹敵する世代の隔たりがなければならないであろう。

乳幼児葬と合葬　合葬という語が指す考古学上の意味は多様であるが、これを広義に解してよければ、葬られた者同士が共用する永眠の場として、倭の例では、器、棺、室または槨、坑、区画があげられる。また、合葬が実現した契機を問題にするならば、同時葬、追葬、二次葬の区別が設けられるであろう。たとえば、縄文—弥生時代前半期に流行した土器再葬の場合は、遺骨を容れた器や坑を同じくする二次葬であり、古墳時代後半期に流布した横穴式石室葬の場合は室を共用する追葬にあたる。縄文時代に始まって古墳時代ないしそれ以降にも行われた箱式石棺葬の場合、合葬があれば同棺内の追葬とみてほぼ誤りない。方形周溝墓や墳丘墓や古墳の頂部に複数の埋葬が存在していれば、区画を同じくする追葬であり、まれに同時葬や二次葬がみられる。

詮索すれば合葬型式はさらに増加するであろうが、これらを細密にあぶり出すことが目的ではない。そこで、例数が多いことによって倭の西方を代表する同棺葬ならびに同区画葬をとりあげて、弥生・古墳時代におけるこれらの合葬型式の分布を問題にするところから話を始めることにしたい。なお、流行という点では横穴式石室葬がこれらを凌いでいるが、流行期が遅れるので本項での叙述の対象からは外れる。

さて同棺合葬について、これを弥生時代で問題にした本間元樹によれば[43]、分布の濃いところとして、山陽と、長門西端の響灘沿岸を含む九州北・西端から沖縄に至る帯状の地域とが示されている。そうしてこの帯状地域では弥生時代前・中期あるいは前期から後期にかけて同棺合葬の風が存続しており、他方、山陽では中期末の広島市安佐北区佐久良遺跡例を嚆矢として後期にあたるという。

同じく同棺合葬を辻村純代が古墳時代で問題にしている[44]。この分布上の成果を本間の結果と重ねあわせると、四国が加わって瀬戸内一帯で古墳時代にさらに隆盛をみせ、伯耆、因幡、但馬もこの分布域の一画を占めていることが知られる（図82）。これに対して九州では、北・西端の海岸部に限られ甕棺分布域にはほとんど及んでいなかった弥生時代の状況が、古墳時代に大きく変わっている（図83）。内陸を主要分布域に加えて、熊本県八代市と宮崎県延岡市とを

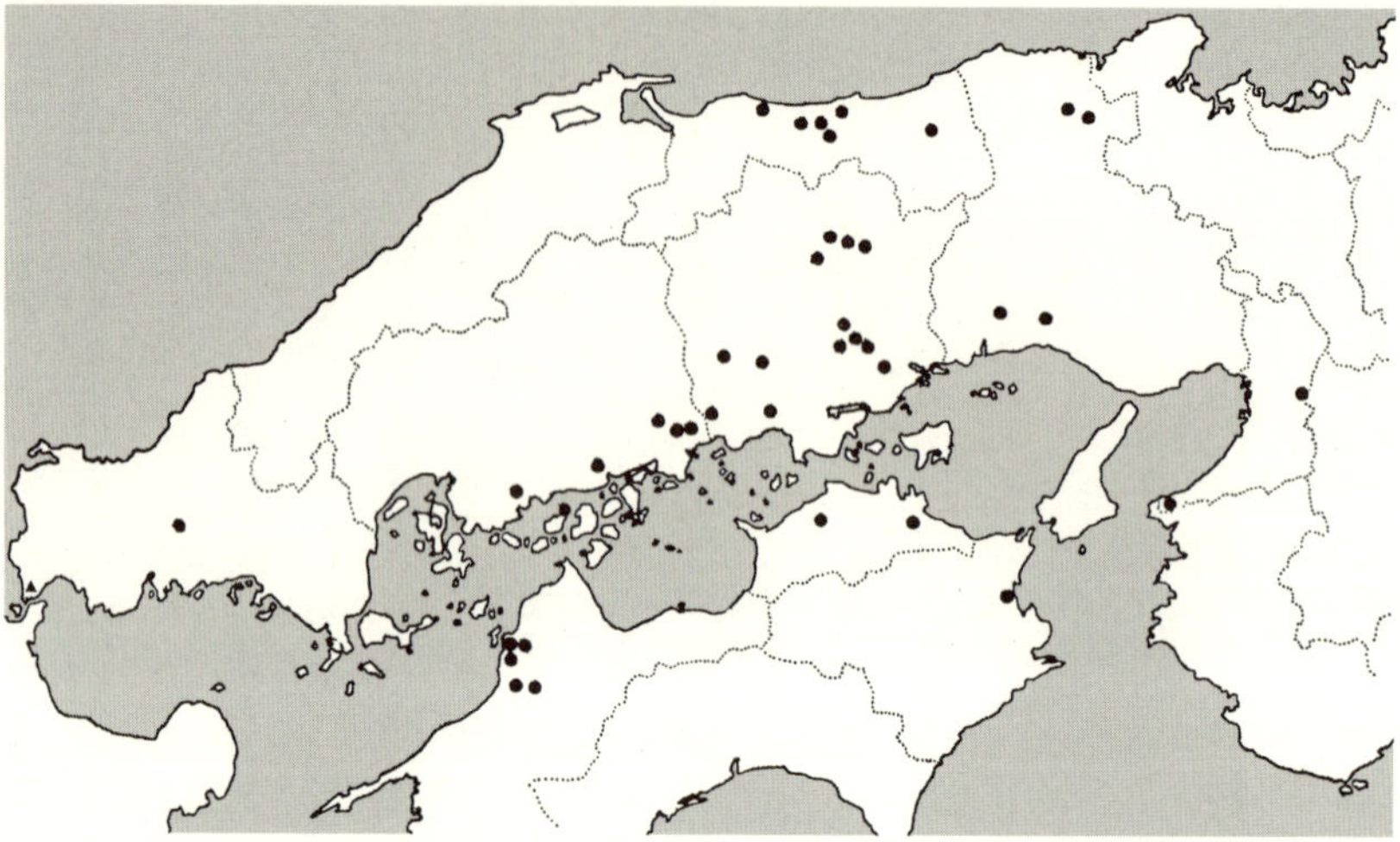

図 82　山陰、中・四国、近畿における箱式石棺の同棺複数埋葬例の分布

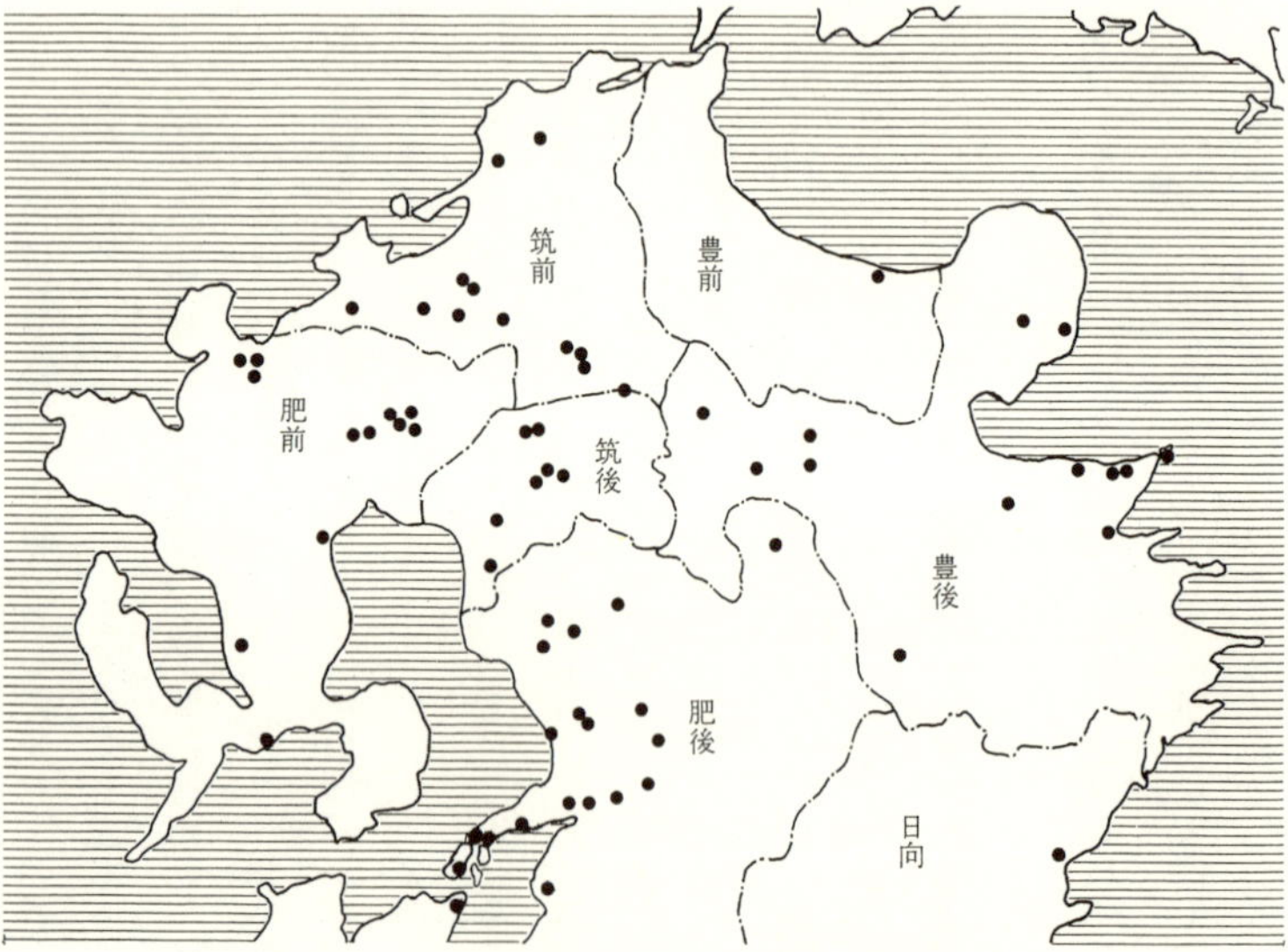

図 83　九州における箱式石棺の同棺複数埋葬例の分布

結ぶ線を南限とする九州北半一帯に、濃淡をみせて拡がっているのである。箱式石棺のような追葬の可能な墓制の流行が、瀬戸内方面や九州において同棺合葬を促したのであろう。棺を共にしたいという強い思いが、追葬可能な施設を採用せしめたという見解があるかもしれないが、この見解が成立するためには合葬例の増加や分布の拡大が望まれる。

それはさておいて、辻村の論文には本項に関連する重要な指摘がある。それは、同棺合葬を行っていた古墳の墳形や規模が、二地域の間で相違する点である。すなわち、瀬戸内・山陰方面では墳丘の高まりも定かでない例を数多く含む小規模墳が大半を占めており、これに較べて九州北半では小規模墳の例数が劣る点であり、全長九〇メートルの大分市本神崎築山古墳(45)を筆頭にして前方後円墳五基が例のなかに含まれていることである。つまり、乳幼児葬で指摘したのと同じ傾向が同棺合葬についてもみとめられ、九州の特色をきわだたせているのである。なお、辻村の論文が公表されて以後、古墳時代における同棺合葬の例が加わったけれども、瀬戸内・山陰方面の前方後円墳で同棺合葬が確認された例は香川県さぬき市津田町岩崎山四号墳の一例にとどまっており(46)、分布傾向とならんでこの点もまた動かない。

つぎに副葬品を加味すると、福岡県域の三角縁神獣鏡出土古墳で、墳丘上に追葬を有することが判明している例がある。これを手がかりにして、同区画内合葬を問題にすると、

(1)　福岡市博多区那珂八幡古墳（不明一　割竹形木棺一）(47)
(2)　　南区老司古墳（竪穴系横口式石室四）(48)
(3)　筑紫郡那珂川町道善妙法寺二号墳（割竹形木棺一　箱式石棺一）(49)
(4)　北九州市小倉南区貫御座一号墳（粘土槨一　木棺か一）(50)
(5)　京都郡苅田町南原石塚山古墳（竪穴式石室二）(51)

の五基があげられる。三角縁神獣鏡出土古墳二三基のうちで初葬の埋葬施設の種類が知られた例が一三基を数えるの

で、同区画内合葬をそなえた例はその四割ほどを占める。三角縁神獣鏡出土古墳数の多さを考慮するならば、この比率はけっして低くない。

すなわち、鳥取県域で三角縁神獣鏡が出土した前出の普段寺一号墳、同二号墳[52]、同じく前出の馬山四号墳[53]、倉吉市国府国分寺古墳[54]のことごとくに同区画内合葬があり、また神奈川県域で出土した平塚市西真土大塚山古墳[55]や川崎市幸区南加瀬白山古墳[56]でもその存在が確かめられている。合葬の有無の確認はもとより発掘調査の進行度に左右されるが、それでも福岡県域の比率が、一〇基中二基を数える奈良県域を大きくはないが上回っている[57]。そうして、鳥取県域の比率が高いことは、福岡県域とならんで乳幼児葬と同棺合葬の分布域でもあることを勘案するならば、充分に頷ける。

以上、古墳時代の乳幼児葬と合葬とについて述べてきた諸点を煎じつめるならば、近親者の間で葬送の場を共有するという弥生時代から継承した風を、古墳時代の有勢者もまた自らの奥つ城のなかで実現したところに、他地域と異なる九州北半の墳墓観の特色があるといえる。親《ちか》しい者さえも排除し、選ばれた個人に限るべきであるというところから出発して壮大な墳丘を準備した畿内と較べるならば、九州北半は墳墓観において対極とまではいえないとしても、明らかに異なっている。古墳時代の墓制は、個人用と複数人用との間で揺らぎをみせ、地域差を含みつつ複数人用へと移っていくのが趨勢ではあるが、その出発点において二様に分離し、九州北半が一方の中心に加わっていることを注意しておきたい。

第二節　欠落と微弱

埋葬施設　長大な割竹形木棺を竪穴式石室で覆う方式は、古墳時代前期の埋葬施設の形制を代表するが、九州では、長大さという点で欠けるところがある。図84として示した石室規模からもわかるように、九州におけるその規模は長さが六メートルに達していない。同地で長大という形容詞がふさわしい埋葬施設といえば、全長七・八メートルをはかるという宮崎県西都市西都原一三号墳の粘土槨の例にとどまり(58)、九州で三角縁神獣鏡や碧玉腕飾類の分布が集中する北半には、長大棺の例が知られていないのである。そうして関東で、粘土槨であるが群馬県前橋市後閑町天神山古墳例の七・八メートル(59)や茨城県龍ケ崎市長峰町桜山古墳例の七・一メートルのような(60)、長大棺の例が見いだされていること、また、山口県山陽小野田市郡長光寺山古墳の竪穴式石室が長さ六・八五メートルで(61)、九州に近接した長大棺の例が存在することを考慮に入れるならば、九州のとりわけ北半における長大棺の欠落は、畿内から隔たることによる伝播の停滞によるのでも、九州の有力者の勢威が相対的に低かったということでもなくて、別の理由に起因するとみるべきであろう。すなわち、箱式石棺や箱式木棺や竪穴小石室や石蓋土壙のような小規模な埋葬施設が弥生時代に流布しており、古墳時代に奥つ城の営造を開始するにあたっても棺の長大さを求めなかったということである。前方後円墳で三角縁神獣鏡五面を副葬してあった大分県宇佐市高森赤塚古墳の埋葬施設が(62)、伝統的な箱式石棺であったことは、この指向をよくあらわしている。

　埋葬施設に長大さを求めなかったことは、奥つ城の規模とも関連する。九州における前期の古墳のなかから墳丘規模の大きい例を抽出すると、いずれも前

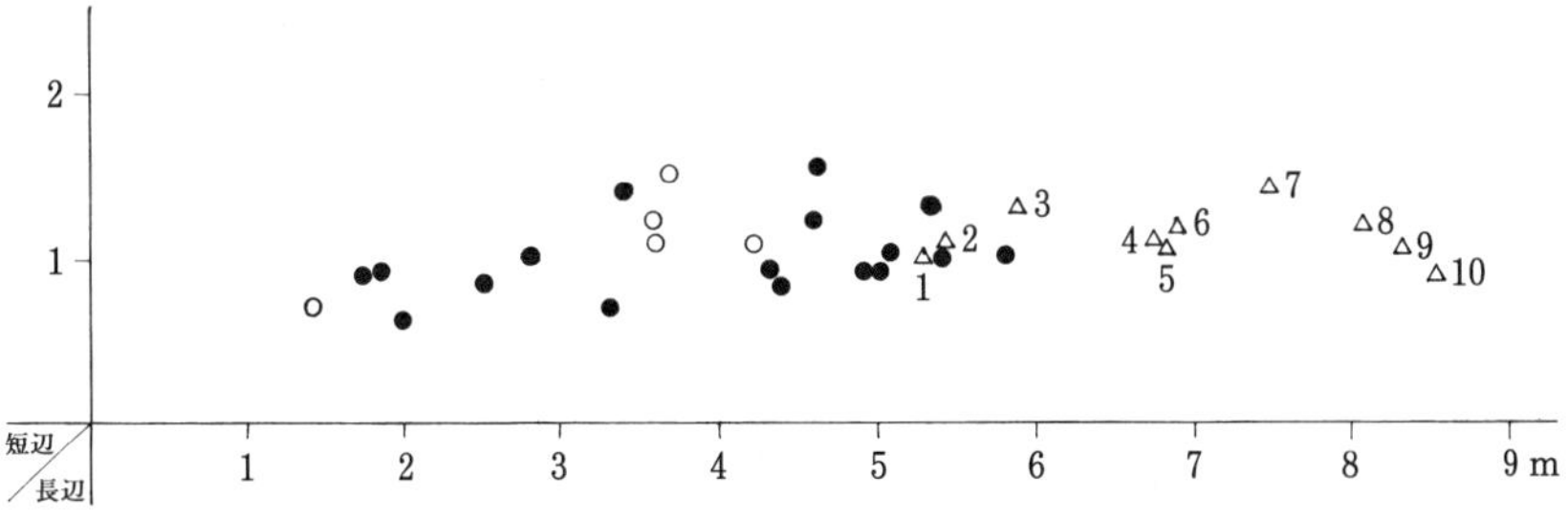

図84　九州における竪穴式石室の規模

●：木棺内蔵例　○：石棺内蔵例　△：中・四国、近畿の主要例

1：寺戸大塚　2：高松茶臼山　3：湯迫車塚　4：外山茶臼山　5：長光寺山

6：椿井大塚山　7：中山大塚　8：メスリ山　9：黒塚　10：馬山

方後円墳で全長一〇〇メートルに達する例を以下のように列挙することができる。

(1) 宮崎県宮崎市跡江生目三号墳（全長一四三メートル）[63]
(2) 一号墳（全長一三六メートル）
(3) 鹿児島県肝属郡肝付町唐仁大塚古墳（全長一三〇メートル）[64]
(4) 福岡県京都郡苅田町富久町石塚山古墳（全長一三〇メートル）[65]
(5) 大分県杵築市狩宿小熊山古墳（全長一二〇メートル弱）[66]
(6) 宮崎県宮崎市跡江生目二二号墳（全長一一七メートル）[67]
(7) 大分県大分市里亀塚古墳（全長一一三メートル）[68]
(8) 熊本県宇土市野鶴町天神山古墳（全長一〇六・八メートル）[69]
(9) 福岡県糸島郡二丈町田中一貴山銚子塚古墳（全長一〇三メートル）[70]
(10) 大牟田市岬観世音塚古墳（全長約一〇〇メートル）[71]

他地方と較べてこの結果が見劣りするかどうかはともかくとして、上位三古墳がいずれも九州南半に位置する点とならんで、福岡平野の例が加わっていない点に注意を払いたい。図85として示したように、九州で三角縁神獣鏡が出土している二三古墳二遺跡（出土地点不明四）のうちで、一六古墳二遺跡が福岡県域にあり、しかもこれらのうちの八古墳の所在が福岡平野に含まれる。東西三〇キロ足らずの区域としては異例なほどの集中ぶりであり、この集中ぶりと一〇〇メートル級古墳の不在とが奇妙な対照をみせているのである。方形周溝墓二基で各一面の三角縁神獣鏡が出土している福岡市早良区藤崎遺跡の例が如実に物語っているように[72]、棺の長大指向とならんで奥つ城を大型化する指向もまた、九州北半においてはとりわけ微弱であったことが、こうして察せられるわけである。

副葬品　そこで、副葬品の内容にも検討を加えることにして、儀仗系とした矢鏃をまずとりあげると、九州におけ

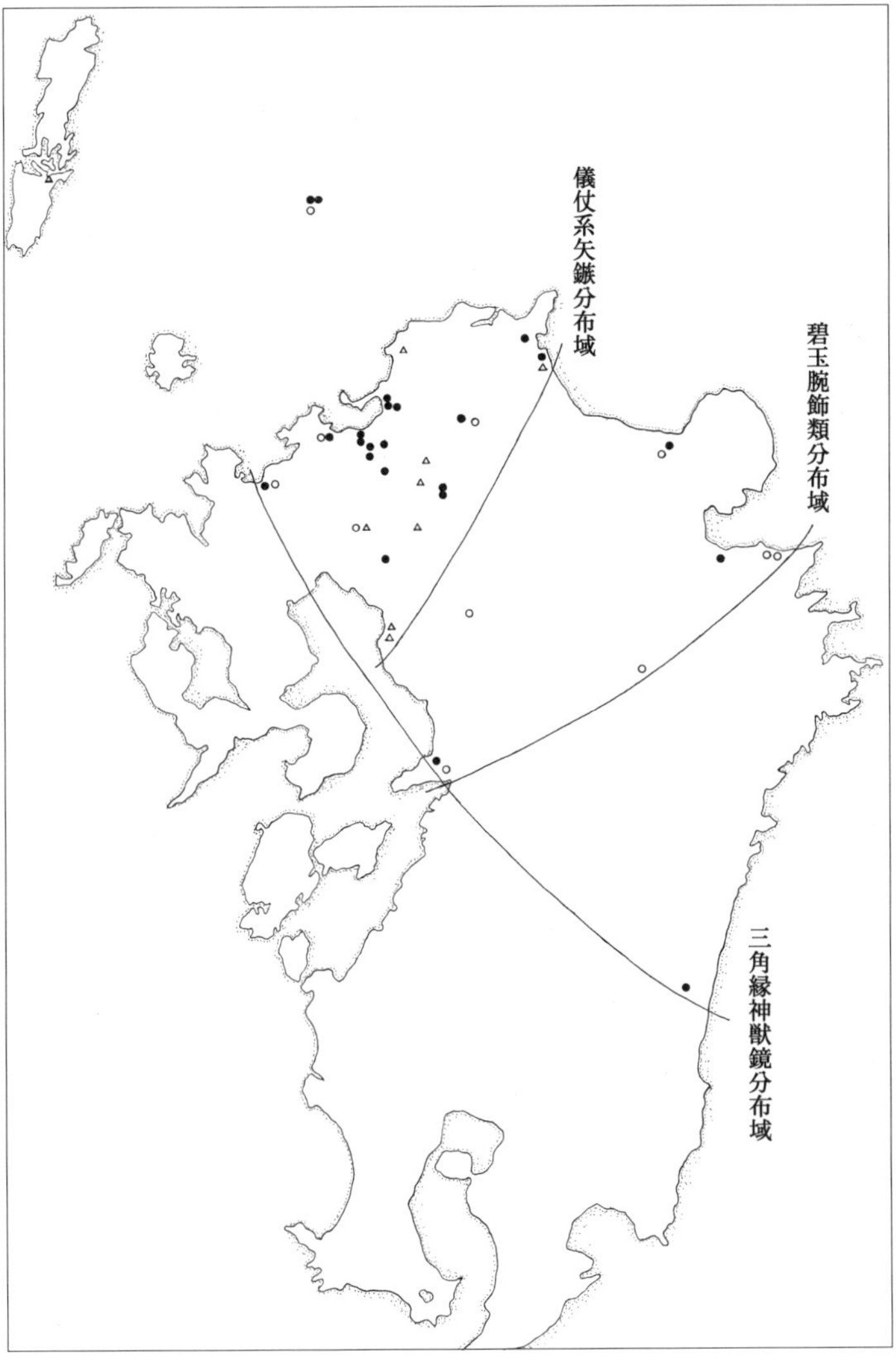

図85　九州における三角縁神獣鏡、碧玉腕飾類、儀仗系矢鏃の分布

るその出土古墳は次の通りである。

(1)　長崎県対馬市美津町雞知出居塚古墳（銅製　柳葉式一二）[73]

(2)　佐賀県神埼郡吉野ケ里町石動西一本杉ＳＴ〇〇九古墳（鉄製　柳葉式九　定角式三　自余一九）[74]

(3) 福岡県筑紫野市阿志岐B二六号墳（銅製　柳葉式二七　自余二）[75]
(4) 小郡市津古生掛古墳（鉄製　定角式三一）[76]
(5) 久留米市合川町福聚寺七号墳（銅製　柳葉式二）[77]
(6) 三池郡高田町田尻辺良田古墳（鉄製　鑿頭式一二）[78]
(7) 大牟田市黄金町潜塚古墳（銅製　柳葉式四四　定角式三）[79]
(8) 宗像市田島上高宮古墳（銅製　柳葉式六）[80]
(9) 京都郡苅田町富久町石塚山古墳（鉄製　定角式一三以上　柳葉式四、銅製　柳葉式一）[81]

これらの例の所在地はいずれも九州北半にあたっており、三角縁神獣鏡出土古墳の場合よりもいっそう北半に集中していることが知られる。北半におけるこの結果は、他地域と比較したとしても、出土古墳数や出土数が劣っているようには思われない。しかし他地域との比較として重視したいのは、実はこの点ではない。出土している鉄・銅鏃の寸法に注目すると、茎を含めた鏃の全長が六・〇センチ以上を計るのは、出居塚古墳例の一本、西一本杉ST〇〇九古墳例の三本、阿志岐B二六号墳例の二本、潜塚古墳例の三本、上高宮古墳例の六本、石塚山古墳例の銅鏃一本にとどまり、儀仗系とされる鏃型式のなかでは小型にあたる例の多いことが知られる[82]。

大型品がことごとく新しいとまでは断言できないけれども、鏃身が肥大して全体に長大であるほど、兵仗用よりも儀仗用にふさわしいことは疑いない。この点で、大型品を揃えた例が上高宮古墳例にとどまることは、儀仗用への指向が強くなかったことを想像させる。奈良県天理市中山町大塚古墳の鉄鏃[83]、桜井市箸中ホケノ山古墳の銅鏃[84]、京都府南丹市園部町黒田古墳の鉄鏃[85]のような長さ六・〇センチを超す大型品が、畿内やその周辺ではこの種の鏃の出現期からすでにみとめられる点と比較するならば、九州北半の特色がきわだつのである。

ついで碧玉腕飾類を俎上にのせると、九州における出土古墳として、

(1)　佐賀県唐津市浜玉町谷口古墳（石釧一二）[86]
(2)　神埼市神埼町城原朝日ＳＴ〇六古墳（石釧一）[87]
(3)　福岡県福岡市西区周船寺町飯氏古墳（石釧一）[88]
(4)　嘉麻市漆生沖出古墳（鍬形石三　車輪石二　石釧二）[89]
(5)　熊本県山鹿市鹿本町津袋大塚古墳（車輪石か石釧一）[90]
(6)　宇土市松山町向野田古墳（車輪石一）[91]
(7)　大分県宇佐市川部免ケ平古墳（石釧五　二基の埋葬施設より各三と二）[92]
(8)　大分市坂ノ市野間三号墳（石釧一）[93]
(9)　大分市佐賀関神崎猫塚古墳（鍬形石二）[94]
(10)　竹田市戸上七ツ森Ｂ号墳（石釧一）[95]

が管見にのぼる。なお、福岡県宗像市大島沖ノ島祭祀址の五地点から総数で鍬形石一、車輪石四、石釧五が出土していることも[96]、参考までに付記しておく。

そもそも碧玉腕飾類の副葬を畿内以西で通覧すると、盛行するのは隣接する二〇〇キロ域までで、域外の中・四国の西半ではあまり流布していなかったことが、出土古墳数や例数の多寡によって推定される。したがって、九州で一〇古墳を数えることは、畿内からの距離の隔たりからすれば、この副葬の風が関東ほどではないにせよよく受容されていたことを物語っている。ところが一〇古墳の所在地をみると、九州北半に集中し、しかも北半の各地に分散している点で、その分布傾向は、福岡平野に集中していた三角縁神獣鏡の場合とは隔たり、前述の矢鏃の例と近似している。また、一一個という多数の石釧の出土した谷口古墳が、福岡平野から外れた西方に位置する点も注意をひく。碧玉腕飾類をこのように数多く副葬する風は畿内およびその周辺に中心があり、畿内以東は岐阜県大垣市矢道町長塚古墳によって画され[97]、以西は、車輪石四と石釧八とが出土した鳥取県馬山四号墳[98]とならんでこの谷口古墳が、抜きんでた副葬数をみせているのである。この点で、大量副葬の風が九州の一角で実現されていたことを示す谷口古墳の意義は小さくない。

同種品の大量副葬というと、鏡もまた問題になる。鏡種や製作地のいかんを問わず五面以上が出土した古墳の例をあげると、

(1) 佐賀県唐津市浜玉町谷口古墳東石室(双頭龍文鏡一　三角縁神獣鏡二　獣文鏡二)西石室より三角縁神獣鏡二[99]

(2) 福岡県糸島郡二丈町田中一貴山銚子塚古墳（方格規矩鏡一　内行花文鏡一　三角縁神獣鏡八[100]）

(3) 福岡市南区老司古墳三号石室（方格規矩鏡二　方格T字文鏡一　内行花文鏡三　三角縁神獣鏡一　捩文鏡一[101]）

(4) 京都郡苅田町富久町石塚山古墳（獣文鏡一　三角縁神獣鏡七　不明一[102]）

(5) 大分県宇佐市高森赤塚古墳（三角縁神獣鏡五[103]）

のようになる。すなわち、いずれの例も九州北半に位置しており、それぞれ玄界灘側に三例、周防灘に二例が隔たりを保って分布し、福岡平野に集中する傾向はみせていない。

なお、古墳の例からは外したが、福岡県前原市有田平原一号墓で方格規矩鏡三二、内行花文鏡七、虺龍文鏡一の出土している点が注意をひく[104]。鏡をこのように大量に副葬する風が九州ではすでに弥生時代に発生していたことが、中期後半の福岡県前原市三雲南小路遺跡[105]や春日市須玖遺跡[106]、後期前半という前原市井原鑓溝遺跡[107]の例で知られている。したがって、弥生時代中期に発生した大量副葬の風が平原一号墓の造営時に継承されたという既存の見解[108]には、資料に基づく重みがある。また、同墓出土鏡の大半にあたる三六面が副葬時に意図的に破砕されたという点についても、佐賀県神埼郡吉野ケ里町東脊振二塚山遺跡例によってこの風の開始が弥生時代後期に遡ることは明らかであるから[109]、

この伝統に連なるとみる見解は妥当なところであろう。[110] 平原一号墓にみてとれる九州の葬俗が、畿内における古墳文化の形成にはたして関与したのかどうか、あるいはどのようなかたちで関与したのか、この点が問題になるであろう。しかし、奈良県桜井市外山茶臼山古墳出土の仿製内行花文鏡が破鏡の状態で副葬されたという見解などを積極的に評価して関与があったことをみとめたとしても、[111] 九州と畿内との間の古墳文化の隔たりがなお大きいことは、埋葬施設や奥つ城の大きさ、矢鏃における儀仗性の微弱さなどをとりあげて縷述したところである。

九州における前期の副葬品の諸相について、以上述べきたった点を要約するならば、儀仗系矢鏃や碧玉腕飾類の出土古墳の分布が北半に集中しており、この点では畿内古墳文化の色が南半よりも濃いけれども、畿内に較べると矢鏃は儀仗性に乏しく、碧玉腕飾類の同種多量化傾向も一部にとどまること、鏡の場合、三角縁神獣鏡出土古墳は福岡平野に分布が集中しているが、大量副葬古墳は北半の各地に散在して分布上の核がみられないこと、矢鏃類や碧玉腕飾類の出土古墳の分布も同じ様相を呈していることがあげられる。

壮大な墳丘を築いて死者を長大な棺に納入し、鏡や碧玉腕飾類や儀仗系矢鏃を可能ならば多量に副える畿内の古墳文化は、すでに述べたように、弥生時代に育まれていた霊威観のうえに強い斎忌観が加わって、これを生成に導いた。つまり、死者を他界へと送る側の思念が、葬送のこのようなかたちを生ましめたのである。その意味で、九州の前期に現出した副葬品の特色は、畿内風の斎忌観が微弱であった点に発生要因を求めることができるであろう。銅矛の大型化が銅鐸と歩調をあわせて進行する点で霊威観は共有していたとみられるけれども、弥生時代の葬送上の根強い伝統が副葬品を個性あらしめたのである。弥生時代に人間活動の中心を占め、古墳時代に入っても三角縁神獣鏡出土古墳の分布の集中によってその活動に衰微の痕をみとめることができない福岡平野が、儀仗系矢鏃や碧玉腕飾類の出土古墳の分布、碧玉腕飾類や鑑鏡類の大量副葬古墳の分布で主座を降りていることは、葬送上における斎忌観の微弱さをまさしく示唆している。合葬の流行を可能にしたのはこのような斎忌観の微弱さであったにちがいない。畿内とは

異なるもうひとつの葬送文化の姿をここにみることができる。(112)

第三節　家葬の思念

横穴式石室と地下式横穴　親族であれ家族であれ、親《ちか》しい者同士は奥つ城を同じくするという墳墓観が存続したことを第一節として述べ、したがって葬送時に遺骸や兆域に対する斎忌の念が微弱であったことを第二節として説いた。九州の古墳時代前期の墓制を彩ったこの特色からすれば、追葬を前提とする横穴式石室葬が畿内などの他地域に先駆けて着床したのは、必然であったといえるであろう。そうであれば、同じく合葬が流行した山陰においても、早期に横穴式石室葬が出現してもさしつかえなかったはずである。しかし、前方後円墳に葬られるほどの有力者もまたひとしく合葬への指向を共有し、この点で九州は山陰と一線を画していた。既述したこの点を想起するならば、佐賀県谷口古墳(113)や福岡市鋤崎古墳(114)や福岡市老司古墳(115)の、小規模とはいえない前方後円墳の例から九州の横穴式石室葬が出発したことは、大いに頷ける。有力者の指向が山陰とはちがっていたのである。

なお、第五章で触れたように、奈良県御所市室大墓古墳で、後円部の主軸をはさんだ対称位置に、長持形石棺納入の竪穴式石室各一基を配した例が確認されている。(116)追葬をあらかじめ計画していたらしいこのような方式が、九州における横穴式石室葬の出現と近い古墳時代前・中期の交の頃に、畿内の大規模な奥つ城で実行されたことは、半島風の葬制の影響力の強さを物語っている。(117)しかし畿内の場合は、この方式が試みにとどまって横穴式石室葬が着床するまでに一世紀ほどの時間を閲しなければならなかった。この点に、畿内における斎忌観の強固さを窺い知ることができる。

さて、九州における初現期の横穴式石室の例をとりあげて、遺骸搬入時の状況を復原してみると、最古とされている谷口古墳東石室の場合、石室の入口の狭小さから推断して、石室完工前に、長持形石棺を組みたてて埋置していた

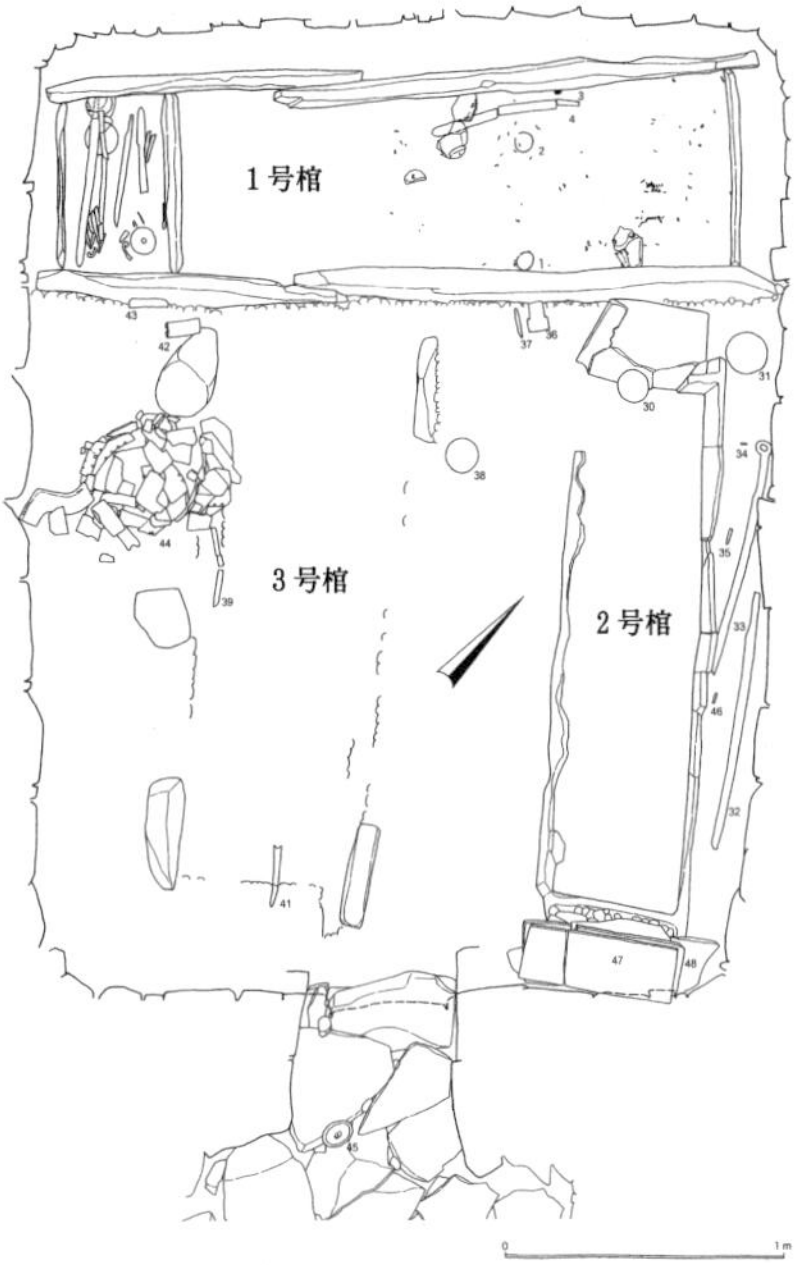

図86　福岡市鋤崎古墳の横穴式石室

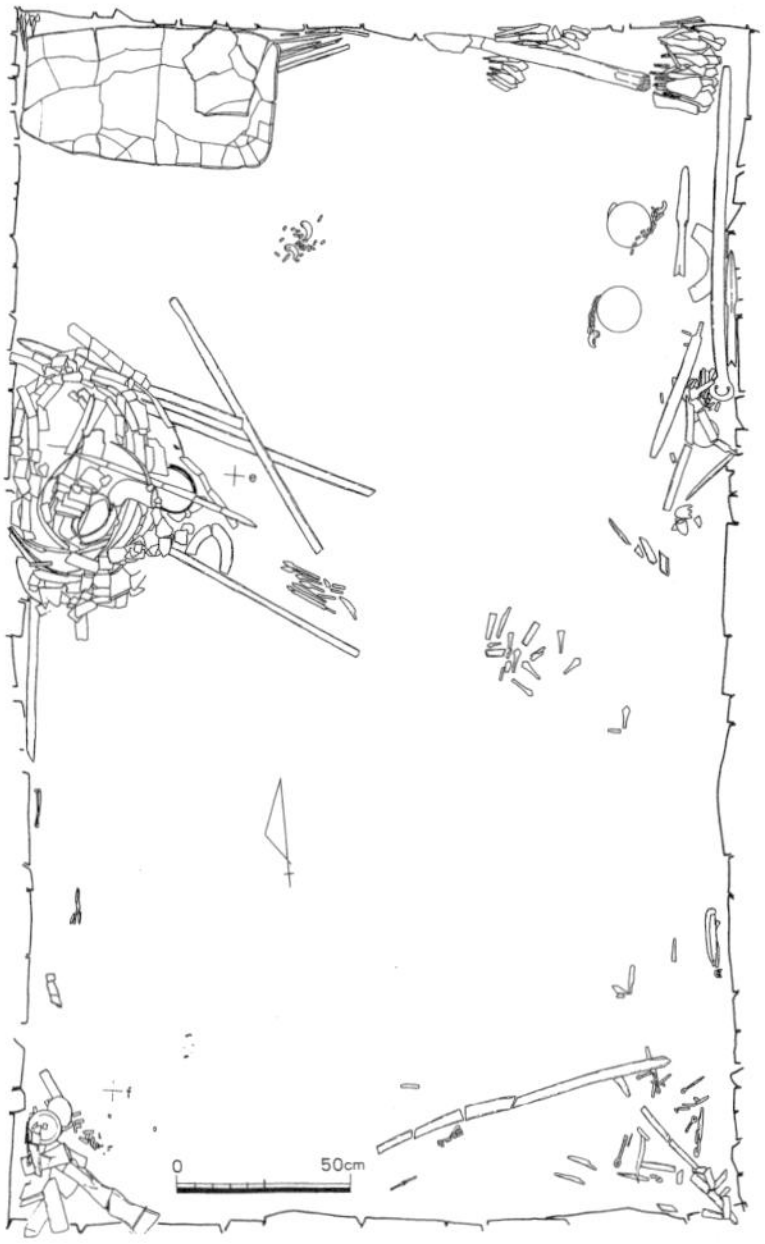

図87　福岡市老司古墳3号石室

ことは疑いないが、遺骸の搬入については、石室完工前の石棺埋置時であるとも、完工後であるとも考えてみることが許されるであろう。したがって、もし完工前であったとすれば、搬入は石室構築前かまたは構築途中ということになり、これは竪穴式石室で覆った割竹形木棺に遺骸を納める場合と通じるところがある。これに対して、横穴式石室の完工後に搬入したとすれば、遺骸は入口から運び入れたことになる。そのさいに、遺骸を木棺に容れた状態で室内に運び込むことは、入口の狭小さからすると難しい。想像であるが、遺骸だけならば、布や編物で包んで入口を通過させることはおそらく可能であろう。いずれともあれ、遺骸の搬入時期の判定には確証が乏しい。

　他方、鋤崎古墳例や、老司古墳の初葬である三号石室については、石室完工後に遺骸を搬入したことが明らかである（図86・87）。鋤崎古墳例の場合、奥壁に沿う初葬の一号棺は箱式石棺、側壁に沿う追葬の二・三号棺はそれぞれ埴製と木製で、一・二号棺には蓋と底板が、三号棺には底板の存在が確認されていない。有機質の蓋または覆いがあったとしても耐久性には欠けるので、石室構築前やその途中で遺骸を搬入したことは考えにくい。そうすると遺骸の搬入は、構築後であったということになる。入口の幅が最大六〇センチである点を考慮するならば、遺骸をそのまま運び入れて棺に納置したと想像するのが妥当であろう。これに対して老司古墳三号石室の場合には、石棺のような施設を欠いており、木棺の存在さえ定かではないという。遺骸をもし木棺に納めてあったとすれば、あらかじめ準備した棺を石室内で組みたてたのちに、遺骸を搬入したことが考えられるし、納棺した状態で室内に搬入することも構造からみて不可能ではない。要するに、鋤崎古墳例、老司古墳三号石室とも、遺骸の搬入は石室構築後に行ったとみるのが妥当である。そうして遺骸を棺に納めて搬入した可能性を問うならば、鋤崎古墳例については否定できるし、老司古墳三号石室の場合は谷口古墳例と同様に肯否半ばするということである。

さて、これらの両例を祖とする横穴式石室の類型は、中期後半以降、福岡県域を中心に分布が拡大するが、九州における追葬可能な埋葬施設は、北部九州型と呼ばれているこの類型だけにとどまらない。そのひとつが、北部九州型と分布を同じくする竪穴系横口式石室であり、その初現例のひとつとして老司古墳四号石室があげられている(118)（図88）。玄室の短辺上方に略式の入口を付けたこの例は、玄室の平面形が短冊形で、壁が板石積みであるなど、長大な竪穴式石室を小型化した九州の前期の墓制に連なる特徴をそなえている。初葬を含めて三回の埋葬が行われており、入口の大きさから察すると棺を搬入することも至難ではないが、石室内に棺が存在した形跡は見あたらないようである。初葬者は片付けられ追葬者二体が原位置を保っていたが、長さ二・二五メートル、最大幅八〇センチの石室内に二棺を並置するのは難しいので、納棺していなかった可能性の方が高い。

もうひとつの類型は、肥後を中心に流行するので肥後型の名が与えられている横穴式石室である。その初現とされているのが熊本県八代市鼠蔵町小鼠蔵一号墳例で、玄室の平面形が正方形に近く、内部は石障で仕切ってある(119)（図

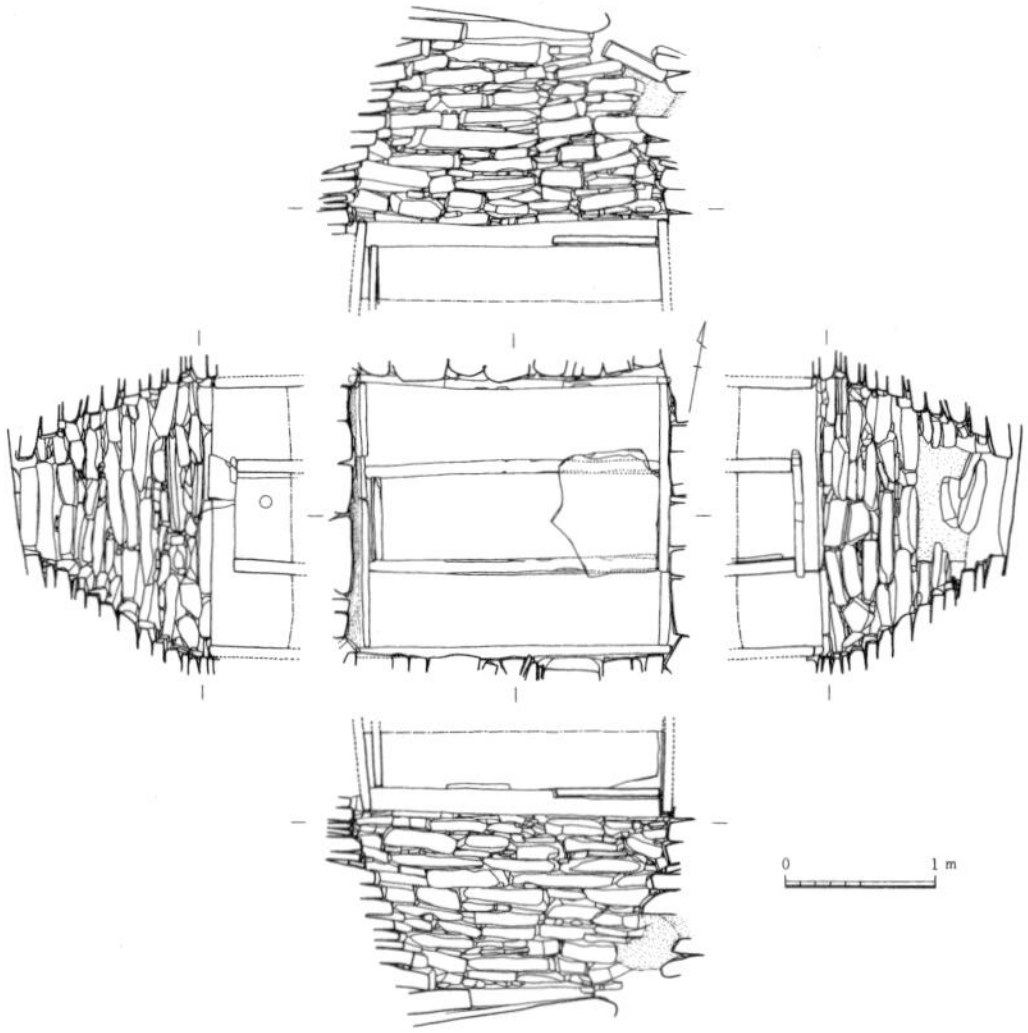

図89 熊本県八代市小鼠蔵１号墳の横穴式石室

図88　福岡市老司古墳4号石室

89)。中央区画は蓋石の一部が残り、しかも区画の短辺に石材を加えてある点で、ここを棺として使ったことが推測される。既述した両系と同じく天井に接した高位置に入口を設けてあり、納棺した遺骸をここから搬入することは可能であるが、箱式石棺のなかにこれを納めたとは考えにくい。なお、肥後型の古い一群で中期前半に編年される下益城郡城南町塚原将軍塚古墳(120)や八代市鼠蔵町尾張宮古墳(121)などの例には蓋石が見あたらず、尾張宮古墳例の入口の狭さでは納棺した遺骸を通すのは難しい。したがって、石障を蓋石で覆うことは一般的でなかったようであり、遺骸を納棺状態で搬入することが流布していたかどうかも疑われる。

石障の起源については、朝鮮半島に例を求める外来説や、箱式石棺からの転移を強調する自生説がありうる。鋤崎古墳例では箱式石棺に蓋・底石が伴わず、埴製棺も蓋と底とを欠いているので、棺というよりは囲いにあたる。また、竪穴式石室の壁に接して板石を箱形に組み、内部に舟形の刳抜式石棺を納めた福岡県大牟田市倉永茶臼塚一号墳の例などがあり(122)、熊本県宇土市松山町チャン山古墳の竪穴式石室でも壁に板石を沿わせていた可能性があるという[123]。石障の起源をこれらの例と関連づけてよければ、それは前期に遡る。さらに、上位の有力者の埋葬施設として、前期には箱式石棺が用いられていることを考慮するならば、石障は九州で自生したとみる高木恭二らの見解は説得力をもつ[124]。

ところで、初現例をとりあげてきた横穴式石室の三類型に加えて、追葬可能な墓制として言及しておきたいのは、時をあまり隔てることなく九州南半の日向の地で出現した地下式横穴墓である。そこで、出現の経緯を探るために、前代の墓制をとりあげると、宮崎県西諸県郡野尻町三ケ野山大萩遺跡[125]に例をみるような土壙墓群が、弥生時代後期には山間部で流布していたようであり、これらは幼児葬を伴っている。これに対して海岸寄りでは、中心に単独の土壙墓をそなえた円形や方形の周溝墓が群をなして営まれていたらしいことを、児湯郡新富町新田川床遺跡などの例が伝えている[126]。そうして、古墳時代に入ると海岸寄りには前方後円墳が出現し、山間部ではえびの市上江蕨遺跡A地区の例によって幼児葬を含む土壙墓群の存続していたことが知られている[127]。したがって、地下式横穴墓の初現例が山間部のえびの市域およびその周辺で見いだされることは、弥生時代の墓制の延長上に地下式横穴墓が出現したことを推測させる。地下式横穴墓の出現について有明海方面から影響を受けたことが指摘されているが、この見解が誤っていないとしても、墓域を共有する集合墓から追葬可能な墓制へ移行することは、九州北半における横穴式石室の出現と同様に、無理のない変化であり、親しい者をともに葬る伝統が南半の地でもこうして存続している点に注目したい。

地下式横穴墓の初現期の例としては、蕨一四・一七号墓[128]、西諸県郡高原町後川内立切一六・二四号墓[129]があげられている。それぞれ、玄室規模に形態上の特徴を添えて列挙すると、

(1) 蕨一四号墓　一・〇×一・七メートル　平入　被葬者数不明
(2) 一七号墓　一・三×一・七メートル　玄室が楕円形で長側入り　被葬者数不明
(3) 立切一六号墓　一・二×一・六メートル　平入　単独葬

(4)　二四号墓　〇・九×一・六メートル　平入　複数葬

となる。蕨一四・一七号墓、立切一六号墓は玄門の幅が狭く、納棺した状態で遺骸を玄室に搬入することはできず（図90）、また立切二四号墓の場合、玄門は広いが玄室が狭いために、複数の棺を室内に納置することが難しい。地下式横穴は他種の埋葬施設に較べて、人骨の遺存例に恵まれ、有機質の残存状況も良好であるが、遺骸を木棺に納めたことの判明した例が見あたらない。したがって、初現期のこれらの例についても、布や編物で包んだにせよ遺骸のままで玄室に搬入したとみるのが妥当であろうと思う。

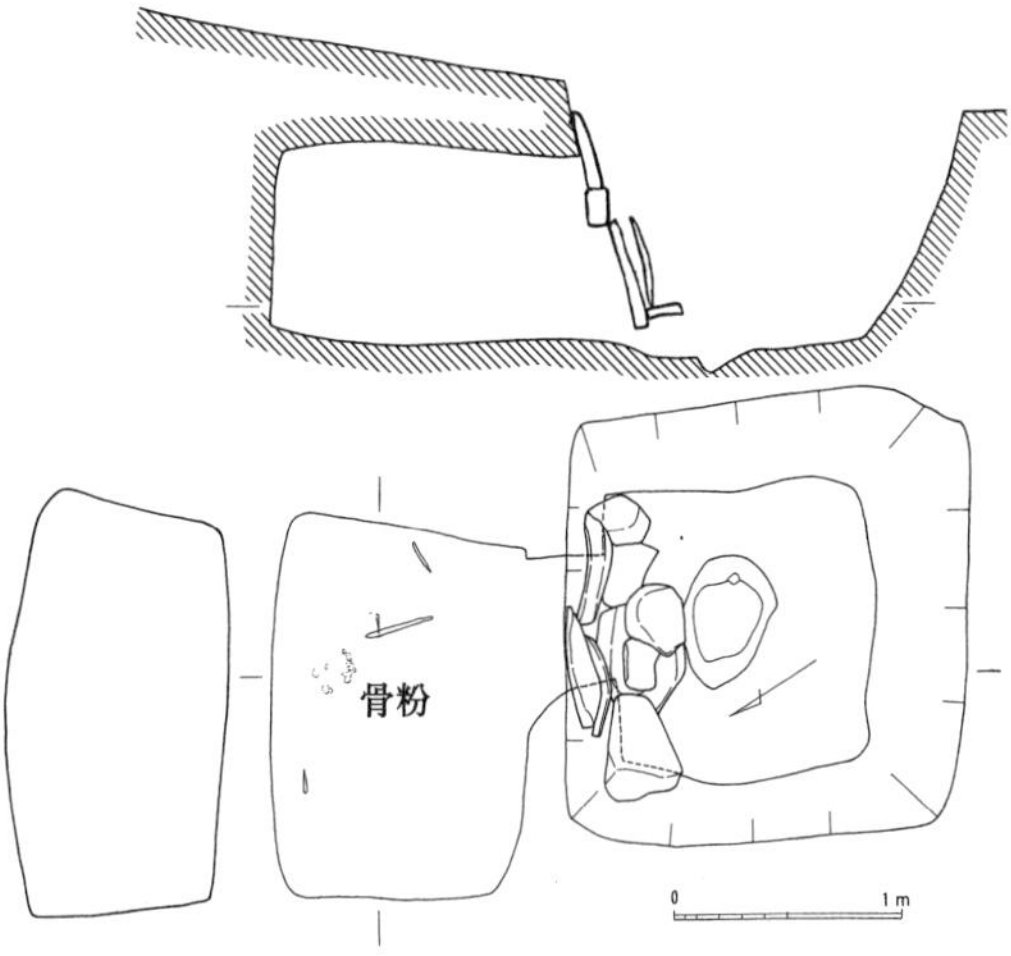

図 90　宮崎県高原町立切 16 号地下式横穴墓

以上、北部九州型、竪穴系横口式、肥後型、地下式横穴としてのちにそれぞれ定式化し流行する埋葬施設の初現例をとりあげ、納棺した遺骸を玄室内に搬入しえたのかどうか、言いかえれば、玄室内に納置した遺骸に木棺が伴っていたのかどうかについて検討を重ねてきた。その結果、肥後型横穴式石室と地下式横穴の各初現例については、木棺を伴っていなかった可能性の方が高いといえそうである。また、北部九州型と竪穴系横口式の各横穴式石室の初現例についても、遺骸を木棺に納めて搬入し据えおいたことを想像させる確かな証拠を欠いていた。つまり、棺ではなくてもっぱら玄室が遺骸を密封する機能を果たしており、このために埋葬にあたる者達は、初葬時にせよ追葬時にせよ、否応なく遺骸に接してそれを眼にしていた、ということである。

そこで、この事実から二つの点が導かれる。そのひとつは、遺骸に対する斎忌観の微弱さである。横穴式石室葬が畿内などの他地域に先駆けて九州に着床した要因として、合葬の流行を説いたが、合葬を行うさいに先葬者の兆域を犯し同棺ならば遺骸に接するのは避けられないことである。したがって合葬の流行を生んだ心性は、埋葬施設や副葬品の様相に個性を与え、やがて着床した横穴式石室葬を特色づけたといえるであろう。もうひとつは、追葬の容易な埋葬施設を得て、玄室にモルグ的機能を付与した点である。これによって合葬はさらに流布し、古墳時代後半代における九州の墓制は個性をきわだたせるのであるが、これについては項を改めたい。

家葬の成立　追葬可能な埋葬施設が出現した草創期において、鋤崎古墳や尾張宮古墳などの例から推知したように各遺骸の密封度は低く、玄室にモルグ的機能が付与されていたが、この機能が継承され、中期に入るとやがて肥後型横穴式石室や地下式横穴で、玄室を家に擬える造形を生んだ。すなわち、肥後型石室では石障の高さを増して天井部との境をきわだたせ、地下式横穴の場合には直立させた側壁の上端に軒を表現して天井を屋根形に整え、こうして家形に造形したことを、それぞれの玄室編年案の結果から窺い知ることができる。そうして石棺もまた、刳抜・組合式ともに蓋の形態が屋根形に接近し、ついには組合式で妻入りの横口式を生んだことは、玄室の変化と方向を同じくしている。(130) なお、石棺の家形化について、その理由が石材に恵まれ技術上の蓄積を擁していたというだけにとどまらなかったことは、すでに説かれている。(131)

玄室の家形化に関連して棺用鉄釘の問題をとりあげると、九州では横穴式石室や地下式横穴に代表される追葬可能な埋葬施設が流行する後期に入ってもなお、木棺を留める鉄釘の出土例が乏しい。関東では七世紀例を除外したとしても上野に後期後半の例が残るのに較べると、たとえば福岡県大野城市乙金王城山(132)、朝倉市柿原(133)、小郡市三沢(134)などの古墳群に集中しているように群ごとで集中度に差異がみられ、しかも、須恵器編年のTK二〇九型式期およびそれ以降の例が大半を占め、後期にあたる六世紀の例はごく一部にとどまるのである。(135) 愛媛県松山市北梅本町葉佐池古墳の初葬棺のような組合式木棺が鉄釘留め木棺の欠を満たしていたのかもしれないし[136]、福岡県嘉穂郡桂川町寿命王塚古墳例のように石屋形を設けてあれば、遺骸を納棺する必要はなかったであろう[137]。いずれにせよ、時を閲して後期に至っても、遺骸を玄室に納置するさいに木棺に容れてあったことが疑われる点は、横穴式石室葬を採用しても棺を使って遺骸を封じた畿内の例と、鮮かな対照をみせている。玄室を家屋に擬えてこの造形を実現したのは、肥後型横穴式石室ならびに地下式横穴が分布する九州南半の地であるが、遺骸に対する斎忌観の微弱さ、玄室のモルグ化という点は、畿内と異なる風として、九州一円の葬俗を特色づけているのである[138]。

なお、死という異界に対する一種の親和的心性の伝統が関東の葬俗に影をおとし、同地の葬送観を彩っていたことを先に述べた。斎忌観の微弱さという点で九州は関東に通じるところがあるのであるが、もとより相違も小さくない。方形周溝墓葬を継承して一墳一葬の傾向が著しく、合葬の風が流布しなかった点に加え、後期に限るならば、周濠をめぐらせ、埴輪を樹立して墳丘を盛んに加飾し、これが関東で増加する前方後円墳を威容あらしめている点も、九州との相違として指摘しうるであろう。前方後円墳の造営、周濠の付設、埴輪の樹立のいずれをとっても、関東での流行ぶりには遠く及ばないからである。族的結合の頂点に位した人物ならば、その葬送にあたって威容に満ちた奥つ城を自他ともに望ましいと思う気風が九州では低調であったことを、この相違は示しているのではないか。これは社会的結合の機軸が関東と異なっていたせいではないか。このように考えたとき、乳幼児を含む合葬の流行、玄室のモルグ化、家の造形を発揚せしめた社会的要因の問題に逢着することになる。

第四節　女性の地位

女性の埋葬　表14として次に掲げた一覧は、古墳時代中期中・後葉を中心に営まれた宮崎県えびの市大明司島内地

×：男子　○：女子　数字：埋葬順位

墓番号＼年齢	1～5 幼	6～11 小	12～19 若	20～39 壮	40～59 熟	60～ 老	不明	備考
52			○$_2$	○$_1$ ○$_3$				
53					?$_1$?$_{?2}$			
54				?$_1$?$_2$				
55			?$_5$?$_2$	?$_3$	×$_1$ ○$_4$			
56	?$_{1?}$		?$_{6?}$?$_{5?}$	?$_{2?}$ ×$_{3?}$ ×$_{4?}$				
57				×				
58			○$_1$		×$_2$			
59				○				
60	?$_1$			?$_2$				
61				○$_2$	×$_1$ ×$_3$			
62				×$_1$ ○$_3$	×$_2$			
63		?$_7$	○$_3$	○$_1$ ×$_2$ ○$_4$ ×$_5$	○$_6$			
64				○$_3$	×$_2$	○$_1$		
65							成　4	
66				?$_1$?$_2$				
67							2	
68				×				
69				×$_1$ ○$_2$				
70	?$_1$?$_2$				○$_3$			
76							成　2＋	
77				×$_1$ ×$_2$ ○$_3$	○$_4$			
81				×				
82							成(1)　1(2)	
83				?$_1$?$_2$ ×$_3$				
84							1	
85	?$_3$			○$_1$ ×$_2$				同時葬か
87		?$_2$			×$_1$			
88			?$_4$	○$_{?3}$ ×$_5$	○$_1$ ○$_{?2}$			
89				○$_2$	×$_1$ ×$_3$			
90		?$_4$		○$_2$?$_1$			成女(3)	
91	?$_2$			×$_4$	?$_1$ ×$_{?3}$			
94				?				
95				?$_3$			成(1)　1(2)	
96			?$_{6?}$	?$_{4?}$?$_{7?}$	?$_3$		若~(1)1(2)1(5?)	
97				?$_1$ ×$_2$	○$_3$			
98							2?	
99				×$_2$ ○$_1$				
100							3	
101				×$_3$	?$_1$ ×$_2$			

表 14　宮崎県えびの市島内地下式横穴墓群出土人骨一覧

年齢 / 墓番号	1～5 幼	6～11 小	12～19 若	20～39 壮	40～59 熟	60～ 老	不　明	備　考
13							男(1)女(2)	女：再葬か
14							3	
15				○$_1$	×$_2$			
16					×$_2$	○$_1$		
17				○				
18							1	
19			?$_1$	?$_2$				
20			○$_2$ ×$_3$ ×$_4$	?$_1$ ○$_5$				
21				×$_1$ ×$_2$ ○$_3$				
22			?$_3$		×$_2$×$_4$		1(1)	
23	?$_2$			?$_{3?}$			1(1?)	
24				×$_3$	○$_2$		1(1)	
25	?$_2$		○$_3$	×$_1$				
26		?$_{4?}$		?$_1$ ○$_2$ ×$_{3?}$				
27		?$_2$		×$_1$				
28				×$_2$	○$_1$			
29	?$_2$?$_4$			○$_1$	×$_3$			
30				○				
31		?$_{2?}$?$_{5?}$	×$_7$	○$_6$	×$_{3?}$ ○$_{4?}$		成(1?)	
32				×				
33			?$_2$	?$_1$				
34		?$_{2?}$		×$_{1?}$				
35	?$_3$			?$_2$ ×$_{?4}$	○$_1$			
36			?$_1$	?$_3$?$_4$?$_2$				
37				○				
38		?$_4$		○$_2$	×$_3$	○$_1$		
39		?$_1$		×$_2$ ○$_3$				
40				○$_1$ ○$_2$				
41				?$_1$ ×$_{2?}$?$_{3?}$?$_4$○$_5$				
42		?$_1$	○$_2$				1(3)	
43							1	
44				×				
45				○				
46			?$_1$	○$_3$			成(2)	
47				×$_1$			成(2)1(3)	
48							1	
49							成(1)1(2)	
50		?$_{4?}$		?$_{2?}$?$_{3?}$	?$_{5?}$ ○$_{6?}$		1(1?)	
51			?$_3$	×$_2$	×$_1$			

下式横穴墓群から出土した人骨の鑑定結果ならびに埋葬順位について、既発表分を再構成したものである。[139]群としての規模が既知の地下式横穴墓群のなかで有数であるとともに、人骨遺存度の良好さや鑑定数の多さの点でも本例は特筆に値する。そこで、本例を分析の対象にして、社会的結合の実態の復原を試みることにしたい。

さて、表示した七六横穴墓例のそれぞれで死亡年齢と性別と埋葬順位とを概観してみると、合葬された成人男女間で婚姻関係が成立しうる場合とそうでない場合とのあることが推知される。婚姻関係が成立しうる場合として、

(1) 同年代である。
(2) 年齢の若い方が先葬で、老いた方が後葬である。男女間の実年齢の差は死亡年齢の差よりも接近する。

があり、他方、婚姻関係が成立しえないか、またはしにくい場合として、

(1) 男女いずれかの単葬または合葬である。
(2) 男女間の年齢に甚しい隔たりがある。
(3) 年齢の老いた方が先葬で、若い方が後葬である。実年齢差は死亡年齢差を上回るが、婚姻関係の成否は死亡年齢しだいである。

があげられる。以上あげた条件に該当するかどうかを吟味すると、掲示した七八墓のなかで、

(1) 婚姻関係の成立不能が三三例（四二％）
(2) 婚姻関係の成立可能が一五例（一九％）
(3) 性別や死亡年齢が不明で判別不能が三〇例（三八％）

という結果が得られる。判別不能例の結果が大勢に影響を与える不安はあるが、成否の判別がついた四八例に基づいていえば、その六九％を成立不能例が占めている事実は軽く扱えない。

これはまた別の面から検証することができる。死亡年齢のうちでもっとも多いのは壮年で、次位の熟年の二・七倍

に上る。ところが、壮年の死亡者で男女の合葬が確認された墓は一〇例で、残りは、男女のいずれかに偏るか、壮年合葬者の性別が不明で婚姻関係の有無を判定できない。不明墓の例数が少なくない不安が残るので、同じ試みを熟年代同士について行ってみると、性別が判明した合葬六例のうちで男女の組合せは二例、どちらか一方の組合せは四例を数える。性別不明の合葬墓例が少ない点でこの結果は信頼性が高く、しかも不安を残した壮年の結果とよく一致している。したがって、婚姻関係の成否を判別しえた墓四八例中の六九%を成立不能の例が占めていたことは、成人合葬者の多くが婚姻関係にはなかった往時の実態を表していることを推測させる。

そこで次に、人骨の出土例が多い点で大分県中津市三光佐知・相原にまたがる上ノ原横穴墓群をとりあげると(140)、表15の結果から知られるように、横穴墓一八例のうち六例で年齢の近い成人男女が合葬されており、残る一二例中八例は男性のみ、一例は幼児のみである。ここで注目したいのは、男女合葬例の多さであり、男性被葬者の比率の高さが男女半ばする島内地下式横穴墓群の例を大きく凌いでいる点である。すなわち、上ノ原横穴墓の合葬者同士の関係について父系の直系継承という家族像を導いた田中良之の詳細な分析があり(141)、しかし同じモデルは島内地下式横穴墓群に適用しがたいのである。

島内地下式横穴墓群に焦点を合わせると、上ノ原横穴墓群との相違は、女性被葬者の扱いに影をおとしている可能性がある。成人初葬者の性別を問題にすると、

表15　大分県中津市上ノ原横穴墓群出土人骨一覧

墓番号＼年齢	小児	成人 男	成人 女	熟年 男	熟年 女	自余
3	1	1	2			
5		1				
10						幼児1
11			1	1	1	男成〜熟1
12	1	1＋				
17		1	1			不明1
19			1	1		
21		1	1	1	1	
22		1＋				
25			1	1		若年1
26		1	1	1		
30			1	1		男成〜熟1、若年1
35	1	2		3		
48				1		
50						男成〜熟1
52		1				
63	2	1				
64			1	1	1	女20歳前後1

男性一九　女性一九

がその内訳である。性別不明例の多さを考慮にいれたとしても、男女間で初葬例の数が拮抗することは、女性初葬者が見あたらない上ノ原横穴墓群との差異として特筆される。また、成人男性のみで構成される合葬の例が含まれていないのに対して、成人女性だけならば二例をあげることができる。上ノ原横穴墓群と相違するこの点もまた、女性初葬者の多さとあいまって、男性に劣らない女性の存在感を物語っている。

ちなみに、初葬者として未成人が含まれているので、これらも検討の俎上にのせてみると、その内訳は、

幼児一例　小児三例　若年四例（うち一例は女性）

で、総計すると八例を数える。乳児はもとより幼小児の場合も、成人に較べると遺骸が残りにくい点を考えあわせるならば、七八例中の九例という未成人の初葬者数は、山口県中ノ浜遺跡H—四—一号箱式石棺の弥生時代の例(142)のようには特異視することが難しい重さをもっている。また、確認された全被葬者数二一七に占める未成人者の数を求めると、

乳児〇　幼児一二　小児一一　若年二二

となり、これらの総数は全体の二一％を占めている。未成人骨が残りにくい点を考慮にいれるならば、この数値は増加して、乳幼児葬が五〇％を超すことさえあった弥生時代の比率に近づく可能性が皆無とはいえないにしても、九州においてさえ古墳時代に入ると成人葬に対する乳幼児葬の比率が大幅に低下した趨勢に沿っているとみるのが穏当であろう。いずれともあれ、未成人もまた初葬者として遇され、六歳未満の幼児でさえそのような扱いを受けた点、合葬の欠かせない対象であった点からすると、墓が親族のモルグであり、埋葬にあたっては未成人もまたその血縁ゆえに重んじられていたことが推測される。合葬者同士の関係を血縁によって結ばれた血族と男女の婚姻に基づく家族とに分けた場合、島内地下式横穴墓群では血族関係の方が強く働いていたといえよう。

副葬品の性差　つぎに副葬品の面から性差の有無に光を当ててみると、男性では五三体中の二七体に、女性では五二体中の一三体に矢鏃が伴っている。それぞれ五一％と二五％にあたるから、矢鏃はたしかに男性に伴う傾向が見てとれるが、しかし、中・四国以東で女性に矢鏃の伴った例が皆無である点に注目するならば[143]、二五％という伴出比は驚くほどの高さであるといわなければならない。そもそも女性に矢鏃を副えた例は、宮崎県西臼杵郡高千穂町春姫登横穴墓一号人骨[144]、東諸県郡綾町中迫地下式横穴一号墓の出土人骨[145]、東諸県郡国富町市の瀬地下式横穴五号墓の二号人骨[146]などにみられ、九州南半に多い。ただし北半にも、福岡県朝倉市堤池の上四号墳竪穴式石室女性人骨二体[147]、行橋市矢留竹並横穴G－1－7号墓出土人骨[148]の例があり、朝鮮半島南部でも慶尚南道金海郡大東面礼安里墳墓群[149]で女性に矢鏃の伴う例が散見される点を勘案すると、九州南半に例が多く見いだされていることを強調するのは避けた方がよいように思われる。

また貝釧をとりあげると、これを副えた遺骸の例として、男性二、女性二、幼児二、性別不明成人一が抽出される。これらのうちで女性の二例は、それぞれ一〇個と八個の貝輪をいずれも左前腕に装着しており、数の多さならびに装着部位の点で男性や幼児の例とちがっている。ガラス小玉六一個を貫ねて左前腕に装着した一体もまた女性であることをあわせ考えるならば、左前腕を加飾することは女性に固有であるという結果が導かれてよい。ただし、宮崎県都城市高崎町原村上地下式横穴六号墓で貝輪八個を左腕に装着した一体は熟年男性であるというから[150]、女性に限られていたとまでは極言できないようであり、蛇行剣や鹿角装剣の副葬もまた男女にまたがる点とあわせて注意される。したがって、男性に固有の品目というと甲冑と矛とであり、中・四国以東と共通するこの点においてようやく、男女間に甚しい隔たりを見いだすことができる。男性がその身体的特徴によって武に長じていたことは疑いないから、この隔たりは当然のことであり、むしろここで強調すべき点は、埋葬順位によって推知された女性の存在感が、こうして副葬品の隔たりの少なさによっても追認される点であろう。これは女性の地位の高さを物語っており、文献史料に記された女性首長が九州に多い洞富雄の集成結果とも[151]、同棺合葬をとりあげた辻村純代の分析結果とも通じるところがある[152]。

そこで、親族構造すなわち父系か母系かという点に問題を進めていくと、合葬者に成人女性＋幼小児という組みあわせが見いだされないことによって、さらには、合葬者の性別や年齢が比較的よく分析されている宮崎県立切地下式横穴墓群[153]でこの組みあわせは一五例中一例にとどまることによって、母系が社会的に確立されていた点は否定することができるであろう。同じ理由で双系が流布していたようにも思われないが、しかし、成人女性のみの組みあわせが二例あり、成人男性のみにとどまる例が見あたらない点からすると、双系説は成立の余地を残している。そうして、成人男性＋幼小児という組みあわせが四例を数える点から推察すると、父系か双系のどちらか、あるいは両方の入りまじったかたちが、島内地下式横穴墓群の被葬者に表出された形成母体の親族構造に近いのではなかろうか。

以上、島内地下式横穴墓群の形成母体について、血族か家族かという問題をとりあげ、女性の地位を説き、親族構造の復原を試みた。これらの結果がどの範囲で時間と空間とによって限定されるのかという点は後考をまたなければならないけれども、また、島内地下式横穴墓群と上ノ原横穴墓群との差異が親族から家族へという変化の趨勢に従っているとしても、その被葬者像は畿内と一線を画し、九州においてこそふさわしい。そうしてむしろ、族的結合の強さによって特色づけ、存在感のある巫女の姿を抽出し、斎忌観の微弱さを説いた関東と近いことが、縷述した結果から察せられる。しかしそうであるからといって、これらの近似点から辺境に固有の保守色を汲みとるのは、一面では当を得ているのかもしれないが、本論の主旨にはそぐわない。政治経済の力学を加味しなければ、あるいはワールドシステム論を掲げなければ、中心—辺境という概念が成立しないからである。そこで関東との差異として、合葬が時代を超えて継承され、横穴式石室葬を得て盛大の度を加えた点に着目するならば、墳墓が特定者の死を契機として営まれる同族の記念碑的性格をそなえていた関東に対して、九州では血族あるいは親族のモルグ色に彩られており、島内地下式横穴墓群もその枠を外れていない点が想起される。墳墓観のこのような隔たりの背景には、社会的結合の重点の相違が垣間みえるように思われる。

第五節　葬送観の継承

横穴式石室葬から火葬へ　古墳時代後期中葉を境にして横穴式石室葬が九州から東北に及ぶ広域に流布し、やがて横穴葬も東北へ拡がりをみせる。合葬という機能面からいえば、列島の多くがきわめて斉一的な葬制へ傾斜していったことになるわけである。そうして八・九世紀には、火葬が各地で採用され、これもまた九州から東北に達する拡がりを示している。したがって墓葬のこのような斉一化を重視するならば、畿内政権による政治的拡張や、畿外支配の新たな展開にいきおい眼が向くことは、後期の群集墳に関する夥しい数の論述が語っているところである。もういっぽう、斉一的ではあっても地域ごとに時間の差、墓室形態の違い、分布の疎密があり、これらの点に留意するならば、九州型と畿内型との墓室形態や閉塞方法の相違からも窺われるように、一様ではなかった前代の葬送観や墳墓観が地域ごとの差異に影をおとしていることが察せられる。長期にわたって存続した地域的心性の抽出を試みてきた本論としては、したがって斉一よりも差異の方へ検索の網を投げることになる。

そこでふたたび日向をとりあげると、横穴式石室葬が海岸寄りの前方後円墳や円墳の一部にとどまり、横穴葬の方が同地で流行した点について、これは造墓に多大な労力を費さない前代の風を継承したからであろうと考えれば、その流行を説明づけることができる。また、地下に墓室を営んできた人びとにとっては、地上に構造体を組みあげるよりも山腹や丘陵端を穿つ横穴の方が、遺骸を納置する場としてははるかにふさわしかったにちがいない。これに対して、他地域にさきがけて横穴式石室葬を開始した九州北半の人びとが、これを長く継承したのは、伝統的な合葬の風にのっとるとともに、墳墓を営むのに労力を費すことを、畿内ほどではないにせよ、厭わなかったからであろう。

ところが、広域に及んで隆盛をみせた横穴式石室葬は七世紀中葉を境にして衰退に向かい、合葬から単葬へ移行していった。[154] 九州も例外でなく、ここに至ってようやく、長く続いた合葬の風に終止符が打たれるわけであるから、他地域に増して断絶の度合は大きかったように思われる。しかし、上ノ原横穴墓群の分析結果が示しているように、被葬者同士の紐帯が血族から家族へと移り、男性家長のもとで女性の地位がすでに低下していたとすれば、合葬を捨てることに思念上さして抵抗がなかったことが考えられる。あるいは、家族の結合を表現する場を墓以外に見いだし、合葬への意欲を失ったことも、仏教の流布から想像されるし、大化薄葬令による規制が及んだこともありえたであろう。七世紀後半の白鳳期に至ってもなお横穴葬が存続し、合葬への強い指向が残る日向の葬送は、したがって異色であるといえそうである。

日向には実は火葬の流布した形跡が乏しい。ひるがえって火葬の分布を概観すると、火葬骨を納入した骨蔵器を横穴式石室や横穴の内部に置いた例が、既存の集成によると、東海ならびに関東で数多く知られており、このような例が相対的に少ない畿内およびその西方諸地域と対照をみせている。[155] したがって、東西でこのような差異が見いだされ、横穴式石室に置いた例がとりわけ上野に集中していた点は、仏教思想に発する火葬という葬制を既存の葬送観や墳墓観の延長上で受容する傾向が東方ことに上野において強かったことを示唆している。

この点を指摘したうえで九州における火葬墓の分布状況を概観すると、豊前、筑前、筑後、肥前、肥後、薩摩に較べて、豊後、日向、大隅はいかにも稀薄である。[156] つまり、火葬の痕跡をとどめている地域は、横穴式石室葬の密集域にほぼ限られるといってよい。ことに日向では、八世紀における葬制上の痕跡がほとんど知られておらず、造寺が隆盛をみた証拠もみとめられない。[157] 八世紀初に隼人対策の最前線になったらしいことが影響しているのかもしれないが、[158] この黙して語ってくれない点に意味を見いだしてよければ、この地に生きた人びとに火葬が受けいれがたかったことを、この沈黙は暗示しているのではなかろうか。

日向の駒　平城宮跡出土木簡二点が日向からの牛皮の貢進を伝え[159]、『延喜式』巻二八兵部省諸国牧条によると他国よりもとりわけ牛牧の数が多い。時間を遡れば、「馬ならば　日向の駒……」と謡って輸入大刀の「呉の真刀」とならんで称えた、推古二〇年正月条の御製が想起され、さらに、宮崎県児湯郡新富町祇園原遺跡などで馬を埋葬した古墳時代の土壙が見いだされている点が注意にのぼる[160]。つまり、上野などの東方の諸国とならんで、役畜の飼育の盛んであった様子が、これらの資料から察せられるわけである。

ところが、上野では横穴式石室へしばしば骨蔵器を置くなどの独自の風を現出しつつ火葬を受容し、造寺も盛んであったのに対し、日向は仏教受容の痕跡が乏しく、この点で対照的な様相を呈していた。役畜の飼育によって東西を代表させることもできる上野と日向とが、仏教の受容においてこのような対照を示している点について、政治情勢や社会構造の差異がまず検討されなければならないとしても、両地のそれぞれで育み受け継いできた心性の隔たりを、社会的結合の違いとならんで、仏教の受容に差異を生ぜしめた一因としてあげたいと思う。

注

（1）折尾学編『史跡金隈遺跡発掘調査及び遺跡整備報告書』（福岡市埋蔵文化財報告書　第一二三集　昭和六〇年）。
（2）速水信也「横隈狐塚遺跡Ⅱ区」（小郡市史編集委員会編『小郡市史』第四巻　資料編　原始・古代　平成一三年）。
（3）藤田等・東中川忠美編『大友遺跡』（呼子町文化財調査報告書　第一集　昭和五六年）。
（4）石隈喜佐雄・七田忠昭編『二塚山―佐賀東部中核工業団地建設に伴う埋蔵文化財発掘調査報告書―』（佐賀県文化財調査報告書　第四六集　昭和五四年）。
（5）宮腰健司編『朝日遺跡Ⅵ―新資料館地点の調査―』（愛知県埋蔵文化財センター調査報告書　第八三集　平成一二年）。
（6）長嶺正秀・末永弥義編『下稗田遺跡』（行橋市文化財調査報告書　第一七集　昭和六〇年）。

(7) 栗野克己ほか『下道山遺跡緊急発掘調査概報』（岡山県埋蔵文化財発掘調査報告　一七　昭和五二年）。
(8) 村田多津江編『吉母浜遺跡』（下関市教育委員会　昭和六〇年）。人骨の分析にあたった中橋孝博・永井昌文によって、未成人ことに乳幼児の死亡率の高かったことが、内外の例を引きながら論じられている。
(9) 金沢市史編さん委員会編『金沢市史』資料篇一九　考古　平成一一年）。
(10) 田鶴浜町史編さん委員会編『田鶴浜町史』（昭和四九年）。前田清彦「北陸の木棺墓とその展開」（『北陸の考古学』Ⅲ　石川考古学研究会々誌』第四二号　平成一一年）参照。
(11) 小野真一『目黒身―弥生・古墳時代の集落址の調査―』（沼津市教育委員会・加藤学園沼津考古学研究所　昭和四五年）。静岡県域の弥生時代の墓葬については、静岡県編『静岡県史』資料編1　考古一（平成二年）参照。
(12) 伊丹徹「弥生時代の『墓』という場―南関東での模索―」（宮腰健司ほか編『墓場の考古学』第一三回東海考古学フォーラム実行委員会　平成一八年）。
(13) 角南聡一郎「境界の住人としての『子供』―隔離型土器棺墓群と子墓の比較研究―」（『続文化財学論集』第二分冊　平成一五年）。
(14) 注10前田（平成一一年）ならびに古川登編『片山鳥越墳墓群　方山真光寺跡塔址―清水町片山地区における遺跡の調査―』（清水町埋蔵文化財発掘調査報告書Ⅷ　平成一六年）などを参照。
(15) 宮腰健司「伊勢湾岸地方における方形周溝墓に関わる問題」（注12に同じ）。
(16) 藤井整「近畿地方の弥生墓制―墓場の考古学によせて―」（注12に同じ）。
(17) その痕跡を推察させる例として、京都府日向市寺戸町大塚古墳後円肩部出土の壷などが管見にのぼる。なお、畿内に隣接する播磨には、たつの市揖保川・揖西町養久山墳墓群で知られているように、古墳時代に近づいても乳幼児葬はあまり衰退の色をみせないようである。近藤義郎編『養久山墳墓群』（揖保川町教育委員会　昭和六〇年）。
(18) 神原英朗「便木山遺跡発掘調査報告」（岡山県営山陽新住宅市街地開発事業用地内埋蔵文化財発掘調査概報　第二集　山陽団地埋蔵文化財発掘調査団　昭和四六年）。
(19) 間壁忠彦・間壁葭子「辻山田遺跡」（『倉敷考古館研究集報』第一〇号　昭和四九年）。

（20）平井勝編『殿山遺跡　殿山古墳群』（岡山県埋蔵文化財発掘調査報告四七　昭和五七年）。
（21）梅木謙一編『朝日谷二号墳』（松山市文化財調査報告書　第六三集　平成一〇年）、『遺跡』三八号（平成一三年）、『弥生王墓の誕生―弥生社会の到達点―』（第五回加悦町文化財シンポジウム　加悦町教育委員会　平成一四年）など参照。
（22）三宅博士ほか『中山古墳群発掘調査概報』（昭和五二年）。
（23）第三〇回山陰考古学研究集会事務局編『山陰の前期古墳』（平成一四年）。
（24）濱隆造ほか『霞遺跡群―一般国道183号道路改良事業に係る埋蔵文化財調査報告書Ⅱ―』（鳥取県教育文化財団調査報告書七三　平成一三年）。
（25）佐々木謙・大村雅夫『馬山古墳群』（佐々木古代文化研究室記録二　昭和三七年）。山陰考古学研究所『山陰の前期古墳文化の研究』Ⅰ　東伯耆Ⅰ・東郷池周辺（山陰考古学研究所記録　第二　昭和五三年）。
（26）注23参照。
（27）茂木雅博「箱式石棺考―岡山県下を中心として―」（山本清先生喜寿記念論集刊行会編『山陰考古学の諸問題』昭和六一年）、瀬戸谷晧編『加陽土屋ヶ鼻遺跡―民間開発事業にかかる埋蔵文化財発掘調査概要―』（豊岡市文化財調査報告書・豊岡市郷土資料館調査報告書　第二九集　平成六年）など参照。
（28）岡部裕俊編『荻浦―福岡県前原市荻浦土地区画整理事業に伴う文化財調査報告書　古墳編―』（前原市文化財調査報告書第五八集　平成七年）。
（29）杉山富雄編『鋤崎古墳―一九八一～一九八三年調査報告―』（福岡市埋蔵文化財調査報告書　第七三〇集　平成一四年）。
（30）米倉秀紀編『羽根戸南古墳群第三次調査』（福岡市埋蔵文化財調査報告書　第六六一集　平成一三年）。
（31）平ノ内幸治編『国指定史跡　光正寺古墳―保存整備事業に伴う発掘調査報告書―』（宇美町文化財調査報告書　第一四集上巻　平成一三年）。
（32）岡崇『田久瓜ケ坂―福岡県宗像市田久所在遺跡の発掘調査報告―』（宗像市文化財調査報告書　第四六集　平成一一年）。
（33）片岡宏二編『三国の鼻遺跡Ⅰ―三国の鼻一号墳の調査―』（小郡市文化財調査報告書　第二五集　昭和六〇年）。
（34）三島格ほか「山下古墳調査概報―玉名市山部田字山下―」（『熊本史学』第五〇号　昭和五二年）。

(35) 九州古文化研究会編『古墳発生期前後の社会像—北部九州及びその周辺地域の地域相と諸問題—』(古文化研究会第一〇〇回例会記念シンポジウム　平成八年)、第九回九州前方後円墳研究会大分大会実行委員会編『前期古墳の再検討』(平成一八年)参照。
(36) 久住猛雄『舞松原古墳』(福岡市文化財調査報告書　第五三三集　平成九年)。
(37) 注35九州古文化研究会編（平成八年）に同じ。
(38) 注30に同じ。
(39) 高木正文「古墳時代の再葬」(森貞次郎博士古稀記念論文集刊行会編『古文化論集』昭和五七年)。
(40) 長嶺正秀ほか『前田山遺跡』(行橋市文化財調査報告書　第一九集　昭和六二年)。
(41) 注2・13に同じ。角南聡一郎「弥生時代前期の土器棺葬—環東アジア的視点からみた『子供』の埋葬—」(第四八回埋蔵文化財研究集会実行委員会編『弥生の墓制(1)—墓制からみた弥生文化の成立—』平成一二年)。この傾向は但馬などでもみとめられる。会下和宏「弥生時代の未成人埋葬について」(茂木雅博編『日中交流の考古学』平成一九年)。
(42) 乗安和二三「弥生時代における乳幼児埋葬をめぐって」(広島大学大学院文学研究科考古学研究室編『考古論集—川越哲志先生退官記念論文集—』平成一七年)。
(43) 本間元樹「弥生時代の合葬人骨」(広島大学文学部考古学研究室編『考古論集—潮見浩先生退官記念論文集—』平成五年)。
(44) 辻村純代「東中国地方における箱式石棺の同棺複数埋葬—その地域性と社会的意義について—」(『季刊人類学』一四—二　昭和五八年)。同上「古墳時代の親族構造について—九州における父系制問題に関連して—」(『考古学研究』第三五巻第一号　昭和六三年)。
(45) 小田富士雄・賀川光夫『中ノ原・馬場古墳緊急発掘調査』(大分県文化財調査報告　第一五輯　昭和四三年)。
(46) 古瀬清秀編『岩崎山第四号古墳・快天山古墳発掘調査報告書』(津田町教育委員会・綾歌町教育委員会　平成一四年)。
(47) 井沢洋一・米倉秀紀編『那珂八幡古墳—昭和五九・六〇年度の重要遺跡確認調査及び緊急調査概報—』(福岡市埋蔵文化財調査報告書　第一四一集　昭和六一年)。
(48) 山口譲治ほか編『老司古墳』(福岡市埋蔵文化財調査書　第二〇九集　平成元年)。

(49)　沢田康夫『妙法寺古墳群―福岡県筑紫郡那珂川町大字恵子字妙法寺所在古墳の調査―』(那珂川町文化財調査報告書　第七集　昭和五六年)。
(50)　宇野愼敏『御座古墳群―西鉄弥生が丘ニュータウン建設に伴う埋蔵文化財調査報告1―』(北九州市埋蔵文化財調査報告書第二三六集　平成一一年)。
(51)　長嶺正秀・植田規容子編『豊前石塚山古墳』(苅田町・かんだ郷土史研究会　平成八年)。
(52)　注23に同じ。
(53)　注25に同じ。
(54)　梅原末治『因伯二国に於ける古墳の調査』(鳥取県史蹟勝地調査報告　第二冊　大正一三年)。倉吉市史編纂委員会編『倉吉市史』(昭和四八年)。
(55)　本村豪章「相模・真土大塚山古墳の再検討」(『考古学雑誌』第六〇巻第一号　昭和四九年)。
(56)　柴田常恵ほか『日吉加瀬古墳―白山古墳・第六天古墳調査報告―』(昭和二八年)。京都府相楽郡山城町椿井大塚山古墳出土三角縁神獣鏡の同笵鏡の分有関係が、畿内指向、東指向、西指向に分離されることはすでに述べたことがあるが、天王日月・獣文帯四神四獣鏡中の一種のみは分有関係が九州、中国、関東に及んでいた。その関東の例が白山古墳出土鏡である。墳頂に四基を数える埋葬施設の多さは、関東の前期の古墳のなかでは異色であり、出土鏡もまた異例であるということができる。川西宏幸『同型鏡とワカタケル―古墳時代国家論の再構築―』(平成一六年)第四章参照。
(57)　奈良県域の二例とは、御所市室大墓古墳ならびに桜井市池ノ内五号墳である。上田三平「宮山古墳」(『史蹟調査報告』第三　奈良県に於ける指定史蹟　第一冊　昭和二年)。秋山日出雄・網干善教『室大墓』(奈良県史跡名勝天然記念物調査報告第一八冊　昭和三四年)。久野邦雄ほか『磐余・池ノ内古墳群』(奈良県史跡名勝天然記念物調査報告　第二八冊　昭和四八年)。
(58)　内藤虎次郎・今西龍「西都原古墳調査報告」(『宮崎県史蹟調査報告』第三冊　大正七年)。田中稔隆『西都原古墳群研究資料』(宮崎大学教育学部考古学資料室　昭和五三年)。
(59)　尾崎喜左雄「後閑天神山古墳」(前橋市史編さん委員会編『前橋市史』第一巻　昭和四六年)。

（60）茨城県教育財団編『竜ケ崎ニュータウン内埋蔵文化財調査報告書』二〇（茨城県教育財団文化財調査報告　第六一集　平成二年）。
（61）小野忠凞ほか『長光寺山古墳』（山口県厚狭郡山陽町埋蔵文化財調査報告　第一集　昭和五二年）。
（62）梅原末治「豊前国宇佐郡赤塚古墳調査報告」（『考古学雑誌』第一四巻第三号　大正一二年）。小田富士雄・真野和夫『免ケ平古墳発掘報告書』（大分県立宇佐風土記の丘歴史民俗資料館研究紀要Ⅲ　昭和六一年）。甲斐忠彦ほか『免ケ平古墳―史跡川部・高森古墳群保存修理事業報告書―』（大分県立宇佐風土記の丘歴史民俗資料館　平成三年）。
（63）宮崎県史編さん室原始・古代部会編『宮崎県史叢書　宮崎県前方後円墳集成』（平成九年）。第二九回九州古墳時代研究会実行委員会編『宮崎平野の古墳と古墳群』（平成一五年）。
（64）木村幹夫「大隅に於ける前方後円墳に就て」（『考古学雑誌』第二五巻第五号　昭和一〇年）。諏訪昭千代「鹿児島県志布志湾沿岸の二・三の前方後円墳について―西南辺境に於ける豪族輩出過程の試案―」（『鹿児島考古』第二一号　昭和六二年）。
（65）注51に同じ。
（66）平川信哉・吉田和彦編『小熊山古墳発掘調査報告書』（杵築市埋蔵文化財発掘調査報告書　第一〇集　平成一八年）。
（67）注63に同じ。
（68）秦政博・讃岐和夫編『国指定史跡亀塚古墳整備事業報告―保存整備事業（ふるさと歴史の広場事業）―』（大分市教育委員会　平成一二年）。
（69）高木恭二・木下洋介『宇土半島基部古墳群』（宇土市埋蔵文化財調査報告書　第一五集　昭和六二年）。
（70）小林行雄『福岡県糸島郡一貴山村田中銚子塚古墳の研究』（日本考古学協会古墳調査特別委員会　昭和二七年）。
（71）坂井義哉編『黒崎観世音塚古墳』（大牟田市文化財調査報告書　第五二集　平成一一年）。
（72）浜石哲也編『藤崎遺跡』（福岡市埋蔵文化財調査報告書　第八〇集　昭和五七年）。池田祐司・久住猛雄『藤崎遺跡15―藤崎遺跡三二次調査報告―』（福岡市埋蔵文化財調査報告書　第八二四集　平成一六年）。
（73）九学会連合対馬協同調査委員会編『対馬の自然と文化』（総合研究報告No.2　昭和二九年）。正林護『ながさき古代紀行Ⅰ　対馬』（平成七年）。

(74)　東中川忠美編『西原遺跡』（九州横断自動車道関係埋蔵文化財発掘調査報告書(3)　佐賀県文化財調査報告書　第六六集　昭和五八年）。
(75)　奥村俊久『阿志岐古墳群Ⅱ―阿志岐古墳群B群二六号墳の調査―』（筑紫野市文化財調査報告書　第一二集　昭和六〇年）。
(76)　宮田浩之・柏原孝俊編『津古生掛遺跡』Ⅰ・Ⅱ（みくに野第二土地区画整理事業関係埋蔵文化財調査報告　七・九　小郡市文化財調査報告書　第四〇・第四四集　昭和六二・六三年）。
(77)　小澤太郎編『福聚寺古墳群』（久留米市文化財調査報告書　第二〇七集　平成一七年）。
(78)　副島邦弘編『辺良田古墳』（高田町文化財調査報告書　第二集　平成四年）。
(79)　渡辺正気・萩原房男『潜塚古墳』（大牟田市文化財調査報告書　第五集　昭和五〇年）。坂井善哉編『潜塚古墳』Ⅱ　大牟田市文化財調査報告書　第五六集　平成一四年）。
(80)　第三次沖ノ島学術調査隊編『宗像沖ノ島』（宗像大社復興期成会　昭和五四年）。
(81)　注51に同じ。
(82)　熊本県八代市鼠蔵町楠木山古墳出土の六本の鉄鏃は、正確な形態が不明であるために例示の対象から外したが、報文によれば柳葉式に近いという。それが正しいとすると、全長七センチ余で大型の部類に属することになる。池田栄史「八代市鼠蔵古墳群の研究」（『九州考古学』第六〇号　昭和六一年）。なお、石塚山古墳出土の銅鏃は全長五・六五センチをはかるという。茎の先端がやや欠けているので、復原すれば六・〇センチを越えるとみなして大型品の例数を増やすようにしたが、六・〇センチ前後とみるのが穏当なところであろう。
(83)　中井一夫・豊岡卓之編『中山大塚古墳』（奈良県立橿原考古学研究所調査報告　第八二冊　平成八年）。
(84)　奈良県立橿原考古学研究所編『ホケノ山古墳調査概報』（平成一三年）。
(85)　森下衛・辻健二編『船阪・黒田工業団地予定地内遺跡群発掘調査概報』（園部町文化財調査報告書　第八集　平成三年）。
(86)　小田富士雄「谷口古墳」（唐津湾周辺遺跡調査委員会編『末盧国―佐賀県唐津市・東松浦郡の考古学的調査研究―』昭和五七年）。
(87)　高瀬哲郎ほか編『朝日北遺跡』（九州横断自動車道関係埋蔵文化財発掘調査報告書⒂　佐賀県文化財調査報告書　第一一〇

集　平成四年）。
(88) 平原市伊都歴史資料館蔵という。
(89) 新原正典編『沖出古墳―福岡県嘉穂郡稲築町所在前方後円墳の調査―』（稲築町文化財調査報告書　第二集　平成元年）。
(90) 桑原憲彰「原始・古代」（菊鹿町史編纂委員会編『菊鹿町史』平成八年）。
(91) 富樫卯三郎『向野田古墳』（宇土市埋蔵文化財調査報告書　第二集　昭和五三年）。
(92) 注62小田・真野（昭和六一年）に同じ。
(93) 賀川光夫編『野間古墳群・横尾貝塚・小池原貝塚緊急発掘調査』（大分県文化財調査報告　第一三輯　昭和四二年）。
(94) 注45に同じ。
(95) 賀川光夫『大分県（豊後国）竹田市戸上・七ツ森古墳』（大分県文化財調査報告書　第四輯　昭和三一年）。
(96) 注80に同じ。
(97) 藤井治左衛門「岐阜県不破郡青墓村大字矢道長塚古墳」（『考古学雑誌』第一九巻第六・第七・第九号　昭和四年）。
(98) 注25に同じ。
(99) 注86に同じ。
(100) 注69に同じ。
(101) 注48に同じ。
(102) 注51に同じ。一四面出土という伝承がある。
(103) 注62梅原（大正一二年）に同じ。
(104) 原田大六『平原弥生古墳』（平原弥生古墳調査報告書編集委員会編　平成三年）。
(105) 森本六爾編『柳園古器略考・鉾之記』（昭和五年）。柳田康雄・小池史哲編『三雲遺跡―糸島郡前原町大字三雲所在遺跡群の調査―』Ⅲ（福岡県文化財調査報告書　第六三集　昭和五七年）。
(106) 丸山康晴ほか『奴国の首都　須玖岡本遺跡―奴国から邪馬台国へ―』（春日市教育委員会　平成六年）。
(107) 注105森本編（昭和五年）に同じ。

(108)　柳田康雄「武器形青銅祭器の終焉と大型墳墓の出現」（香芝市二上山博物館編『邪馬台国時代の筑紫と大和』ふたかみ邪馬台国シンポジウム5　資料集　平成一七年）。

(109)　注4に同じ。

(110)　注108に同じ。

(111)　外山茶臼山古墳における破鏡の存在に注目した論文として、今尾文昭「古墳と鏡」（『季刊考古学』第四三号　平成五年）、高橋徹「古式大型仿製鏡について―奈良県桜井市茶臼山古墳出土内行花文鏡の再検討を兼ねて―」（『橿原考古学研究所紀要考古学論攷』第一七冊　平成五年）がある。鏡の破砕を問題にした論考として、近年では、長谷川達「破砕鏡からの予察」（『京都府埋蔵文化財論集』第四集　平成一三年）が管見にのぼる。

(112)　畿内における出現期の古墳には玉類を欠く傾向が著しいのに対して、九州ではこのような傾向が目立たない点、中期に流行する滑石仮器類の種類が乏しく、同種多量化に欠ける点も、畿内や関東との相違として、九州における葬送文化の特色をあらわしているようである。

(113)　注86に同じ。

(114)　注29に同じ。

(115)　注48に同じ。

(116)　注57上田（昭和二年）、秋山ほか（昭和三四年）に同じ。

(117)　あらかじめ合葬を予定していたことが知られる例として、山梨県甲府市中道町大丸山古墳、群馬県藤岡市白石稲荷山古墳があげられる。仁科義男「大丸山古墳」（『山梨県史蹟名勝天然紀念物調査報告』第五輯　昭和六年）。中道町史編纂委員会編『中道町史』上巻（昭和五〇年）。坂本美夫「山梨県・曽根丘陵周辺地域の前期古墳等について」（『甲斐考古』別冊第二号　昭和五三年）。山梨県編『山梨県史』資料編一　原始・古代一・二（平成一〇・一一年）。茂木雅博編『甲斐大丸山古墳―埋葬施設の調査―』（博古研究会　平成一九年）。大丸山古墳は、花崗岩製石棺が半島系技術で、鉄柄付手斧が半島からの伝来品である点でも注意をひく。川西宏幸「長柄・桜山の時代」（『シンポジウム前期古墳を考える―長柄・桜山の地から―』逗子市教育委員会・葉山町教育委員会　平成一六年）。後藤守一・相川龍雄『多野郡平井村白石稲荷山古墳』（群馬県史蹟名勝天然紀念物

調査報告　第三輯　昭和一一年）。なお、岡山県総社市山田砂子山四号墳の後円部に営まれた竪穴式石室の一短辺に石棚が設けられており、ここが石室への出入口であった可能性がある。もしそうみてよければ、竪穴系横口式石室の初現例にあたり、前・中期の交ないし中期前半における合葬の風の伝播を示す例に加えられる。近藤義郎・鎌木義昌「砂子山古墳群」（岡山県史編纂委員会編『岡山県史』第一八巻　考古資料　昭和六一年）。

（118）柳沢一男「横穴式石室の導入と系譜」（『季刊考古学』第四五号　平成五年）。

（119）高木正文編『熊本県装飾古墳総合調査報告書』（熊本県文化財調査報告　第六八集　昭和五九年）。

（120）第二回九州前方後円墳研究会実行委員会編『九州における横穴式石室の導入と展開』（平成一一年）。注82池田に同じ。

（121）隈昭志「大鼠蔵尾張宮古墳」（注119に同じ）。注82池田に同じ。

（122）中間研志・平島勇夫編『倉永茶臼塚』（大牟田市文化財調査報告書　第一五集　昭和五六年）。

（123）注68に同じ。宇土市史編纂委員会編『新宇土市史』資料編第二巻（平成一四年）。

（124）高木恭二「石障系横穴式石室の成立と変遷」（『宮嶋クリエイト』第六号　平成六年）。藏冨士寛「石屋形考─平入横口式石棺の出現とその意義─」（龍田考古会編『先史学・考古学論究』Ⅱ　熊本大学文学部考古学研究室創立二五周年記念論文集　平成九年）。同棺複数埋葬の伝統が横穴式石室の成立を促したという本論の主旨の一部は、すでに藏冨士によって述べられている。

（125）寺原俊文ほか『瀬戸ノ口地区特殊農地保全整備事業に伴なう埋蔵文化財発掘調査報告─大萩遺跡(1)─』（宮崎県教育委員会　昭和四九年）。

（126）有田辰美『川床地区遺跡─県営農村基盤総合パイロット事業（尾鈴二期地区川床工区）に伴う埋蔵文化財発掘調査概要報告─』（新富町文化財調査報告書　第三集　昭和六〇年）。新富町教育委員会編『川床遺跡─県営一ツ瀬総合パイロット事業尾鈴Ⅱ期地区川床工区に伴う埋蔵文化財調査報告書─』（新富町文化財調査報告書　第五集　昭和六一年）。

（127）永友良典「小木原遺跡群蕨地区（A・B地区）」（『えびの市埋蔵文化財調査報告書』第六集　平成二年）。

（128）同前。

（129）面高哲郎ほか『立切地下式横穴墓群─入木地区団体営ほ場整備事業に伴う埋蔵文化財発掘調査報告書─』（高原町文化財調

査報告書　第一集　平成三年）。

(130)　刳抜・組合式ともに、分布数が多いのは熊本県域北部の菊池川流域であることが、若杉竜太「九州石棺考」（注124龍田考古会編に同じ）の集成によって知られる。肥後型石室の分布域が南部の宇土半島基部であることを加味するならば、家形を造形する指向は肥後全域に及んでいたことがわかる。また若杉の集成によると、複数の遺骸を収容することを予定した例が、福岡県三池郡高田町上楠田石神山古墳の大棺を含めて三例、幼小児用と覚しい小型の例が、同墳の小棺を入れて五例ある。いずれも刳抜式で、それぞれ数は多くないが、成人・単葬用であるべき刳抜式石棺にこのような例が存在するのは九州を除けば異例であり、未成人を含む合葬の風が同地で根強い支持を得ていたことは、この点からも察することができるようである。

(131)　小林行雄「家形石棺」（『古代学研究』第四・第五号　昭和二六年）。補訂を加えて、同上『古墳文化論考』（昭和五一年）に載録。

(132)　酒井仁夫編『九州縦貫自動車道関係埋蔵文化財調査報告Ⅸ─福岡県大野城市乙金所在古墳群の調査─』（福岡県教育委員会　昭和五二年）。

(133)　小池史哲編『九州横断自動車道関係埋蔵文化財調査報告ⅠⅩⅩ─甘木市所在柿原古墳群の調査─Ⅳ』（福岡県教育委員会　平成一二年）。

(134)　小郡市教育委員会編『苅又地区遺跡群』Ⅰ～Ⅴ（小郡市文化財調査報告書　第一〇一・第一〇三─第一〇六集　平成一─七年）。

(135)　第二回九州前方後円墳研究会実行委員会編『九州における横穴式石室の導入と展開』（平成一一年）の掲載資料を参照すると、福岡市博多区金隈堤ケ浦一二号墳、影ケ浦二号墳、福岡県筑紫郡那珂川町中原Ｖ群五号墳があげられる。若干の補訂が加わるとしても、出土古墳で六世紀の例が寡少であることは動かないであろう。

(136)　栗田茂敏編『葉佐池古墳』（松山市文化財調査報告書　第九二集　平成一五年）。

(137)　梅原末治・小林行雄『筑前国嘉穂郡王塚装飾古墳』（京都帝国大学文学部考古学研究室報告　第一五冊　昭和一五年）。

(138)　森下浩行「日本における横穴式石室の出現とその系譜─畿内型と九州型─」（『古代学研究』第一一一号　昭和六一年）が九州型、畿内型の名で分離する根拠とした羨道閉塞方法の相違は、それぞれ前代の葬送観の延長上にあるといえる。半島からの横穴式石室の伝播を説くにあたっては、この点に留意する必要がある。

(139) 竹中正巳・大西智和「宮崎県えびの市島内地下式横穴墓群六九・七〇号墓発掘調査概報」(『人類史研究』第一〇号　平成一〇年)。同上「宮崎県えびの市島内地下式横穴墓群六九・七〇・七一・七二・七三・七四・七五号墓発掘調査報告」(『人類史研究』第一一号　平成一一年)。同上「宮崎県えびの市島内地下式横穴墓群七六・七七・七八・七九・八七・八八・八九・九〇・九一号墓発掘調査概報」(『人類史研究』第一二号　平成一二年)。中野和浩『島内地下式横穴墓群』(えびの市埋蔵文化財調査報告書　第二九集　平成一三年)。

(140) 村上久和・吉武牧子編『上ノ原横穴墓群Ⅰ・Ⅱ―一般国道一〇号線中津バイパス埋蔵文化財発掘調査報告(2)―』(大分県教育委員会　平成元・四年)。

(141) 田中良之『古墳時代親族構造の研究―人骨が語る古代社会―』(平成七年)

(142) 注42に同じ。

(143) 川西宏幸「古墳時代の巫女」(『博古研究』第二号　平成三年)。補訂を加えて、同上『古墳時代の比較考古学』(平成一一年)に載録。

(144) 北郷泰道・田尻隆介「春姫登横穴墓」(『高千穂町文化財調査報告書』第八集　平成元年)。

(145) 宮崎県教育庁文化課編『中迫地下式横穴墓群』(綾町教育委員会　平成八年)。

(146) 菅付和樹ほか「市の瀬地下式横穴墓群」(『国富町文化財調査資料』第四集　昭和六一年)。置田雅昭「市の瀬五～一〇号地下式横穴」(宮崎県編『宮崎県史』資料編　考古2　平成五年)。

(147) 橋口達也編『池の上墳墓群―福岡県甘木市大字堤字池の上所在古墳時代墳墓群および歴史時代火葬墓群の調査―』(甘木市文化財調査報告　第五集　昭和五四年)。

(148) 竹並遺跡調査会編『竹並遺跡』(昭和五四年)。

(149) 釜山大学校博物館編『金海礼安里古墳群』Ⅰ・Ⅱ(釜山大学校博物館遺蹟調査報告　第八・第一五輯　一九八五・一九九三年)。

(150) 菅付和樹「原村上地下式横穴墓群」(注146宮崎県編に同じ)。なお、注140に併載された貝輪集成の結果によれば、イモガイ横型貝輪の着装は、女性の場合に右手、男性の場合に左手である。これに対して島内の例では、男性着装者一例がゴホウラ、他例のことごとくがイモガイ横型である。

(151)　洞富雄『天皇不親政の起源』（昭和五四年）。『日本書紀』や諸国の風土記のなかから洞が抽出して同書に掲げた女性首長三二例のうち、一五例を九州が占めている。これに次ぐのは一一例を数える近畿であるが、四例が播磨、三例が紀伊で、畿内は三例にとどまる。

(152)　注44辻村（昭和六三年）に同じ。同論文は「九州地方では、父系制のもとでも女性の地位が高いのは、婚姻後も出自集団の成員権が維持されたためではなかろうか」と述べて、九州において女性の地位を高くした要因を示唆している。傾聴すべき見解であろうと思う。

(153)　注129に同じ。

(154)　下原幸裕『西日本の終末期古墳』（平成一八年）参照。

(155)　仲山英樹「古代東国における墳墓の展開とその背景」（栃木県文化振興事業団埋蔵文化財センター『研究紀要』第一号　平成四年）、同上「古代東国における墳墓の展開とその問題点」（栃木県考古学会　第五回東日本埋蔵文化財研究会栃木大会準備委員会編『東日本における奈良・平安時代の墓制―墓制をめぐる諸問題―』第Ⅳ分冊　平成七年）、注154参照。なお、仲山（平成七年）は、火葬の被葬者のなかに少なからず女性が含まれていた事実に注目して、「家長も家室も、葬送にあたっては同等に扱われていたこととなる。……ある程度自立した再生産活動を行う家の経営に際して、家長も家室も等しく関与していたという指摘に通じるものがあるかも知れない」と述べ、律令期の関東において女性の地位が高かった可能性を示唆している。もし当を得ているとすれば、巫女埴輪が示している女性の存在感は律令期に存続したことになる。

(156)　網田龍生「肥後における古代後半期の墳墓」（注124龍田考古会編に同じ）、宮崎県編『宮崎県史』通史編　古代2（平成一〇年）、注154などを参照。

(157)　永友良典編『国衙・郡衙・古寺跡等遺跡群詳細分布調査概要報告書』Ⅰ（宮崎県教育委員会　平成元年）によれば、宮崎県域における布目瓦出土地は一三箇所を数える。また、注156宮崎県編（平成一〇年）ならびに柴田博子「日向国出土墨書土器資料集成」（『宮崎考古』第二〇号　平成一八年）の墨書土器集成をみると、大半は平安時代で、奈良時代に入る例はごく一部にとどまっている。

(158) 八世紀初頭に隼人の反乱が度重なっている。『続日本紀』文武四年（七〇〇）六月条、同上大宝二年（七〇二）八月条、同上和銅六年（七一三）七月条、同上養老四年（七二〇）六月条。

(159) 宮崎県編『宮崎県史』史料編　古代（平成三年）。和銅六―八年頃にあたるという。吉川敏子「古代国家における馬の利用と牧の変遷」（『史林』第七四巻第四号　平成三年）参照。

(160) 飯田博之編『祇園原地区遺跡―県営農村基盤整備パイロット事業に伴う埋蔵文化財発掘調査報告書―』（宮崎県教育委員会平成八年）。

第八章　比較考古学上の倭

第一節　起動と沈潜

ユーラシア古代世界を俎上にのせ、他方で倭の構成に加わっている三地域を例にあげて心性の抽出を試み、多岐にわたって論述を重ねてきたが、つねに念頭においていたのは倭という存在であった。そもそも倭とは、古代の中国人が認識した領域であり、そこに居住した人びとを倭人、政治上の単位を倭国と呼んでいたことが正史の記事から知られるが、本論では考古学の視点に立って、弥生・古墳という現今の時代区分が通用する地域を指していた。端的にいえば、水稲農耕を行い、やがて古墳と呼びうる大型墳墓を営造するに至った地域である。したがって、この地域が占める範囲は現在の国境線内の一部にとどまり、その境界は截然と画することが本来的に難しい。水稲農耕の実施や大型墳墓の営造が、辺縁においては定着せず、時間的空間的に遷移しているからである。

もとより、考古学的に区分されたこの地域を指して倭と呼んでいたのかどうか、問題はある。そうではあっても、国家形成の第一歩を、文献史学では倭から始め、考古学では弥生・古墳時代文化域に求める大勢を顧慮し、便宜上、倭という名称を採用した。重要な点は名称の適否ではない。倭にせよ弥生・古墳時代文化域にせよ、これらに現在の国民国家史像が投影されて我われの史眼を曇らせているかどうか、という点である。そこで本章では、倭を吟味するところから論述を始めることにしたい。

すなわち、倭は国家形成の第一歩を印すことができるような斉一性をそなえた存在であったのか。もしそうであったとすれば、その基盤は何であったのか。この問いに対して、文献史学者はともかく考古学者ならば、弥生時代については水稲農耕の存在をあげ、古墳時代については大型墳墓の営造に注目して、文化的斉一性を説き政治的統一を論ずるにちがいない。しかし、歴史教科書の記述をなぞるようなこの説明に満足することはできない。水稲農耕・大型墳墓営造域に対する吟味から出発し、国民国家史像の投影を排除しようとする以上、このような常識的な説明とは距離をおかなければならないからである。

論を進めていくにあたり、本章までの経過をふりかえると、第二―第四章として、ユーラシア古代世界の諸動向を述べて倭との比較を試み、第五―第七章として、地域論の視点に立って倭の腑分けを行った。第一章で、国民国家史色に彩られた日本考古学の、ひいては日本史学の過去と現在とを問い、問題を打開する方途として、比較論と地域論とをあげたが、それぞれ、第二―第四章は比較論の、第五―第七章は地域論の実践である。

論点が多岐にわたったので少し紙幅を費して各章の結果を要約しておくと、まず、「人類史との疏通」と題した第二章では、生産様式、文明度、社会条件、環境などのさまざまな因子ごとの差異を貫いて、四〇キロ域ならびに二〇〇キロ域が抽出されることを、実例に即して示した。人間の一日の歩行能力の限界を考慮するならば、四〇キロ域がかくも広汎に見いだされることは理解できる。二〇〇キロ域についても、差異を貫いている点で、人間の能力上の属性(humanities)に由来することが予測された。そこで、京都府椿井大塚山・奈良県黒塚古墳のそれぞれで出土している三角縁神獣鏡の分布状況を例にあげて、二〇〇キロ域が四〇キロ域の連なりであることを推示した。この連結モデルを他の二〇〇キロ域の場合にも適用しうるのかどうか、検証を重ねる必要があるとともに、連結が二〇〇キロ域で尽きる理由が判明しない。これらの二点に問題を残した。

「ユーラシア古代世界との共鳴」と題した第三章では、同時性（synchronism）をとりあげた。すなわち、前一二〇〇年前後に始まる約二〇〇年間、ならびに二・三世紀に惹起した歴史上の変動について、ユーラシア西方では地中海域や西アジアを、東方では中国を例にあげて、それぞれの内容を吟味し、いずれの地域においても歴史上の画期にあたっていることを示した。そうして、地域ごとに固有の事情はあっても、人間の大規模な移動が変革をもたらした点で共通していることを、内陸の遊牧民の動きを辿りながら説いた。これらの、相互に影響しあった形跡がみとめられない汎ユーラシア的な変革の時期は、同時に倭の画期でもあり、前一二〇〇年前後に始まる約二〇〇年間については、ＡＭＳ法が示す暦年代に準拠すると弥生時代開始前夜をさし、二・三世紀については、古墳時代が呱々の声をあげつつある頃にあたる。そうして、これらの時期にはいずれも人間の移動が頻繁の度を加え、この点で倭が孤立した存在ではないことを指摘した。また、生産様式、文明度、環境などの諸因子ごとの差異を跨ぐこの同時性を将来した要因についても言及し、気候条件の地球規模の悪化がもっとも可能性が高いことを、自然科学上のデータを紹介しながら推測した。

「ユーラシア古代世界との比較」と題した第四章では、鉄器時代の開始を俎上にのせて、歴史的変動の類似性（similarity）を問題にした。すなわち、ユーラシア古代世界について、青銅器時代と鉄器時代とを対比させながら、素材の転換、武備や政体や都市構造の変化をとりあげて東西それぞれの内容を論述した。その結果を順を追って略述すると、鉄器時代の開始は西方で先行し、東方では最長で七〇〇ないし八〇〇年に及ぶ遅滞がみとめられたが、銅石―青銅―鉄銅―鉄という推移を辿り、戦乱が鉄の普及を促した点は東西間で共通していた。ただ武器を鉄で製作するようになるまでに閲した時間の隔たりが大きく、これについては、武器に必要な強靭さを青銅によって達成していたことが、東方すなわち中国における遅滞をもたらしたと推測した。

武備の変化については、鉄器化の進行とあいならんで、戦力の基幹であった戦車の比重が低減し、騎兵と歩兵とが表舞台に登場した点で、東西は軌を同じくしていた。また、剣の長身化も東西共通して、青銅器時代のなかでこの動きがみられ、青銅剣の形態が鉄製で踏襲される。矛のような長兵や弓矢を手にし、ときに武具を身につけ、こうして歩兵の戦力を増大させる必要にせまられたことが、剣の長身化をもたらした。実戦における長剣の役割は西方の場合、ギリシアとアッシリアとの間で差がみとめられたが、長身化の趨勢は変わらないのである。そこで東西に共通する要因が求められるとすれば、遊牧民の活発化に伴う争乱が濃い影をおとしていることが考えられてよい。

都市構造については、鉄器化の進行とともに都市はその姿を大きく変えたことが、東西ともに指摘された。大摑みにしていうと、定型化と大型化とを指向した点であった。利器素材や戦備の変化から察せられるように、都市のこの変容が戦乱の渦のなかから生みだされたこともまた、東西で共通していた。すなわち、西方では民主制や独裁的専制体制、東方では官司制的な皇帝中心体制という、青銅器時代の王制国家と相違する政体が、戦乱のなかからその巨姿をあらわにし、それぞれの政体にふさわしい都市の外貌が登場したのである。時間を隔てて東西の間に、軌道を同じくする変化がこうしてみとめられたわけである。

ところが、倭における鉄器化の進行を以上述べたユーラシア古代世界に投げいれると、地中海域やメソポタミアや中国とは異なり、銅石時代、青銅器時代、鉄銅時代の存在が否定された。それならば、倭の鉄器化は独特の推移を辿ったのかというと、必ずしもそうではなく、鉄、銅または青銅、石、木が利器として併用されていたエジプト第三中間期をもっとも近い類例としてあげておいた。

武備の面では、鉄器時代への転換が終局を迎えた弥生時代後期後半に、長兵としての槍が、さらには長剣が一部で出現して、武器類が変化のきざしをみせた。ところが、この変化が広範に及んだ姿を我われが眼にするのは、古墳と呼んでいる大型墳墓の副葬品によってである。しかも矢鏃類は実戦用から遠ざかり、儀仗性を帯びていた。したがって、鉄器時代の開始にあたって武器が変化を遂げた点で、年代の隔たりはあってもユーラシアと通じ、他方、戦乱のなかで器仗の機能を高めた形跡が乏しい点でユーラシアの場合とちがっていた。鉄素材だけにとどまらず製品さえも彼地に仰いでいた当時の倭の後進性に、相違を生んだ原因があるのかもしれないし、軍事集団同士が干戈を交えて覇権を争ったユーラシアの場合とは、戦争の仕方も目的も隔たっていた可能性がある。

都市についてユーラシアの基準を倭に当てると、邑の範疇に入れるのがふさわしいであろうが、ともかく集落もまた、武備とならんで大きく変化し、広域にわたる政治秩序の形成という意味で政体もまた革新を遂げた。武備や都市や政体の変化が鉄器化の完成と呼応していたユーラシアの状況と、この点では軌を同じくしていたのである。他方、争乱の渦のなかから生まれた新たな政体がそれぞれの意図に適った都市構造を創出し、結果として、大型化と定型化とが実現されたユーラシアに対して、環濠集落の衰滅と居館の流布とによって代表される倭での変化は、明らかにそれとあい異なっていた。要するに、国家形成への巨歩が都市度の低下としてあらわれていたのである。倭の独自性はこの点にもある。

なお、本論でとりあげなかった大型墳墓の出現について、拙著『古墳時代の比較考古学』の内容を略言しておくと、ユーラシア古代世界のなかで、地上に壮大な築造物を構えた大型墳墓の最初の例といえば、まずエジプトの第三王朝ジュセル王のピラミッドであり、ついで紀元前八世紀の北西ユーラシアのクルガン、前三世紀の中国の秦始皇帝陵があげられる。クルガン出現の政治的契機についてはまだよくわかっていないようであるが、エジプトと中国における大型墳墓の出現は、ともに統一国家の樹立を示している。ただし、出現の背景には相違があり、エジプトでは共同幻想色が、中国では官主導色が濃いとみた。こうして概観すると、倭における大型墳墓の出現は、政体上の画期を示す点でエジプト、中国に通じ、しかも共同幻想色が濃い点でエジプトに近い。つまり、ユーラシア古代世界に類似の例が求められる点で、ここに倭の独自性を見いだすことは難しい。

ユーラシア古代世界との対比はこれで終えて、次に倭の腑分けを行った結果を要約すると、第五章として畿内、第六章として関東、第七章として九州をそれぞれ論考の対象に選び、各地域で時代を跨いで存続する「記憶」や価値観つまり心性を抽出することにつとめた。その結果、弥生時代に霊威観が高揚の度を加えていた畿内では、死の暗黒や他界の混沌に対する強い斎忌の念が発揚して、壮大な奥つ城とそれに伴う各種の葬制を出現せしめた。そうしてこの後は、神仙思想や四神思想などの外来思想を受容しつつ、なお胸奥に霊威観と斎忌観とをひそませていたことを、奈良時代以降の例に触れながら検証した。

いっぽう関東では、斎忌観が微弱で、族的結合が強固であること、武士団の心性にこれが継承されていることを、葬制上の特徴や文字史料の内容などをあげて説いた。また、巫女埴輪や鈴鏡などを材料にして女性の存在がきわだち、異界との交感に独特の風が育まれていたらしいことなどを、上野の特色として添えた。他方、九州については、斎忌観の微弱さに加えて、乳幼児葬と合葬とが弥生時代以来の葬俗として根強く存続したことを述べ、関東や畿内とは葬送観や墳墓観において一線を画していたことを指摘した。そのうえで、日向の地下式横穴墓群の例を分析して、女性の地位が高かったこと、親族構造は双系または男系か、両系の併存であることを導いた。関東では擬制を含めた同族的結合が社会のなかで重んじられていたのに対して、九州では血族や親族やのちには家族の結合に価値をおいたらしいことが、乳幼児葬や合葬の流布、さらには日向での分析結果から垣間みえたわけである。

本論で問題にした三地域に加え、たとえば出雲や伯耆の一帯については、乳幼児葬や合葬の伝統がのちに九州型の横穴式石室の受容に結びつき、四隅突出形墓、方墳、前方後方墳という方形基調の墳墓の流行が、のちに有数の規模をそなえた前方後方墳を復活に導いたこと、棺として壷を頻用する葬俗が須恵器の子持壷の出現に繋がることなどを勘案するならば、長期にわたる地域的心性を抽出しうる可能性がある。また、東海西部の場合には、三遠式と呼ばれる個性ある銅鐸の登場を、同地で生活を営んだ弥生時代人の手のなかへ戻したうえで、これが、条痕文土器の出現、壷の盛んな加飾ぶり、前方後方墳の発生、須恵器の独自色の発揚などの同地における諸現象と脈絡をもって結ばれるのかどうか、これらを貫く基層を探りだすことができるのかどうか、この点が検討をまっている。

第二節　地域論の意義―国民国家史を貫く―

以上、倭の歴史的動向（regional history）を中心に据えて、一方でユーラシア古代世界との対比を試み、他方で畿内、関東、九州をとりあげて時代を貫いて脈打つ地域的心性の抽出につとめた。そこで、論議が赴いた方向を図式化して示すと、左のようになるであろう。

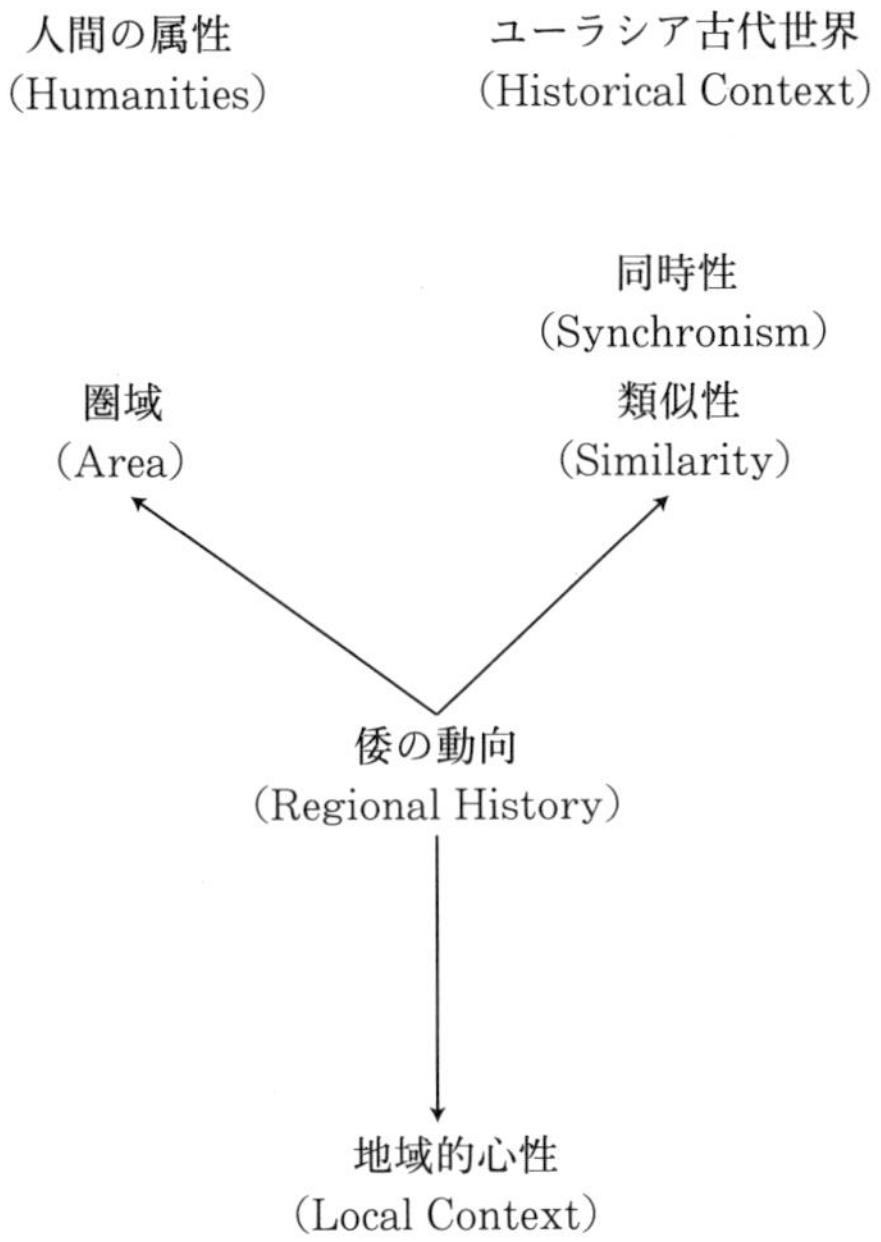

こうして三方向に論議のベクトルを向けた結果を単純化するならば、圏域については疏通を、同時性については共鳴をそれぞれ見いだすことができた。人間にそなわった能力上の属性が圏域を制限したのであるから、疏通は当然であるし、気候の悪化が人間の移動を促したという可能性の低くない想定に立っていえば、倭が共鳴したのも頷ける。ところが類似性については、鉄器化の進行とともに総体的な変革が生じて武備、政体、都市・集落構造があらたまったという共通点とならんで、武器の変化の背景と集落の変容の仕方とに相違がみとめられた。海に隔てられた地理上の位置だけではなく、これらの相違もまた倭という存在に輪郭を与えているのである。他方、地域にベクトルを転じると、

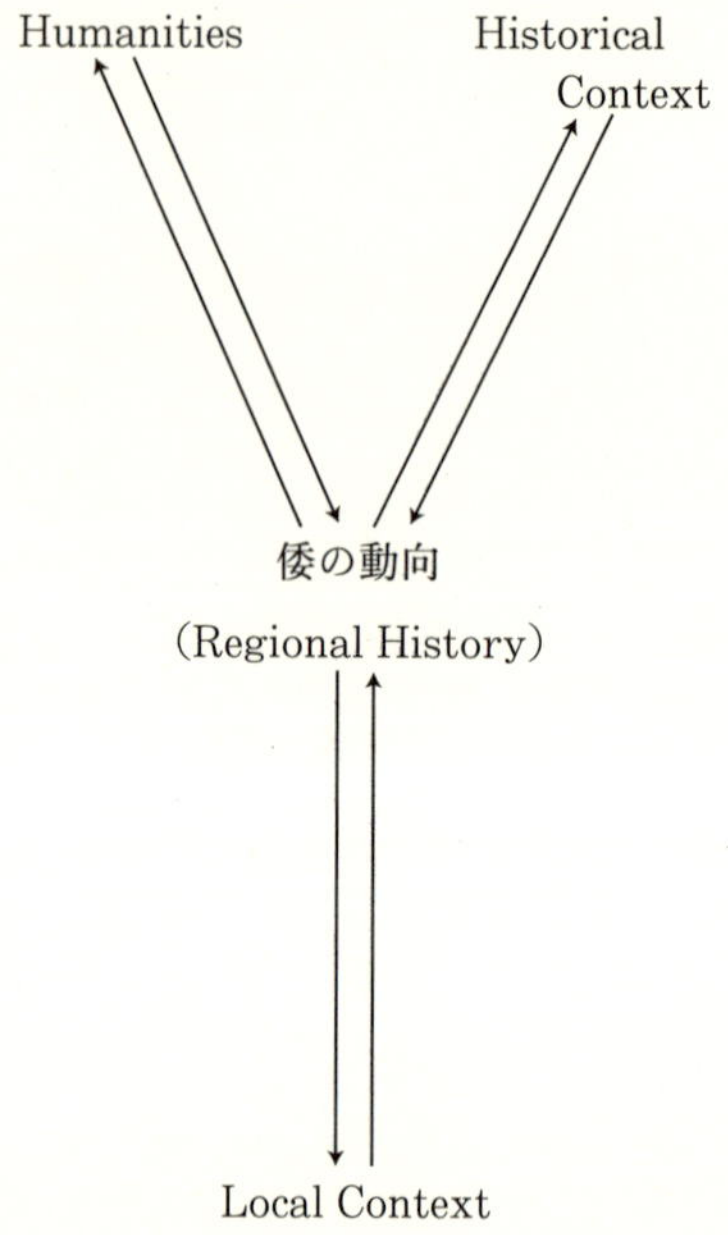

組上にのせた九州、畿内、関東のそれぞれで、あい異なる地域的心性を抽出することができた。この結果を重視するならば、倭という存在は文化的な意味の統一体ではなかったことになる。

つまり、ユーラシア古代世界と疏通し、共鳴し、類似するとともに、地域によって異なる心性が内部で抽出される点で、倭は硬い外皮をまとった孤立した存在ではなかったということである。そうしてなお、倭に輪郭を与えているユーラシア古代世界との相違点が見いだされることを重視するならば、次に図示するような研究の方向がありえてよい。前掲の図を簡略化し、これに則って示すと、右のようになる。

すなわち倭が、ユーラシア古代世界と疏通し、共鳴し、類似し、しかも、心性を異にする地域を内包している点に立脚して、倭の歴史動向を分析し、叙述するという研究方向である。別の表現でいいかえると、倭の歴史動向をひっさげてユーラシア古代世界へ赴いて親しきを求め隔たりを測り、また地域へと沈潜して通時代的底流を探り、こうしてふたたび倭に還るのである。

時空を跨ぐ往と還とによって成立するこの研究方向は、倭を発起点としているので、この方向を徹底することによって、倭は即自的な個から脱して相対化されるはずである。「世界史のなかの倭」という通例の同時代史研究とは異なるこの方向を実践しようとした拙著『古墳時代の比較考古学』をふたたび例にあげると、同書の場合には古墳時代を発起点とし、第一章で述べたように、これをあらかじめ「国家形成史」、「鉄器時代」、「大型墳墓造営期」、「同時代史」という四つの素数に因数分解をした。古墳時代という語のままでは、ユーラシア古代世界との間に互換性がないからである。そうして、各素数ごとに得られた比較結果のうえに基層文化論の結果を加えて古墳時代像を再構築し、律令体制の確立へ至る道程に畿内の心性が濃い影をおとしていたことを示唆した。

刊行から八年余を閲した現在の眼からみれば、不充分な点が少なくないが、ともかく、倭から発起する場合においても、ユーラシア古代世界に向かっては本論で実行したように倭を互換性のある素数に分解することが求められるであろう。また、基層文化論の充実が望まれるとすれば、畿内で育まれた霊威観と斎忌観とが外来思想とならんで有力者の心底にひそみ、古代国家を方向づけたこと、東国武士団に継承された斎忌観の稀薄さと族的結合の強固さとが中世国家の政治動向を左右した可能性があることを指摘し、こうして基層文化論と国家論とを綜合する（organize）ことが考えられてよい。要するに、比較論と基層文化論とによって倭の相対化を徹底するのである。国民国家史の軛から倭を外す方途は他にも見いだされるであろうが、筆者としては以上述べた研究方向を提起しておきたい。

さて、武器の変化の背景と集落の変容の仕方とが倭に輪郭を与えていることを先に述べ、倭を発起点とする研究方向をここで示した。それでは、倭に与えられた輪郭は発起点としうるほど確固としたものであろうか。

倭の存在をさらにきわだたせようと意図するならば、弥生時代については銅鐸が存在し、銅利器類とともに仮器化の方向を辿る点をあげ、古墳時代については出現した前方後円形の墳墓が前期に流布し、三角縁神獣鏡や碧玉腕飾類が普及し、土師器が広域にわたって高い類似度をみせている点に注目し、こうして半島との間に一線を設けることができるであろう。確かにそうではあるけれども、半島に連なる水稲農耕地帯のなかで倭に個性を与えている銅鐸や銅利器類は、分布の東端が越前と信濃と遠江とを結ぶ線にとどまり、東方には及んでいない。また、仮器化した姿を代表する後期の大型銅鐸・銅矛は、分布に疎密があり、これを大摑みにしていうと、西の銅矛、東の銅鐸に挟まれた山陰と瀬戸内とが極端に疎であり、北陸や九州南半もこれに加わる。つまり、弥生時代の水稲農耕域には政治的であれ

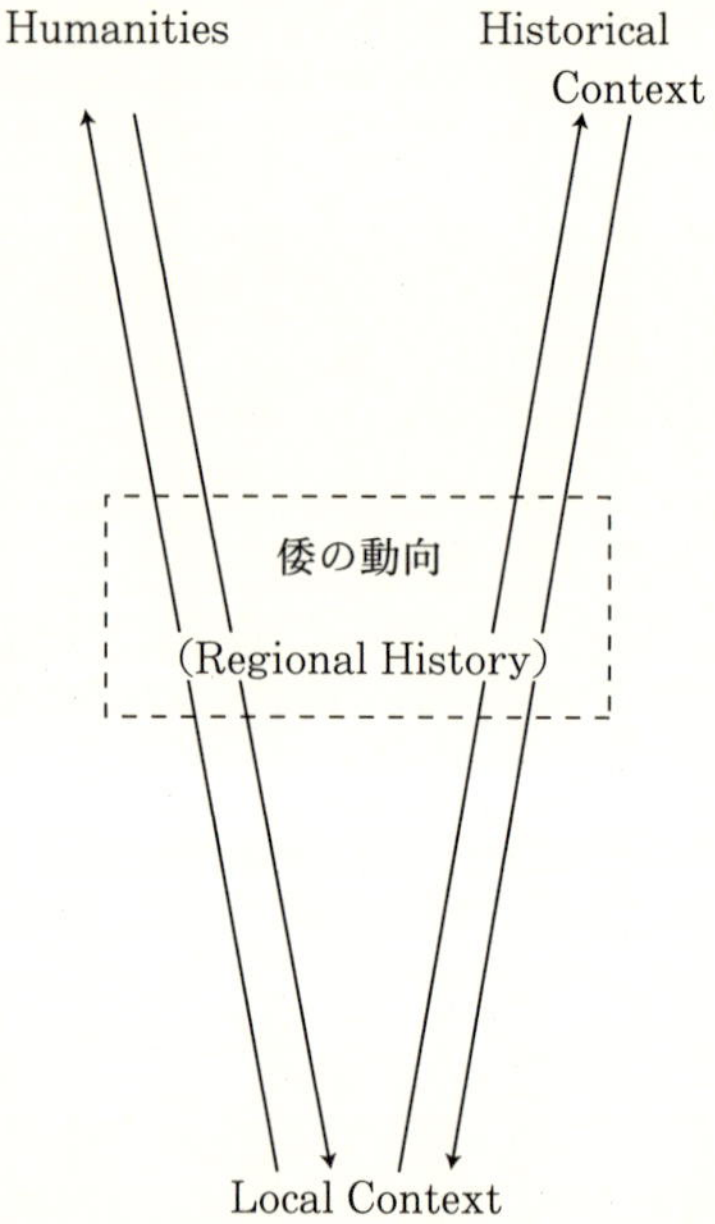

文化的であれ複数の核が併存していたわけである。その意味で、『漢書』地理志のいう「楽浪海中有倭人、分為百余国」の倭は、地域の名称以上のものではない。

他方、古墳時代については、前期に限ってみたとしても、居館や前方後方（円）墳は九州から東北南部に至る広域に分布し、水稲農耕域のほぼ全体に及んでいる。しかし、古墳時代文化の受容にあたって、弥生時代を継承する地域的心性が機能したことは、関東と九州とを例にあげて縷述した通りである。したがって、倭が政体としての実像をあらわにし、ここに至って弥生時代が終焉したとしても、これは現代流にいえば共同幻想のもとに政治秩序が形成されたということになるであろう。

この点を重視して政体としての倭の存在を認め、しかもなお国民国家史の軛からこれを外そうとすれば、前に提起した往と還とから成る研究方向がありえるが、ここではもうひとつの方向に舵を切りたい。すなわち、地域に固有の心性はそもそも、屹立していた山なみが風雨によって残丘群に変わるように、政体としての倭の存在が強固になるにつれて俗間に埋没し、光彩を失っていったのではない。古墳時代を経てもなおこれが継承されてそれぞれの地の古墳文化に陰影を与えたことは、すでに例をあげて述べた通りである。また、ユーラシア古代世界との関係において、倭との間で見いだされた疏通、共鳴、類似は、地域もまたこれらを共有している点に注目したい。疏通は人間の能力上の属性に基づき、共鳴はおそらく地球規模の気候の悪化に原因があり、類似は倭全体の趨勢であったことを勘案するならば、この共有は不思議なことではない。地域は倭の一部を占めているのであるから、これは当然のことだともいえるであろう。つまり、地域がユーラシア古代世界へ働きだすにあたって、倭を媒体とする必要がないということを、これは意味している。倭に輪郭を与えている国家という枠を取りはずす準備が、こうして整ったことになるわけである。そこで、既述した要点を前例にならって図示すると、前頁のようになる。

以上、倭を国民国家史の軛から取りはずす二つの研究方向を示した。一つは倭という輪郭の徹底的な相対化であり、もう一つは輪郭の減殺あるいは消去である。前者では国家、後者では地域を論述の対象とすることになるので、それぞれが立脚するところは、切りつめていうと前者が政治論、後者が文化論である。しかしたとえば、政体としての倭の存在を重視して国家・政治論の方向に傾斜したとしても、考古学では語りつくされた感さえある力学的視点に立った政治・経済・社会論に対して、地域・文化論が新たな智の地平を提供することは、すでに論じた通りである。地域論とは元来、国家形成論のように定義や規定を掲げて出発することができない性格を帯びており、それゆえにこそ、国民国家史を貫き、ディシプリンを越える射程をそなえていることを冒頭で説いたが、国民国家史を貫くという働きについては上述した点で理解が得られたかと思う。そこで新たに節を設けて、ディシプリンを越えるという点をとりあげることにしたい。

第三節　地域論の意義―ディシプリンを越える―

地域を抽出するにあたって、民俗学の重出立証法を借り、これを応用した(1)。すなわち、考古学上の諸現象をとりあげ、各現象の分布域を時間軸に沿って重ねあわせると、時間の新古を跨ぎ現象の違いを越えて、分布上の重複が見いだされる。そこで重複した分布域に注目して、現象同士の関係を吟味し、地域的心性を抽出するという方法である。たとえば、銅鐸の大型化、墳墓の大型化、横穴式石室葬の遅滞は、畿内という場で重複するので、これらを現出せしめた共通の要因を求め、これを地域的心性として提示したわけである。こうして帰納法的に抽出された地域的心性は、アナール学派の基層文化論で説く長波的変動にあたり、[2] 民俗学でいう民俗と重なる。[3] したがって、この心性は、ローマ時代の都市神がキリスト教時代に都市聖人へ置きかわったように、形を変えるという点で、歴史的な所産であることを忘れてはならない。その意味で、アプリオリではなく、アポステリオリな存在であり、したがって変化し途絶することもありうるのである。

　アポステリオリとみたこの存在について、畿内と関東とでは中世に、九州では一部の地域にせよ古代に継承されていることを先に示したが、古代や中世をもって継承が絶えたということではないと思う。考古学の射程と筆者の準備不足とが記述をここにとどまらせたのであって、地域的心性の消失しなかったらしいことは、明治四〇年の被差別部落民の県別総人口比の統計結果が、畿内における斎忌観の濃厚さ、ならびに九州や関東におけるその微弱さと対応している点から察せられる。[4]

　それではいったい何が、地域的心性を育み、これに個性を与えたのであろうか。また、かくも長く存続したとみる私見が容れられるとすると、それを可能にした要因はどこに求められるのであろうか。この問題について、インド人、中国人、日本人、チベット人に分けて東洋人の思惟方法を説示し、

> 一つの民族の思惟方法の特徴を成立せしめる唯一の基本的原理なるものは、何も存在しない。……種々の要素が複合的にからみあって影響を及ぼして一つの民族の思惟方法を決定しているのである。

と看破した中村元の言を想起したい。[5] また、文化システム、社会システム、生態環境のそれぞれの力学の相乗作用によって「世界単位」が現成すると述べた立本成文の説を第一章で紹介したが、この立本の説は中村の言と表現法はちがっても隔たりがないように思われる。人間の存在に対する理解の深さが、この一致を生んだのであろう。これと異なる意見もあるが、筆者としては中村ならびに立本の言説に従い、これをもって前の設問への答えとしたい。考古学

に引きつけて両者の言説を深化させるべきであろうが、それよりも議論を別の方向へ向けようと思うからである。

さて、津城寛文『日本の深層文化序説』がかなり詳しく紹介し論評しているように(6)、夥しくかつ多方面にわたる日本文化論が提示されている。その深く広い森に立ちいることは筆者には難しいし、もとより本論の主旨でもない。そこで、考古学の分野で提示された日本文化論をあげると、藤本強『もう二つの日本文化』が管見にのぼる(7)。日本文化に「北の文化」と「中の文化」と「南の文化」とがあるとみるところから出発する同書は、「日本史」とは支配した側の「中の文化」の歴史であると言い放つ点で刺激的である。北海道と南島とが軽視されてきたことに反省と再考とを求める主旨は、しかし、史眼の転換を求めたものではあっても、現今の国境線内の領域を前提としている点で、転換は国民国家史の枠にとどまる。また、「中の文化」を、支配した側の文化として一括りにした点は、前掲した二方向の前者すなわち倭の存在を認める立場にあたる。ただし、この立場を採る場合には外的相対化と内的分解とが不可欠であるというのが、本稿の主張である。

藤本が「中の文化」と名付け筆者が倭と呼んできた区域に、政治思想史の方面から注意を払い、武士団の発生時の情況を丸山眞男が畿内、東国、西国に分けて、類型化している(8)。本論の内容に触れる点が少なくないので、それを紹介すると、丸山によれば、畿内は「朝廷や公家・大寺社等の権門勢家に直接奉仕して、『武者』『舎人』となって、警護その他の公事にあたった」、東国は「武力によって私領を守り、または拡大する可能性が大きい。……多くの武士団〈間〉の〈律令制下の〉国を超えた交流を基盤として、観念的にまとまった一つの武家世界としての意識が平安末期から成熟し」たという。そうして西国は、東国型と畿内型との中間型であり、「東国にくらべて、比較的に惣領主人を中心とする同族団的要素〈惣領の下に大きく武士団が統括されるという傾向〉が稀薄で、主従関係により流動性がある。とくに九州には、小独立地頭が多い」と述べる。

また、東国武士団の内部構造について言及し、「一族・一門といわれる同族団的結合」と、「主従の恩給的（封建的）

結合」との統一体であると説いたことはすでに述べたが、このうえに「党《ともがら》的結合」をそえる。「党的結合」とは、惣領の権威が小さく、同族としての共同意識に立った、対等の立場での仲間的団結であるという。

丸山がこの類型化を行うにあたって依拠した文献史学者の著述は筆者には定かでなく、その当否についても述べることができない。(9) ただ、関東と九州との差異について、考古学上の資料を使って導いた結合上の重要度の違いと、同じ結論に至っていることは、興味深い点としてあげられる。

丸山の膨大な著述のなかで本論と関わるもうひとつは、いわゆる原型・古層論である。すなわち、「日本」の歴史意識の原型・古層として三つの「原基的範疇」を提示してこれを「つぎつぎになりゆくいきほひ」と約言し、歴史の展開を通じて響き続けてきた思惟様式であるという意味でのちに「執拗なる持続低音」と比喩的に言いあらわした。(10) 丸山のこの原型・古層論については、瞥見しただけでも視点を違えて数多くの論評があり、平成八年の没後も絶えることなく現在に至っている。(11) 思想界に与えた影響の大きさを、これによって推しはかることができるであろう。

ところが丸山は、倫理意識の原型としての「ハラヒ、キヨメ」を、「つぎつぎになりゆくいきほひ」とならぶ原型的思考のもうひとつの特徴であると考えていたことが、昭和三九・四一・四二年の講義録によって知られる。(12) このなかで、『古事記』が罪としてあげている項目をとらえて、畔放などの天つ罪はことごとく農耕に関係し、国つ罪は虫害のような自然災害と人間によって犯された罪とが重畳していると述べ、これらの災厄を同時に罪としてはらい清めるのが大祓であると説く。そうして、「ハラヒ、キヨメ」の対象が災厄（外からのツミ）のみでなく、人格的な罪をも含んでいる点に注目し、双方ともに「外」から付着したものであり、したがってミソギによって洗い流すことができると考える。(13)

「つぎつぎになりゆくいきほひ」論が「歴史意識の古層」という論文のかたちで公表されたのに対して、この「ハラヒ、キヨメ」論の方は講述の域を出なかったようである。巻きおこした論議の多寡にこの相違が影響を与えたのかもしれないが、ともかく昭和四〇年前後に、丸山が原型的思考の二特徴として、「つぎつぎになりゆくいきほひ」と「ハラヒ、キヨメ」とを並置していた事実は注意されてよい。

概略を紹介した丸山の原型・古層論について、これを本論で到達した考古学上の帰結によって吟味すると、銅鐸や銅矛の大型化に内在的霊威の高進を、子持勾玉に霊威の増殖を期待した霊威観は、「つぎつぎになりゆくいきほひ」と同工異曲であり、竪穴式石室の構造や副葬品の構成などに具現した斎忌観は、「ハラヒ、キヨメ」と結ばれる。その意味で、丸山が原型・古層論を導く拠りどころにした記紀神話は、神がみの配列が中国の天文学の知識に基づくにせよ、[14]畿内で育まれた地域的心性がこれを浸していたといえる。つまり考古学の立場としては、原型・古層論の射程を「日本」と丸山が考えていた点に、変更を求めたいのである。さらにまた、前述した畿内、東国、西国の類型化がひとつの体系としては結実しなかった点を思いあわせるならば、丸山の原型・古層論には所与の存在としての「日本」が絡みついていると、現在からみれば指摘しうるであろう。ちなみに、これは丸山の原型・古層論を肯定した石母田正の言についてもいえる。[15]石母田が大正元年、丸山が大正三年の生まれであるから、両者は時代を共有したわけである。

さて、第一章で述べたように、歴史教科書の執筆にあたって国の成りたちを神話によって説明することを要請され、日本史学者がそれに応じていた時代が、かつてあった。ところが、敗戦によって制約が外れると、教育界だけでなく歴史学界に対しても、神話にかわる説明が求められたのは当然のことといえる。そこで、列島における内的発展を重視するマルキシズム史学系統の論が抬頭し、他方で外来の民族の移動に力点をおく民族学系統の説も支持を集め、こうしてあいいれない二者が並立するに至ったのである。江上波夫の騎馬民族説や、「日本民族・文化」の起源を民族移動と文化伝播とによって説く石田英一郎や岡正雄の論が、一方の立場の代表格として受けいれられたのは、学理上の体裁をととのえていたことに加えて、このような時代背景があったことによる。[16]さらには、国土が列島に限定され、外国の軍隊が駐留して、閉塞感に被われた状況のなかで、江上や岡や石田の壮大な論説が懐旧の思いを誘い、あるいは新鮮に映ったのかもしれない。

ところが、昭和三〇年代から始まった高度経済成長期が過ぎる頃を境にして、国家形成の契機を民族移動に求める騎馬民族説のような論が退潮をみせ、考古学の説く自生説に座を譲るようになったことは否めない。そのいっぽう、「日本民族」は「日本人」と表現をかえて集団遺伝学や形質人類学などの方面から起源の追究が続き[17]、「日本文化」の起源については、考古学上の資料によって大陸や半島との関係が精細に論述されて、人間の渡来した動かしがたい証左が示されつつある。その意味で、「日本文化」の基礎構造は多元的累積的であったと総括した岡正雄の言は、列島への渡来者に「民族」や「種族」という名詞を添えて区分するのがふさわしいかどうかはともかく、また、騎馬民族説を容認した点には撤回を求めるにせよ、大局としては誤っていなかったといえるであろう[18]。さらに、

日本列島において種々の民族や種族が時間的に前後し、また同時に居住したと考えられるならば、これらの民族あるいは文化は、それぞれの発展系列を有し、またそれらが相互にいろいろの仕方で影響し合い、いわゆる日本民族として政治的文化的種族的に次第に混成し等質化するにいたる時期までは、いろいろな種族文化の束として捕捉すべきで、これを等質的な一本の流れとして考えることはできない。……中世の文化を考える場合にも、なおこの種族的異質文化の要素を閑却することはできないとおもう。

という岡の提言も、五〇年前とは思われない吟味するべき内容を含んでいる[19]。

しかし、本論が到達した地域論の視座に立ってこれを検討するならば、固有の心性をそなえた地域について、これらを「種族文化の流れの束」として理解することは難しい。心性を存続せしめた主体が「種族」の名にふさわしいのかどうかという問題に加えて、心性の形成が外来の文化に起因するとみるよりも、各地で営まれた人間活動のなかで育まれたと考える方が妥当性が高いことを、考古学上の知見が示しているからである。

以上、同学の先達である藤本の「もう二つの日本文化」論、政治思想史研究の巨人である丸山の原型・古層論、民

族学の泰斗である岡の「多元累積」論をとりあげ、本論で説いた地域論の結果から若干の論評を加えた。周囲をさらに見回すと、網野善彦「地域論のもつ意味」が注意をひく。[20]これは地域論の重要性を、主として中世の例を引きながら、文献史学の方面で指摘したものである。しかし、網野のこの提言以降一〇年を閲したが、文献史学の分野でこれに触発された積極的な動きは、管見に触れた範囲ではみとめられない。研究者の専門が時代別に区分され、若手研究者の養成にあたってもこれが踏襲されている点に、真の地域研究が進展しない大きな障害がある。これは考古学も同断である。旧石器時代では石器、縄文時代から平安時代に至る間は各時代の土器をとりあげ、それぞれの分布域を通観して東北北部の通時代的一体性を抽出した冨樫泰時の仕事は、この点で、方法の先駆性とともに評価される。[21]

筆者の周囲にあるもうひとつは、中世芸論であるが、これについては節をあらためようと思う。

第四節　中世芸論に関連して

和歌から派生して中世に流行した連歌は、五七五の長句と七七の短句とを交互に繰りかえす文芸型式である。そうして、つぎつぎに付ける付合《つけあい》は、前句とあわせてひとつの世界を形成するが、前々句とは離れて、別の世界に転じなければならないという。作歌上のさらに細かい約束があるらしいが、要するに、移ろいゆく情景の一場面を文字によって固定し、連結し、しかも隣接する二句で独立した世界を表出しているのである。主題がなく、全体の筋立ても定まっていない点で、偶然に依拠しており、全体を貫く時間は永藤靖『中世日本文学と時間意識』（昭和五九年）がいう「非連続の連続」である。しかも、百番、百五十番のように人為的に限界を設けなければ、この時間は永遠に続くのである。

現代の眼からみれば文学の名に値しないかもしれないこの文芸型式について、芭蕉が『笈の小文』のなかで、西行の和歌における、宗祇の連歌における、雪舟の絵における、利休が茶における、其貫道する物は一なり。

と述べて、宗祇の連歌、西行の和歌、雪舟の絵、利休の茶と時代を隔てて通底することを説いている。[22] また、利休の弟子の山上宗二の手になるという『山上宗二記』が、茶道修行の終局について触れ、

茶湯ノ師ニ別テ後、師ニ用ル覚悟ハ、一切ノ上、仏法・歌道、並能・乱舞、刀ノ上、尤又、下々ノ所作マテモ、名人ノ仕事ヲ茶湯ト目明ノ手本ニスル也

と記して、歌道と能とに仏法に次ぐ茶道修行上の高い評価を与えているのである。[23] なお、ここでいう歌道が和歌と連歌とを指すことは、同じく『山上宗二記』で茶道と歌道とが思想上で密接な関係にあったことを窺わせる「紹鷗卅年マテ連歌師也」という一文、さらには、心敬法師の歌論書『ささめごと』で「歌連歌」として一体に扱い、[24] 修行の道程を両者あわせて「歌道」としているところから知られる。

連歌の時間観念に関連して、『山上宗二記』に、

道具ヒラキ、亦口切ハ不及云ニ、常ノ茶湯ナリトモ、路地へ入ヨリ出ルマテ、一期ニ一度ノ会ノヤウニ、亭主ヲ可敬畏。

という一文のあることが注意にのぼる。茶会の心構えを教えたものであり、主客ともに一生に一度という覚悟をもたなければならないことを諭している。また、幕末の優れた茶人でもあった井伊直弼が、

抑、茶湯の交会は、一期一会といひて、たとへば幾度おなじ主客交会するとも、今日の会にふたゝびかへらざる事を思へば、実に我一世一度の会也。

と記しているように、[25] 茶湯において、古来、「一期一会」ということが重視されてきたのは、茶道思想の根幹から発せられていることによる。

この根幹を探るうえで、宗教哲学者である西谷啓治の随筆「生花について」の一文を引用してみよう。[26]

直接に「生」に立つ藝術と、死の上での生に立つ藝術、或いは、時を撥ねのけることによって永遠を追究しようとする藝術と、時になり切ることによつて永遠を開かうとする藝術とである。前者は生の自然的意欲から出るが、後者はその自然的意欲を斷ち切った「空」から出る。日本の藝術、特に禪の影響のもとに立つ藝術は、後者に屬する。俳諧や和歌などの或るもの、能、茶、そして恐らく生花もさうである。

西谷のこの芸術論は、中世芸道のなかで育まれた高い精神世界を端的に言いあらわしている。すなわち、連歌という表現型式も、茶湯でいう「一期一会」も、現在《いま》に徹し「時になり切ることによつて永遠を開かうとする」点で、通底していると考えるのである。

中世芸道の確立に禅が多大な影響を与えたことは、倉沢行洋『芸道の哲学』が体系づけて論じている。[27] これを認めたうえで、さらに筆者が付け加えたいのは、つねに現在に立つ時間観念が、「時になりきる」、「自然的意欲を斷ち切った『空』」という禅による止揚を経て、肯定されている点である。言いかえると、現在に立つ時間観念は、禅から発したというよりも、そうした時間観念がすでに存在して、それが禅と出会うことによって高次化されたのではないか、ということである。脚下照顧や頓悟という禅語からもわかるように、たしかに禅では、過去の規範に倣い未来の救済を求めるよりも、現在の自己を問う点で、他の宗教よりも現在に重きをおく。そうではあるが、「つぎつぎになりゆくいきほひ」として丸山が抽出した原型・古層が、また、これと同工異曲であるとした霊威観が一種の生命・自然観の「記憶」として禅の到来以前にすでに存続していた。筆者としてはこの点に留意したいと思うのである。[28]

堀一郎が、鎮送呪術という造語を「精霊、特に人間の死霊が、生者の生活に脅威を與へやうとするのを阻止するために、これを鎮遏し、送還する呪術の謂ひである」と説明したうえで、この鎮送呪術的要素を、現世利益的要素とならんで、「我国」の「民間信仰」のもっとも根源的なもののひとつであると説いていることを、第五章でそえておいた。[29]

この鎮送呪術であれ、考古学資料のなかで見いだした斎忌観であれ、これらは現世の現在《いま》が安寧であれかしと念ずる心性から発している。先にまた、飛鳥時代に伝来し爾来流布した薬師呪術が在来の霊魂観に彩られていることを、インドや中国と比較して論じた小林信彦の所説も第五章で触れたが、在来の霊魂観とは現世利益的色彩を指していた。これは堀一郎が鎮送とならんで指摘している点でもあり、中村元の説く現世主義、丸山眞男の「つぎつぎになりゆくいきほひ」、筆者のいう霊威観と結ばれる。その意味で、現在を重視する時間観念は、けっして禅の世界だけにとどまらず、在来の心性のなかに伏在していたことが、さらに理解されるであろう。

論を先に進めると、中世の芸道に関してもうひとつ指摘したいのは、穢れ観が変化したことである。この点については、安田夕希子『穢れ考—日本における穢れの思想とその展開—』が詳述しているので[30]、同書の内容を概述すると、平安時代末頃から悪行や異形や汚穢に対する関心が高まったことを、『今昔物語』や『伴大納言絵詞』などによって指摘する。そうして、悪行や異形や汚穢が芸能の世界で深化されて、悪を犯す者の苦しみに沈潜する視線から謡曲『鵜飼』『善知鳥』『阿漕』が生まれ、罪業観を徹底した彼方に個としての救済と再生とを描いた説経『しんとく丸』『をぐり』が生まれたとみるのである。『鵜飼』は鵜匠、『善知鳥』は猟師、『阿漕』は漁夫をそれぞれとりあげて、殺生禁断を犯す者の苦しみを主題にし、『しんとく丸』は癩者を、『をぐり』は餓鬼身を扱っている。悪行や異形や汚穢をこうして芸能のなかでとりあげて積極的に認知しようとした点に、安田は穢れ観の中世的変化を見てとるのである。ただし、これらの者を穢れとみなす共通の認識がなければ、話は生彩を失い筋立ても成立しない。認識の背景は仏教であり、衆生済度をめざすはずの仏教に浄穢を扶植したのは、斎忌の心性であった。筆者としてはこの点を見おとさずに付け加えるとともに、仏教や陰陽道が斎忌と習合したことを立証した岡田重精の仕事を高く評価したい[31]。

次に茶湯をとりあげると、その風躰・修行論を、定家に始まる中世芸論として体系づけた前述の倉沢の著作を精読願いたいが、筆者が理解しえたところを要約すると、基本の風躰として、「冷え」、「やさし」、「枯れ」がある。そうして、「やさし」から「冷え」へ、「ひえ」から「冷えやさし」さらには「冷え枯れ」へ、「冷え枯れ」から「枯れやさし」

へ至る。道具でいえば、中国伝来の青磁や宋元画は「冷え」た、備前・信楽の一部は「冷え枯れ」た道具にあたる。これらの類型とその変化生動は、歴史的推移をあらわしているのではなく、中世芸論のなかですでに定家の歌論に、「やさし」→「冷え」→「枯れ」にあたる風躰・修行の深化がみえるが、茶湯において「冷え枯れ」から「冷えやさし」へは、珠光から利休へ続く道統であるという。西谷の生花論に則するならば、「自然的意欲を斷ち切った『空』」が「冷え枯れ」であり、したがってそこから生まれでる生花は「枯れやさし」の風躰を表出していることになろうかと思う。

また、倉沢の著作を借りて筆者が注目したいもうひとつは、『山上宗二記』が、

京粟田口ノ善法、間鍋一ツニテ、一世ノ間、食ヲモ茶ヲモスル也。此善法カタノシミ、胸中ノ奇麗ナル者トテ、珠光褒美セラレタリ

と述べ、京洛の外縁に住む善法のような「間鍋一ッ」の侘数奇茶人を「胸中の奇麗ナル者」として珠光が評価している点である。これについて倉沢は、次のように説いている。

……われわれは、珠光において、従来の道具本位の茶、換言すれば「姿」のみの茶から「心」を重んじる茶への転換を認め、習道の方法としては、これ迄の正統的な習道の体系の枠の中に入らない、これを超えたとは言えないまでも、ある面においてこれを破った、新しい行き方の成立を認めることができる。もちろんこれを、珠光なる一人物の業績にのみ帰するのは依怙に過ぎるのであって、当時の澎湃として擡頭する庶民のエネルギーが茶道の大衆化を求め、ひいてその習道体系の変更を促したのだと言えるかもしれない。しかしまた、何事も歴史的必然をもって説明し、個人の業績をすべて時の必然の流れの中に解消してしまおうとする考え方も、偏狭に過ぎる。右のような時代風潮を背景としつゝも、その勝れた能力と創意とをもって、よく茶湯に転換をもたらし、その内実を高めつゝ、しかもこれを大衆のものたらしめた人物の一人として、私は珠光を評価し、位置づけたいのである。

これを本論に引きつけるならば、善法のような卑賤の出家僧が茶を嗜み、それがまた評価を得たことは、茶湯においては「冷え枯れ」に適う道具として備前・信楽の一部が認知され、能などの芸能においては悪行や異形や汚穢が深化されたことと、通底しているといえるであろう。つまり、斎忌観を背景とし、しかもそれを棄却して穢れを包摂・止揚したところから能が、また茶湯が生まれでてきたのである(32)。本節の冒頭で連歌型式が表出している時間観念が、茶湯でいう「一期一会」とともに、霊威観に連なることを説いたが、連歌もまた、棄却とまではいえないとしても斎忌観から隔たったところに位置している。これは連歌師の境涯からも察せられるところである。

それならば、斎忌観は減衰の色をみせたのであろうか。「屠児」と呼ばれて殺人を日常としていた武士が政治上の権力を掌握し、禅宗や律宗が鎌倉時代に非人の組織化につとめ、あるいは、広域の流通業によって富を成す者があらわれ、律令的秩序のもとで穢れ視されていた階層が歴史の表舞台を占めた時代であるから(33)、このような階層の価値観が浸透し、いきおい斎忌観の減衰をもたらしたとしても、けっして不思議ではない。しかしそうではなく、第五章で触れたように土師皿の大量廃棄の風が中世の京都を被っている事実、大山喬平がとりあげた『建内記』正長元年（一四二八）六月一〇日条の、禁中の作庭から「穢多」が排除された記事(34)などによって、斎忌観の存続を窺い知ることができる。岡田重精によれば、中世の斎忌には大別して二つの流れがあり、ひとつは宮廷や貴族社会における古代斎忌の機構に基づくものであり、もうひとつは庶民の具体的な生活局面に立ちいる、神社参詣者を対象とする服忌令の流れであるという(35)。また、斎忌観に発する女人不浄、女人禁制が仏教のなかで増幅され強化されたことを、安田夕希子が前掲書で説いている。これらの論説を概観するならば、神社神道や仏教を通じて斎忌観が具体化したかたちをとって庶民の生活に浸透したことが知られる。

以上、霊威観を内包し、しかし斎忌観とは隔たったところに、中世の芸道が立ちあらわれたことを論じ、他方で、斎忌観が社会的に拡がり浸透したさまを確認した。そこであらためて「日本文化とは何か」を問いかえすならば、現今行われているように、茶湯や能という、中世に確立した芸道を指して「日本文化」を代表させることは、ある面では当を得ていないことはない。斎忌観の微弱さによって特色づけた関東の心性が武士の興隆とともに畿内の心性と接し、相軋し相求する文化的磁場のなかで中世の芸道が大成したことに注目し、庶民層の抬頭を強調し、こうした文化的社会的な拡大と深化とを評価して「日本文化」と位置づける。これはひとつの見解としてみとめられるからである。しかしまた、その成立の地が畿内を除いて他にはありえなかった当時の情況に留意するならば、畿内文化とみるほうがふさわしいし、中世の芸道を国民国家的文化として内に外に向かって称美する現今の趨勢に配慮するならば、「日本文化」と呼ぶのは控えるべきであると思う。

もういっぽう斎忌観に眼を向けると、その拡がりにともなって各地で芸能が生まれ、民俗芸能として今に至っている。これらは「日本文化」として扱われることもほとんどなく、俗間にあって、観光の名のもとに空洞化し、また継承者不足で消滅しつつある。しかし、斎忌観が今も我われの意識や社会に伏在しているさまは、たとえばエンガチョやイジメの構図だけにとどまらず、天皇という存在に対する理由の定かでない一種の隔絶感や畏服感のなかに見いだすことができるであろう。「日本文化」という表現にこだわるのであれば、斎忌観に由来する総体もまたその名に値するはずである。

しかし、天皇を極とする斎忌観の働き出す機構が流布したことについては、その流布が中世の政治的産物であることを考慮するならば、「日本文化」の成立をここに求める意見があったとしても首をかしげざるをえない。これに対して、仏教を媒体として斎忌観が流伝したことについては、「日本文化」と呼びうるような心性上の共有部分が、中世にその存在の色を鮮明にしたといえるのかもしれない。しかし、宗教教団色を拭ってもなお共有部分が鮮明さを失わないのかどうか、この点に問題が残るように思われる。このように考えてくると、国民国家的文化として称美されている「日本文化」に、確固とした文化上の成立基盤を見いだすことができない。「倭の文化」と言いかえても、これは同断である。この見えないものが「日本文化」であるという意見もありうるが、それは不可知論であり、循環論法にあたる。それよりもむしろ、文化成立の基盤は、アプリオリに「日本」にあるのではなく、地域にこそ求められるべきである。この点を強調して筆を擱くことにしたい。

注

（1）福田アジオほか編『精選日本民俗辞典』（平成一八年）。
（2）F・ブローデル（浜名優美訳）『地中海』（一九四七年　平成三―七年）。
（3）千葉徳爾『民俗と地域形成』（昭和四一年）は民俗という概念を「それは、さきの地域を形成する要素としての慣習の一部ではあるが、著者がこの名で意味するのは、おもに現象であるよりもむしろ、このような現象を成立させている民族（長い歴史的効果によって成立した文化集団）の、価値観や志向の重みのかかったもの」と説明している。
（4）第五章注112参照。
（5）中村元『東洋人の思惟方法』四（中村元選集　第四巻　昭和三七年）。
（6）津城寛文『日本の深層文化序説―三つの深層と宗教―』（平成七年）。
（7）藤本強『もう二つの日本文化―北海道と南島の文化―』（昭和六三年）。
（8）丸山眞男『丸山眞男講義録』第五冊　日本政治思想史一九六五（平成一一年）。
（9）石母田正『中世的世界の形成』（昭和三二年）であろうか。
（10）丸山眞男『丸山眞男講義録』第四冊　日本政治思想史一九六四（平成一〇年）、同上「歴史意識の古層」（丸山眞男編『日本の思想』第六巻　歴史思想集　昭和四七年）。同上「原型・古層・執拗低音―日本思想史方法論についての私の歩み―」（加藤周一ほか『日本文化のかくれた形』昭和五九年）によれば、昭和三八年の講義で最初に「原型」を使い、ついで昭和四七年に「古層」、昭和五〇年に「執拗低音」にあらためたという。

（11）　井上勝博「『古層』論と丸山眞男のナショナリズム」（歴史と方法編集委員会編『歴史と方法』三　方法としての丸山眞男平成一〇年）。池田元「丸山眞男の『絶対者』と伝統的歴史意識論―「歴史意識の『古層』」の超え方をめぐって―」（『年報日本史叢』二〇〇二　筑波大学歴史・人類学系　平成一四年）。田口富久治「丸山眞男の『古層論』と加藤周一の『土着世界観』」（『政策科学』第九巻第二号　平成一四年）。冨田宏治「『古層』と『飛礫』―丸山思想史と網野史学の一接点に関する覚書き―」（『法と政治』第五六巻第一・二号　平成一七年）。住谷一彦「丸山眞男「歴史意識の『古層』」論ノート」（『丸山眞男手帖』第三七号　平成一八年）。飯田泰三『戦後精神の光芒―丸山眞男と藤田省三を読むために―』（平成一八年）。同僚の池田元教授からこれら数多くの文献の恵贈を受けた。これらに加えて、大隅和雄・平石直昭編『丸山眞男論』（平成一四年）があげられる。

（12）　丸山眞男『丸山眞男講義録』第四・第六・第七冊　日本政治思想史一九六四・六六・六七（平成一〇・一二年）。

（13）　注12第七冊（平成一〇年）。

（14）　廣畑輔雄「日本古代における北辰崇拝について」（『東方宗教』第二五号　昭和四〇年）、佐野賢治編『星の信仰―妙見・虚空蔵―』（平成六年）に載録。

（15）　石母田正「歴史学と『日本人論』」、昭和四八年の講演を『石母田正著作集』第八巻（平成元年）に載録。

（16）　石田英一郎ほか『日本民族の起源』（昭和三三年）。同書は昭和二四年の座談会に基づいている。なお、国民国家の成立した明治期以降、「日本民族」の認識が混合民族論と単一民族論との間で揺れ動き捩れた軌跡を、政治情況や思潮の変化と絡ませながら、小熊英二『単一民族神話の起源―〈日本人〉の自画像の系譜―』（平成七年）が詳説している。「日本人」の起源については、自然科学的分析に委ねるべきであると思う。

（17）　埴原和郎編『日本人と日本文化の形成』（平成五年）。

（18）　岡正雄「日本文化の基礎構造」（大間知篤三ほか編『日本民俗学大系』第二巻　日本民俗学の歴史と課題　昭和三三年）。

（19）　注16石田英一郎ほか（昭和三三年）に同じ。

（20）　網野善彦「地域論のもつ意味」（網野善彦ほか編『中世日本列島の地域性―考古学と中世史研究6―』帝京大学山梨文化財研究所シンポジウム報告集　平成九年）。

（21）　冨樫泰時「円筒土器文化圏が意味するもの」（『北奥古代文化』第六号　昭和四九年）、同上「縄文土器にみる南と北―北の円筒土器様式と南の大木土器様式―」（日本考古学協会編『北日本の考古学―南と北の地域性―』平成六年）。なお、冨樫が示した東北北部もまた、二〇〇キロ域の一例である。
(22) 井本農一ほか校注・訳「笈の小文」（『松尾芭蕉集』小学館日本古典文学全集　四一　昭和四七年）。
(23) 桑田忠親『山上宗二記の研究』（昭和三二年）。心茶編集部「山上宗二記抄㈤―茶の心をたずねて五―」（『心茶』第四一号平成七年）もあわせ参照。
(24)『新校群書類従』巻三〇四　連歌部二（昭和四年）。
(25) 井伊直弼『茶湯一会集』、井伊正弘・倉沢行洋の校訂解題のもとに『入門記』『茶湯をりく草』とあわせて、『一期一会⑴』と題して刊行されている（燈影舎撰書七　昭和六三年）。
(26) 西谷啓治「生花について」（『西谷啓治著作集』第二〇巻　平成二年）所収、初出は昭和二八年刊行の『洛味』であるという。
(27) 倉沢行洋『芸道の哲学』（昭和五八年）。
(28) 茶入や茶埦や花生のような茶器は、用途本位でもなく、単なる愛玩・愛蔵物でもない。茶人の茶器観の底流にも、霊威観があると考える。
(29) 堀一郎『我が国民間信仰史の研究』㈡　宗教史編（昭和二八年）。第五章注41参照。
(30) 安田夕希子『穢れ考―日本における穢れの思想とその展開―』（ＩＣＵ比較文化叢書五　平成一二年）。
(31) 岡田重精『斎忌の世界―その機構と変容―』（平成元年）。
(32) 中世には実に多くの雑芸能が存在し、賤民視されて芸人が活動していた様子を、盛田嘉徳や渡邊昭五が詳述している。能や茶湯が成立する基盤として、また、それらが深い思想性を獲得した背景として、巷間にやがては消えることになる雑芸能の世界があったのである。盛田嘉徳『中世賤民と雑芸能の研究』（平成六年）。渡邊昭五『中近世放浪芸の系譜』（平成一二年）。
(33) 網野善彦『無縁・公界・楽』（昭和五三年）。
(34) 大山喬平『日本中世農村史の研究』（昭和五三年）。
(35) 注31に同じ。

図表出典

図1　岸俊男「古代豪族」（小林行雄編『世界考古学大系』第三巻　日本三　古墳時代）図1。

図2　Friedman, R., Regional diversity in the predynastic pottery of upper Egyptian settlements, in Krzyzaniak, L. *et al.* (eds), *Recent Research into the Stone Age of Northeastern Africa* (Poznan, 2000) から採った高宮いづみ『エジプト文明の誕生』（世界の考古学14　平成一五年）図53。

図3　Johnson, G. A., A test of the utility of central place theory in archaeology, in Ucko, P. J. *et al., Man, Settlement and Urbanism* (Duckworth. 1972) Fig. 1.

図4　張学海「東土古国探索」（『華夏考古』一九九七—一　一九九七年）図1。

図5　小玉秀成「霞ケ浦の弥生土器」展図録（玉里村立史料館　平成一六年）24・61頁掲載図。

図6　霞ケ浦町郷土資料館「霞ケ浦沿岸の弥生文化」展図録42頁掲載図。

図7　水津一朗『社会集団の生活空間』（昭和四四年）図Ⅳ—1図。

図8　Renfrew, C., Trade as action at a distance : Questions of integration and communication, in Sabloff, J. A. and C. C. Lamberg-Karlovsky (eds.), *Ancient Civilization and Trade* (University of New Mexico Press, 1975) Fig. 3.

図9　高宮いづみ『エジプト文明の誕生』（世界の考古学14　平成一五年）図40・41。

図10　Kemp, B. J., *Ancient Egypt : Anatomy of a civilization* (Routledge, 1989). 同前図54。

図11　紺谷亮一「アッカド帝国の勢力拡大をめぐる土器分布—南東アナトリア及び北シリア地域の都市領域—」（『西アジア考古学』第一号　平成一二年）図5。

図12　同前文献図1。

図13　徐湖平編『東方文明之光—良渚文化発現六〇周年紀念文集—』（海南国際新聞出版中心　一九九六年）附編掲載分布図を改変。

図14　欒豊実『海岱地区考古研究』（山東大学出版社　一九九七年）図15を一部改変。

図15　筆者作成。

図16　筆者作成。

図17　筆者作成。

図18　Wachsmann, S., To the Sea of the Philistines, in Oren, E. D. (ed.), *The Sea Peoples and their World : Areassessment* (University of Pennsylvania Museum, 2000) Fig. 6. 6.

図19　楊宝成『殷墟文化研究』（武漢大学学術叢書　二〇〇二年）図70・71を合成。

図20　藤川繁彦編『中央ユーラシアの考古学』（世界の考古学6　平成一一年）所収「主要遺跡地図」を改変。

図21　中国社会科学院考古研究所編『安陽殷墟郭家庄商代墓葬—一九八二年〜一九九二年考古発現報告—』（中国大百科全書出版社　一九九八年）図100。

図22　図19文献図72—74を合成。

図23　図19文献図75。

図24　京大東洋史辞典編纂会編『新編東洋史辞典』（昭和五五年）所収アジア歴史地図⑦を改変。

図25　小沢佳憲「玄海灘沿岸地域における中期から後期の集落動態」（第四五回埋蔵文化財研究集会実行委員会編『弥生時代の集落—中・後期を中心として—』グラフ1。

図26　山下誠一「飯田盆地における古墳時代前・中期集落の動向—発掘された竪穴住居址を基にして—」（『飯田市美術博物館紀要』第一三号　平成一五年）137頁掲載図。

図27　中国科学院考古研究所内蒙古工作隊「寧城南山根遺址発掘報告」（『考古学報』一九七五—一　一九七五年）図19。

図28　M・G・モシュコワ「ドン川からウラル地方のサルマタイ」（古代

オリエント博物館「南ロシア騎馬民族の遺宝」展図録　平成三年）70頁掲載図を改変。

図29　林俊雄「草原世界の展開―中世の中央ユーラシア―」（図20文献）図3を改変。

図30　Spencer, A. J., *Excavations at El-Ashmunein III: The town* (British Museum Press, 1993) Plates 28 and 32 の各一部を採って合成。

図31　Collis, J., *The European Iron Age* (Routledge, 1997) 図16 a。

図32　Champion, T. *et al.*, *Prehistoric Europe* (Academic Press, 1987) Fig. 9. 15.

図33　Lloyd, S. and H. W. Müller, *Ancient Architecture* (Electa, 1980) Fig. 34.

図34　Kemp, B. J., *Ancient Egypt: Anatomy of civilization* (Routledge, 1989) Fig. 48.

図35　L・ベネーヴォロ（佐野敬彦・林寛治訳）『図説都市の世界史』1古代（一九七五年　昭和五八年）図58。

図36　図33文献 Fig. 104.

図37　角田文衛編『世界考古学大系』第一四巻　ヨーロッパ・アフリカⅢ（昭和三五年）図145。

図38　河南省文物考古研究所・三門峡史文物工作隊『三門峡虢国墓』（文物出版社　一九九九年）図105。

図39　白雲翔『先秦両漢鉄器的考古学研究』（科学出版社　二〇〇五年）図2―1を一部改変。

図40　河北省文物研究所編『燕下都』（文物出版社　一九九六年）図88と図89の一部とを合成。

図41　江西省文物考古研究所ほか『新干商代大墓』（文物出版社　一九九七年）図47―49のそれぞれから必要部分を採り合成。

図42　成東・鐘少異『中国古代兵器図集』（解放軍出版社　一九九〇年）図4―1。

図43　楊泓（来村多加史訳）『中国古兵器論叢』（一九八三年　昭和六〇年）図102ならびに劉旭『中国古代兵器図冊』（新華書店）82頁図3。

図44　図42文献図4―96。

図45　図42文献図4―136。

図46　中国社会科学院考古研究所・河北省文物管理処『満城漢墓発掘報告』（文物出版社　一九八〇年）図69。

図47　同前文献の図71と図72の一部とを合成。

図48　図43文献図93。

図49　許宏（久慈大介訳）「二里頭遺跡における考古学的新収穫とその初歩的研究―集落形態を中心として―」（『中国考古学』第四号　平成一六年）図1。

図50　河南省文物考古研究所「河南鄭州商城宮殿区夯土牆一九九八年的発掘」（『考古』二〇〇〇―二　二〇〇〇年）図1を一部改変。

図51　張龍海・張愛雲「山東淄博市臨淄区斉国故城出土漢代封泥」（『考古』二〇〇六―九　二〇〇六年）図1を一部改変。

図52　中国社会科学院考古研究所・日本奈良国立文化財研究所編『漢長安城桂宮―一九九六―二〇〇一年考古発掘報告―』（文物出版社　二〇〇七年）図2。

図53　芋本隆裕編『鬼虎川の木質遺物―第七次調査報告　第四冊―』（東大阪市文化財協会　昭和六二年）PL93。

図54　瀬戸谷晧編『駄坂・舟隠遺跡群』（豊岡市文化財調査報告書・豊岡市郷土資料館報告書　第二集　平成元年）第82図。

図55　奈良県立橿原考古学研究所編『黒塚古墳調査概報』（平成一一年）図7。

図56　佐賀県立博物館「弥生都市はあったか―拠点環濠集落の実像―」展図録（平成一三年）図Ⅶ―57。

図57　岡野慶隆『加茂遺跡―大型建物をもつ畿内の弥生大集落―』（平成一八年）図23。

図58　京都大学文学部考古学研究室編『紫金山古墳と石山古墳』（京都大学文学部博物館図録　第六冊　平成五年）図86。

図59　羽曳野市史編纂委員会編『羽曳野市史』第三巻　史料編1（平成

六年）図61。

図60　図55文献図6。

図61　三宮昌弘・河端智編『尺度遺跡Ⅰ―南阪和道路建設に伴う調査―』（大阪府文化財調査研究センター　平成一一年）図231を一部改変。

図62　藤井利章「副葬品から見た古市古墳群の成立」（藤井寺市教育委員会事務局編『古市古墳群の成立』平成一一年）図6を一部改変。

図63　西田健彦「古墳出土の土製供物について」（梅澤重昭先生退官記念論文集編『考古聚英』平成一三年）図1。

図64　末永雅雄『日本上代の甲冑』（昭和一九年）第25・第32図を合成。

図65　朱栄憲ほか（高寛敏訳）『徳興里高句麗壁画古墳』（一九八五年昭和六一年）図13。

図66　八賀晋編『富雄丸山古墳・西宮山古墳出土遺物』（京都国立博物館昭和五七年）第29図。

図67　金元龍監修『韓国の考古学』（平成元年）112頁図19。

図68　下條信行・川西宏幸編『平安京左京八條三坊二町』（平安京跡研究調査報告　第六輯　昭和五八年）第45図。

図69　設楽博己「壷棺再葬墓の基礎的研究」『国立歴史民俗博物館研究報告』第五〇集　平成五年）図9。原図は杉原荘介『栃木県出流原における弥生時代の再葬墓群』（明治大学文学部研究報告　考古学第八冊　昭和五六年）FIG. 8。

図70　設楽博己「東日本農耕文化の形成と北方文化」（稲田孝司・林謙作編『先史日本を復元する』4　稲作伝来　平成一七年）図96。

図71　伊藤敏行「個別形態論」（山岸良二編『関東の方形周溝墓』平成八年）第2図。

図72　筆者作成。

図73　筆者作成。

図74　林原利明「神奈川県の青銅製品(1)―弥生・古墳時代前期集落関連遺跡出土品の集成―」（『西相模考古』第一〇号　平成一三年）第1・第2図から採って合成。

図75　藤岡孝司「上総国・下総国・安房国」（『シンポジウム古代の祈り―人面墨書土器からみた東国の祭祀―』盤古堂　平成一六年）159頁掲載図を一部改変。

図76　田中広明・末木啓介編『中堀遺跡―御陣場川堤調節池関係埋蔵文化財発掘調査報告―』（埼玉県埋蔵文化財調査事業団報告書　第一九〇集　平成九年）第813図から抽出。

図77　仲山英樹「古代東国における墳墓の展開とその背景」（栃木県文化振興事業団埋蔵文化財センター『研究紀要』第一号　平成四年）第15図から抽出し、一部改変。

図78　後藤守一・相川龍雄『多野郡平井村白石稲荷山古墳』（群馬県史蹟名勝天然紀念物調査報告　第三輯　昭和一一年）挿図第26―29・30を合成。

図79　筆者作成。

図80　石塚久則編『塚廻り古墳群』（群馬県教育委員会　昭和五五年）第107図。

図81　栗野克己ほか『下道山遺跡緊急発掘調査概報』（岡山県埋蔵文化財発掘調査報告　一七　昭和五二年）第11図。

図82　辻村純代「東中国地方における箱式石棺の同棺複数埋葬―その地域性と社会的意義について―」（『季刊人類学』一四―二　昭和五八年）図1。

図83　辻村純代「古墳時代の親族構造について―九州における父系制問題に関連して―」（『考古学研究』第三五巻第一号　昭和六三年）図1。

図84　筆者作成。

図85　筆者作成。

図86　杉山富雄編『鋤崎古墳―一九八一～一九八三年調査報告―』（福岡市埋蔵文化財調査報告書　第七三〇集　平成一四年）図56。

図87　山口譲治ほか『老司古墳』（福岡市埋蔵文化財調査報告書　第二〇九集　平成元年）図48。

図88　同前文献図55。

図89　高木正文編『熊本県装飾古墳総合調査報告書』（熊本県文化財調査報告　第六八集　昭和五九年）64の1図。
図90　面高哲郎ほか『立切地下式横穴墓群―入木地区団体営ほ場整備事業に伴う埋蔵文化財発掘調査報告書―』（高原町文化財調査報告書第一集　平成三年）第13図を一部改変。

表1　I・ショー、P・ニコルソン（内田杉彦訳）『大英博物館古代エジプト百科事典』（一九九五年　平成九年）所収「古代エジプト年表」に、時代区分と暦年代は依拠している。
表2　世田谷美術館ほか編「世界四大文明　メソポタミア文明」展図録（平成一二年）所収年表に基づいて作成。
表3　筆者作成。
表4　筆者作成。
表5　張光直（小南一郎・間瀬収芳訳）『中国青銅時代』（一九八二年　平成元年）表2。
表6　設楽博己「東日本と西日本の併行関係」（春成秀爾・今村峯雄編『弥生時代の実年代―炭素14年代をめぐって―』平成一六年）表1。
表7　袁祖亮『中国古代人口史専題研究』（中州古籍出版社　一九九四年）参照。
表8　『後漢書』による。
表9　平井勝「東部瀬戸内地域の弥生集落―中期後半における画期を中心に―」（『みずほ』第三〇号　東部瀬戸内地域における集落の様相　平成一一年）表1。
表10　佐々木知子「伊豆半島とその周辺地域における弥生遺跡の様相―狩野川流域を中心として―」（『静岡県考古学研究』34　平成一四年）第4表「静岡県東部弥生遺跡一覧」の結果を集計。
表11　筆者作成。
表12　筆者作成。
表13　中橋孝博「金隈遺跡出土の弥生時代人骨」（折尾学編『史跡金隈遺跡発掘調査及び遺跡整備報告書』福岡市埋蔵文化財報告書　第一二三集　昭和六〇年）第5表。
表14　中野和浩『島内地下式横穴墓群』（えびの市埋蔵文化財調査報告書第二九集　平成一三年）付篇表1のデータから作成。
表15　村上久和・吉武牧子編『上ノ原横穴墓群Ⅱ―一般国道一〇号線中津バイパス埋蔵文化財発掘調査報告(2)―』（大分県教育委員会　平成四年）から作成。

あとがき

建国記念日が二月の暦に加えられたのは、昭和四二年のことであったと記憶している。四月に二回生に進み、筆者がはじめて考古学を受講した年であり、大学紛争が激化する前夜であった。翌年の二月一一日、小林行雄講師はいつも通りに概説の授業を行った。昭和四二年度は、講義日に当たっていたのであろう。その日の講義内容を調べるために当時のノートを繰ってみたが、記念日のことに触れた形跡は見あたらない。先生らしいと思う。

開講なさったご心境をお尋ねする機会を失しているうちに、先生は逝かれた。お尋ねしても答えを返してはくださらなかったにちがいない。先生の学問とご気性からすれば、開講の方が頷ける。大学を離れたあとで、お考えを少し忖度することができるようにはなったが、開講なさったという強い印象が私の心から去ることはなかった。無言の教えであった。

その後、財団法人古代学協会・平安博物館に職を得た。日常業務のひとつとして『古代文化』の編集に携わっていた昭和五七年のことであったと思うが、玉稿を賜わる件で、原随園先生のもとに赴く僥倖に恵まれた。京都の鳴滝のお住まいを同僚とともにお訪ねしたのは、余寒が残る早春の雨の日であったことを覚えている。書物であふれた、いかにも学者らしい飾り気のない応接室に通された。ふと書架に目をやると、『古事類苑』が並び数多くの付箋が挿んであった。

原先生というと、私の入学時にはすでに退官なさっていた。ギリシア史の碩学であることは存じあげていたので、意外な感を受けた。しかも、矍鑠として気さくに話しはじめられたその内容は、洋の東西に跨り、時代の新古を貫いていた。歴史を我が嚢中で自在に操り、あるいは、心の赴くままに史空に遊ぶ大史仙の風があった。研究者と自称することを、いま以上にためらっていた時であったから、強いあこがれが私の心に刻みこまれた。

本論でも引用した『山上宗二記』が、『論語』為政篇の一節に擬えて、茶湯修行の道程を記している。師の教えを循守するところから修行を始め、四十歳代になれば「西を東と違《たが》え」て師の正反対を行う。五十歳代は「一器の水を一器に移す」ようにして、教えを余すところなく胸奥に容れる。そうして六十歳代には「万《よろ》づの名人の所作を手本にする」というのである。私がこの一節を意識するようになったのは、筑波大学へ着任した平成八年の頃であった。拙著『古墳時代の比較考古学』(平成一一年)は「西を東と違え」、『同型鏡とワカタケル』(平成一六年)は「一器の水を一器に移す」つもりで筆を執った。本書では「万づの名人の所作を手本」にすることを目指したが、非才の身ではいかんともしがたかった。

考古学を志す前に、D・H・ローレンスとA・カミュの作品を愛読していた。原書にまで手をのばしていたので、私淑という表現の方が正しいかもしれない。公害が深刻な社会問題になり、実存主義がマルクス主義とならんで存在感を漂わせていた頃である。その時以来、筆者の研究活動の心もとない歩みは、人間を見つめることとともにあった。それは今も変わらない。国民国家を無条件に認めて国民文化を称揚しようとする現状には、したがって異をたてざるをえない。

しかし、異をたてることに目的をおくのであれば、難解な実証が伴う考古学的叙述に終始する必要はない。筆者がもし評論の才に恵まれていたならば、別の手だてで論を進めていたにちがいない。その方が広範な読者に訴えることができるからである。それでは、私にとって考古学とは何なのか。現代流にいえば表現媒体という答えの枠を出ないのかもしれないが、「つゐに無能無芸にして只此《ただこの》一筋に繋《つなが》る」という『笈の小文』の一句に共感を覚える。

海外の調査に出て気付くことであるが、日本の考古学の蓄積は実に多大である。文献史学の分野についても、同様のことがいえるのであろう。ただ残念なことに、広い世界と結ばれる可能性を内に秘めていながら他との接点が乏しい。国民国家史の軛にからめとられているせいではなかろうか。この現状を深く自覚することは、新たな旅立ちの第一歩である。本書がその一助になることを念じている。

最後になったが、本書が成るにあたって、学恩を蒙った数多くの先学諸氏、ならびに、刊行の労を惜しまれなかった同成社社長山脇洋亮氏、編集に当たられた加治恵氏はじめ関係の方がたに心底からの謝意を表したい。洛陽の紙価にまったく響かないこのような地味な刊行をも快く引きうけてくださる山脇氏の度量には、いつもながら頭が下がる。さらに、執筆時の資料収集にあたっては、筑波大学大学院地域研究科阿部静絵さんに大いにお世話をかけた。彼女の労もまた深謝に値する。

なお、本書は、旧稿「畿内の古墳文化」(『古墳時代の比較考古学』平成一一年)を大幅に改筆し、第五章として収めた以外は、ことごとく新稿である。

平成二〇年三月

川西宏幸

索　引

ア　行

カ　行

サ　行

タ　行

ナ　行

ハ　行

マ　行

ヤ　行

ラ　行

ワ　行

倭《わ》の比較考古学《ひかくこうこがく》

■著者略歴■
川西宏幸（かわにし　ひろゆき）
1947年　徳島県に生まれる
1976年　京都大学文学研究科博士課程（考古学専攻）修了
　　　　財団法人・古代学協会を経て
現　在　筑波大学大学院人文社会科学研究科教授　文学博士
著　書『古墳時代政治史序説』塙書房、1988年
　　　『古墳時代の比較考古学』同成社、1999年
　　　『初期文明の比較考古学』（翻訳）同成社、2001年
　　　『同型鏡とワカタケル―古墳時代国家論の再構築―』同成社、2004年

2008年5月31日発行

著　者　川　西　宏　幸
発行者　山　脇　洋　亮
印　刷　熊　谷　印　刷　㈱

発行所　東京都千代田区飯田橋
　　　　4-4-8 東京中央ビル内　㈱ 同 成 社
　　　　TEL 03-3239-1467　振替 00140-0-20618

ISBN 978-4-88621-437-9 C3021